Finanzas para profesionales de marketing y ventas

Finanzas para profesionales de marketing y ventas

3.ª edición actualizada

Joan Massons

EDICIONES DEUSTO

Diseño cubierta: El taller interactivo, S. L.

Planeta De Agostini Profesional y Formación, S. L.
Av. Diagonal 662-664 2.° B
08034 Barcelona

Composición: Argia Grafika, S. L.
Impresión: Artes Gráficas Huertas, S. A.

ISBN: 978-84-234-2239-5
Depósito legal: B. 24.460-2015

Impreso en España - *Printed in Spain*

Índice

Prólogo

Es siempre motivo de gran satisfacción, para el responsable de una institución universitaria como ESADE, presentar el libro de uno de sus profesores. La obra escrita es fiel reflejo de lo manifestado durante muchas horas de docencia en las aulas y pone de relieve la continua actualización de los temas enseñados y de la investigación llevada a cabo por el profesorado. La reflexión escrita es por su ámbito de difusión aún más exigente si cabe. Pero también es más gratificante por los comentarios positivos provenientes de ámbitos alejados del núcleo central de influencia del autor y por la valentía de quien no teme los comentarios negativos.

El profesor Joan Massons, con quien he colaborado durante más de veinte años, es una persona atípica en el mundo de la enseñanza: puede vérsele impartiendo clases a ritmo de rock, escalando la cima del Everest e incluso presentándose a clase vestido con chandal de ciclista. Esta actitud tan personal la ha sabido integrar en su vida profesional: empresario, consultor, profesor, escritor. Y estos rasgos típicamente suyos se manifiestan también en la presentación de los resultados de su experiencia y de su investigación.

Si echamos un vistazo a la bibliografía existente sobre finanzas empresariales para directivos o expertos en comercial-marketing (bibliografía, por cierto, muy escasa), comprobamos que se orienta más hacia finanzas para no financieros que hacia un colectivo de expertos de un área de la empresa cuyo radio de acción se entrecruza frecuentemente con el mundo económico-financiero.

El autor, aceptando el reto de un amigo, fue buscando, durante varios años, no los puntos de convergencia de las áreas en cuestión, sino los conflictos originados por la relación entre aquéllas. No es, pues, de extrañar que una de las primeras preguntas que se plantea es si estamos hablando de finanzas para directivos de marketing o de marketing para directivos financieros. El enfoque es distinto, la problemática a analizar, también, pero el riesgo es muy superior: el experto en finanzas podrá ver un enfoque superficial y el de marketing, una ignorancia de la profesión.

Por lo mismo, el libro es más interesante y, por su fácil lectura, no menos didáctico y profundo. La presentación conjunta de un problema conceptual-práctico a través del análisis de casos determinados, ayuda a profundizar en el tema y encamina al lector hacia el mundo de lo concreto. Además de ser una ayuda pedagógica, el método utilizado agiliza la lectura y ésta se hace más llevadera.

Esclarecer, por ejemplo, lo que un director comercial debe saber sobre el equilibrio patrimonial y el endeudamiento, contribuye a disipar cortinas de humo que ensombrecen la imagen del director financiero a menudo considerado como enemigo número uno de la organización. Pero existen otros tabúes entre el roce de estas dos áreas que deben ser discutidos abiertamente para que el diálogo sea fructífero y positivo.

En algunas ocasiones, parece como si el análisis de resultados perteneciera a un área específica, sin embargo los conceptos de ingresos y costes también involucran la responsabilidad del director comercial-marketing. La pregunta que surge aquí es si los conceptos de margen de contribución, determinación, control y análisis de los centros de beneficio son una óptica de marketing o de finanzas.

¿Puede existir una planificación económico-financiera aislada? A veces nos encontramos con un director comercial y con un director financiero que viven en las antípodas de los procesos de planificación integrados. Buscar, analizar y discernir caminos por los que puedan transcurrir armónicamente ambas funciones ha sido el objetivo de este libro.

La facilidad con que se pueden leer estas páginas, tal y como indico más arriba, no debe llevarnos a engaño. Son fruto de muchos años de experiencia y dedicación que han permitido al profesor Joan Massons llegar a estas líneas de actuación. Y como nota característica suya, el autor ha escogido los puntos difíciles del conflicto para intentar resolverlos con un nota científica mezclada con otra de humor y sencillez.

Espero que la lectura de este libro tenga para otros un resultado tan positivo como para los centenares de alumnos que han asistido a las clases del profesor Massons.

Lluís M. Pugès
Director general de ESADE

Introducción

Recuerdo aquella noche porque me desperté algo inquieto un par de veces. Era joven. La primera vez que debía dirigirme a un colectivo de directores de marketing me abría el interrogante entre el riesgo de trivializar ante un público no especializado en finanzas o de remontar un vuelo que hiciera mi exposición un tanto incomprensible.

Me llevaron a esa experiencia Lluís Antoni Sobreroca (entonces director de los programas para directivos de ESADE) y Fred Wechsler, a la sazón profesor de marketing en ESADE.

Hace pues ya unos cuantos años –más de los que me gusta que hayan pasado– el amigo Fred me dijo:

— Joan: ¿crees posible impartir un curso a directores de marketing que no fuera el típico de: Finanzas para no financieros?

— Sí —le contesté—. Siempre y cuando apoyado en mi experiencia, como directivo primero y consultor empresarial después, les hable *precisamente* y *a fondo* de aquellos aspectos de las finanzas empresariales útiles en su tarea diaria de relación con el director financiero, con el director general, clientes y consejo de administración.

— Pero un lenguaje financiero previo será necesario para que te entiendan... ¿no es así Joan? —añadió un poco preocupado mi colega Fred Wechsler—.

— Sí, Fred, tienes razón, pero eso debe ser un medio, no un fin en sí mismo, para entrar luego de lleno en las tareas y los problemas de los directivos comerciales, cuando, a veces, las finanzas puedan aparecer como un enemigo.

Fred Wechsler puso la semilla de un curso que he repetido muchas veces y que me ha hecho ganar amigos entre los profesionales del marketing.

Este libro llega pues tras muchos años de experiencia docente con directivos de marketing y de múltiples vivencias en consultoría sobre los amores y desamores entre ejecutivos de marketing y de finanzas. El bagaje teórico de la finanza permite objetivar la salida a planteamientos difíciles en la práctica, cuando los intereses de financieros y comerciales chocan en la empresa.

El libro expone ese bagaje teórico específicamente dirigido a la relación marketing-finanzas. La experiencia –no siempre fácil– me ha hecho cuestionar a menudo el bagaje conceptual. Ahora os lo hago llegar convenientemente filtrado.

El libro no es un curso de «finanzas elementales para pobres inexpertos». Tampoco es un superficial vuelo rasante sobre todos los tópicos de la finanza empresarial. Se trata de un texto focalizado en el conflicto y en la cooperación entre los intereses del departamento de marketing y el de finanzas.

Solamente abordo los tópicos precisos. Pero los abordo con el máximo de profundidad de que he sido capaz, evitando así el habitual curso «extenso, rápido y superficial»... del que no suele quedar ni rastro de utilidad.

La contabilidad, los instrumentos de análisis financiero y los estados económicos previsionales son presentados exclusivamente bajo la faceta de su utilización por el director de marketing.

Minimizo el aporte técnico financiero, pero me preocupo en destacar su dimensión no sólo política sino estratégica, puntualizando su trascendencia en la práctica del quehacer empresarial.

Como metodología docente he destinado ocho capítulos a hacer exposiciones conceptuales y tres a casos prácticos. Sin embargo, los capítulos cuyo contenido esencial es teórico, ya presentan un extenso caso práctico, que supone una aplicación inmediata de la teoría de ese capítulo en concreto.

El libro pretende equilibrar sensiblemente la aportación teórica con la práctica. Pienso razonablemente que la contribución conceptual del texto dará criterio y perspectiva al lector sobre problemas en la interrelación marketing-finanzas.

Entre 1976 y 1988 trabajé sobre tres libros centrados en temas de análisis y planificación financiera. El último de ellos, escrito en coautoría con mi colega el profesor José García Nebot, ha sido un texto tan apasionante como arduo de leer. En el prólogo anticipé mis temores sobre el riesgo de perder amigos... el desasosiego por ese riesgo aún me acompaña... Ni ese ni mis libros anteriores incluían ironías o bromas que refrescaran la aridez de las teorías financieras.

Esto me decidió a escribir un libro que pudiera compensarme con nuevos amigos. Saben bien mis alumnos cuánto me gusta bromear en clase. Empecé ya a bromear en mis primeras clases, puesto que sabía tan poco entonces de la materia que explicaba, que la broma podía llenar el tiempo que mi escaso saber dejaba vacío.

Tras muchos años de experiencia docente, he aprendido algo más sobre las materias que explico, pero aún sé tan poco, que necesito bromear como recurso imprescindible.

Quería que este libro pasara de las cien páginas, por esto he sido consciente de la necesidad de bromear. No he reproducido fielmente todas las ironías y chistes que hago en clase, porque algunos son francamente malos y sólo los ríen los alumnos que aún no han aprobado. He ideado, en cambio, nuevas bromas inéditas, jamás usadas en clase, que espero que el lector valore debidamente, por la larga reflexión a que me han obligado.

De tener éxito las bromas de este texto, es posible que otros autores incorporen la idea como parte de la metodología de sus publicaciones[1]. De ello me alegraría mucho.

Algo más me decidió también a escribir este libro. Se lo explicaré con una anécdota. El director general de una de las empresas que me consulta habitualmente, me convocó a una reunión para la selección de candidatos a la plaza de director de marketing de una filial comercializadora.

Cuando dirigió a uno de ellos una pregunta sobre el lanzamiento de un producto mejorado, el candidato le habló de volúmenes, de inversiones y de gastos. De estos dos últimos temas habló el candidato con tal carencia de sensibilidad para ambas cuestiones que mi cliente le espetó: «¿Pensaría usted en el margen relevante de contribución? ¿Y en el rendimiento del activo relevante?».

El candidato respondió que ya vendría la «gente de los números» a presentarle ese galimatías.

«No em serveixes, noi... no em serveixes!»[2], le contestó bruscamente el director general.

Me sentí incómodo por la brutalidad con que se había producido la intervención de mi cliente y creo que es absurdo buscar negligencia o culpabilidad en el candidato. Simplemente no sabía lo que otros sí saben. La ignorancia era portadora de una insensibilidad que topó con la sangrante sensibilidad que el director general había desarrollado en los últimos años sobre la problemática de la interrelación marketing-finanzas.

En el primer capítulo de este texto digo que tanta obligación tiene un profesional del marketing de sensibilizarse a ciertos tópicos de la finanza como los directores financieros la tienen de formarse en temas de marketing precisos. Tan precisos como la interrelación disciplinar es necesaria en la empresa actual.

Un libro focalizado en los puntos de conflicto entre el marketing y las finanzas, por fuerza requiere una experiencia práctica en el tema. El texto recoge mucha de esa experiencia que desarrollé primero como ejecutivo y más tarde como consejero y consultor.

Las oportunidades de entrar en conflicto o de colaborar armónicamente son moneda corriente en la interrelación finanzas-marketing. Este hecho captó mi atención ya en mis primeras armas como director financiero de empresas industriales. La visión gerencial de años posteriores me llevó a aplicar metodologías tendentes a objetivar al máximo la relación entre comerciales y financieros. Finalmente, en mi experiencia como consultor, he vivido frecuentemente situaciones de conflicto entre los intereses de directivos comerciales y financieros. He luchado siempre por convertir estas situaciones en oportunidades de colaboración.

La objetivación a la que pueden llevarnos los conceptos financieros y mi experiencia práctica son los dos ejes sobre los que se mueve este libro.

A la hora de recabar apoyo bibliográfico para este texto me he hallado ante la carencia absoluta de publicaciones que abordaran directa o indirectamente los tópicos que yo quería resaltar.

Encontré el título de un texto en preparación que por razones obvias no he podido consultar: *Financial aspects of marketing* (Schmidt y Wright).

No he podido o no he sabido llegar a tener una bibliografía más convincente. Con gusto atenderé sugerencias a este respecto.

Eso ha hecho que en la bibliografía escogida haya textos de marketing, de contabilidad y de finanzas. Pero nada que de forma específica centre la atención en los puntos concretos de conflicto/colaboración entre el marketing y las finanzas.

Terminaré este preámbulo dando las gracias a las personas que han colaborado en este texto.

En primer lugar, a mis valerosas secretarias, auténticas «leonas» de la eficiencia: Trini Xifré y Anna Donoso. Han cubierto horas largas sobre los textos, soportando con entereza mis prisas y mis cambiazos bruscos sobre el original del libro.

Un buen trabajo ha desarrollado Sandra Vidal, analista de riesgos y licenciada en ciencias empresariales por ESADE. Se ha cuidado de la claridad terminológica financiera de todo el texto y de realizar el glosario contenido en este libro.

También ha sacrificado su precioso tiempo Paula Navajas, colaboradora del departamento de finanzas de ESADE, en aras de una buena comprensión del libro.

Moltes gràcies Jordi! Éste es Jordi Molina, gran amigo y gran profesor de ESADE. Lo suyo es el marketing y la simpatía. Me ha proporcionado criterio y... seguro que aún aprenderé más de él, cuando de nuevas ediciones se trate.

Al lado de Trini Xifré y Anna Donoso han estado Carme Guardingo, Israel Lafuente y Xavier Sancho.

A todos ellos muchísimas gracias.

Capítulo 1

La interrelación marketing-finanzas

El desconocimiento de una u otra de estas dos funciones mantiene alejados a los directivos de marketing y finanzas. A menudo también el desconocimiento y el miedo suelen ir aparejados. La distancia y el miedo son dos plataformas sobre las que asentar prejuicios y tabúes. Así pues, oiremos a veces a los estamentos financieros de la empresa decir que los directivos de marketing son manirrotos y oiremos a estos últimos decir que los responsables financieros son burócratas y de miras cortas. Por fortuna, lo contrario también sucede. El director financiero es consciente de que sin el motor de la venta todo serían problemas y el director de marketing agradece que el departamento financiero instrumente objetivamente las propuestas de marketing o mueva los hilos para que fluyan recursos para determinadas acciones comerciales.

El «conflicto» marketing-finanzas justificaría por sí solo la necesidad de que ambos directores se inicien en el conocimiento conceptual y práctico de la temática de su compañero. Pero más allá del «conflicto», es decir, en el caso de colaboraciones positivas, éstas pueden ser más intensas y efectivas si cada uno de los especialistas en marketing y/o finanzas se adentra *selectivamente* en el campo de su compañero.

Los aspectos financieros que desarrollaremos en este texto se dirigirán al conflicto o a la interrelación entre marketing y finanzas. Por ello vale la pena poner de manifiesto el alcance terminológico que damos a ambas funciones. El término marketing lo vamos a acompañar del término comercial, es decir, que no pretendemos disociar con precisión las funciones de marketing y venta para centrarnos específicamente en las primeras sino que el conjunto marketing-comercial va a ser asumido por nosotros como una función de espectro amplio entendida sobre todo como las fuerzas concurrentes al logro e impulso de la venta y no tanto como la estricta reflexión y acción en el campo del marketing más puro. Si sirve para entenderlo mejor, digamos que el conjunto marketing-comercial que nosotros utilizaremos como función de referencia va a ser todo lo que no se refiera a la producción de un bien (o rendimiento de un servicio), a la financiación y a la logística en su doble faceta de aprovisionamiento y/o distribución.

Cuando hablemos de finanzas o de la «función financiera» nos referiremos no solamente a las funciones de captación de recursos financieros sino a las de contabilización, control de gestión, análisis de estados financieros y planificación económico-financiera.

Esto quiere decir que a lo largo del texto vamos a poner en conflicto o en positiva interrelación a diversidad de personajes: vendedores y contables, jefes de ventas y jefes de tesorería, director de marketing y director financiero, etc.

Una buena forma de aproximar los expertos comerciales al conocimiento de la función financiera de la empresa es presentarles a los personajes del departamento de contabilidad-finanzas o área económica de la empresa:

1. *Responsables contables:* Suelen, más frecuentemente de lo que quisiéramos, molestarnos con sus solicitudes de datos, con sus imperiosas necesidades de que rellenemos formularios o les entreguemos toda clase de comprobantes. Salvo en el caso de que hablemos con ellos de fútbol, suelen utilizar un lenguaje críptico e inasequible.

Existen contables perversos que nos torturan con controles incomprensibles, que se ceban en un lenguaje técnico oscuro o que nos humillan recordándonos lo que no sabemos sobre manejo de conceptos y números. Por suerte, también existen contables que se esfuerzan en demostrarnos el sentido de lo que hacen y en facilitarnos el tema del control; tanto mejor si, además, son seguidores de nuestro mismo equipo de fútbol.

Las dificultades de su tarea estriban en que cada hecho empresarial, día tras día, debe tener un reflejo numérico que va a hacer a la empresa más rica o más pobre y, sea lo que sea, nos interesa conocer su nombre y su efecto cuántico. El registro diario de hechos empresariales, la recolección tenaz de todo acto cuantificable tiene que desembocar en la confección de dos documentos fundamentales: el balance (documento patrimonial-financiero) y el estado de resultados (documento económico).

A lo largo de este texto veremos cómo la contabilidad debe ponerse al servicio de la función comercial de la empresa y no precisamente al revés. El contable que no «deifica» su labor se siente satisfecho precisamente de saber que aporta información útil al departamento comercial-marketing.

2. *Responsables de control de gestión:* El registro de datos que efectúa el contable se hace sobre la base de unas normas muy precisas que, como hemos dicho, configuran un balance y un estado de resultados. Haremos buen uso para la función de marketing de estos dos documentos; pero tanto el balance como el estado de resultados son muy genéricos. Digamos que representan lo más esencial y amplio de los aspectos numéricos de la empresa. Por ello nos conviene definir documentos y controles específicos que focalicen la información numérica en puntos que sean de nuestro interés: ¿Qué nos cuesta el lanzamiento de nuevos productos? ¿Qué resultados propicia la publicidad por este u otro medio? ¿Qué contribución positiva arroja nuestra delegación de ventas en Santander? Etc.

Esta focalización de la información económico-financiera la implementan y desarrollan los responsables del control de gestión, los cuales aprovechan al máximo los resortes contables generales para dirigirlos a puntos de interés clave en la gestión de nuestro negocio. Es obvio, pues, que aparte del uso que la dirección comercial haga del balance y el estado de resultados, el control de gestión debe ordenarse también a cumplir requisitos de información que competen a responsables comerciales.

3. *Responsables de análisis de estados financieros:* Partiendo del balance ya confeccionado y del estado de resultados debidamente cerrado, es posible analizar estos dos documentos y pronunciarse sobre la solidez patrimonial de nuestra empresa y sobre su salud económica. No siempre la empresa dispone de analistas en su

estructura interna y por ello confía esta misión a especialistas externos. Es obvio –y hablaremos de esto– que lo que digan los analistas sobre la empresa interesa a la dirección comercial-marketing, pero además se involucran aspectos en el análisis económico-financiero que atañen muy directamente al éxito de la función marketing-comercial. Estas son cuestiones centrales para este texto.

4. *Responsables de planificación y estrategia financiera:* La planificación económico-financiera de una empresa consiste en instrumentar:

- Un estado previsional de resultados.
- Unos movimientos previsionales de circulante.
- Un presupuesto de tesorería.
- Un balance previsional.

Falsos profetas circunscriben esta tarea exclusivamente a las manos del director financiero. En este texto nos encargaremos de explicar cómo la dirección de marketing participa activamente en este proceso. Es más, tiene un papel desencadenante en el mismo.

La instrumentación de los cuatro estados previsionales que acabamos de citar sirve para analizar la problemática financiera futura de nuestra empresa. Esa tarea la hace el director financiero (si tiene la preparación específica para ello) o asesores externos con conocimientos y experiencia en estos campos. El director de marketing, pese a lo que suele creerse, participa en ese proceso a fin de dejar claras sus responsabilidades en la futura problemática financiera de la empresa. A este tema dedicaremos todo un capítulo.

Finalmente, analizados los problemas financieros del futuro, el director financiero propone una estrategia financiera, es decir, un conjunto de acciones tendentes a procurarnos recursos financieros. Esa propuesta es filtrada por el director general y debatida por el consejo de administración.

También aquí falsos profetas han circunscrito este ámbito al exclusivo quehacer del director financiero. En este texto someteremos a la reflexión del lector el papel de los expertos en marketing en el proceso de estrategia financiera... Diremos más: afirmaremos que los banqueros más inteligentes llaman «a capítulo» a asesores y directores de marketing a la hora de otorgar (o no) confianza a un proyecto empresarial.

Estamos viendo ya cómo se interrelacionan las funciones de marketing y finanzas; pero el posible conflicto de intereses, ¿es real? ¿Es

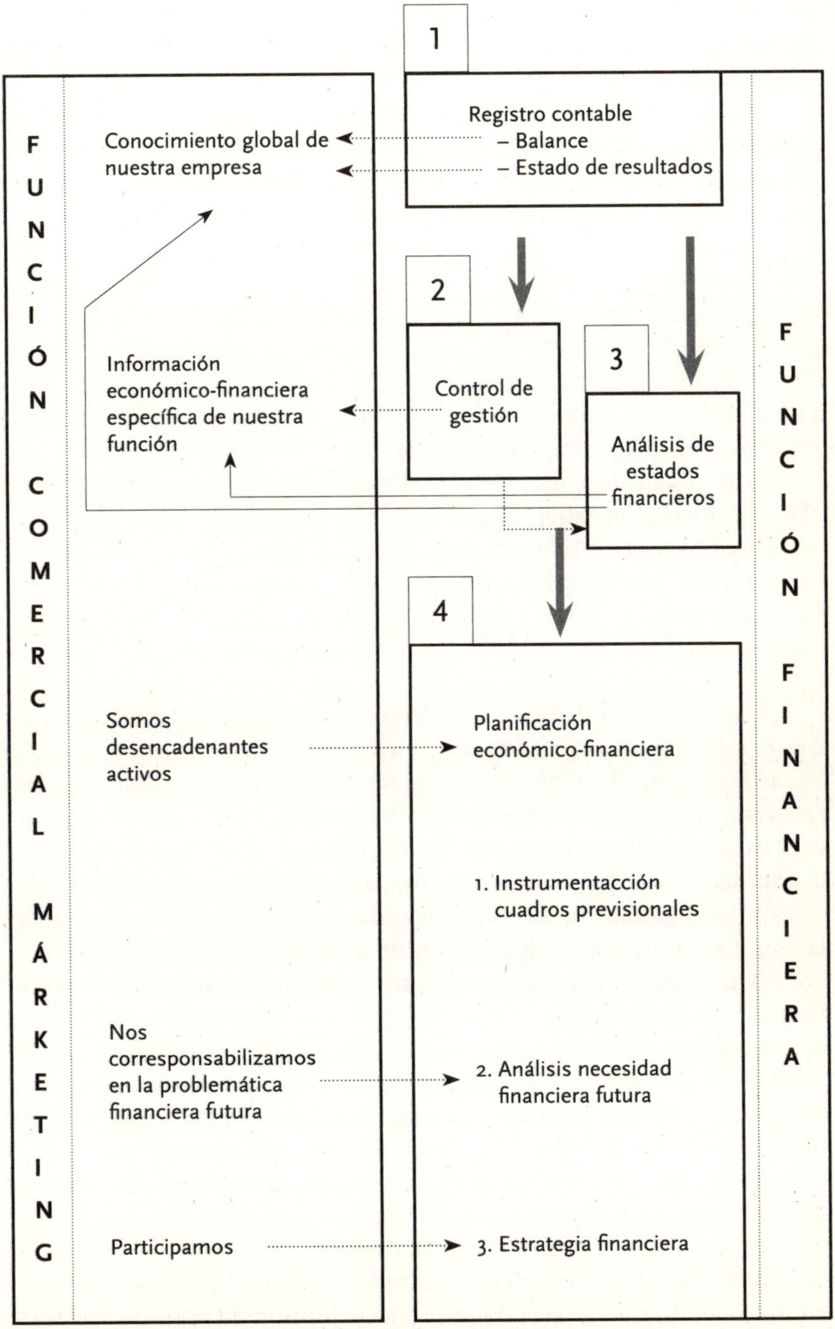
FUNCIÓN COMERCIAL MÁRKETING
FUNCIÓN FINANCIERA
1
Registro contable
– Balance
– Estado de resultados
Conocimiento global de nuestra empresa
2
Control de gestión
3
Análisis de estados financieros
Información económico-financiera específica de nuestra función
4
Somos desencadenantes activos
Planificación económico-financiera
1. Instrumentacción cuadros previsionales
Nos corresponsabilizamos en la problemática financiera futura
2. Análisis necesidad financiera futura
Participamos
3. Estrategia financiera

el conflicto una situación perversa, fruto del desacuerdo entre dos directivos que no se entienden? ¿Se supera el conflicto por mutua resignación?

El conflicto de intereses entre la función comercial y la financiera es real. En el momento de plantear necesidades de equipamiento comercial, el financiero se siente preocupado por si esas inversiones rendirán o no... ¿No sería mejor alquilar equipos? Pero, ¿a qué coste? Le preocupa también al financiero obtener los recursos que hagan posible esa inversión.

¿Qué nivel de existencias de mercadería a punto de servir o de producto acabado desearía manejar un director comercial? Altas, por supuesto, para servir al cliente lo antes posible. Hágale la misma pregunta al director financiero: bajas, le responderá para minimizar la inversión, el riesgo de obsolescencia y la necesidad financiera.

¿Qué plazo de cobro de clientes? ¿Qué esfuerzo publicitario? ¿Descuentos? ¿Comisiones?

El conflicto de intereses entre comercial y finanzas es real, pero es necesario. El conflicto es consustancial a la dinámica de la empresa. Dejemos que el director comercial luche por el plazo de entrega a sus clientes, por una campaña de imagen, por una nueva delegación de ventas...

Permitamos al director financiero que «oponga» problemas de riesgo, rendimiento, financiación, etc.

El conflicto moverá a los dos profesionales, fluirán datos y experiencias, fluirá la luz, tímida o brillante, abriéndose paso entre las espesuras de nuestra organización y la del mercado. ¿Cómo dar cauce al conflicto? Lo explicaremos en otro capítulo.

Ahora digamos: bienvenido el conflicto, convirtámoslo en interrelación. Evitemos que finanzas domine a comercial y viceversa.

Habrá conflicto en tanto en cuanto hombres y mujeres de marketing y finanzas, siendo buenos profesionales, sientan arder la sangre en sus venas.

Preguntábamos líneas atrás si se supera el conflicto por mutua resignación. El conflicto hay que mantenerlo vivo, puesto que va a ser fuente continua de inspiración para el quehacer empresarial. No se trata de resignarse a retroceder, ya veremos cómo encauzar la energía del conflicto.

Pensemos en una empresa cuyo director financiero fuera tan antiguo, pero tan y tan antiguo en el cargo, que hubiera sido ya –hace 25 años– invitado a las fiestas de primera comunión de hijos de accionistas del negocio... Más recientemente ha sido invitado a las bodas (las pocas que se celebran ahora) de los mismos hijos de accionistas.

Imaginemos ahora que entra en la empresa una joven directora de marketing que, naturalmente, llega demasiado tarde a primeras comuniones y bodas...

Bueno, pues si la vieja amistad y la larga colaboración le han de otorgar al director financiero votos preferenciales, el conflicto se «resolverá» con la resignación o el silencio de una parte y con un sesgo terriblemente contraproducente para la gestión de la empresa.

Dejemos vivo el conflicto como una llama inextinguible, pero como se trata de canalizarlo y no de exacerbarlo, habremos de convenir que el conocimiento mutuo de cada área ayudará mucho a sacar partido de un conflicto de intereses.

Conflicto de intereses no significa lucha abierta. La primera condición de esas direcciones comerciales y financieras «enfrentadas» es la no-violencia y la buena educación. Los temas se debaten y luego se deja paso al espacio en que nos tomamos una copa juntos. Pero la mejor buena voluntad del mundo se demuestra inoperante cuando falla el conocimiento de los problemas y posibilidades del área con la que podemos sentirnos en conflicto.

Ante las primeras páginas de este libro, el experto en marketing podrá exclamar para sus adentros: «Me muevo, por mi oficio, en un mundo de complejas reacciones de los consumidores, de incertidumbre y de riesgo. Me marcan arduos objetivos. Me controlan ... y ahora, además, resulta que tengo que aprender finanzas».

Nos hacemos cada día más «bárbaros especialistas» de nuestro oficio con el riesgo de encerrarnos excesivamente en puntos de vista demasiado focalizados y que no nos permiten ver el entorno inmediato a nuestro puesto de trabajo.

La empresa es cada día más una dinámica de interacción e interrelación, de forma que profesionalmente también nos revalorizamos a través de nuestra capacidad de entender el trabajo de otras áreas empresariales.

En este sentido, la formación financiera para el área comercial-marketing ha sido una sensibilidad reconocida a través de la demanda de cursos y seminarios en donde el requisito de ese tipo de formación era claramente expresado.

Pero la balanza, hoy por hoy, ha parecido inclinarse solamente de un lado. Han sido los profesionales del marketing los que han pedido formación aplicada en finanzas, pero los directores financieros no se han interesado en la misma proporción por recibir enseñanzas de marketing a fin de entender mejor la problemática y el quehacer de la otra parte en conflicto.

Afortunadamente, las escuelas de administración de empresas hemos colaborado en la corrección del desequilibrio. La doble formación en marketing y finanzas de los programas de licenciatura en ciencias empresariales y masters en *business administration* han hecho mucho bien en el marco empresarial.

El mutuo conocimiento disipa miedos y tabúes. Decíamos que hay directores financieros que acusan a los comerciales de manirrotos. Hemos oído otras acusaciones como las de falta de rigor. Esta acusación la hemos percibido no sólo en la empresa, sino también en el ámbito universitario. Colegas de ciertas disciplinas se referían a los profesores de marketing como especuladores libérrimos de un terreno vago e impreciso. Cuando el tema se conoce bien resulta ser al revés. Existen disciplinas en que la formulación matemática se convierte en la sólida mano que le da forma. El rigor se respira, se impone; nació ahí, en la férrea arquitectura de los modelos. En marketing se lucha por el rigor, se procrea y reconstruye cada día... no surge tan automáticamente como el respirar.

La incomprensión de ciertos directivos financieros ante determinadas acciones de marketing nace de apriorismos sobre el desconocimiento de la necesidad de rigor en las aplicaciones.

En marketing, la constancia tiene un valor relevante. En marketing la construcción integral es una condición sine qua non.

Concebimos que un edificio consta de cimientos, pilares, forjados y techos; pero no siempre se entiende que un color asociado a una imagen de marca de la empresa se extienda no sólo a rotulaciones y embalajes, sino también a vehículos de distribución, facturas, uniformes de empleados, etc.

Las palabras «un poco» en acciones de marketing son peligrosas... no puede decirse «a medias».

Si los estamentos financieros no perciben el rigor de la acción extendida, del precio de la «operación integral» y del largo alcance, surge la acusación de despilfarro.

Una de las paradojas de la empresa moderna es que demanda cada vez especialistas más preparados, pero también personas capaces de integrar su función con el resto de funciones empresariales.

Todo lo dicho anteriormente incide sobre el interés que los profesionales comerciales han de tener para conocer las repercusiones económico-financieras que las acciones que ellos preconicen vayan a reportar a la empresa.

Se trata de entender cómo podemos influir sobre el resultado y las necesidades financieras de la empresa, así como saber si la empresa está en condiciones de afrontar la demanda de financiación que desde una acción de marketing nosotros podemos provocar.

Conocer aquellos aspectos de las finanzas que incumben al marketing, ¿supone saber contabilidad?

No necesariamente. Un poco sí, lo preciso para entender el lenguaje de las finanzas. Hay buenos directores financieros que saben poco de contabilidad. Hay contables que no saben finanzas. ¿Entonces?

Podemos exponer algunos conceptos contables que se adapten precisamente a los temas de interrelación marketing-finanzas, que iremos exponiendo a lo largo de este texto.

¿Usted sabe lo que es el debe y el haber?

¿No? Bueno, no se preocupe. Ahora verá por qué no lo sabe.

Tenía yo diecisiete años cuando tuve mi primer contacto con la contabilidad. Entonces no entendí lo que era el debe y el haber. Han pasado muchos años desde entonces y sigo sin entenderlo. No, por favor, no abandone el libro pese a lo que acaba de leer. He exagerado un poco. En realidad, lo que no he entendido nunca es por qué le llaman debe y haber. Lo que está en el debe en realidad es lo que no se debe a nadie y lo que está en el haber, en buena parte se debe a terceros.

El día en que se inventaron esos dos nombres fue un día trágico en la historia de la humanidad, una jornada de poca inspiración para el inventor de los dos nombres. Hubiera sido mejor, sin lugar a dudas, haberle dado los nombres de izquierda y derecha porque hablando de contabilidad esos nombres hubieran sido mucho más precisos que discutiendo de política.

Es fácil temerle a un balance o sumar el temor y la aversión cuando no entendemos lo que nos ponen por delante. Si este fuera su caso, lo primero que yo le diría es que reduzca las cosas a lo más esencial y empezará a entenderlas. Si tras entenderlas llega a amarlas, entonces llámeme por teléfono al acabar la lectura del libro... aunque yo no sé si le creeré del todo.

Reducir un balance a lo más esencial equivale a decir, en suma, que se trata de elaborar una lista de lo que tengo. Puede usted hacerlo a título individual para sí mismo. Luego, esa idea podrá extrapolarla a la empresa.

Usted haría su balance personal empezando por escribir a la izquierda todo lo que tiene. En mi caso particular, por ejemplo:

- Mi casa de Barcelona.
- Mi apartamento en París.
- El chalet de Zermatt.
- La finca en Cayman Islands.
- Mi barco en Palamós.
- Mi helicóptero.
- Mi avioneta.
- El coche.
- La bici.
- Un par de esquís.
- Equipo de buceo.

Una vez dicho lo que tengo (me he sincerado con usted, querido lector) seguiré redactando en la columna de la izquierda lo que he prestado a terceros... ¿Cómo? ¿Lo que me deben lo doy ya por mío?... Sí, la contabilidad tradicional permite hacerlo y siempre ha sido optimista en este aspecto, salvo que surjan claros indicios de que alguien nunca va a devolvernos lo que le prestamos. Así pues:

- Mi préstamo a la Union des Banques Suisses.
- Mi préstamo al Estado español.
- Mi préstamo a mi mejor amigo.

De existir claros indicios de que mi mejor amigo va a dejar de serlo al no devolverme el préstamo, debería tachar esa partida o mejor, para no emborronar el papel y a su vez dejar clara constancia de ello, podría hacer una anotación a la derecha. Hace ya años que la interpretamos en el sentido que yo le acabo de exponer, querido lector.

¿Es todo esto lo que yo realmente tengo? No, pues de lo contrario este libro se habría vendido muy bien entre los inspectores de Hacienda.

Si debo algo a alguien debo reseñarlo a la derecha. Así pues:

- Préstamo que debo a mi padre.
- Préstamo que debo a mi madre.
- Préstamo que debo a mi cuñado.
- Préstamo que debo a mi mejor segundo amigo.

Si al dar valores a ambas listas, la izquierda sumara lo mismo que la derecha, en realidad yo no tendría nada y cualquier inspector de Hacienda hubiera lamentado comprar este libro. Pero si la derecha suma menos que la izquierda, yo ya soy propietario de algo. ¿Vale la pena calcular la diferencia? Por supuesto; a mí me hace mucha ilusión saber cuánto tengo. ¿Dónde colocar la diferencia? Hace muchos años que se decidió hacerlo allá donde quede espacio cuántico para cuadrar. En mi caso, lo haríamos gozosamente a la derecha y la llamaríamos a esa «bendita» diferencia (en mi caso): capital propio, fondos propios, neto patrimonial, neto a secas o patrimonio a secas.

¿Se da usted cuenta? Cinco nombres diferentes para la misma cosa... En esto, los financieros somos muy poco serios. Desde que se inventó el primer nombre ha habido personas especializadas en promover nuevos nombres para complicarnos la vida a todos.

Sigamos desmitificando el temido y/o aburrido balance. Veamos ahora la forma en que la contabilidad lo va construyendo.

Imaginemos que una sociedad comienza sus operaciones y ello se hace cuando un grupo de accionistas promotores aporta 1 millón de euros en efectivo.

Según la lógica del ejemplo anterior, empezaremos por escribir a la izquierda puesto que la nueva sociedad ya es propietaria de algo:

Izquierda	**Derecha**
Efectivo 1.000.000	?

¿Hemos de escribir algo a la derecha? ¿Debemos a alguien ese millón de euros? ¿A alguna caja de ahorros o banco?

No. Han sido aportados por los accionistas fundadores y ellos no lo van a reclamar ni han establecido devoluciones de esa cifra aportada.

¿Entonces?

Con la misma lógica de antes debemos llamarle capital. Así pues:

Izquierda	**Derecha**
Efectivo 1.000.000	Capital 1.000.000

A esta anotación se llega por otro camino con lógica similar.

Cada hecho empresarial –y éste es el primero– se ha de reflejar en el *libro diario* mediante anotaciones llamadas *asientos*. A la izquierda de un asiento se escribe lo que se posee realmente y a la derecha la procedencia u origen de eso que tenemos. Ese primer asiento sería:

1.000.000 Efectivo de Capital 1.000.000

La preposición «de» es muy clara y explícita. La usa, por ejemplo, la contabilidad francesa, pero los contables españoles prefirieron complicar las cosas y en vez de la preposición «de» se usa la preposición «a». Por tanto, el asiento quedaría:

1.000.000 Efectivo ¡a! Capital 1.000.000

La lógica del asiento nos permite, además, añadir o quitar a cada partida, dejando constancia de la operación que se hace. Supongamos que la mitad del efectivo se destinara a la compra de terreno. Piense directamente en el balance:

Efectivo 500.000	Capital 1.000.000
Terreno 500.000	

Es una operación sencilla, pero la contabilidad debe estar preparada para instrumentar operaciones más complejas. Por sencilla que sea una operación es preciso respetar unos pasos que nos orienten muy bien cuando las operaciones son muchas y complicadas. Al balance que acabamos de ver, antecedería un asiento como éste:

500.000 Terreno a Efectivo 500.000

Al situar ahora la partida de efectivo a la derecha, estamos detrayendo del importe original (1 millón) que teníamos a la izquierda.

El libro diario lo complementamos con un *libro mayor* que nos explique cada partida:

- Capital.
- Efectivo.
- Terreno.

La cuenta de capital del libro mayor presentará una única anotación explicando qué es la aportación inicial a la sociedad.

La cuenta de efectivo presentará dos anotaciones: la primera como materialización de la aportación inicial de capital y la segunda, de signo contrario, como una detracción para comprar y pagar un terreno.

La cuenta de terreno presentará una sola inscripción correspondiente a su compra.

El diario se rige por fechas. El libro mayor se rige por cuentas concretas.

A partir de la compra del terreno, la nueva sociedad puede plantearse edificarlo y dotarlo de instalaciones industriales. Supongamos que el valor previsto para la edificación fuera de 1,2 millones de euros y de 700.000 euros para las instalaciones industriales.

Estas nuevas inversiones totalizan 1,9 millones de euros y la sociedad dispone de 500.000 en efectivo. Faltarían, en principio, 1,4 millones de euros para poder acometer estas inversiones, pero hecho así, la sociedad agotaría su cuenta de efectivo y eso no es recomendable si no se tiene la seguridad de tener ágiles líneas de crédito abiertas en cualquier momento con algún banco o caja.

Dejemos 100.000 euros en efectivo y admitamos que nos faltan 1 millón y medio de euros para acometer la nueva inversión. Supongamos que podemos cubrirlos con 500.000 de capital adicional y 1 millón de euros de préstamo bancario:

Efectivo	100.000	Capital	1.500.000
Terreno	500.000	Préstamo bancario	1.000.000
Edificio	1.200.000		
Instalaciones industriales	700.000		
	2.500.000		2.500.000

El asiento resumido que nos lleva al nuevo balance sería como sigue:

1.200.000	Edificio			
700.000	Instalaciones industriales	a	Efectivo	400.000
			Capital	500.000
			Préstamo bancario	1.000.000
1.900.000				1.900.000

Este sencillo ejemplo nos ha permitido ver la mecánica para «construir» cada cuenta o partida en el balance. Como lectores de este libro y expertos comerciales nos basta con saber el uso de la «partida doble» para añadir o quitar y para señalar alternativamente una inversión y su origen.

El estado de resultados es también un documento contable fundamental, pero a él nos referiremos más extensamente en otro capítulo.

Para concluir este capítulo diremos simplemente que los términos «izquierda» y «derecha» no han tenido mayor validez que la de ordenar unas primeras ideas para quien no hubiera tenido el más mínimo contacto con un balance.

Creo que es fácil asociar ambos lados del balance con los términos de activo y de pasivo. En expresión puramente contable diremos que el *activo* (a la izquierda) reúne partidas que tienen saldo deudor y el *pasivo* (a la derecha) partidas que tienen saldo acreedor.

Esta es una excelente forma de expresarse para que bastantes personas no nos entiendan, puesto que lo de saldo deudor nos retrotrae a la palabra debe y el saldo acreedor a la del haber.

Es más fácil entender que si a la izquierda tengo efectivo, terrenos, edificios, instalaciones industriales, maquinaria, utillaje, etc. todo eso es lo que va a «trabajar» efectivamente para que la empresa desarrolle su actividad. Esas son las cuentas o partidas (inversiones en suma) que estarán *activas,* vivas, en constante y ágil funcionamiento para que la empresa alcance sus fines.

En cambio, el capital, que se aportó para que el activo fuera posible, explica un origen pero no es partida palpable, material y viva. Los préstamos que han completado ese capital han ayudado decisivamente a poder disponer del activo, pero no están trabajando directamente para que la empresa desarrolle su actividad. El pasivo es esencialmente «documental» pero no tiene la imponente corporeidad de los activos que se mueven, soportan cargas, y se orientan a ser el continente dinámico de la actividad empresarial.

La calle está llena de activos: coches, camiones, autobuses, escaparates con mercaderías, etc.

Los pasivos: escrituras de capital, títulos-acciones, contratos de préstamo y crédito se guardan silenciosos en archivos y cajas fuertes.

Es evidente que activo y pasivo son términos más fáciles de retener que los de debe y haber.

CAPÍTULO 2

EL DIRECTOR DE MARKETING Y EL BALANCE. ¿CRIPTA CERRADA?

A LA PREGUNTA DE ¿QUÉ es una empresa? suele contestarse inmediatamente con la palabra *organización* para describir acto seguido el organigrama de la misma. Ciertamente esa es una buena radiografía para conocer el «animado» esqueleto que sustenta a la empresa, pero para situar todavía más precisamente la interrelación entre el marketing y las finanzas puede interesarnos otro tipo de radiografía: la de los «universos» distintos de gestión que subsisten en una empresa y de cuya idiosincrasia, los ejecutivos y estrategas de la misma no siempre son plenamente conscientes.

En el seno de la empresa subsisten –claramente diferenciados conceptualmente– tres «universos» o ámbitos de gestión:

1. La gestión de la específica explotación de la empresa.
2. La gestión de la financiación.
3. La gestión de la extrafuncionalidad.

1. La gestión de la específica explotación de la empresa

Al «universo» de la explotación se refiere la actividad más esencial de la empresa: vender, producir y coordinar la venta con la producción.

Al decir producir nos referimos a bienes y servicios: producir bienes para los clientes y rendir un servicio para los usuarios afectos a nuestra empresa.

La coordinación de la venta con la producción es la dirección del negocio. Los anglosajones hablan de *administration* que, como se sabe, tiene el sentido de la dirección o gestión del negocio. En castellano hemos ido creando diferencias entre el término de dirigir y administrar, derivando hacia una acepción corriente del término administrar un poco degenerativa. Situamos a menudo la administración en el plano de la contabilidad: «Pase usted por administración (sección de administración), en la planta baja y presente el volante que le darán en dirección (sección de gerencia), en la planta segunda».

En su sentido vulgarizado, o en su sentido jurídico más preciso, lo que nosotros hemos querido decir es que las funciones fundamentales de ventas y producción se armonizan, coordinan y orientan con la *administration* es decir, la administración en el sentido más puro del término o si ustedes quieren, la dirección y la administración-control contable como diferenciación vulgarizada de ambos términos.

El amplio «universo» o ámbito de gestión que se refiere exclusivamente a la explotación tiene la característica no solamente de abarcar la venta, producción y dirección-administración sino que debe cumplir el requisito de referirse exclusivamente al objetivo o actividad propia de la empresa, tal como la misma se autodefine.

Por ejemplo: para una empresa industrial de carpintería, pertenece al ámbito de su explotación la producción y venta de marcos, puertas, hojas de ventana, etc., incluso podemos aceptar la venta de subproductos (como el serrín o la viruta recogidos por aspiración en silos) pero nunca consideraríamos como un ingreso afecto a la explotación el producto de la venta de una máquina de pulir marcos (al mercado de segunda mano o al chatarrero). Eso se hace excepcionalmente, de cuando en cuando, y por cauces o caminos que no son los de la comercialización de marcos y ventanas.

Otro ejemplo: en una empresa de servicios, como un hotel, pertenece a la genuina explotación del mismo proporcionar al cliente alojamiento y restaurante, podemos añadir la actividad de un centro de ocio deportivo que explota el hotel, pero nunca consideraríamos centrado en su actividad específica de explotación, el seguimiento de un depósito a plazo constituido en un banco o de un valor invertido en deuda pública. Solamente los hoteles dan alojamiento asistido, eso los diferencia de otras actividades... y la calidad con que lo hagan diferencia un centro de otro... se diferencian en la explotación. El tener un depósito bancario o deuda pública no te define como hotel... lo tienen igualmente muchos otros particulares y empresas. La tenencia del depósito bancario no te hace mejor ni peor como hotel, aunque quizás tu explotación te haga perder dinero y en cambio el depósito bancario te haga ganar. La industria de carpintería es diferente de otras actividades por sus marcos y ventanas... mejor o peor que sus competidores por los gruesos de la madera, secado de la misma, rapidez de entrega, calidad del producto, etc., pero es evidente que sus posibles éxitos en el mercado de segunda mano de maquinaria usada no la hacen mejor o peor como empresa (aunque quizás ganen algo de dinero por su habilidad vendiendo alguna que otra máquina vieja por encima del valor residual contable neto).

FIGURA 1

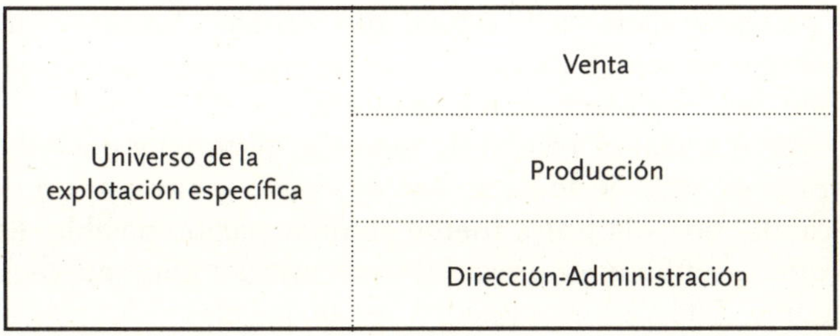

En el ámbito específico de la explotación, la venta es la «actividad-motor» y la producción se supedita a la misma. La dirección coordina, controla e inspira a ambas funciones. Aún hemos vivido, los menos jóvenes, la experiencia de empresas con «mentalidad de producción»; hemos oído a algún propietario de la empresa o consejero decir: «Nuestra capacidad de producción es de 7.000 unidades diarias. Vamos a producirlas y nuestros vendedores deberán preocuparse de venderlas». Esto pertenece a otras épocas, hoy debemos estudiar el mercado, estimar la demanda y a partir de ahí desencadenar la producción.

Volveremos a hablar de este tema, es decir de la coordinación entre la venta y la producción por la importancia que tiene en la interrelación comercial-finanzas.

2. La gestión de la financiación

El desarrollo de la explotación específica de la empresa obliga a la misma a equiparse (invirtiendo en activos como los que hemos descrito en el capítulo precedente) y la obliga además a invertir en existencias de materiales por transformar. Recordemos que en el capítulo precedente hemos dicho que en el activo podíamos registrar no solamente lo que tenemos, sino también lo que nos deben, es obvio por tanto que junto a los equipamientos y materiales, aparezca en el activo la deuda que los clientes tienen con nuestra empresa. En suma, el desarrollo de la explotación específica de la empresa obliga a inversiones en activo... no obliga sin embargo a depósitos bancarios a plazo... sí obliga a un cierto nivel de efectivo para operar adecuadamente... no obliga a comprar deuda pública, etc.

Para que existan estos activos han de existir las correspondientes fuentes de financiación. El capítulo anterior nos mostraba sus dos claros orígenes: capital propio o deuda. El pasivo es el propiciador del activo; el origen de la empresa está en el capital inicialmente aportado por los socios fundadores. El capital que registrará una escritura notarial se materializará en unos activos que empezarán a trabajar en el desarrollo de la explotación de la empresa.

El capital social es origen de todo, es voluntad y posibilidad de crear empresa, es la decidida actitud de asumir y afrontar un riesgo.

El capital no es la única fuente de financiación posible. Existe la deuda que la entidad empresarial va a contraer con bancos, cajas y proveedores. Estos últimos pueden ser de dos clases: los proveedores de equipamiento y los suministradores de primeras materias o de servicios necesarios a la explotación.

El capital no obliga a la empresa a devolución, la deuda sí. El capital quiere ser retribuido «cuanto más mejor» –renta variable– y la deuda pacta una retribución conocida como tipo de interés –renta fija–.

El capital confiere *seguridad* –fondos que van a permanecer, que no es preciso devolver–. La deuda supone dosis determinadas de *riesgo:* ¿la podremos devolver puntualmente en las fechas de su vencimiento?

Luego la estructura del pasivo es, fundamentalmente, resultado de una opción, más o menos matizada por posibilismos fácticos, entre capital y deuda –entre seguridad y riesgo en suma–.

Aquí surge una diferencia clarísima entre la función de explotación y la función de financiación. Mientras que la decisión sobre *qué*

FIGURA 2

Diferentes estructuras de pasivo

y *cuántos* activos vamos a tener, la tomaremos basándonos en lo que vamos a vender, comprar y producir (es decir, en función de nuestra explotación), la decisión sobre la estructura o composición de nuestro pasivo la vamos a tomar en función de cuánto riesgo podemos o queremos asumir, qué posibilidades de captación de capital, qué costos tiene la deuda, etc., es decir, claramente no en función de lo que vamos a producir y vender sino en función de una serie de elementos que se centran en percepciones y asunciones de riesgo, así como en elementos propiamente financieros: el tipo de interés y nuestra capacidad de devolución de deuda.

El activo puede ser siempre el mismo, es decir el que necesitamos para el desarrollo de la explotación pero la forma en que lo financiamos, la estructura del pasivo, difiere de una empresa a otra.

Es falso afirmar, como demasiado frecuentemente se oye, que el tipo de empresa marca o define la estructura de pasivo.

El servicio de un hotel no es mejor o peor porque éste esté más o menos endeudado. Como usuarios de hotel quizás un día digamos: «el ruido de una tubería no me permitió conciliar el sueño con la prontitud que yo deseaba». Pero raramente oiremos decir al cliente de un hotel: «sabiendo que el hotel tenía una proporción del 70% de deuda en el pasivo me desperté varias veces sobresaltado por la noche».

Es decir que lo que realmente se sujeta a la eficacia de la explotación son los activos: tuberías ruidosas, camiones que transportan mucha o poca carga, máquinas que se averían o no, productos que se venden bien, deudas de clientes más o menos crecidas, etc.

En resumen: máquinas para fabricar, crédito a clientes para facilitar la venta... he aquí los dinámicos activos dirigidos al éxito de la explotación.

¿Motiva a un vendedor la calidad de los materiales usados en la fabricación?... claro que sí... ¿Lo ve usted? El activo marca el posible éxito de la explotación.

¿Se emocionaría nuestro cliente si el vendedor le dijera que nuestro capital es de 372.534,26 euros y que la deuda nos está costando el 10,75% de interés?

El pasivo posibilita el activo pero luego duerme en archivos; por sí mismo no me hace producir ni vender.

¿Qué empresa es mejor? ¿La que de un año para otro aumenta sus ventas (explotación) en un 15% y reduce gastos de producción (explotación) sirviendo al cliente (explotación) más rápidamente y dándole como término medio 10 días más de crédito (explotación)? ¿O aquella otra cuya deuda pasa de ser el 37% del total del pasivo a ser el 32%?

No estamos afirmando que la función de financiación o gestión de la estructura del pasivo no sea una función importante, estamos simplemente afirmando que tiene identidad propia separada de la función de explotación y que la que define fundamentalmente a la empresa es esta última.

¿Me capta usted querido lector, querido director comercial?

Aquí está el marketing y allá la finanza... dos «universos» de gestión diferenciados. En tanto en cuanto en los primeros capítulos yo pueda marcar (y usted advertir) la diferencia... en tanto en cuanto respetemos las identidades de ambas funciones... nos quedarán otros capítulos para hacer que marketing y finanzas se enamoren.

FIGURA 3

Universo de la explotación específica	Venta
	Producción
	Dirección-Administración

Universo de la financiación	Gestión del capital
	Gestión de la deuda

A mí no me disgustaría acabar este libro en la línea de los clásicos finales de los Hermanos Grimm o del mítico Andersen: una boda entre el marketing y las finanzas dentro del más puro y clásico estilo «Blancanieves Marketing», acosada por una madrastra verde de envidia, acaba casándose con un «Príncipe Finanzas» que irrumpe en la escena a lomos de un blanco corcel o si lo prefiere: «Cenicienta Finanzas» finalmente desposada con un «Príncipe Marketing» frustrado en la medianoche anterior en el más contundente clarinetazo de alerta que los benditos cuentistas dieron a las «after hours».

Cuando hablemos de estrategia financiera –al final de este texto– les diré a hombres y mujeres de las finanzas en empresas y bancos que por su bien pidan la mano de princesas y príncipes del marketing. Son la clase de matrimonios que hacen que la economía de los países avance más deprisa hacia el bienestar del consumidor.

El marketing en su más pura esencia busca la satisfacción del cliente. La finanza en su más pura esencia busca el antiestrés de la financiación. Manos torpes y mentes perversas se han encargado de trastocar las cosas, pero a las hábiles manos y a las limpias mentes este libro quiere dar alas.

3. La gestión de la extrafuncionalidad

En páginas anteriores hemos expuesto el ejemplo de un hotel que invertía en un depósito bancario a plazo o en deuda pública. También podríamos pensar que una empresa industrial de confección canalizara algún día un excedente de liquidez hacia el negocio de unos amigos hoteleros.

Ambos ejemplos son casos de inversiones extrafuncionales, ajenas a la explotación o extraoperacionales. ¿Por qué? Porque nada tienen que ver con la explotación específica del negocio esencial, es decir: con la venta, la producción y la dirección de esa empresa.

Quizás el hotelero que invierte tesorería excedente en deuda pública ya no desea proseguir la expansión de su negocio o piensa que ahora debe diversificar sus inversiones para desconcentrar o diluir riesgos. Nadie discute la oportunidad de esa inversión extrafuncional: estamos diciendo simplemente que es una gestión completamente distinta del negocio esencial y que cuando hablemos de rentabilidad o –si se quiere– de éxito económico de un negocio deberemos deslindar claramente «universos de gestión» y por tanto responsabilidades personales o colectivas.

¿Qué pasa si nuestra empresa no es de propietario único? Somos 63 accionistas y 11 miembros en el consejo de administración. Quizás la mayoría defiende una política de inversión paulatina en extrafuncionales, pero en contra del parecer de una minoría, ¿algunos de los accionistas minoritarios pondrán a la venta sus acciones, si se sienten contrariados por una política que deriva recursos fuera de la explotación esencial de nuestra empresa?

FIGURA 4

Una «radiografía» de la empresa

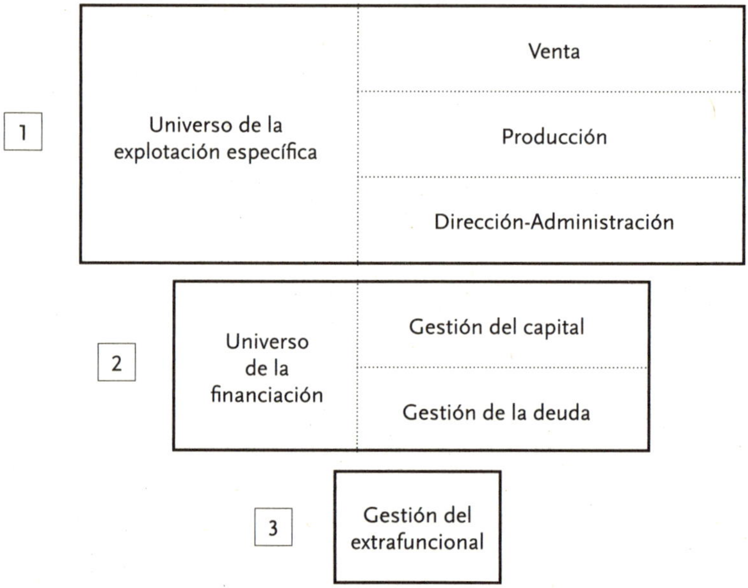

De los tres universos citados, los dos primeros son imprescindibles en la empresa; el tercero no debería influirla para nada, puede incluso no existir sin que la empresa sea en absoluto mejor o peor. Entre los dos primeros, uno de ellos, el de la explotación, da verdadero carácter a la empresa, verdadera fuerza y éxito. Ya veremos más adelante que cuando la explotación de la empresa va «viento en popa», el universo de la financiación pierde protagonismo. El tren no es tren sin vagones, pero lo esencial es la fuerza de la locomotora.

La exposición hecha hasta ahora nos ha servido para situar mejor los ámbitos del marketing y las finanzas. Nos servirá, a «varios capítulos vista», para centrar la responsabilidad del director de marketing en la rentabilidad de la empresa y ahora, de forma inmediata, para centrar las características del balance que ha de manejar la dirección comercial.

Podemos empezar esta parte del capítulo hablando del «balance jeroglífico» y del «balance progestión». «Uno es el malo y otro el bueno...» debe empezar a pensar el experto comercial que me está leyendo.

Veamos: hay contables a los que importa poco que el balance que confeccionan sea entendido por profanos en contabilidad; son los contables «oscuros». Existen contables que hacen todo lo posible porque se les entienda, porque el fruto de su trabajo se extienda por la organización; suelen ser sonrientes, rubios/as y de ojos claros[I]. Son los contables «transparentes».

Cuando un balance es demasiado extenso y poco sintético, cuando la terminología es compleja y cuando se ciñe a una estructura demasiado subdividida, se convierte en un jeroglífico para el profano. El problema que preocupa se da, sobre todo, cuando el profano tiene claras responsabilidades directivas, fuera naturalmente del ámbito de la contabilidad-finanzas.

Enfrentar a ese directivo ante un jeroglífico, es ponerlo de espaldas a una información que, mejor tratada, puede ser muy viva e interesante.

El modelo que constituye el Plan oficial de cuentas en España es, en mi opinión, difícil para profanos y no se adapta en muchos aspectos a las necesidades de los directivos empresariales, pese a los evidentes méritos que hay que reconocerle de normalización (amplia y profundamente extendida en el tejido empresarial español).

En diversos medios hemos publicado críticas al «Plan Contable Español». No es este el texto más indicado para repetirnos. La bibliografía facilitada permite ahondar en esa cuestión. Sea como fuere, una empresa deberá adoptar la pauta del Plan Contable Español para presentar sus cuentas a Hacienda o al Registro Mercantil, pero puede moverse libremente (respetando la veracidad) cuando se trate de informar a directivos, representantes sindicales, cajas de ahorro, bancos y accionistas.

Nosotros propugnaremos un balance progestión que no significa un nuevo modelo absolutamente diferente del Plan oficial, sino un documento que «transpire» una voluntad de sus autores de llegar al profano y de ser respetuosos con la triple «universidad» de la empresa:

1. La explotación.
2. La financiación.
3. La extrafuncionalidad.

El Plan de Cuentas Español y en definitiva todos los Planes de Cuentas presentan en el *activo* un desdoble fundamental: el activo fijo (llamado «no corriente» por el Plan Español) y el activo circulante (llamado «corriente» por el Plan Español).

El *activo fijo* es sinónimo de inmovilizado, es decir, inversiones de larga vida técnica o de prolongada permanencia en la empresa. En el primer capítulo hemos brindado ejemplos de ello: terrenos, edificios, maquinaria, etc.

Para el departamento comercial son activos fijos significativos: los locales de las delegaciones de ventas (si no son locales de alquiler), locales de exposición y atención al público, vehículos de distribución, el *hardware* y el *software* informático, estudios de mercado, patentes, derechos de autor, mobiliario de oficina, etc.

El *activo circulante* en cambio es otro gran grupo que se caracteriza por reunir inversiones de corta duración física en la empresa, como las materias primas (en una compañía industrial), las mercaderías (en una firma comercial) o la deuda de clientes. Para la dirección comercial son activos circulantes, significativos, los stocks de producto acabado (listo para su entrega al cliente), material fungible de publicidad, de promoción, las deudas de clientes, etc.

Expresarse, como lo hemos hecho, en términos de «larga vida» para el activo fijo y «corta vida» para el activo circulante puede encerrar cierta ambigüedad. La «corta vida» del activo circulante puede sonar para más de un director financiero, a eufemismo y más de un director comercial es insensible a la «más o menos corta vida» del activo circulante.

La excesiva sensibilidad a la permanencia de ciertos bienes que se han de convertir en dinero en la empresa, choca con la insensibilidad de quien no advierte que el activo circulante debe transformarse en dinero lo más rápidamente posible.

Por ello es interesante que acotemos algo más el significado del ciclo «vital» del activo circulante o lo que es lo mismo: el ciclo de maduración de la empresa. Éste se sujeta al gráfico de la figura 5.

FIGURA 5

Representación gráfica del ciclo de maduración de la empresa

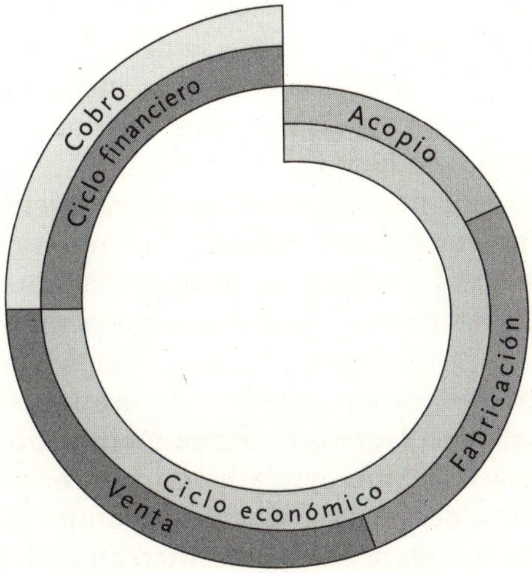

Nuestra imaginación puede congelar un instante del tiempo en que una empresa industrial adquiere materia prima por valor de una unidad monetaria. Al instante inicial seguirán otros hasta constituir una primera fase del ciclo de maduración que es la fase de acopio o almacenamiento de materia prima.

A la fase de acopio seguirá el proceso de fabricación, más o menos prolongado según la complejidad del mismo. La duración de esta segunda fase y el costo de los materiales manejados obligará a la empresa a efectuar una inversión en productos en proceso, productos en curso de fabricación, etc.

En estas dos fases, la dirección comercial-marketing no se ve involucrada, salvo que el tipo de materia prima que se utilice «transparente» directamente en el producto final. La dirección comercial se involucra en el proceso de compra si la empresa es, por ejemplo, de confección. En tal caso, los coloridos y dibujos del tejido que se compra son elementos esenciales en la configuración del producto final.

Tras la etapa de la fabricación se llega a la fase de la venta. ¿Cuánto tiempo tardaremos en vender el producto ya fabricado? El tiempo que tardemos en vender y el costo de cada producto acabado constituirán un monto de inversión materializado en la cuenta de activo circulante llamada stocks de producto acabado.

La vigilancia de la duración de estos tres ciclos iniciales es tarea importante para la dirección financiera ya que puede elevar en mucho el volumen de las inversiones en stocks. Sobre la duración de la fase de acopio y la de producción nada puede decir la dirección comercial, pero sobre la duración de la fase de venta tiene pleno protagonismo, siempre teniendo en cuenta las rigideces que puede imponer la estacionalidad de ciertos productos.

Las explicaciones que acabamos de dar se orientan a dejar claro que todas aquellas cuentas que duran en la empresa el tiempo de un ciclo de maduración pertenecen al activo circulante y aquellas que duran muchos ciclos deben clasificarse como inmovilizado o activo fijo.

Para los expertos comerciales es interesante reflexionar sobre la idiosincrasia de los diversos ciclos de maduración en diversidad de empresas. Esa reflexión ayuda luego a entender e interpretar mejor la estructura del balance de nuestra empresa.

Las empresas comerciales no presentan ciclo de fabricación y se funde el de acopio y venta. Teóricamente debieran obviar el plazo de cobro, salvo que otorguen plazo de pago a determinados clientes o establezcan algún sistema de tarjetas de comprador.

La empresa de construcción (no el promotor inmobiliario) obvia el ciclo de venta y el de fabricación (si no vende bajo la cláusula «llaves en mano»). Puede llegar a tener un prolongado plazo de cobro (sobre todo trabajando para la Administración).

El promotor inmobiliario obvia la fase de acopio, pero asume todas las otras si el tercero que construye para él le factura por «certificaciones de obra» y no «llaves en mano».

Las empresas de servicios se separan muchísimo de la espiral de la figura 5. En una empresa de transporte, el único acopio sería el de recambios y de pequeño material complementario. No existe período de fabricación ni de venta.

En un restaurante tenemos una corta fase de acopio (la de producción –aunque existente– es económicamente irrelevante). La fase de venta es simbólica (salvo que produzca repostería conservable o similar).

Estos comentarios, como acabamos de decir, pueden ayudar al director comercial a entender la estructura del balance de su empresa.

FIGURA 6

Estructuras de activo de diversos tipos de empresa

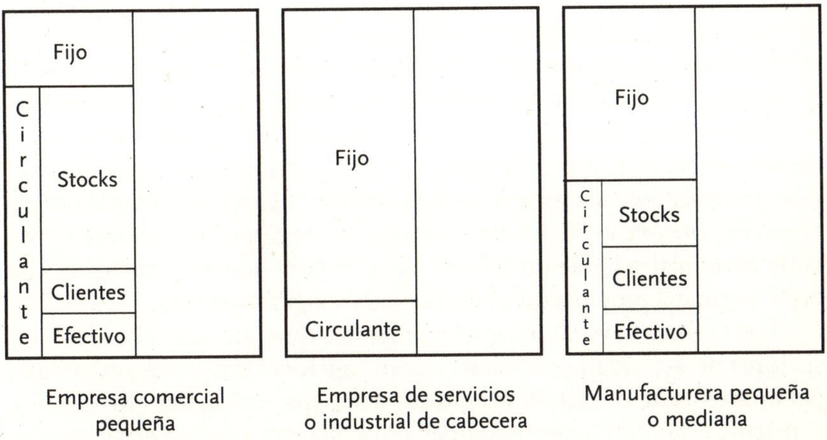

La figura 6 nos permite ver cómo una empresa comercial (que no fuera un macromercado) es muy intensiva en activo circulante ya que puede minimizar sus inversiones en activo fijo (alquilando los inmuebles en lugar de comprarlos) pero debe ser intensiva en mercaderías para permitir un elevado rango de elección a su clientela. El caso de los macroestablecimientos es diferente ya que el gran tamaño obliga a invertir en activo fijo al no poder recurrir al alquiler por la acentuada especificidad de sus locales (acceso, aparcamientos, etc.). Cuando los productos vendidos son de consumo masivo suelen tener una fase de venta más rápida que los productos de consumo más diferenciado, luego la inversión en activo circulante puede ser proporcionalmente más baja.

Las empresas de servicios (transporte, hoteles, estaciones de esquí, alquiler de coches, etc.) necesitan equipamientos de valor netamente superior al escaso valor de existencias que hayan de tener. Es evidente que un hotel puede alquilar el edificio, no siempre es posible hacer lo mismo con el mobiliario y menos con ciertas instalaciones, decoración, maquinaria, etc.

Las medianas y pequeñas empresas manufactureras tienden a equilibrar su activo fijo con el circulante, no así las grandes empresas industriales: producción de electricidad, acero, petroquímicas, etc., las cuales son muy intensivas en activo fijo.

Los esquemas de la figura 6 no son axiomáticos, pretenden proveer bases de reflexión y una primera aproximación cognitiva a la estructura de activo de las empresas. En muchas ocasiones, la contraversión de estos esquemas indica anomalías de funcionamiento o de planteo de la inversión.

Se habrá observado que en la figura 6 hemos dejado en blanco la composición del pasivo. No hemos hecho constar la cantidad proporcional entre capital propio y deuda (o capital exigible). En su momento ya hemos explicado que lo que realmente define a una empresa es su activo y no precisamente la estructura de su pasivo. Pusimos el ejemplo de una empresa hotelera; el hecho de tener un 50% de capital propio contra otro tanto de capital exigible no la hace mejor ni peor que otra que tuviera un 80% de capital propio y un 20% de capital exigible o deuda.

Los vientos favorables que han hecho que, en ocasiones, ciertos sectores de actividad se caracterizaran por niveles de endeudamiento peculiares (por ser altos) no quiere decir que se pueda afirmar que estructuralmente las proporciones entre capital y deuda estén marcadas por el tipo de sector en que opere la empresa.

Hasta ahora hemos dado la amplia definición que concierne a los cuatro grandes grupos del balance:

Activo fijo o inmovilizado	Capital propio
Activo circulante	Capital exigible (o deuda)

A partir de ahora se trata de profundizar en el contenido de estos grandes grupos. Existe una primera gran subdivisión, presentada por el «Plan Contable Español» y que también reviste interés para directivos y gestores de empresa:

- Activo fijo material.
- Activo fijo inmaterial.
- Activo circulante material.
- Activo circulante inmaterial.

Los activos materiales son sinónimo de activos tangibles o corpóreos, como la maquinaria, el utillaje, los edificios o el mobiliario. Son activos en los cuales su propia corporeidad «transparenta» su valor... es decir, pueden ser objeto de peritación directa. Un agente de la propiedad inmobiliaria o un arquitecto especializado pueden valorar un edificio por apreciación directa: antigüedad, estado de la obra, situación, funcionalidad, etc.

La maquinaria o el mobiliario pueden ser también objeto de peritajes como ocurre con la mayoría de bienes de carácter material.

Los activos inmateriales, en cambio, son incorpóreos o intangibles y bastantes de ellos son elementos significados para la dirección de marketing. Un ejemplo es el de un estudio de mercado. Su costo puede ser elevado y su contenido está reflejado en un informe más o menos voluminoso, pero el papel y la tinta por sí mismos no respaldan el valor de ese estudio de mercado.

El verdadero valor de un activo inmaterial es un valor implícito, no explícito. Las diferencias con los valores materiales son obvias pero muy importantes para las direcciones de marketing y finanzas.

En primer lugar, muchos activos inmateriales no son fácilmente transmisibles por ser muy específicos: el caso citado del estudio de mercado, el informe sobre una campaña de imagen, la activación de gastos de lanzamiento comercial de un producto nuevo, etc.

En segundo lugar, los activos inmateriales presentan una acentuada volatilidad respecto a los activos materiales. Una patente es otro ejemplo de activo inmaterial del tipo que concierne a la dirección de marketing. Sabemos cuál es su valor por lo que hemos pagado en el día de la compra, pero: ¿cuánto vale esa patente un año más tarde? Quizás valga más en el mercado si el producto que ampara es de éxito creciente, pero también podemos contemplar, por desgracia, la hipótesis contraria.

Otro ejemplo: La informática al servicio del marketing permite controles interesantísimos de ventas, costos, presupuestos, etc. Este texto incluye un caso centrado en tan importante cuestión. Sabemos lo que vale una inversión inmaterial, como el *software* informático, el día en que contabilizamos su coste, pero: ¿qué valor tiene uno o dos años más tarde, cuando nuestra organización de marketing ya ha experimentado cambios significativos?

El espectro de activos inmateriales que conciernen a una dirección de marketing no es precisamente estrecho: estudios de mercado, *software*, patentes, diseños, campañas de imagen, lanzamiento comercial, derechos de imagen, estudio de logos, marcas, licencias, etc.

Hay dos cuestiones que inciden sobre la interrelación marketing-finanzas en el tratamiento de los activos inmateriales.

La dirección financiera y la propiedad de la empresa son conscientes de lo que supone invertir en activos inmateriales:

- No transmisibilidad.
- Volatilidad del valor.

Por estas características, los activos inmateriales son inversiones que no suelen ser garantía de créditos. Lo contrario está muy claro: un edificio por ser un activo material transmisible (y poco volátil en su valor) es hipotecable, de manera que: la propia inversión sería «portadora» del recurso que la va a financiar. Difícilmente, muy raramente, obtendremos crédito garantizado sobre activos inmateriales. Eso sólo podría darse en el caso excepcional de una patente de mucho éxito (y raigambre en el mercado) o en el de la cabecera de una publicación de amplia y sostenida demanda, pero aun así no es habitual.

Estas características imponen a directores financieros y propietarios, resquemores y reticencias ante las inversiones inmateriales. Pero las direcciones de marketing son a menudo los amenazadores «cruzados» de las inversiones inmateriales. Es preciso justificar y defender muy bien la necesidad de esos activos para que prospere su consecución en la empresa. Evidentemente, cualquier argumento a favor de la posible transmisibilidad o «antivolatilidad» (consistencia valorativa), será bien recibido por la dirección financiera.

A directores financieros y propietarios es preciso recordar que los tiempos que vienen se caracterizarán por la capacidad y habilidad de las empresas de invertir en activos inmateriales. Los activos fijos materiales podrán ser objeto de alquiler, *leasing, renting,* etc. Cada vez más, ciertas empresas podrán minimizar sus inversiones en activos fijos materiales por la vía de subcontratar las tareas de producción, almacenamiento y distribución. El arte verdadero será a partir de ahora y en el futuro la gestión de los activos inmateriales. El *know-how* le ganará la batalla al tener, el saber a la posesión material, la información a la tenencia tangible...

Hemos visto pues el interés que tiene para la dirección de marketing respetar la clasificación material-inmaterial en el activo del balance. Vamos a completar este punto, presentando dos cuestiones de gran interés para la dirección de marketing. Una de ellas es el debate para discernir lo que es inversión de lo que es coste.

No hemos hablado todavía del estado de resultados (o cuenta de pérdidas y ganancias). Lo haremos en próximos capítulos, pero baste ahora adelantar que en ese documento ponemos en contraste la facturación neta de un ejercicio con los costes necesarios para conseguir esa facturación. El resultado, cuando afortunadamente sea positivo, deberá canalizarse (fuera ya del ámbito del estado de resultados) hacia el pago de impuestos, reparto de dividendos y/o reinversión en la propia empresa. A esa reinversión del beneficio la llamamos «reservas».

Esas reservas, unidas al capital social, arrojarán el capital propio total de la sociedad.

Nadie tiene dudas de que el salario de los vendedores o las comisiones pagadas a representantes son costos corrientes de la explotación de la empresa y que por tanto «castigan» a la cifra de ventas netas, influyendo finalmente sobre el resultado contable. Pero existen partidas que pueden sujetarse a discusión sobre si son un costo corriente del ejercicio o representan una inversión en activo fijo (por tanto: no habitual y con efectos a largo plazo; o lo que es lo mismo: estructural y duradera por largo tiempo). Por ejemplo: las diversas clases de publicidad que puede hacer una empresa.

Existe publicidad corriente o «de mantenimiento». La efectuamos habitualmente y la asumimos como un costo propio del ejercicio porque nace y muere en ese mismo período. Existe publicidad que se efectúa *únicamente* en el momento del lanzamiento de un producto y que tiene como finalidad crear una acción de «primer impacto» cuyo efecto se extienda más allá de un ejercicio. Esto último es *inversión* (activo) *no costo.*

Otro ejemplo: si en la aparición de un nuevo producto efectuamos esfuerzos iniciales (es decir: que luego no repetiremos sistemáticamente o corrientemente) reuniendo a prescriptores, grandes distribuidores, etc. con la idea de abrir mercado, «romper hielo» y dejar un impacto duradero, podremos decir que estamos *invirtiendo* y no *gastando.* ¿Por qué?

Imaginemos que en el año de los grandes esfuerzos iniciales de lanzamiento, cometiéramos la torpeza de considerar esa acción inhabitual (por lo grande o por lo no corriente) como un coste corriente que gravara las ventas de ese ejercicio.

La consecuencia sobre el resultado económico sería un castigo severísimo e irrepetible en años próximos. ¿Sería correcto y conveniente explicar a los accionistas que hemos pasado un mal año y por eso hemos ganado menos? ¿Diremos al año siguiente (cuando no repitamos ese esfuerzo) que por fin ha llegado un año bueno? ¿Sería justa esa clase de contabilización para un accionista que deba vender sus acciones tras el año «malo»? ¿Es lo más justo que el nuevo accionista deje atrás el año malo para beneficiarse inmediatamente en el año en que acaba de entrar?

Los esfuerzos puntuales, con repercusión a largo plazo, no son costes sino inversión y ello es así para estimar más objetivamente los resultados del período en cuestión... y de los períodos a venir. Es evi-

FIGURA 7

Algunas subdivisiones del activo y pasivo

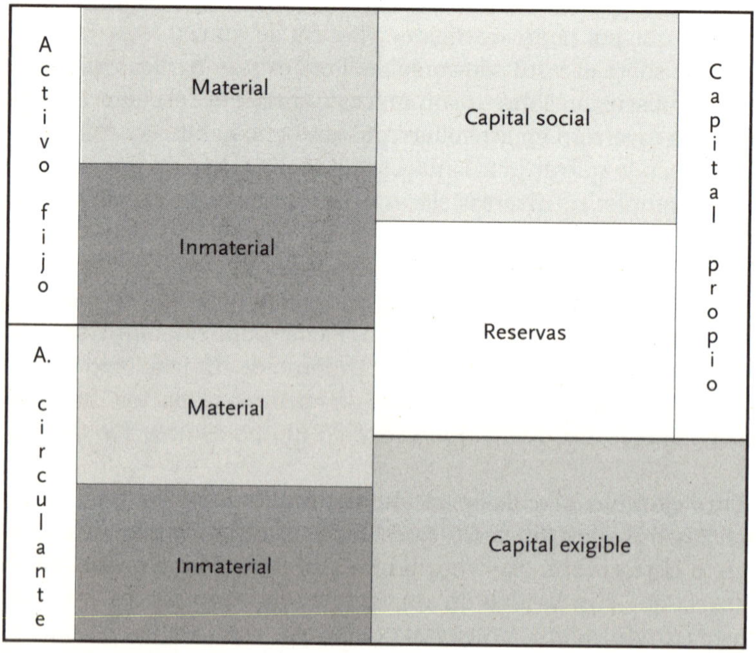

dente que de considerarse de una forma u otra, la dirección general o el consejo de administración pueden decir sí o no a una propuesta del departamento de marketing.

Nadie cuestiona que un local –por su larga vida y su materialidad– es una inversión y no un coste. Pero muchos activos inmateriales pueden ser cuestionados y reducidos a gastos corrientes que castigan inadecuadamente el resultado de un ejercicio concreto. Al director de marketing le tocará demostrar lo contrario. El debate y sus argumentos están servidos.

La segunda de las cuestiones que afecta al director de marketing es el grado de materialidad o inmaterialidad que contiene el activo circulante.

Un primer gran capítulo del activo circulante es el de las existencias o stocks. En una empresa comercial podemos contabilizar una enorme variedad de mercaderías diferentes controlables por:

- Tipos.
- Calidades.
- Mercados.
- Ubicación geográfica, etc.

En una empresa de servicios encontraremos débiles contingentes de existencias: materiales auxiliares, recambios, complementos, etc.

En la empresa industrial, las existencias pueden ser variadas y complejas:

- Materias primas.
- Materias auxiliares.
- Combustibles.
- Productos en curso.
- Productos semielaborados.
- Productos acabados.
- Embalajes, etc.

El carácter de las existencias suele ser material por su tangibilidad, transmisibilidad y comportamiento comercial de sus precios. Raramente se discute la inmaterialidad de ciertas existencias y ello sería en el caso excepcional de algunos materiales de promoción, series cortas o emblemáticas, etc.

En lo que respecta a las cuentas por cobrar de clientes, la tentación de alguno sería decir: he aquí un activo inmaterial. Ciertamente, el papel y la tinta de una factura no valen el monto a cobrar de la misma pero hay otros argumentos para defender su materialidad: la no volatilidad de ese valor, la transmisibilidad y el ser precisamente una garantía crediticia de primer orden. En Italia, España, Francia y Portugal la disposición de efectivo contra endoso de letras de cambio es un crédito habitual y de elevado importe global.

Lo mismo pasaría con el dinero. En principio una moneda de 1€ o un billete de 50€ no representan tangible y directamente su valor, pero la transmisibilidad de la moneda es precisamente la panacea, su objetivo más esencial. Su valoración es per se, rotunda e incuestionable (salvo para coleccionistas numismáticos). Baste decir que cuando una persona comete el error de admitir ante un colectivo que le gusta el dinero (error cometido por mí frecuentemente) no faltará algún hipócrita que le dirá: «eres un materialista».

La presencia de activos inmateriales en el activo circulante no es frecuente. Un director comercial podría presentar a su director general la propuesta de compra de un paquete accionarial de una compañía distribuidora. Eso no sería lo mismo que una compra temporal de acciones cotizadas en Bolsa (puro activo circulante). La compra de la distribuidora será oportuna o no, pero vamos a hacer una inversión en activo fijo y de carácter material. La inmaterialidad de las acciones es discutible, pero valen los mismos argumentos que para las cuentas por cobrar de clientes (aunque «aminorados»): transmisibilidad, pignoración posible y respaldo material en forma del activo de la compañía adquirida.

Los ejemplos de activos circulantes inmateriales son raros: compra temporal de una patente para revender a una filial (pobre en recursos actualmente), marcas a revender a una filial recién escindida, derechos de imagen a ceder a un ex colaborador que se establecerá por su cuenta, etc.

En muchos balances no se contemplan activos inmateriales en el activo circulante. Nosotros lo haremos así en los ejemplos y casos prácticos que presentará este texto.

Una de las subclasificaciones del activo que tiene un sentido muy importante es la que lo desglosa entre funcional y extrafuncional. Para entender el sentido de estos dos subgrupos es preciso recordar las tres funciones o «universos» de gestión en la empresa que hemos descrito en las primeras páginas de este capítulo. Pues bien, las cuentas de activo que colaboren directamente en la explotación de la empresa (venta, producción, dirección) pertenecen a la categoría de activos funcionales.

Esta categorización no es contemplada por el Plan Contable Español y es por tanto una categoría esencial en un balance-pro-gestión. Ello es tanto como decir que en el momento de traducir un balance ordenado de acuerdo con el Plan Contable Español a un balance de gestión es necesario respetar un principio de funcionalidad: *Las cuentas del activo no deben ordenarse por su naturaleza sino de acuerdo con su función en la empresa.* Un ejemplo puede ayudarnos a entender el alcance de este principio para un directivo comercial. Recordaremos que en el ejemplo que citábamos anteriormente, el director comercial proponía la compra de una participación en una distribuidora. Para muchos contables, aplicando directamente el Plan Contable oficial, esta partida sería «activo financiero» (ésa es su naturaleza) y a poco que estimaran en tales participaciones un cierto carácter de transmisibilidad lo ordenarían en el activo circulante. En una óptica de gestión en cambio y respetando el principio antes enunciado, prescindiríamos de la *naturaleza* de ese bien y nos interrogaríamos sobre su *función*. Podemos preguntarle al director comercial, si tenemos alguna duda: la participación en la distribuidora se hace con el ánimo de comercializar o distribuir mejor, se pretende claramente una sinergia con nuestra actividad. En un balance de gestión, esa partida será activo funcional porque la misma quiere colaborar claramente en el éxito de la explotación y es un activo fijo porque la necesitamos durante muchos *ciclos de maduración*.

Espero y deseo que el lector empiece a advertir el alcance de trabajar con esquemas contables un tanto cerrados o con una óptica de gestión. Es evidente que a lo largo de este texto iremos demostrando la necesidad e importancia del desdoble: *funcional y extrafuncional*.

¿Qué más hemos de decir sobre el balance de gestión? ¿A qué nos lleva la consideración del «universo» de la financiación en la empresa? Nos lleva a considerar activo financiero aquel que lo es –no por su naturaleza– sino por su papel en el seno empresarial. Como ya hemos dicho, el propietario de la empresa debe abordar la estrategia financiera (es decir, la estructura de pasivo) como una combinación de capital propio y exigible. Si una decisión de financiación con exigible le obligase a constituir un depósito a plazo, ese activo, financieramente *obligatorio*, sería activo financiero y no activo funcional. Por ejemplo: un banco está de acuerdo en otorgar a una empresa un préstamo a largo plazo de 1 millón de euros; si el banco pusiera a la empresa la condición de que ésta constituyera un depósito a plazo de 100.000 euros por diez años, le estaría obligando a una inversión puramente financiera. Ya que esa partida es necesaria para financiarnos pero no para incidir directamente sobre la venta, producción o dirección-administración.

Citemos en el activo una última categoría interesante, situada «a caballo» entre el activo funcional y el extrafuncional. Se trata del activo interino, concepto que un ejemplo puede ilustrar: nuestra empresa tiene su sede central en Barcelona. Poseemos una importante delegación comercial en Paterna (Valencia) y ahora estamos ampliando el almacén y la sala de exposición al público. Estas obras están presupuestadas en 2 millones de euros y el constructor ha certificado obra –visada por nuestro arquitecto– por valor de 730.00 euros. ¿Es este valor invertido en obra en curso ya plenamente funcional? No. Porque aún no colabora a las ventas de la delegación

FIGURA 8

Esquema del activo de un balance de gestión

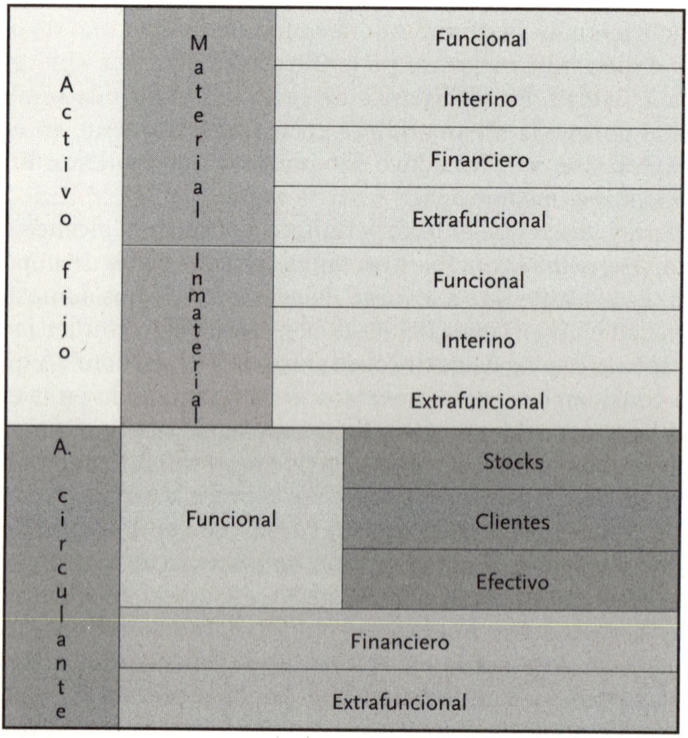

valenciana. ¿Es puramente extrafuncional? No. Porque la estricta extrafuncionalidad pertenece al tercer «universo» de gestión: la gestión de la extraoperacionalidad (derivación de recursos fuera de la actividad principal).

El subgrupo del activo interino no cabe en el circulante. Todas las partidas del activo circulante son transformadas (físicamente) por definición ya que viven en la empresa un solo ciclo de maduración.

En síntesis y hasta aquí el activo de un balance de gestión se ceñiría al esquema de la figura 8.

Nos faltaría completar la composición del *pasivo*. En el pasivo no señalaremos, de momento, diferencias (y son bastantes) entre el Plan Contable Español y el balance de gestión ya que éstas aparecerán en un terreno analítico que desarrollaremos en el capítulo siguiente.

La primera gran división que habíamos establecido era la «magna» dualidad: *capital* y *deuda*. Posteriormente habíamos distinguido dentro del capital propio dos subgrupos:

- Capital social.
- Reservas.

El capital social se compone de aportaciones directas que el accionista ha hecho a la sociedad, no sólo en el momento inicial (o fundacional) sino posteriormente a lo largo de los años de vida de la entidad.

Las reservas son reinversiones de beneficios obtenidos por la empresa. Es el destino (del resultado) opuesto al del pago del dividendo.

Nos falta pues desglosar el gran grupo de la deuda o capital exigible. Es corriente llamar a este grupo *exigible* a secas y que el actual Plan Contable llama *pasivo* a secas.

FIGURA 9

Estructura del pasivo

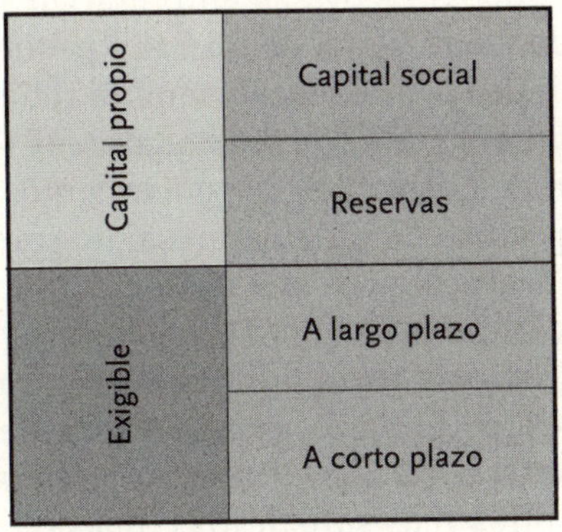

Bastantes autores distinguen dentro del capital exigible tres subgrupos distintos:

- Exigible a largo plazo.
- Exigible a medio plazo.
- Exigible a corto plazo.

Conviene aclarar que se estila muy poco el tipo de deuda de vencimiento *único* al cabo de unos años. Se han hecho y se hacen operaciones de vencimiento único pero lo más habitual es establecer vencimientos mensuales o trimestrales a lo largo de los años pactados en el contrato de préstamo.

El significado del horizonte de vencimiento a largo, medio o corto plazo no está formalmente definido. Existen autores y profesionales de las finanzas que defienden férreamente ciertas acotaciones temporales pero a ningún sistema se le atribuyen virtudes especiales. Hay quien sitúa el largo plazo entre horizontes de 5 a 12 años, otros lo establecen entre los 3 y los 12. Para los primeros, el medio plazo iría desde 2 a 5 años y para los segundos desde 18 meses hasta 3 años.

En una óptica de gestión empresarial, todos estos intentos de acotación temporal no tienen excesivo sentido. El medio plazo siempre será una clasificación indefinida y harto discutible. El verdadero plazo de la deuda, el verdadero horizonte a corto o a largo plazo ha de ser lógicamente función de la duración del ciclo de maduración de la empresa.

Piense usted, amable lector, en el ciclo de maduración de unos astilleros de construcción naval pesada. ¿Cuántos años dura el ciclo de maduración? ¿A partir de cuántos años un préstamo es verdadero largo plazo para ese tipo de actividad empresarial? En el lado opuesto, piense en el ciclo de maduración de un bar o pequeño restaurante. Si el local fuera de alquiler... ¿qué sentido tendría solicitar un crédito con horizonte de vencimiento de 120 mensualidades?

La clasificación de horizontes de vencimiento, adaptados al ciclo de maduración específico de cada empresa, no suele hacerse formalmente a nivel del balance, pero sí a nivel del análisis del equilibrio entre inversiones y su financiación. Formalmente y para los balances que trabajaremos en este texto adoptaremos la norma de 12 meses para el exigible a corto plazo, considerando deuda a largo plazo más allá de este período. Esta clasificación pudiera parecer simplista comparada con otras más sofisticadas, puesto que aparecerán en el mismo «cesto», operaciones de préstamo a un año y un día con otras a ocho años. No debe preocuparnos esta simplificación ya que en la tarea de análisis del endeudamiento de una empresa, los analistas solemos pronunciarnos sobre la «calidad» del horizonte de vencimiento de las deudas.

Caso práctico: Pronasa

Presentamos a continuación un caso práctico cuyo objetivo es ilustrar los contenidos teóricos recientemente expuestos.

Este caso práctico va a ser utilizado en forma secuencial. La misma empresa –Pronasa– va a ser estudiada en diversas fases o secuencias correspondientes cada una de ellas a un capítulo del libro.

Como ya hemos dicho en la introducción del texto, a este caso seguirán otros que se podrán trabajar en una visión integradora de los diversos capítulos del texto.

Hasta hace cinco años en esta empresa no se sabía lo que era un director de marketing. Existía una jefatura de ventas que había propiciado en la empresa un crecimiento tímido pero gradual de la facturación, desde el día fundacional, ahora hace 20 años.

La aparición de la nueva directora de marketing coincidió con el momento en que Meritxell Capdargent, hija del fundador de la empresa, llegó a la dirección general en sustitución de su padre ahora jubilado.

El nuevo rumbo que tomó la empresa, así como la aparición de la nueva directora de marketing causó más de una preocupación al jefe de contabilidad, antiguo colaborador del fundador de la empresa.

La actividad de la firma abarca dos ramas de producto claramente definidas:

- Congelación de carne en piezas o bien elaborada (hamburguesas).
- Producción de embutidos y jamones.

El segmento de mercado al que tradicionalmente se había dirigido el padre de Meritxell era el de los pequeños detallistas de la carne. Meritxell influyó sobre su padre para extender el mercado de la empresa a hipermercados y cadenas hoteleras. Se están trabajando ya estos segmentos pero queda aún buen trecho por recorrer.

La familia fundadora posee el 30% de las acciones. El 70% restante pertenece a accionistas amigos del fundador. Se ha constituido un consejo de administración en el que subsiste todavía una cierta disensión de pareceres. Unos cuantos consejeros (minoría) abogan por la línea de desarrollo que defiende Meritxell, otros (mayoría) preferirían la línea de lento crecimiento que fue realizando el padre de Meritxell.

Pronasa utiliza para sus productos la marca Natur. La calidad de sus manufacturados es buena. No obstante, en cuanto a embutidos y jamones era mejorable. La nueva directora de marketing defendió la mejora de calidad de estos productos.

El organigrama de la empresa es el siguiente:

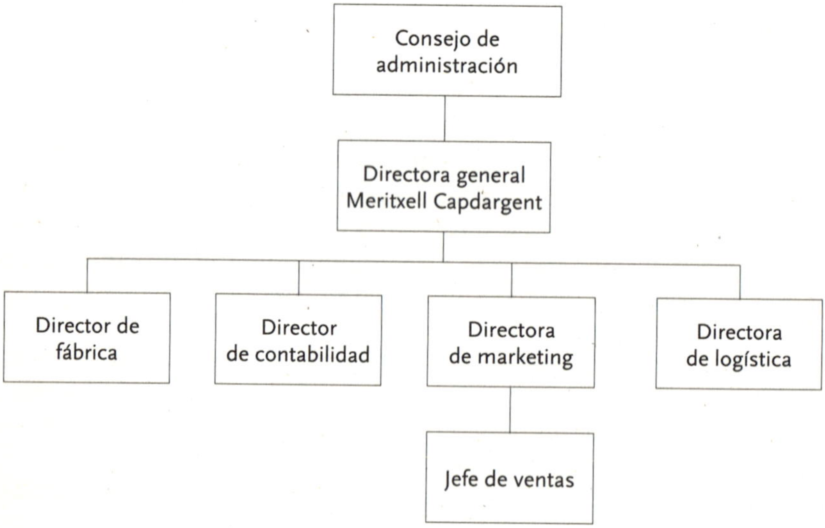

La empresa no pertenece a ningún grupo específico. Tiene un merecido prestigio con proveedores y clientes. Destaquemos su vinculación con una empresa proveedora de la comarca: Eravi, SA (Empresa Ramadera de Vic SA) de la cual posee un 60%. Esta participación le otorga ventajas y preferencias en cuanto a contingentes a suministrar, precios, calidades y fechas de entrega. La variedad de producción de ganado de Eravi es amplia: cordero, ternera, cerdo, etc.

El departamento de contabilidad solía presentar los balances sin adecuarse a ningún plan contable establecido. El orden de las cuentas era a comodidad del contable.

Meritxell Capdargent pensaba que el balance debía ser un documento útil para todos los directivos de Pronasa. La nueva dinámica de crecimiento de la empresa y la reciente cultura de marketing que se iba extendiendo, debían tener efectos que era preciso controlar a través del balance y el estado de resultados.

Era preciso pues convertir ese primer documento en un estado patrimonial fácilmente legible e interpretable.

PRONASA. BALANCES (en miles de euros)

	Año 1	Año 2	Año 3	Año 4	Año 5
Activo					
Caja y bancos*	346	684	438	222	174
(0) Materias primas y auxiliares	82	101	142	184	134
(1) Terrenos	62	62	166	182	182
Gastos de constitución	16	16	16	16	16
Accionistas	-	100	-	-	-
Maquinaria	486	502	520	544	608
(2) Clientes	1.218	1.452	2.128	2.900	3.954
(3) Prod. en curso y acabados	344	352	540	538	626
(4) Inversión obra social	-	72	80	100	108
(5) Valores cotizados en Bolsa	66	90	70	28	-
Gastos puesta en marcha	46	46	46	46	46
(6) Edif., instalac. ind.	124	124	348	1.654	2.606
(7) Acciones Eravi, SA	30	34	34	46	106
(8) Materiales depositados	20	20	20	40	40
Mobiliario	24	26	28	52	82
(9) Deudores diversos	44	70	96	54	56
Total	2.908	3.751	4.672	6.606	8.738

* Este saldo se distribuye en las siguientes partidas afectas a la explotación:

Caja	6	4
Bancos	240	70
Caixa d'Estalvis Comarcal	100	100

Pasivo					
(10) Proveedores industriales	0	0	64	242	576
(11) Créditos bancarios CP	20	20	120	244	494
Capital	800	1.300	1.300	1.300	1.300
(12) Proveedores comerciales	424	426	464	568	686
Depositantes de materias	20	20	20	40	40
Reserva social y legal	160	200	220	240	260
Reserva actualiz. activos	108	108	108	108	108
Reserva voluntaria	240	265	458	66	404
(13) Prést. Caixa Comarcal	0	0	0	1.500	1.500
(14) Hacienda pública	80	96	112	96	140
(15) Pérdidas y ganancias	226	238	244	50	314
(16) Préstamos accionistas	0	0	0	60	280
(17) Acreedores diversos	86	86	98	100	74
(18) Fondo de amortización	144	192	264	392	562
(19) Bancos por dt°. bancario	600	800	1.200	1.600	2.000
Total	2.908	3.751	4.672	6.606	8.738

Extracto del informe sobre verificación del balance cerrado en el año 5. (Informe de auditoría)

(0) *Materias primas y auxiliares:* Están correctamente valoradas al precio de compra.

(1) *Terrenos:* Están dedicados a la explotación propia de la empresa.

(2) *Clientes:* Dentro de esta partida se incluyen pedidos pendientes de facturar, saldos que deben los clientes que reponen fondos periódicamente, otros saldos materializados en letras de cambio –una parte de las cuales se lleva a descontar al banco y el resto ha de retenerse en cartera hasta el vencimiento– y finalmente deudas contra clientes que se han retrasado en sus pagos. El desglose de estos capítulos es el siguiente:

	Año 1	Año 5
Entregas pendientes de facturación	212	104
Saldos en c/c con clientes	100	240
Efectos en cartera	300	1.520
Efectos descontados	600	2.000
Clientes morosos	6	90
Total	1.218	3.954

(3) *Productos en curso y acabados:* El desglose es el siguiente:

	Año 1	Año 5
Productos en curso	290	540
Productos acabados	54	86
Total	344	626

(4) *Inversión obra social:* Construcciones sociales en curso que no son exigidas por la explotación. Figuran valoradas correctamente.

(5) *Valores cotizados en Bolsa:* Constituyen una utilización del disponible de la empresa que busca una mayor rentabilidad. Su valor actual es el del balance.

(6) *Edificios e instalaciones industriales:* El desglose es el siguiente:

	Año 1	Año 5
Edificios	82	1.010
Instalaciones	42	1.596
Total	124	2.606

(7) *Acciones de Eravi, SA:* Representa la participación, con dominio, de esta sociedad, suministradora importante de materias primas en diversas fases del proceso productivo. (Véase enunciado del caso.)

(8) *Materias depositadas:* Material dejado a prueba por los suministradores. Se ha previsto su devolución inmediata.

(9) *Deudores diversos:* Esta cuenta representa diversas deudas ajenas a la explotación normal de la empresa.

(10) *Proveedores industriales:* El plazo medio de pago es de 2 años. Los pagos acordados con los proveedores de bienes de equipo son:

Año 6º : 170.000
Año 7º : 170.000
Año 8º : 170.000
Año 9º : 66.000

(11) *Créditos bancarios a corto plazo:* Son pólizas bancarias con vencimiento semestral.

(12) *Proveedores comerciales:* Son las facturas pendientes de pago por compras de materias primas de explotación.

(13) *Préstamos Caixa Comarcal:* Estos préstamos se consiguieron para construir el nuevo complejo industrial. Su devolución está prevista en 5 plazos anuales de 300.000 cada uno, a partir del 6º año.

(14) *Hacienda pública:* El pago ha de hacerse dentro del próximo ejercicio.

(15) *Distribución de los resultados postimpuestos:*

	Año 1	Año 5
Reserva social y legal	—	—
Reserva voluntaria	120	260
Dividendos	106	54
Total	226	314

(16) *Préstamos accionistas:* Cantidades entregadas por los accionistas, cuya devolución será en julio y diciembre del año 6º, a razón de 70.000 en cada fecha.

(17) *Créditos diversos:* Vencimiento inferior al año.

(18) *Fondo de amortización:* Recoge no sólo las dotaciones anuales sobre el activo fijo a valor de coste original, sino también las dotaciones practicadas sobre actualización de activos fijos.

(19) *Bancos, descuento bancario:* Pasivo bancario contingente por efectos descontados que no han vencido al cerrar el ejercicio.

Práctica correspondiente a este capítulo

A partir de estas indicaciones resulta un ejercicio muy interesante «traducir» el balance de Pronasa (tal como lo presenta el contable) al lenguaje y estructura de un balance de gestión.

Se trataría de trabajar cada partida siguiendo los principios teóricos que ha presentado este capítulo para conseguir alcanzar un balance debidamente ordenado y que se convirtiera en un documento apto para la tarea de la directora de marketing de Pronasa.

Invitamos al lector a realizar esta práctica y a contrastar el balance de gestión que haya obtenido, con el que nosotros presentamos a continuación.

PRONASA. BALANCES (en miles de euros)

ACTIVO	AÑO 1	AÑO 5
INMOVILIZADO MATERIAL		
Funcional:		
Terrenos	62	182
Edificios	82	1.010
Instalaciones industriales	42	1.596
Maquinaria	486	608
Mobiliario	24	82
Acciones Eravi SA	30	106
Extrafuncional:		
Viviendas sociales	0	108
INMOVILIZADO INMATERIAL		
Gastos de constitución	16	16
Gastos puesta en marcha	46	46
TOTAL INMOVILIZADO BRUTO	788	3.754
Stocks	426	760
Materias primas y auxiliares	82	134
Producto en curso	290	540
Producto acabado	54	86
Realizable funcional	1.218	3.954
Entregas pendientes facturación	212	104
Saldos en cuenta corriente	100	240
Efectos en cartera	300	1.520
Efectos descontados	600	2.000
Morosos	6	90

Activo	**Año 1**	**Año 5**
Realizable extrafuncional	110	56
Deudores varios	44	56
Valores cotizados en Bolsa	66	0
Disponible	346	174
Caja	6	4
Bancos	240	70
Caixa Comarcal	100	100
Total activo circulante	2.100	4.944
Materias en depósito	20	40
Cuentas de orden	20	40
Total activo bruto	2.908	8.738

Pasivo	**Año 1**	**Año 5**
Capital social	800	1.300
Reservas (total)	628	1.032
Reserva legal	160	260
Reserva actualización activos	108	108
Reserva voluntaria	360	664
Total capital propio	1.428	2.332
Proveed. industriales vtos. a largo plazo	0	406
Préstamo Caixa Comarcal, vtos. largo plazo	0	1.200
Préstamo accionistas a largo plazo	0	140
Total exigible a largo plazo	0	1.746
Proveedores comerciales	424	686
Proveedores industriales vtos. a corto	0	170
Hacienda pública	80	140
Póliza de crédito	20	494
Préstamo Caixa Comarcal, vtos. a corto	0	300
Préstamos accionistas vtos. a corto	0	140
Dividendos a pagar	106	54
Bancos, por descuento bancario	600	2.000

Acreedores diversos	86	74
TOTAL EXIGIBLE A CORTO PLAZO	1.316	4.058
Fondo amortización	144	562
Cuentas de contrapartida	144	562
Depositantes de materias	20	40
Cuentas de orden	20	40
TOTAL PASIVO	2.908	8.738

¿Cómo se ha llegado a estos balances de gestión?

Muchas de las cuentas del balance desordenado son obvias en su clasificación de gestión; vamos a concentrar nuestra atención en aquellas que puedan tener mayor dificultad o sean más discutibles:

1. *Gastos de constitución:* Gastos de tipo jurídico-fiscal necesarios para constituirse en sociedad. Se trata de activo fijo porque no es una partida de vida limitada a un solo ciclo de maduración. Es inmaterial por su naturaleza intangible y funcional por ser absolutamente necesario para iniciar la andadura empresarial.

2. *Accionistas:* Significa (por estar en el activo) que los accionistas deben dinero a la compañía. ¿Por qué razón? Un préstamo hecho por la sociedad a uno o varios accionistas, no es una cuenta (o no debería ser) habitual y podría encerrar una situación de privilegio de unos accionistas en detrimento de otros. Descartada esta posibilidad cabe observar que en el año 2 se produjo una ampliación de capital. Una cosa es comprar o «suscribir» una acción y otra pagarla o «desembolsarla». Algunos accionistas quedaron a deber parte de las compras de acciones que habían efectuado. Aparentemente y según lo visto hasta ahora, esta partida debiera integrar el activo circulante con carácter financiero, pero existe otra modalidad de ordenación que vale la pena citar y respetar: se trata de las llamadas cuentas de contrapartida. ¿Qué quiere eso decir? Quiere decir que el balance desea reflejar un hecho o una incidencia suficientemente interesante. En este caso, la incidencia afecta al subgrupo del capital social. El valor asignado a esta partida en el año 2 es 1.300. Pues bien, ello quiere decir que se han suscrito (no, cobrado) acciones por valor de 1.300. Nos referimos a los 800 que había en el año anterior más 500 en concepto de emisión de nuevas acciones. Este valor de 500 ha sido totalmente suscrito, como indica el valor de la cuenta de capital, pero las personas que han comprado o suscrito este importe no lo han pagado totalmente. Quedan por pagar 100 que podemos registrar en el

activo como una cuenta de contrapartida del capital social. Este grupo nuevo tiene un valor puramente informativo, no es de mucho interés para la dirección comercial de la empresa y se consigna después del activo circulante. En este caso surge como un ejemplo de otras partidas que no tienen protagonismo en la vida de la empresa ni afectan a los intereses de la dirección comercial.

3. *Clientes:* Es una forma abreviada de expresar lo que sería un título más explícito de esta cuenta: «Cuentas a cobrar de clientes». Esta partida interesa mucho a la dirección comercial-marketing. Veamos el significado y forma de clasificación de los diversos epígrafes que integran la cuenta.

a) *Entregas pendientes de facturación.* La existencia de esta partida nos indica que se ha distribuido género a clientes que no se ha facturado. Si hemos entregado el género y lo hemos valorado como demuestra la existencia de esta cuenta en el balance... ¿por qué no lo hemos facturado? Esto es una anomalía, es interesante que el balance nos alerte sobre ella.
Esta partida ha dejado de ser stock de producto acabado (puesto que se ha entregado al cliente) pero todavía no la podríamos contabilizar como «clientes». Siendo muy «puristas» debería crearse una categoría intermedia «a caballo» entre stocks y clientes. A veces, una excesiva proliferación de grupos y subgrupos complica el esquema de ordenación del balance. En aras a simplificar las cosas, nosotros lo hemos clasificado bajo un epígrafe general con el título de *realizable* que se asimila al concepto de cuentas a cobrar de clientes.

b) *Saldos en cuenta corriente.* La intención de este epígrafe es reflejar valores debidos por los clientes pero que no se han instrumentado en ningún documento cambial como letra o pagaré. Esto limita las posibilidades de descontar en el banco estas deudas. El interés para la dirección comercial de esta partida es muy significado. Cuando un cliente no quiere que se le gire cambial alguna –y la dirección comercial lo acepta– se le complican un tanto las cosas a la dirección financiera ya que no puede disponer anticipadamente de dinero, sino que debe esperar a que ese cliente haga una transferencia o pague de alguna otra forma.

c) *Efectos en cartera.* La partida refleja la deuda que tienen con la empresa clientes que han aceptado instrumentalizar sus créditos. Estos efectos no han sido presentados a ningún banco o caja para su descuento. La empresa puede hacerlo en cualquier momento (si necesita dinero) y la entidad de crédito está dispuesta a descontar ese «papel». Con el conocimiento de esta cuenta, el director comercial sabe las posibilidades del director financiero de generar liquidez vía descuento de letras o –en cualquier caso– esperando el vencimiento del efecto. (Se habla entonces de efectos al cobro.)

d) *Efectos descontados.* Esta cuenta recoge el valor de letras, recibos o pagarés contra clientes que han sido presentados al banco o la caja y descontados por éstos. Mediante endoso, Pronasa ha cedido el crédito contra sus clientes, al banco o caja, los cuales han otorgado a su vez un crédito con la garantía de las letras descontadas, es por ello que el importe de dichas letras figura todavía en el activo del balance, ya que en caso de impago por parte de los clientes de Pronasa, el banco o caja podría reclamar contra esta última en virtud de la acción cambiaria.

e) *Clientes morosos.* He aquí una cuenta polémica y un imponente «caballo de batalla» en el conflicto marketing-finanzas. Por cliente moroso se entiende aquel que se demora en sus pagos. No debe confundirse con el título de «incobrable». El título de incobrable se asigna a clientes morosos cuando se pierde toda esperanza de cobro de los mismos. El saldo no cobrado se considera un quebranto y aparece en el capítulo de gastos del estado de resultados de ese ejercicio. No hay pleno acuerdo en el uso de adjetivos tales como moroso e incobrable. La forma en que nosotros lo conceptuamos y la que usaremos en el caso Pronasa (y los restantes casos prácticos de este texto) será la siguiente:

- Clientes, saldos normales o regulares: pagan puntualmente en la fecha del vencimiento acordado.
- Clientes morosos o de dudoso cobro: empiezan a experimentar retrasos que no son graves. Existen todavía esperanzas de recobro. No se consideran todavía pérdidas pero se controlan en cuenta aparte.
- Clientes impagados: retrasos abundantes y prolongados. Las gestiones de cobro se han demostrado infructuosas hasta ahora. Se pierde toda esperanza de cobro. Se «provisionan» (o se consideran pérdidas; es lo mismo).

¿*Quién* decide *cuándo* uno o varios clientes pertenecen a *qué* categoría? ¿*Cómo* se decide?

La pregunta no será contestada ahora. Lo que suele ocurrir es que la dirección financiera se inclina por aplicar criterios muy estrictos; en cambio la dirección comercial suele ser más tolerante. No se discute un tema banal de clasificación contable. Se discute algo que: *a)* puede influir sobre criterios de selección de nueva clientela en el futuro, *b)* acciones más o menos inmediatas (¿cortar el suministro a los malos pagadores?, ¿embargar?).

La cuenta –claramente destacada– es muy interesante. Para felicidad de Pronasa digamos que es de importe muy bajo.

4. *Acciones de Eravi, SA:* Creemos que tanto el objetivo de Pronasa como las explicaciones de este capítulo dejan claro que se trata de un activo fijo, material y funcional.

Funcional porque sirve a la explotación específica de Pronasa como empresa cárnica (calidades, precios, fechas de compra y suministro).

Material porque es transmisible (si algún día interesa, hoy no), pignorable y valorable según técnicas determinadas.

Fijo porque a Pronasa le conviene explotar durante muchos años la sinergia con Eravi, SA.

5. *Materias depositadas:* Observaremos cómo esta partida es un mero registro o apunte sin ninguna trascendencia para la vida de Pronasa. Este tipo de anotaciones son pura rutina contable y se destinan a un grupo especial llamado: «Cuentas de orden». Dado que la contabilidad en esencia nos dice que llevemos al activo todo aquello que es nuestro o se nos debe, esta cuenta de «materias depositadas» ni es nuestra ni nos la deben, luego anotada en el activo daría una falsa sensación de riqueza. Por esta razón se registran contablemente en el activo y el pasivo a la vez. ¿Entonces? Nada, como hemos dicho: un puro registro, un puro guardar constancia de algo. El ejemplo de Pronasa muestra una cuenta puramente baladí, sin mayor alcance.

¿Debe ignorar pues las «cuentas de orden» la dirección comercial-marketing? No del todo.

Imaginemos una empresa distinta de Pronasa. Por ejemplo una que fabricara maquinaria de artes gráficas, o bien otra que construyera edificios de oficinas.

La acción de marketing en la empresa nos permite firmar un contrato en que comprometemos la construcción (de maquinaria u obra) por valor de 3.000 (facturamos 5.000 al año). ¿Es el contrato una ganancia ya obtenida?

No, todavía no. ¿Es ese contrato una deuda a nuestro favor? No, todavía no. ¿Puedo inscribir en el activo los contratos que importan 3.000? En pura técnica no. Como «cuenta de orden» sí. ¿Qué conseguimos? Pues, decir algo muy importante para la dirección de marketing y para accionistas y banqueros. ¿Qué empresa vale más? ¿La que el año pasado facturó 6.000, ganó 600, pero aún no ha firmado ningún contrato para el año que viene? ¿O la nuestra, que factura 5.000, ganamos 400, pero ya hemos firmado nuevos contratos por 3.000?

6. *Pérdidas y ganancias:* Los resultados situados en el pasivo del balance significan beneficios. ¿Cómo? Se entiende bien si se repasa el contenido del primer capítulo. Si al final de un ejercicio, el activo de una empresa vale 100 pero además sabemos que el capital propio al principio era de 50, nadie ha hecho nuevas aportaciones y ahora, al cierre, se deben 40 a proveedores y banqueros. ¿Qué se ha ganado?

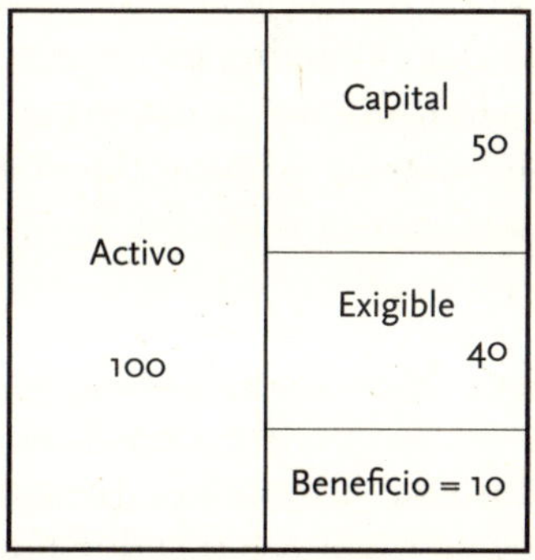

¿Por qué se han ganado 10? El activo durante el año ha ido subiendo de valor. ¿Cómo? Las cuentas de stocks están a precio de coste, pero cuando se vende un producto se da de baja del balance a precio de coste pero se da de alta una deuda de un cliente... ¡a precio de venta naturalmente! Es decir: salen del activo partidas de precio menor (los stocks) que las que se añaden (deudas de clientes). Este mecanismo crea beneficio al comparar el activo con el pasivo. El balance se cuadra o iguala con la cuenta de beneficios.

Esta cuenta de beneficio del pasivo del balance no la vamos a mantener *sine die* como puro beneficio sin más, sino que es preciso darle un destino o asignarlo:

- Pago de impuestos a Hacienda.
- Reinversión o dotación a reservas.
- Pago de dividendos.

Lo que se destina a pago de impuestos se convierte en: deuda (o exigible) a corto plazo.

Lo que se reinvierte, pasa a reservas dentro del gran grupo del capital propio. Lo que se promete a los accionistas como pago de dividendos se añade al grupo del exigible a corto plazo.

7. *Fondo de amortización:* Esta cuenta ha sido tratada como cuenta de contrapartida inscrita en el pasivo y contrabalanceando al activo fijo. La naturaleza y finalidad de esta cuenta es explicada en el capítulo siguiente.

8. *Bancos, descuento bancario:* Ya hemos comentado al explicar el tratamiento de la partida llamada «Efectos descontados» que Pronasa recibía un crédito (endosando al banco o a la caja letras contra clientes). Aunque esa deuda de Pronasa con el banco se satisfará mediante el pago que hará en su día el cliente, es necesario registrarla como exigible a corto plazo. Lógicamente el importe que se debe al banco coincide con el de la garantía depositada. («Efectos descontados»: 200 en el año 5º).

Un balance para la directora de marketing de Pronasa

El balance –debidamente ordenado– que hemos podido instrumentar posee ahora una estructura con la que puede empezar a familiarizarse mucho mejor la directora de marketing de Pronasa.

Observemos que los grupos que presenta el balance no son tantos como para dispersar la atención de una persona que no sea especialista en contabilidad o finanzas.

Meritxell Capdargent y la directora de marketing representan en Pronasa, junto con la mayoría de consejeros, la línea de la expansión y del crecimiento. El balance que se acaba de estructurar y que analizaremos en próximos capítulos, es para la directora de marketing un documento importante para autojuzgarse en la medida que le corresponda.

Éste es el balance con el que también va a trabajar una experta en marketing. Está agilmente estructurado, se entiende el sentido de cada cuenta y aparece suficientemente sintetizado, para poderlo «mentalizar» con eficacia. En la medida en que la directora de marketing de Pronasa, lea el balance mensualmente o trimestralmente, adquirirá práctica y experiencia. Para analizarlo podrá seguir las pautas que indicamos en los siguientes capítulos.

Capítulo 3

Cortinas de humo alrededor del director comercial

El encabezamiento de este capítulo puede resultar quizás un poco oscuro. ¿Lo estoy diciendo por la densidad del humo? ¿O quizás porque ningún término clarificador forma parte del título asignado a este nuevo capítulo?

Nuestro objetivo es hablar de una temática que frecuentemente se ha utilizado para crear en la empresa climas de euforia o, contrariamente, de pánico desmesurado sobre la base de cuestiones que no siempre la literatura financiera o el quehacer de los directivos en la empresa ha enfocado adecuadamente. Me refiero a juicios que se elaboran en la empresa sobre su solidez patrimonial. A menudo hemos podido oír: «Esta empresa es sólida como una roca... nuestras reservas nos pueden permitir resistir años de penuria sin por ello desaparecer del mercado». Lo contrario en otra empresa podría circular como un amargo comentario: «Nuestra empresa se halla fuertemente descapitalizada; el endeudamiento es insoportable...».

Hay directivos que intuyen vagamente el sentido de estos comentarios, pero en el fondo no pueden dibujar con precisión la situación de la empresa y sus causas. Demasiadas veces he oído a representantes sindicales preguntar dónde están las reservas de la empresa... como si algún día hubieran podido estar en alguna caja fuerte...

En informes de consultoría he leído –más de lo deseable– oscuros pero dudosos vaticinios sobre el final inminente de una empresa, negras profecías basadas sobre mitos y leyendas tejidas alrededor del tema de la solidez patrimonial.

No hay cortinas de humo más densas que las que provoca asumir un tema de forma axiomática y «recetaria». En un analista financiero, las conclusiones simplistas al estilo «regla de tres» son imperdonables, pero involucran en ellas a directivos de otras áreas como el director comercial-marketing y forman cortinas de humo alrededor de la gestión de la empresa. Por suerte, apagado el fuego, el viento fresco puede disipar la ceguera del humo.

Este capítulo pretende iniciarnos en la comprensión del fenómeno de la solidez patrimonial de una empresa. Aspira a mostrar la forma de enjuiciar estos temas sobre una base lógica y no «recetaria».

El juicio sobre la solidez patrimonial de la empresa no ha de ser el «feudo» aislado de contables y financieros. Es su obligación de expertos razonarlo y comentarlo, pero es también su deber hacerlo llegar con lógica claridad al ánimo de los restantes directivos de la empresa.

La dirección comercial debe saber interpretar la solidez patrimonial de la empresa a partir del balance, sin que cortinas de humo se puedan formar alrededor de sus ojos. En suma, el juicio sobre la fuerza patrimonial nos concierne como directivos comerciales y es la primera aproximación al análisis del balance.

No se hace un examen de la situación patrimonial de un día para otro, descubriendo entonces la euforia de nuestra fortaleza o el pánico de nuestra debilidad. El director comercial-marketing debe desarrollar su labor «inmerso» en la satisfacción o la preocupación, según sea el grado de solidez de su empresa. El juicio sobre nuestra capacidad de pervivencia... sobre riesgos patrimoniales potenciales, debe hacerse «carne propia» y hemos de «vivir» su evolución a través de la lectura del balance.

La fortaleza o la debilidad patrimonial es un tema en boca de directivos, representantes sindicales, accionistas y banqueros; pero, ¿sabemos exactamente de qué estamos hablando?

Conceptualizar esta cuestión nos lleva a decir que emitir un juicio sobre la solidez patrimonial significa formular una opinión sobre:

- El equilibrio de las masas patrimoniales del balance.
- El nivel de endeudamiento de la empresa.

Digamos lo que es cada una de estas dos cuestiones y discutamos después a quién concierne gestionarlas.

Para entender el concepto de equilibrio de masas patrimoniales, o equilibrio patrimonial a secas, hemos de referirnos a la visión del activo que hemos ido presentando en los capítulos anteriores. El activo, en términos puramente contables, sería el listado de las cuentas que presentan saldo deudor, pero esta definición anclada en el campo contable no nos daría demasiadas pautas para la gestión de la empresa. La óptica de gestión que presentábamos en nuestras primeras explicaciones (capítulo 2) definía el activo como una serie de inversiones «vivas» necesarias para el desarrollo de la explotación. No olvidemos que la explotación era –por encima de todo– el sello vivo de la identidad de nuestra empresa. Llega ahora el momento de concretar y conceptualizar más la definición del activo en la óptica que concierne por igual a financieros y comerciales.

El activo podemos definirlo atendiendo a un doble enfoque, que le dará su pleno sentido:

- Una óptica económica.
- Una óptica financiera.

¿Qué es lo económico? ¿Qué es lo financiero? Dos términos distintos que mezclamos y confundimos demasiado a menudo en la conversación corriente. Pecado venial si somos profanos en la materia. Pecado mortal cuando incluso los medios de comunicación los manejan sin demasiado rigor.

Sirva un ejemplo para acotar el campo de lo económico y lo financiero: somos una empresa inmobiliaria eficaz, aunque modesta, ya que solemos manejarnos con un activo que ronda un valor de 10 millones de euros, financiado por un capital de 5 y deudas que ascienden a otro tanto. Un día, un buen amigo nuestro, deseoso de que nos hagamos ricos, nos propone la compra de un solar que vale 50 millones de euros para edificar –sobre él– obra por valor de 150 y vender las viviendas, locales o despachos resultantes con una magnífica plusvalía del 30% (ya discutiremos en otro capítulo si el 30% debe ser sobre capital o sobre ventas). Desde un punto de vista económico, nuestro amigo ha demostrado ser realmente un buen amigo ya que la plusvalía es apetecible. Pero falta contemplar el otro aspecto de la cuestión: el aspecto financiero. ¿Tiene posibilidades nuestra empresa de obtener 50 millones de euros para la compra del solar? ¿Tenemos envergadura para adquirirlo, pagándolo a plazos, es decir, endeudándonos? ¿Dispondremos de nuevos recursos financieros adicionales a los anteriores para edificar sobre él, por valor de 150 millones? ¿Va a ser fácil ampliar el capital pasando de los 5 actuales a 80, 100, 120...? ¿Cubriremos el resto con deuda? ¿De quién? ¿Crédito limitado del constructor de las viviendas? ¿Crédito hipotecario por 100 o algo parecido? En definitiva, ¿podemos pasar de manejar un activo de 10 a otro de 200 en poco tiempo?

El tema era muy bueno desde el punto de vista económico, pero inasequible desde un punto de vista financiero.

Lo económico es ganar o perder, ganar mucho o poco, perder mucho o poco.

Lo financiero es tener o no los recursos monetarios, experimentar o no tensiones de liquidez, poder pagar o no poder.

El lado positivo de lo económico es el beneficio. La cara buena de lo financiero es la consecución de la liquidez (no el atesoramiento).

El infierno de lo económico es la pérdida y el de lo financiero es el impago.

Visto todo lo anterior, retomamos el hilo de nuestro discurso sobre el *activo*. ¿Qué es el activo en una óptica de tipo económico?

El activo –ya lo hemos dicho– son medios de trabajo vivos, riqueza operativa con la finalidad de desarrollar el «universo» de la explotación. ¿Para qué? Para crear nueva riqueza. El activo es dinámico y vivo por la inspiración de mujeres y hombres que cada día lo mueven al vender y producir. El activo debe aumentar su valor espontáneamente por el trabajo de hombres y mujeres «al pie del cañón» entre lunes y viernes. En la empresa privada, dirigir el activo a la consecución del beneficio es la vía abierta a permanecer en el mercado. La pérdida sostenida nos «borrará» de él. En la empresa pública, el beneficio no se mide necesariamente como en la privada (bonito tema de discusión), pero el servicio a la comunidad ha de ser el beneficio del «activo público»: hospitales que cubren necesidades vitales de la población, escuelas, transporte, etc.

El activo se define (económicamente hablando) por el logro del beneficio privado o de la utilidad pública. Fallando uno de los dos, el activo atenta contra su propia definición: se viene abajo. A la empresa privada la «borrarán» del mercado, a la «res pública» puede costarle votos (otro bonito tema de discusión).

La segunda óptica a contemplar en la definición del activo es la financiera. ¿Qué es el activo en un enfoque financiero?

En el capítulo anterior hemos representado esquemáticamente el balance tras estructurarlo en grupos determinados. Ello es posible cuando nos hemos asegurado de que las cuentas del activo eran tratadas y clasificadas por el «prisma» de su papel o función en la empresa.

Hemos visto una aplicación concreta con el caso de la empresa Pronasa; ahora disponemos de un balance ordenado en la óptica de gestión de la empresa. Al final de este capítulo representaremos gráficamente, en esquema, el balance de gestión de Pronasa.

Volviendo a cualquiera de los esquemas gráficos del balance que hemos utilizado en el capítulo anterior, podremos observar que el orden que se ha seguido en la presentación de las masas patrimoniales (grupos de cuentas) del activo ha sido un orden de menor a mayor liquidez.

Efectivamente, la parte baja del esquema presenta la cuenta de efectivo (caja y bancos) expresión máxima de la liquidez en un balance.

FIGURA 1.

Cuenta de clientes. Fuerza interna hacia la liquidez

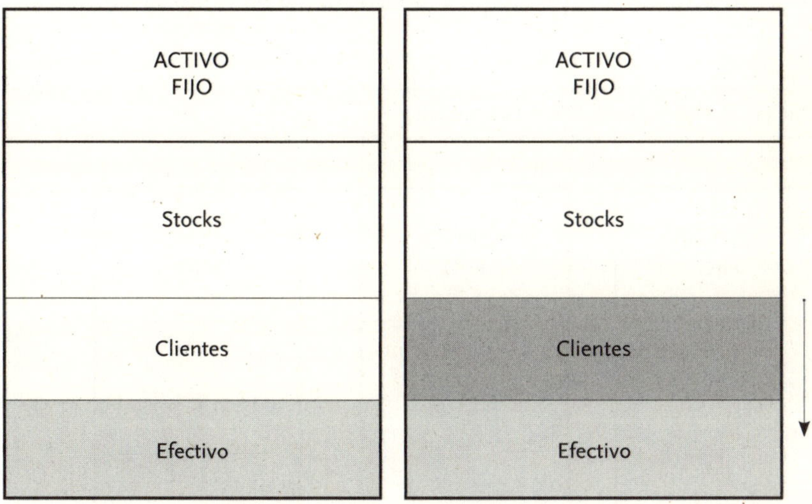

Le antecede la cuenta de clientes. Esta cuenta no es líquida, pero representa la partida más próxima a la liquidez. De hecho, la cuenta de clientes, tal como la «capta» o la «congela» en un instante el balance, no es todavía dinero líquido, pero el paso del tiempo acabará convirtiéndola en dinero. Decimos que esta cuenta tiende a la liquidez; podemos decir que presenta en su interior una corriente hacia la liquidez. La cuenta de clientes posee una fuerza interna que la lleva a convertirse en liquidez.

¿Podemos decir lo mismo de las cuentas de stocks? Obviamente sí. En una empresa comercial, la cuenta de existencias captada en el instante de representación del balance no es líquida, pero concebida en la dinámica del activo, es fácil entender que presenta una fuerza interna hacia la liquidez. En una empresa industrial, la cuenta de producto acabado no es dinero ahora, pero el fenómeno de la venta la convertirá en deudas de clientes y, tras ello, pasará a ser liquidez. Todo esto nos va guiando hacia la definición financiera del activo: «El activo se caracteriza por la existencia de una fuerza interna hacia la liquidez». Hemos visto cómo ello se cumple para el activo circulante. De hecho, la vida diaria de cualquier empresa consiste precisamente en un esfuerzo continuo por preservar intacta la fuerza interna hacia la liquidez. Es más, tanto mejor si esta corriente o tendencia hacia la liquidez puede acelerarse. Si las condiciones de cobro estipuladas con nuestros clientes son de 90 días, el servicio de recaudación de la empresa debe evitar al máximo que este plazo se deteriore para convertirse en 100, 110 o 120 días. El servicio de cobro de la empresa debe estar atento a determinar si en ocasiones es posible

FIGURA 2.

Stocks. Fuerza interna hacia la liquidez

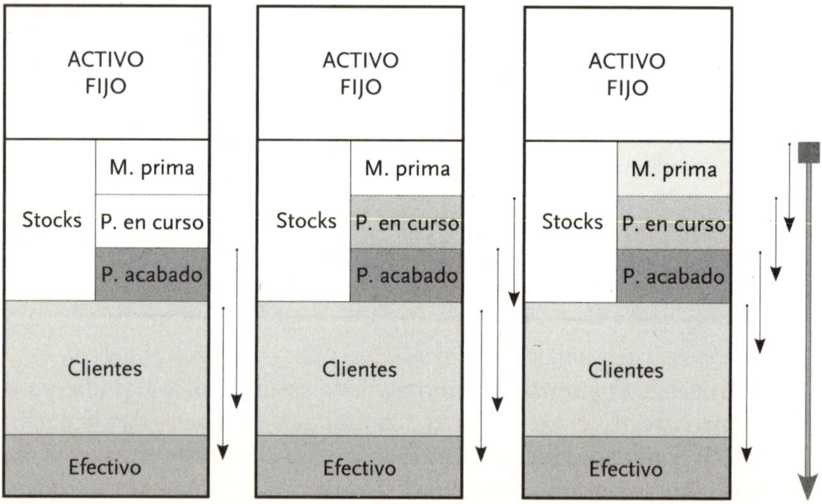

cobrar de algunos clientes en un plazo menor a cambio de alguna contraprestación en forma de descuento, reducción del plazo de suministro, soporte publicitario directo, etc.

La dirección comercial vela diariamente para «preservar intacta» la fuerza interna hacia la liquidez de las existencias de producto acabado, actuando sobre los mecanismos de venta. Tanto mejor si el ciclo de venta puede acortarse, ya que se gana velocidad o fuerza interna hacia la liquidez. La tendencia a la liquidez de las existencias de producto en curso depende del responsable de fabricación. La organización de la producción, las mejoras en métodos de trabajo y en equipamiento constituyen elementos clave para preservar la tendencia hacia la liquidez al pasar de tener existencias de producto en curso a tenerlas de stocks de producto acabado.

Las existencias de materia prima tienden a la liquidez indirectamente a través de la fabricación, la venta y el cobro. El equilibrio entre el volumen de materia prima que se compra y la demanda de la misma que efectúa la sección de fábrica preserva la tendencia a la liquidez de esta partida.

Todas, absolutamente todas las personas que prestan sus servicios a una empresa trabajan para preservar o mejorar la fuerza interna hacia la liquidez. La vida diaria de la empresa es la continua reconfirmación de la identidad financiera del activo.

Pero... a todo esto, no nos hemos planteado si el activo fijo tiende o no hacia la liquidez. Espero que nos haya quedado muy claro que el activo circulante tiende hacia la liquidez (y cuanto más rápido mejor), pero la duda nos sobreviene con el activo fijo. ¿Tiende el activo fijo hacia la liquidez? ¿Es el inmovilizado la gran excepción en la definición financiera del activo?

Contestar esta pregunta supone explicar un concepto que, en nuestro primer contacto con el caso Pronasa, habíamos dejado para este tercer capítulo. Nos referimos a la *amortización* del activo inmovilizado. El concepto de amortización no siempre se entiende de forma adecuada. La experiencia nos demuestra que raramente se relaciona con la práctica. La amortización tiene mucha importancia operativa en el mundo real y afecta a las decisiones del director de marketing.

En lenguaje corriente oímos decir a menudo frases de este estilo: «Esta máquina es una auténtica novedad, mejora mucho el producto... la va a tener usted amortizada en menos de cuatro años... ¡qué digo cuatro!... en dos o tres años la habrá amortizado usted». Nuestro interlocutor nos quiere decir en palabras sencillas que el mayor beneficio que nos aporte esta máquina va a cubrir el precio de compra de la misma en dos o tres años. Esta es una forma errónea de conceptuar la amortización. La persona que nos está hablando con tanto entusiasmo ha estimado el «pay back», es decir, un coeficiente de retorno medido en años.

¿Qué significa realmente la amortización? ¿Qué sentido de gestión tiene? ¿Qué importancia tiene para la dirección de marketing? ¿Cómo influye en la definición financiera del activo?

La amortización es un coste. Una máquina por ejemplo, sea la que sea, sufre un desgaste con el paso del tiempo que obligará a sustituirla en cierto plazo. Si los contables se olvidaran de que la máquina se desgasta cada año un poco, se estarían olvidando de computar su «muerte gradual», y acabarían contabilizando su final en un asiento único (que provocaría en ese ejercicio una pérdida exagerada). Si la máquina ha de durar cinco años, resulta más objetivo admitir que a lo largo de ese lustro «muere» poco a poco. No es objetivo contabilizar su «muerte súbita» gravando excesivamente el resultado de un solo ejercicio.

Imaginemos que en nuestra oficina comercial utilizamos un ordenador recién comprado. Este ordenador es tan robusto y está tan bien hecho que pensamos que puede durar tres años. Pero es posible que al cabo de dos años quizás, debamos sustituirlo porque las prestaciones que nos da han quedado anticuadas. No habremos tenido en tal caso un problema de vejez o de ruina, sino un problema de obsolescencia de uso. Una cosa es la vida física de un bien y otra su *vida útil*. Se debe amortizar de acuerdo con la vida útil y no con la vida física teóricamente posible. Hemos asimilado la palabra amortización a «desgaste gradual»; quizás sirva para ir entendiendo mejor este concepto, pero no es una expresión del todo correcta. La amortización consiste en periodificar o repartir en el tiempo la pérdida final del valor de un bien. Algunos bienes de activo fijo, al término de su vida útil, no valen absolutamente nada. En tal caso, hemos de amortizar, año tras año, la totalidad del valor de compra. Otros bienes tienen un valor en el mercado de segunda mano (o, para un chatarrero), en tal caso, hablamos de valor residual y entonces amortizamos así:

$$\frac{V_c - V_r}{n} = a$$

donde:
V_c = valor de compra
V_r = valor residual
n = vida útil expresada en años
a = cuota anual de amortización

La estimación de la vida útil de un bien es un tema complejo. Recuerdo el ejemplo de un hotel radicado en Calella del Maresme. El hotel fue edificado en sus buenos tiempos en estructura de hormigón armado. Al cabo de 15 años de funcionamiento impecable, el propietario decidió modernizarlo. La pesada estructura de hormigón imponía rigideces a la distribución en planta (*layout*) que eran incompatibles con el firme propósito de modernización del propietario. Se procedió al derribo total del hotel y a construir uno nuevo con prestaciones y aprovechamiento incomparablemente mejores. Hoy sigue siendo un saludable negocio.

Cuando se construyó el primer edificio es posible que se tomara como período de amortización la cifra de 25 o 30 años. Al cabo de esos años, un edificio bien mantenido no amenaza ruina. Cuando al cabo de 15 años el propietario decide modernizarlo, los pilares y vigas están en perfecto estado. La vida posible del hotel hubiera podido ser de otros 15 o 20 años más, pero la vida útil –cuando hay una clara visión de modernizarlo– se redujo a 15. ¿Quién podía preverlo al inicio de actividades?

Algunos autores dicen que el problema de estimar la vida útil de un bien está resuelto, puesto que el Ministerio de Hacienda dicta normativamente el período de amortización de los activos fijos. El empresario debe limitarse simplemente a acatar la normativa y no debe «calentarse» la cabeza pensando en la vida útil del equipo que ha adquirido. Esto no es así. La normativa del Ministerio de Hacienda es de obligado cumplimiento, pero la estimación de la vida útil de un bien puede ser errónea. ¿Sabe el Ministerio de Finanzas de cualquier país en cuántos años se amortiza una patente? ¿Y un diseño?

Ya hemos explicado en este texto la importancia que tiene para la dirección comercial-marketing la determinación de lo que es una inversión duradera o de lo que es un gasto puntual. Añadamos ahora un nuevo tema de discusión entre el director financiero y el comercial: la estimación de la vida útil de una inversión inmaterial como las que recomienda, propugna o defiende la dirección de marketing.

Si el Ministerio de Economía dice que el bien A o el Z se amortiza en ocho años, pero algunos de nuestros expertos dicen que en cuatro años, ¿a quién vamos a hacer caso? Por si acaso, vamos a seguir la opinión de nuestros expertos. Pero, ¿vamos a manejar dos costos diferentes de amortización: uno fiscal y otro interno? Efectivamente, esto es lo que estamos diciendo. Que nadie se escandalice ya que no propugnamos una doble contabilidad con ánimo de defraudar a Hacienda.

La contabilización de la amortización interna –realista– y de la amortización oficial (normativa) es una vieja historia para muchísimas empresas en bastantes países (entre ellos Estados Unidos). La razón de todo ello es que en materia de amortización hay que prevenir los errores de estimación de la vida útil al máximo, por lo que veremos ahora.

¿Qué sentido de gestión tiene todo esto? ¿Qué sentido práctico?

La dirección de marketing sabe perfectamente que la formulación ideal de precios de venta debiera cumplir dos requisitos fundamentales:

- El precio del bien o del servicio que vendemos debe ser competitivo.
- Ese precio debe cubrir todos los costes necesarios para hacer el producto y distribuirlo (o para rendir el servicio); además de cubrir todos los costes, debe dejarnos un beneficio.

¿Qué significa cubrir todos los costes? Es obvio: el precio de venta de un bien debe resarcir al empresario de la materia prima consumida para fabricarlo, debe compensarle del gasto de personal, etc.

¿Y la amortización? La amortización, ya se ha dicho, es un costo más (como la materia prima o el personal). Luego el precio de venta debe comprender la amortización, debe compensarme del costo de amortización. Vendiendo muchas unidades de producto durante varios años debo recuperar el valor del bien. Así puedo renovarlo, así puedo mantener viva mi empresa. La amortización no debe interpretarse como destinar una parte de mi beneficio a renovar mis equipos. La amortización ha de permitir –a través del precio de venta– reponer un bien *sin detrimento del beneficio*.

Cuando el precio de compra se cobra, entra monetariamente el valor de la amortización en la empresa. El cliente *paga* la amortización y así posibilita la reposición del activo fijo, la perpetuación de la empresa. Cada máquina, herramienta, patente o mueble muere cada día un poco en aras a dar un producto o servicio a nuestra clientela. El cliente cubre, poco a poco, pedido tras pedido, pago tras pago, el importe de ese bien que «murió a su servicio».

Esta explicación tiene obviamente una significada repercusión en la práctica. Tal como lo hemos explicado, hemos simplificado o –si se quiere– idealizado el proceso. Nuestros clientes –gente encantadora– entienden que la máquina «muere» cada día un poquito en aras a su servicio. Gustosamente nuestros amables clientes «pagan» la amortización para que nuestra empresa siga perviviendo y se perpetúe en el servicio más fiel y prolongado que jamás empresa alguna pudiera soñar. Tan amables y cariñosos son nuestros clientes que el día en que compremos una máquina nueva, bastará con que les digamos: «Oh, divino y bondadoso cliente: observa que te he subido el precio en un 10%. La razón de ello es que he adquirido una máquina nueva que a partir de ahora "morirá" cada día un poco por ti. Espero de tu comprensión que aceptes que debes pagar por ello a fin de que en el futuro podamos reponer esta máquina y así seguir sirviéndote por años, lustros y decenios». Bueno, imagínese, a partir de aquí, lo que quiera.

Repercutir la amortización en el precio de venta es otra historia. Quizás la máquina nueva le va a ahorrar energía o mano de obra. Esta adquisición comporta un costo mayor de amortización pero un ahorro de energía. No hace falta que le suba el precio al cliente (aparte de que esta medida no suele gustarles... ¿verdad?).

Lo que antes su cliente le pagaba en concepto de energía, ahora se lo pagará como amortización. El dinero que antes usted canalizaba a la compañía eléctrica ahora lo canalizará a la reposición del bien que acaba de comprar. Si la máquina nueva facilita al empresario una operación productiva, adicional o mejorada, la amortización se justifica claramente en el precio de venta. Por ejemplo: hasta ahora servíamos la almendra a granel sin envasar. Ahora la máquina nueva la envasa, incluso con los requisitos comerciales de mi cliente. La posible subida de precios no sería «por tener que amortizar una máquina nueva», sino por entregar el producto envasado y además luciendo la brillante marca de mi cliente.

Voy a decirle –apreciado lector– algo muy elemental pero muy olvidado en la práctica: piense en el costo adicional de amortización de una inversión en activo fijo y mire de asegurarse de que lo recuperará *efectivamente* mediante:

- Ahorro de otros gastos.
- Incremento justificado del precio de venta (mejor servicio o producto).
- Aumento de ventas.

Por el bien de la empresa y en aras de una buena interrelación marketing-finanzas, esta clase de reflexiones son muy importantes.

No soñemos en que sean perfectas, pero sólo con reflexionar y debatirlos podemos evitar errores.

¡Alto! ¿Hacia dónde estamos yendo con todas estas explicaciones? Caminábamos por una ancha senda preguntándonos si el activo fijo tendía también a la liquidez, cuando hemos tomado un camino lateral deambulando por el paisaje de la amortización hasta alcanzar una colina (la liquidez asociada a la amortización). Desde lo alto de la colina divisamos la ancha senda momentáneamente dejada. Hora es de que regresemos a ella.

Podemos afirmar que también el activo fijo tiende a la liquidez. Lo hace a través de la amortización. Pequeñas partes del valor de los bienes de inmovilizado constan, día a día, producto a producto, en la facturación de la empresa. La amortización, a pequeñas dosis, se incorpora en el torrente circulatorio del activo circulante (¡infeliz redundancia!) y aflora en la partida de cuentas a cobrar de clientes. Unos días más tarde se hará líquida.

La enorme diferencia entre la tendencia a la liquidez del activo circulante y la del activo fijo es la intensidad, la velocidad. El activo circulante debe «correr» hacia la liquidez... ¿qué digo «correr»?... debe «galopar». La tendencia hacia la liquidez del circulante ha de ser poderosa, contundente... el veloz caballo de Atila, las rápidas cuádrigas de Ben-Hur...

En cambio, el activo fijo tiende a la liquidez en un proceso que dura años. ¿Cuántos? Los edificios pueden amortizarse en 30 o 40 años, pero no se olvide usted del hotel de Calella del Maresme.

Las instalaciones industriales pueden durarnos 15 años. Las conducciones de ácido, ¿también? La maquinaria quizás 5 años. ¿Dura igual el motor de una máquina que un eje?

Pero hablemos de marketing: ¿En cuánto tiempo amortizaremos un estudio de mercado? ¿Y una marca? ¿Patentes, diseños? ¿Campañas de lanzamiento? ¿Campañas de imagen?... ¿En cuánto tiempo se deprecia el *software* de control de progreso de vendedores? ¿Cómo se amortizan los vehículos de distribución? ¿Se acuerda usted de lo caro que fue el diseño de aquel logotipo? ¿La rotulación de los vehículos de distribución era un gasto o una inversión? Pero, ¿se amortiza al mismo ritmo que los vehículos? ¿Morirá la rotulación antes que el vehículo? o ¿el estudio de imagen sobrevivirá a los vehículos? Lo siento, amable lector. No se lo quise decir en el primer capítulo, pero los aspectos financieros del marketing presentan agudas complejidades en la práctica. ¿Quién le mandó a usted meterse en esto del marketing? Aprovecho la ocasión para acabar de ponérselo más difícil: ¿cuántos directores financieros saben lo bastante de marketing para ayudarle a usted a contestar las preguntas del párrafo anterior?

Tampoco seré yo quien le conteste las preguntas anteriormente formuladas. En la práctica son cuestiones que no podremos esquivar y, sobre la realidad, deberemos estimar la vida útil probable de cada una de las inversiones comentadas. Nos guiaremos por expectativas de perdurabilidad o éxito comercial, añadiremos nuestro sentido de la prudencia. En ocasiones trazaremos fronteras temporales como si de un objetivo se tratara: nadie tiene el don de saber contestar esas preguntas, pero su reflexión o debate nos dibujará órdenes de riesgo y sensibilidad. En cualquier caso, el control que se haga a posteriori nos indicará la importancia de las desviaciones sufridas; sin una referencia previa, el control pierde sentido.

La tendencia del activo fijo a la liquidez a través de la amortización –más o menos prolongada– es una característica general, pero con algunas excepciones. En el capítulo anterior citábamos el ejemplo de una inversión promovida por el director comercial. Se trataba de adquirir acciones de otra compañía para controlar nuestro proceso de distribución. Esa inversión en activo fijo no se amortiza. Las acciones de una compañía participada (o filial) pueden ver aumentado o disminuido su valor, pero sólo se amortiza aquello que tiene una pérdida de valor sistemática.

Entre mis alumnos y clientes he acuñado el término de «consolidación» de un activo fijo. Los bienes que se amortizan muy lentamente son –bajo ese término– fuertemente consolidados. El grado extremo de consolidación es el del activo fijo que no debe amortizarse.

En definitiva, todo el activo –sea fijo o circulante– tiende a la liquidez. Ahora podemos cerrar la definición del activo en su doble enfoque económico-financiero. El logro del beneficio definía al activo en una óptica económica y la fuerza interna, corriente o tendencia hacia la liquidez lo define en una óptica financiera.

Retomando los primeros párrafos de este tercer capítulo, veremos que nuestro objetivo era emitir un juicio u opinión sobre la solidez patrimonial de la empresa. La firmeza patrimonial la hacíamos gravitar sobre dos ejes:

- El equilibrio de las masas patrimoniales.
- El endeudamiento.

Tratando de conceptualizar la cuestión del equilibrio patrimonial hemos dado una definición del activo en el plano económico y el financiero.

Ahora debemos hacer lo propio con el *pasivo*. Igual que en el caso del activo, el pasivo es definido de acuerdo con el doble prisma de lo económico y lo financiero.

Desde el punto de vista puramente contable, el pasivo es el listado de cuentas con saldo acreedor. Esta definición ahora no nos sirve. Ya hemos explicado que el pasivo es el conjunto de recursos financieros, el origen del activo. En un orden económico diremos que estos recursos deben ser retribuidos. La nota distintiva en el enfoque económico del pasivo es que ese conjunto de «financiadores», llamado pasivo, espera ser remunerado.

El capital exigible es remunerado obligatoriamente, mediante un tipo de interés pactado o establecido previamente a la operación de crédito o préstamo.

El capital propio es remunerado mediante el beneficio –no necesaria ni precisamente con el dividendo–. El beneficio, como remuneración, significa que cuando no se pueda o no se desee pagar dividendos quedará la reinversión en la empresa (reservas) como mayor valor del capital propio. Estas reservas (crecimiento del capital propio) retribuyen indirectamente al accionista, ya que su inversión en la empresa vale más, sin que él haya aportado nuevo capital.

Si hablamos de una empresa pública, esta connotación económica en la definición del pasivo es diferente. El financiador de la empresa pública es doble, como en la privada: exigible y capital. Pero el capital es del Estado y, por tanto, ese propietario –que somos todos– quiere una remuneración en forma de servicio público.

La definición del pasivo en el orden económico se complementa con la definición en un plano financiero. Hablemos ahora de esta última.

Recordemos lo explicado en el capítulo anterior sobre la estructura del pasivo. El orden que hemos preconizado iba de menor a mayor *exigibilidad*.

Al representar gráficamente un balance ordenado, hemos situado el exigible a corto plazo en su franja más baja. (Véase la figura 3.)

En el pasivo existe una fuerza interna hacia la exigibilidad claramente localizada en la deuda a corto plazo. Una deuda con vencimiento pactado a 90 días avanza día a día hacia una exigibilidad mayor o más apremiante, que alcanza su máximo en el día del vencimiento. La deuda a 150 días pronto lo es a 120... y a 90. Existe pues, dentro del

FIGURA 3

Fuerza interna hacia la exigibilidad

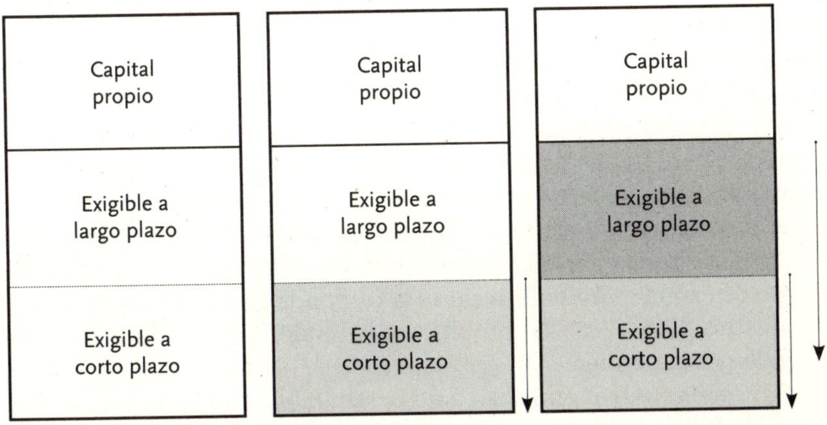

grupo patrimonial del exigible a corto plazo un flujo o corriente continuo hacia una exigibilidad mayor.

¿Qué ocurre en la masa patrimonial de las deudas con horizonte de vencimiento a largo plazo? 10 o 12 años son muchos años. Es una exigibilidad más atenuada, menos «rabiosa», que la del exigible a corto plazo, pero el tiempo corre:...8, 6, 4, 3... años. Cuando falte 1 año para el vencimiento, ese importe pasará al grupo del exigible a corto plazo y en 12 meses «galopará» hacia el día del vencimiento; día de la plena exigibilidad.

¿Es la exigibilidad del pasivo una nota definitoria, válida para todo él, o es preciso hacer una excepción con el capital propio? ¿Tiende el capital propio también hacia la exigibilidad?

De contestar negativamente a esta pregunta, hubiéramos atentado contra la definición del pasivo. O todo el pasivo tiende a la exigibilidad o la definición –óptica financiera– no sería válida.

¿Cómo tiende el capital propio hacia la exigibilidad? ¿Cómo se demuestra la existencia de una fuerza interna hacia la exigibilidad en el seno de esta masa patrimonial?

La respuesta más inmediata que podría surgir a esta pregunta sería la de afirmar que el día que se liquida la sociedad, el capital propio también se hace exigible. Esto es cierto, pero también lo es que el día de la liquidación todo el activo tiende a la liquidez lo más rápidamente posible... ¿qué más da que sea activo fijo que circulante? Lo primero que pueda venderse se vende. Por otra parte, la liquidación de una empresa es una etapa muy singular en su vida: su muerte.

Cuando nosotros hablamos de fuerza interna hacia la exigibilidad nos referimos a un fenómeno que pueda darse durante la vida de la empresa.

La exigibilidad que marca al capital propio es la necesidad de responder ante las pérdidas que pueda tener la empresa. La aparición de pérdidas, como ya se ha explicado, se contabilizaría, de entrada, en el activo. Pero no podemos dejar «eternamente» inscritas las pérdidas en el activo sino que es preciso darles una salida. Al analizar un balance... siempre... las pérdidas –que aparecen en el activo– se restan del grupo de capital propio. El accionista responde ante la pérdida con los fondos propios, el capital propio –su inversión en la empresa– le es exigido por la pérdida.

Observemos, sin embargo, que la exigibilidad de la deuda es diferente de la que corresponde al capital propio. La exigibilidad de la deuda tiene plazo e importe determinado y exige la generación de liquidez para poderla atender. En cambio, la exigibilidad que crean las pérdidas no tiene fecha concreta: son inciertas. La exigibilidad de las pérdidas no tiene volumen predeterminado; éste se conoce cuando las mismas se producen.

Cabe decir, por tanto, que la exigibilidad de la deuda está instrumentada jurídicamente, contractualmente. En cambio, la exigibilidad del capital propio no hace falta instrumentarla de forma concreta, es inmanente a la condición de accionista.

No siempre las pérdidas reclaman liquidez, como lo hace el vencimiento de la deuda. Se puede perder dinero por realizar rápidamente, a bajo precio, un elevado importe de existencias, pero se puede disponer de la significativa aportación de liquidez que ha significado esa venta masiva.

Así pues, todo el pasivo tiende a la exigibilidad y todo el activo tiende a la liquidez.

No es hora de decir ya ¿qué es el equilibrio de masas patrimoniales? ¿No ha llegado el momento de dar al director comercial elementos de reflexión sobre este tema? ¿Qué ideas cabe darle para que no se formen espesas cortinas de humo a su alrededor?

El *equilibrio patrimonial* estriba en la adecuada correspondencia entre las masas patrimoniales de activo y de pasivo. Es decir, se trata de compensar la fuerza interna hacia la liquidez del activo con la tendencia a la exigibilidad del pasivo. Son fuerzas contrarias que han de buscar su equilibrio.

Pongamos un ejemplo: supongamos que el director comercial propone al director general una inversión en mobiliario para la sala de exposición al público. La inversión en mobiliario asciende a 130.000 euros. ¿Qué tendencia interna a la liquidez tiene este nuevo activo fijo? Es posible que al consultar las tablas de amortización del Ministerio de Hacienda veamos que esta clase de mobiliario se puede amortizar en 10 años. Si le preguntamos la vida útil al fabricante de los muebles, seguramente nos responderá que sus muebles son «eternos»...

Decidimos consultar también a uno de nuestros expertos, el cual estima que, en un plazo de 6 años, este mobiliario puede quedar obsoleto. Lo dice pensando en la función que va a desempeñar en una sala abierta al público, donde la obsolescencia del diseño y de la propia funcionalidad puede pesar más de lo deseable. Es muy posible que, al cabo de 5 años, el mobiliario no tenga daños ni desgaste físico, como para darlo por «acabado», pero pueden haber surgido en el mercado líneas de mobiliario de diseño moderno y funcionalidad mejorada.

Si seguimos el consejo de nuestro experto y pensáramos además que al cabo de 6 años este mobiliario no tiene valor residual alguno, obtendríamos las cifras siguientes:

$$\frac{130.000 \text{ euros}}{6 \text{ años}} = 21.600 \text{ euros (cuota anual real de amortización)}$$

$$\frac{130.000 \text{ euros}}{10 \text{ años}} = 13.000 \text{ euros (cuota anual de amortización fiscal u oficial)}$$

A efectos de fijación de precios y de cálculos analíticos, la cuota válida para nosotros será la primera. La cuota de amortización oficial servirá para cumplimentar un puro formalismo.

Ahora sabemos que –a través de nuestro precio de venta y el número de unidades vendidas– este mobiliario se ha de ir transformando en liquidez cada año a un ritmo de 21.600 euros. Si nuestros precios de venta fueran bajos o vendiéramos pocas unidades, quizás no llegaríamos a generar anualmente esta liquidez de 21.600 euros. Si nuestras ventas fueran muy altas, generaríamos cómodamente los 21.600 euros y obtendríamos beneficios por encima de lo esperado.

Éstas son cuestiones que conciernen directamente al profesional comercial que haya propuesto la inversión en nuevo mobiliario. Es una decisión claramente enmarcada en el «universo» de la genuina explotación de la empresa.

A partir de la decisión de comprar el mobiliario comercial y de estimar su vida útil, empieza otro tipo de decisión que la dirección comercial debe conocer pero en la que no tiene por qué intervenir. ¿Financiamos la compra con capital propio? ¿Solicitamos un préstamo a la casa fabricante del mobiliario? ¿Solicitamos el préstamo a una caja o banco?

El fabricante de mobiliario nos ofrece las condiciones siguientes:

Entrada (o pago al contado)	30.000
Importe aplazado	100.000
Años para pagar lo aplazado	3
Tipo de interés 10,5%	

Una caja de ahorros nos ofrece la operación siguiente:

Importe del préstamo	100.000
Años para devolverlo	8
Tipo de interés	10,5%

Vamos a dejar de lado, de momento, la cuestión del tipo de interés, para simplificar el ejemplo.

¿Cuál es la fuerza interna hacia la exigibilidad de la operación que nos plantea el fabricante de mobiliario?

$$\frac{100.000 \text{ euros}}{3 \text{ años}} = 33.300 \text{ euros por año}$$

¿Y el flujo de exigibilidad de la operación ofrecida por la caja de ahorros?

$$\frac{100.000 \text{ euros}}{8 \text{ años}} = 12.500 \text{ euros anuales}$$

¿Qué pasaría si el director financiero de la empresa aconsejara al director general (y éste al consejo de administración) que se aceptara la propuesta del fabricante?

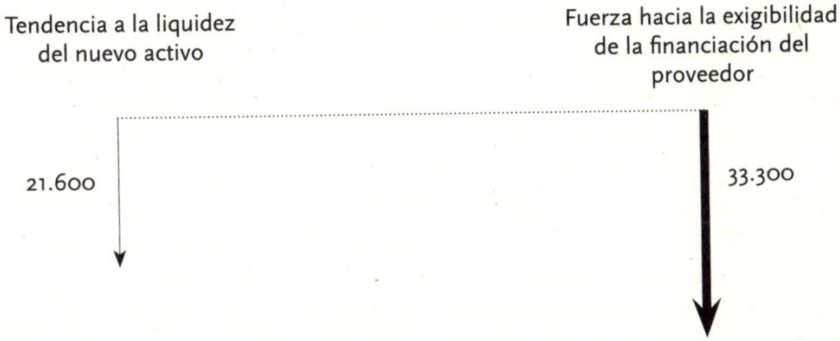

La fuerza interna hacia la exigibilidad domina a la corriente de generación de liquidez. En este caso la empresa corre el riesgo de impagar un importe de (33.300–21.600 =) 11.700 euros. Evitará el impago siempre y cuando:

- Hubiera beneficios líquidos de por lo menos 11.700 euros.
- Vendiéramos algún activo sobrante o algún elemento extrafuncional.
- Los accionistas acudieran rápidamente a «apagar el fuego».
- Pudiéramos anticipar el cobro de algún cliente importante.
- Y algunas circunstancias más de las que nos ocuparemos más adelante.

Una fuerza hacia la exigibilidad de 33.300 contra otra –hacia la liquidez– de 21.600 *no condena* a la empresa al impago, pero acentúa el riesgo del mismo. Las afirmaciones tajantes de fracaso son cortinas de humo. La alegre despreocupación ante decisiones como ésta son otro tipo de cortinas de humo. ¿Puede confiar esta empresa alegremente en la consecución de un beneficio de 11.700... beneficio libre y líquido para disponerlo en aras a cubrir el desequilibrio? ¿Se puede gestionar la empresa confiando plenamente en el pronto socorro del accionista?

Existía otra posibilidad para financiarnos. Era la propuesta de nuestra caja de ahorros.

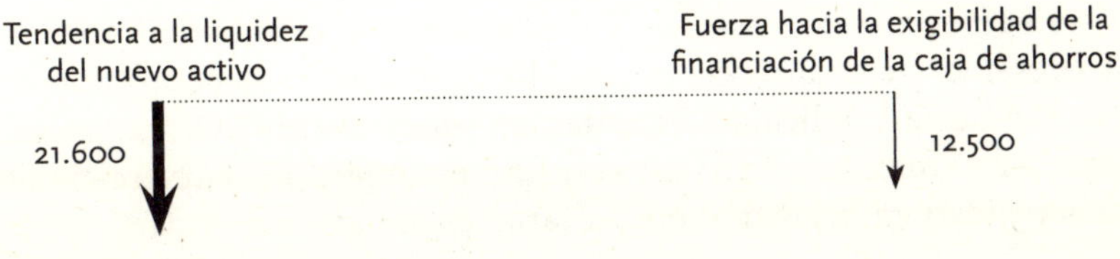

Ahora ocurre lo contrario, la tendencia a la liquidez provocará previsiblemente un flujo superior a la fuerza de la exigibilidad. Alguien podría pensar: «He aquí un ejemplo de maravilloso equilibrio. ¡Cuánta armonía en el planteamiento de esta operación! Es un buen planteamiento para poder dormir tranquilos».

Lo cierto es que el riesgo de impago es muchísimo menor que en el caso anterior. Pero existe desequilibrio. Sí, de signo contrario. Pueden producirse excedentes líquidos, pero no gratuitos, sino pagando intereses por un préstamo que no hacía falta alargar tanto.

¿Está usted pensando que prefiere la segunda posición a la primera? Bien. Está claro que usted no es propenso al riesgo o a las emociones fuertes. Hay quien piensa que sí que vale la pena pagar algo más en intereses para vivir la vida empresarial más cubiertos.

¿Qué pasaría si replanteáramos la operación con la caja de ahorros?

Por ejemplo: devolver el préstamo en 4,5 o 5 años:

$$\frac{100.000}{4{,}5} = 21.200 \quad \text{o bien} \quad \frac{100.000}{5} = 20.000$$

En un plazo de 5 años, o cercano al mismo, equilibraríamos sensiblemente la fuerza hacia la liquidez con la tendencia a la exigibilidad.

¿Es esto perfecto? ¿Es éste el camino hacia la felicidad? ¿Notamos en el rostro de nuestros amigos, por su sonrisa o su mirada, si han equilibrado –en su empresa– la fuerza hacia la liquidez con la de la exigibilidad?

No. No hay panaceas. Lo que hemos hecho ahora es racionalizar una posición de equilibrio en donde se compatibiliza el menor riesgo de impagar con el de pagar intereses ociosamente por exceso de liquidez.

¿Qué nos puede deparar el futuro? No lo sabemos. Un planteamiento de ambas fuerzas (liquidez-exigibilidad) en plena armonía, no es salvaguarda de que, por ejemplo, un cliente importante tenga algún día dificultades para pagarnos puntualmente y nos arrastre en su mal momento.

La tercera propuesta se corresponde a la ortodoxia financiera. Representa racionalmente el equilibrio, pero no es necesariamente el camino hacia la felicidad. Intentamos «domesticar» al azar... ¿Cómo? Con la racionalidad. Adivinar el futuro es imposible. El ejercicio de la racionalidad en la gestión empresarial es obligatorio. A partir de aquí es posible aplicar esta lógica a la estructura del balance, es decir, dar una orientación sobre la ortodoxia del equilibrio patrimonial.

¿Qué tendencia a la liquidez tiene una participación accionarial en una compañía distribuidora? ¿O en la empresa Eravi, en el caso Pronasa? Nula. Las acciones no se amortizan. En tal caso, la ortodoxia nos aconseja financiarlas con capital propio. Pero, ¿no podríamos pensar que el beneficio que arrojaran esas acciones podría «pagar» un préstamo? Piénselo así, si quiere, pero admita que esa segunda opción conlleva claramente más riesgos que la primera. No estamos condenando al fracaso la segunda alternativa; estamos diciendo que racionalmente tiene un riesgo importante. No estamos tampoco diciendo: la primera alternativa es la mejor porque el capital propio no hay que devolverlo y la deuda sí. Estamos diciendo: la participación accionarial no se amortiza, no tiende por sí misma a generar liquidez... busque usted el recurso financiero que lógicamente le corresponda, el que mejor se adapte a esta especial circunstancia de un activo que no se amortiza.

Se trata, precisamente, de evitar cortinas de humo, como calificar de buenas o malas ciertas posiciones de equilibrio patrimonial que se sujetan a una pauta de racionalidad (alterable en mayor o menor medida por la mayor o menor aversión al riesgo de los gestores de la sociedad).

Si, por ejemplo, el director comercial plantea ahora la inversión en un inmueble... ¿qué dice el camino de la ortodoxia?

El inmueble constará de dos grandes partidas: terreno y edificio. El terreno no se amortiza, luego le correspondería capital propio. El edificio se amortiza en 25 años, por ejemplo. ¿Encontramos crédito a tan largo plazo? No. Una vivienda para un particular puede financiarse con una hipoteca a 20 años. De forma muy excepcional hemos visto esa financiación para una empresa. Luego podríamos financiar el 50% del edificio con crédito a 12,5 años y el resto con capital propio.

En definitiva, no es misión del director comercial preservar la ortodoxia de la financiación, pero debe entender la lógica operativa de la misma y evitará que extiendan a su alrededor cortinas de humo que hablen de riesgos extraños, de fracasos anunciados, de imposibilidades manifiestas, etc.

Los bienes de activo fijo que son altamente consolidados (porque no se amortizan o se amortizan a muy largo plazo) piden capital propio. Cuando un bien se amortiza en un período que «encaja» con el horizonte de un préstamo a largo plazo, es financiable por ese sistema.

El activo circulante puede ser financiado con exigible a corto plazo. Pero pueden surgir problemas de «ritmo». Por ejemplo: tardamos en transformar nuestro circulante en líquido 180 días; pero el exigible a corto plazo nos vence en 120 días. Hay inadecuación de ritmo: 180 contra 120. En este caso necesitamos financiación a largo plazo para dar «ayuda» al activo circulante.

Teniendo en cuenta estas ideas, la ortodoxia del equilibrio patrimonial nos llevaría, en grandes líneas, a un esquema como el de la figura 4.

El activo fijo es financiado por el capital propio y parte del exigible a largo plazo. Resta deuda a largo plazo para financiar activo circulante.

FIGURA 4

Situación de equilibrio patrimonial

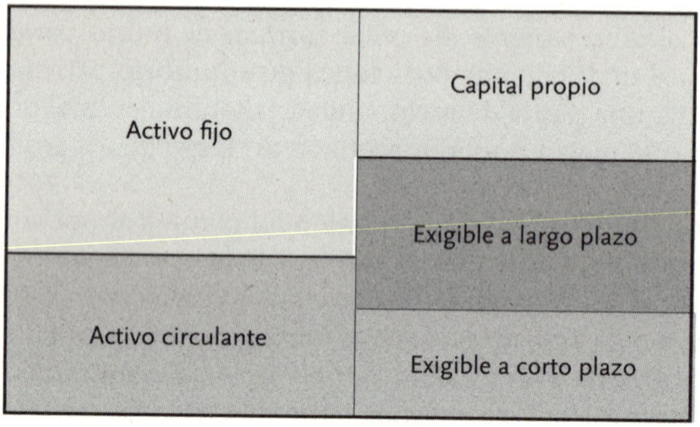

La representación gráfica del balance de bastantes empresas contraviene este modelo de ortodoxia en el equilibrio patrimonial. Lo contraviene en sentidos de signo contrario. Existen empresas que refuerzan los mecanismos a favor de la solidez patrimonial y otras «rompen» el esquema de la figura 4 asumiendo mayores riesgos patrimoniales.

Las distintas posiciones de equilibrio entrañan riesgos diferentes, pero no podemos «profetizar» a partir de estos esquemas. Creemos que exponer estas leyes de equilibrio ayuda al director de comercial-marketing a entender la financiación de la empresa.

Al inicio de este capítulo hablábamos de negras profecías basadas sobre mitos y leyendas tejidas alrededor del tema de la solidez patrimonial. Efectivamente, a partir de ciertas proporciones entre las masas patrimoniales de activo y pasivo se tejen conjeturas diversas, desde las catastrofistas hasta las más alegres e inconscientes por no entender el significado del lenguaje que habla el balance. Cuando la representación gráfica del balance y las proporciones que pueden calcularse a partir de ella, se presentan por expertos «oscuros», se puede abusar de la ignorancia de los profanos. Un lenguaje técnico que desde el departamento de finanzas no fluye con transparencia y objetividad al departamento de marketing no es más que crear nubes de humo que en nada beneficiarán al conjunto de la empresa. Los jefes de administración «oscuros» quieren perpetuarse en el cargo como hace el hechicero negro de la tribu, llenando el aire de signos incomprensibles.

Decíamos al inicio del capítulo que la construcción de una opinión sobre la solidez patrimonial de la empresa suponía dictaminar sobre dos cuestiones:

- El equilibrio patrimonial.
- El nivel de endeudamiento.

La primera cuestión acaba de ser planteada. Vamos ahora a hablar de la segunda: el *endeudamiento*. Vamos a procurar hacerlo en los términos en que la dirección comercial-marketing pueda entender cómo este tema le afecta.

Todos tenemos una noción general de lo que es el endeudamiento, pero poder analizarlo significa acotar su definición.

El nivel de endeudamiento suele definirse a partir de un ratio, es decir, una comparación por cociente. Un ratio es lo mismo que un quebrado o una razón. La diferencia es que si usted dice que va a plantear un quebrado o una razón, mucha gente le entenderá. Pero si usted dice que va a analizar un ratio le entenderá menos gente y pensarán que es usted una persona muy preparada o profunda. La gente que habla con claridad corre el peligro de que los acusen de decir obviedades, de ser poco profundos. Por esta razón es mejor expresarse con claridad a partir del momento en que piense que su carrera profesional ya está hecha. Si este es su caso, puede hablar usted de quebrados; si no es todavía su caso, hable de ratios, exprésese en algún idioma extranjero puntualmente o utilice las siglas de las cosas en lugar de usar su nombre completo.

Pues bien, el ratio o coeficiente de endeudamiento podemos plantearlo de diversas formas:

$$\frac{\text{Exigible}}{\text{Capital propio}}, \qquad \frac{\text{Activo total neto}}{\text{Capital propio}},$$

$$\frac{\text{Exigible}}{\text{Pasivo total}}, \qquad \frac{\text{Capital propio}}{\text{Pasivo total}}, \text{ etc}$$

Todas estas formas acaban diciendo lo mismo y, en definitiva, no son mucho más explícitas que cualquiera de las representaciones gráficas que hemos hecho del balance.

Para entendernos, trabajaremos con el primero de estos ratios. En próximos capítulos utilizaremos la segunda de las fórmulas, ya justificaremos en ese momento el cambio.

Imaginemos ahora una estructura patrimonial como la que presenta la figura 5. En ella, el ratio de endeudamiento alcanzaría el valor 1. ¿Qué significa este valor? En una lectura inmediata representa una situación de paralelismo, equilibrio o igualdad. El equilibrio numérico no significa nada directamente, pese a mitos y leyendas que se han tejido sobre la cuestión, asegurando que el valor 1 es la panacea de la más «dulce perfección».

El significado de este ratio se juzga siempre leyendo a la izquierda del pasivo. Si la empresa representada en la figura 5 no pudiera atender

FIGURA 5

Equilibrio numérico en el endeudamiento. Posición financiera muy conservadora

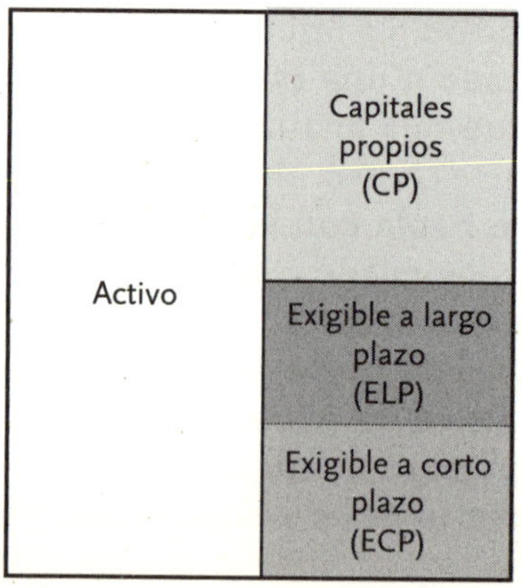

el pago de sus deudas y se llegara al grave extremo de plantearse tener que responder con el activo... ¿qué cálculo haríamos? Observaríamos que el activo presenta un valor que dobla al capital exigible. En el fondo esta empresa ofrece a sus acreedores «doble contra sencillo». Una garantía de 2 es ampliamente aceptada. ¿Por qué? Porque en un proceso de liquidación del activo se experimentaría sin duda una pérdida de valor. Pero suponer que esa pérdida de valor pueda ser del 50% es suponer algo muy pesimista, cuando existen bienes raíces que se suelen acabar liquidando por valores mucho más altos que los de su compra original.

Por esta razón, una cota de endeudamiento equivalente a la unidad se considera muy baja. Es un nivel de bajo riesgo para el acreedor. ¿Y para el empresario? Lógicamente las situaciones de impago desencadenan preocupación en los acreedores. Al empresario que impaga se le van cerrando puertas. Estas puertas se cierran más o menos rápidamente en función de la credibilidad del empresario en cuanto a producto, mercado y capacidad de gestión. También –aunque en segundo lugar– cuenta el nivel de endeudamiento, es decir, la garantía patrimonial que se pueda ofrecer a las deudas. En la andadura moderna de la banca, el juicio sobre la competencia del empresario priva más que la simple garantía. Pero, ¡cuidado!... no nos equivoquemos: los dos factores juegan a la hora de establecer confianzas, sobre todo cuando se han producido ya tensiones de tesorería.

A medida que el coeficiente de endeudamiento se hace mayor, el empresario arrastra riesgo más elevado, manifestado fundamentalmente en tres aspectos:

- Agotamiento gradual de la garantía patrimonial.
- Mayores obligaciones de pago mensuales (mayor vulnerabilidad a los incidentes adversos).
- Riesgo económico. De este último hablaremos en próximos capítulos.

Esto quiere decir que el nivel de endeudamiento de la empresa afecta a los acreedores y al propio empresario. No es problema exclusivo de los primeros.

El valor igual a 1 es bajo. ¿Qué son valores altos? ¿Cómo sabe el director de marketing si se habla de verdadero riesgo o de simples cortinas de humo?

Digamos en primer lugar que el juicio que nos merezca un determinado coeficiente de endeudamiento se relativiza en función de otros factores: capacidad del empresario, éxito de ventas, perspectivas con nuevos productos, etc.

La consideración del nivel de endeudamiento que formulan los diferentes bancos y cajas respecto a sus empresarios clientes es también variopinta. Básicamente, el juicio del ratio de endeudamiento –en aislado– se hace como «primera toma de contacto». Se elabora una primera impresión. La empresa A de la figura 6 presentaría un endeudamiento de valor E = 2. La empresa B presenta un coeficiente de endeudamiento E = 3.

FIGURA 6

Valor medio y alto del ratio de endeudamiento (E)

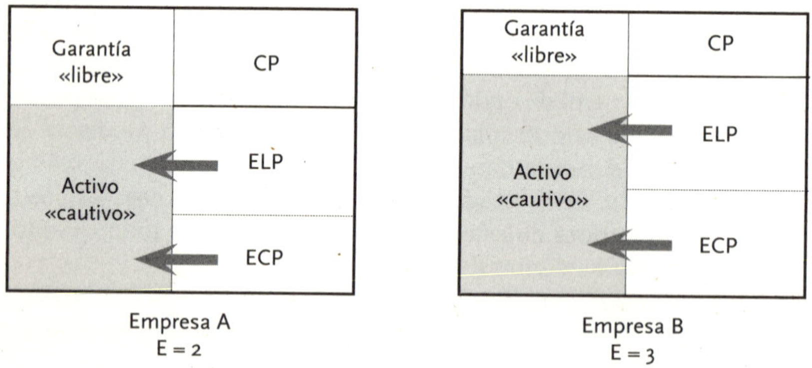

El valor 2 suele considerarse un valor de tipo medio. En caso de liquidación forzosa, el activo realizado podría perder hasta un tercio de su valor total sin por ello perjudicar (teóricamente) al acreedor. El valor 3 de la empresa B (figura 6) se considera una cifra que empieza a ser alta porque la garantía adicional o «libre» es solamente de un 25% sobre el total del activo.

Aquel que me lea tome esto, por favor, como una primera aproximación y no intente «rigorizar» las cifras cercanas al valor 3. En ocasiones, el valor 2 podría preocuparnos (ya veremos por qué) y en otras circunstancias el valor 3 vamos a tolerarlo. Pero todo esto puede desarrollar en la dirección de marketing una cierta sensibilidad a leer el balance y a empezar a situarse. No permita, el lector, que nadie le tienda una espesa cortina de humo cuando E = 1 nos llene de euforia o cuando E = 4 sea utilizado como «luz roja» de alerta para una inminente suspensión de pagos. Nada de todo esto es cierto. El valor E = 1 significa que minimizamos racionalmente el riesgo de impago y que presumiblemente hay capacidad adicional de endeudamiento... pero no es *imposible* que algún día no impaguemos la deuda. Un ratio de endeudamiento de valor 1 significa bajo riesgo, alta solidez... ¿bueno o malo?

Bueno para gestores adversos al riesgo... malo, limitado o «aburrido» para quien con un mayor uso de la deuda gestionara cuatro empresas a la vez, en lugar de una. ¿Qué riesgo o emoción sentía el conductor de una cuádriga veloz al trepidante galope de sus cuatro caballos? ¿Qué placer no siente en una soleada mañana de primavera el pacífico conductor de un carrito tirado por un aposentado trotón viejo?

Si E = 4, es posible que los mitómanos de las «recetas financieras» vaticinen la inminente suspensión de pagos. Nada de eso. El valor 4 significa que el riesgo es alto pero no «condena» a la empresa a impagar. Miedos que son nubes de humo cegadoras. Riesgo alto, sí, pero: ¿bueno o malo? Bueno para el que es un *risk lover* porque con poco capital hace realidad su proyecto empresarial. (Se viven más emociones con E = 4 que con E = 1.) Malo para el *risk averse*. Largas noches de insomnio pensando en las puertas que pueden cerrarse si algo va mal... ¿Sabe usted qué es esto de la solidez patrimonial, en definitiva? Yo se lo resumo: la velocidad de un coche.

¿Es malo conducir a 195 kilómetros por hora? Las personas menos amantes del riesgo le dirán: ¡Qué barbaridad! Alguien le dirá: depende del coche, de la autopista, de la meteorología, de la capacidad del conductor, etc. Posiblemente alguien contestara a esa pregunta así: «¡Wuau, qué pasada!.. ir a 195... ¡debe de ser chuli guay!»[1]

Como decíamos, el juicio sobre la solidez patrimonial, basado en el equilibrio de masas patrimoniales y el nivel de endeudamiento, es una primera aproximación. Simplemente eso. Necesitamos complementar estos juicios con algunas cuestiones. Parte de ellas las podemos ver en este mismo capítulo y otras se verán en capítulos posteriores.

Las dos cuestiones fundamentales que interesan al director de marketing para completar el análisis de la solidez patrimonial son:

- El papel del marketing en la estructura del activo.
- La «calidad» del endeudamiento.

Respecto a la estructura del activo cabe recordar lo que ya hemos dicho en el segundo capítulo: la estructura del activo no es casual ni aleatoria. ¿Responde esa estructura a nuestra vocación, quizás cada vez menos industrial y más comercial? Se trata de conocer, a través de la lectura mensual del balance, si nuestras políticas de inversión han sido en el activo fijo de la planta industrial o en las cuentas de stocks y deudas de clientes con una finalidad pro-mercado. En el caso Pronasa y en la parte del mismo que acompaña a este capítulo veremos cómo la directora de marketing contesta a esta clase de preguntas.

Respecto a la «calidad» del endeudamiento, cabe decir en primer lugar que el término «calidad» no es de uso corriente en finanzas. Lo hemos acuñado en el espectro de nuestras publicaciones, clases e informes de consultoría. Las reflexiones sobre la calidad de la deuda las centramos en los puntos siguientes:

- Proporción entre deuda a largo plazo y corto plazo.
- Horizonte de vencimiento de la deuda a largo plazo.
- Naturaleza de los acreedores de la empresa.
- Grado de automatismo del exigible a corto plazo.

El endeudamiento se hace más apremiante cuanto más se concentra en deuda a corto plazo. Una proporción del 70% de deuda a largo plazo, por ejemplo, contra un 30% a corto plazo, da a la empresa un tiempo de reacción que no se posee en el caso contrario.

El horizonte de vencimiento de la deuda a largo plazo es un tema que conecta con una reflexión que nos habíamos hecho ya en el segundo capítulo. Si la frontera entre corto y largo plazo la habíamos establecido sobre la base de un año, podíamos unir, en el mismo grupo, créditos «robustos» a diez o doce años de vencimiento con créditos «flacuchos» a tres o cuatro años vista. Este es el momento de discriminarlo y tomar conciencia del grado de premura de la deuda de la empresa.

La naturaleza de los acreedores de nuestra firma es otra cuestión que ayuda a objetivar lo más posible el análisis de la solidez patrimonial. No es lo mismo deber dinero a un banco dispuesto a negociar aplazamientos y refinanciaciones de la deuda existente, que debérselo a un proveedor «omnipotente», asentado en el mercado en oligopolio, que pueda recortarnos o colapsarnos el suministro en poco tiempo. El tipo de garantía influye en la naturaleza de la deuda. Afianzar una operación con garantía hipotecaria, significa que ese acreedor (después del personal de la empresa) es preferente frente a otros. Los acreedores de «segunda fila» pueden mantener con nosotros actitudes más inflexibles, puesto que saben que no han sido tratados por igual respecto al acreedor hipotecario.

Para entender lo que significa el grado de automatismo de la deuda a corto plazo es preciso entender lo que es un crédito de vencimiento automático (o cíclico). Señalaremos la diferencia entre un crédito de vencimiento automático y un préstamo de vencimiento expreso.

Un ejemplo lo puede aclarar: el crédito que otorgan a la empresa los proveedores de materia prima o mercadería es automático. El crédito nace espontáneamente por la compra (... y la solvencia del cliente...), la empresa adquirente almacena, fabrica, vende y cobra (ciclo de maduración). Cuando vence el crédito del proveedor, ha habido ya tiempo de originar otro por nuevas compras. El crédito del proveedor se comporta cíclicamente: nace y vence continuamente, se transforma operación tras operación, pero se mantiene o crece en su importe monetario si la empresa mantiene o aumenta su actividad. Se trata de un crédito ideal para la financiación del activo circulante porque es cíclico como lo es el propio activo circulante. Es ideal, hemos dicho, para financiar el ciclo de maduración y es perfecto cuando el plazo del crédito coincide con la duración del ciclo del circulante. A menudo no es así. De todo ello hablaremos en otro capítulo puesto que es un tema que concierne muy directamente a los profesionales del marketing.

Un préstamo de vencimiento expreso tiene inicio y final sin continuidad ni constante «renacer». Sería una operación acordada por ejemplo en 21 de febrero con vencimiento en 4 de mayo. Si el préstamo es prolongable o refinanciable se debería discutir. No lo es per se. Lo sería en todo caso por acuerdo expreso de ambas partes.

La distinción analítica entre estas dos clases de exigible es muy importante. El crédito automático confiere más «calidad» que el préstamo de vencimiento expreso.

Decíamos que el profesional del marketing en la empresa puede estudiar el grado de la solidez patrimonial como primera aproximación al conocimiento financiero de la compañía. Puede añadir a esta tarea reflexiones sobre la estructura del activo y la calidad de la deuda. El balance mensual puede informarle de todo ello, pero le interesa de forma particular la evolución de la solidez patrimonial de la empresa. Le conviene saber si los cambios en la estructura del activo están influidos por políticas vinculadas al marketing de su entidad y si todo ello se hace en un marco de mayor o menor riesgo patrimonial.

Observemos cómo todas las representaciones gráficas que han acompañado a las explicaciones anteriores se remitían siempre a un momento determinado. Eran fríos rectángulos que «congelaban» una imagen de la estructura patrimonial en un instante de su vida.

Es preciso acompañar esa visión, anclada en una fecha, con una visión dinámica que nos indique la evolución del balance y de la solidez patrimonial de la empresa, señalando el impacto del marketing en todo el proceso de evolución.

La comparación de diversos balances a lo largo del tiempo desemboca en un cuadro llamado «esquema de fuentes y empleos», «orígenes y aplicaciones» o cuadro de movimiento de fondos, simplemente.

Es obligatorio hacer este cuadro anualmente e incorporarlo a la memoria de la sociedad.

La técnica del cuadro y su instrumentación se verá en el desarrollo del caso Pronasa, pero avancemos que se trata de comparar los grupos principales del balance, año tras año, o en períodos más largos de tiempo (trienios, quinquenios).

A la izquierda del esquema de fuentes y empleos, situaremos los empleos (inversiones o aplicaciones) que se han producido durante el período considerado.

A la derecha mencionaremos las fuentes de financiación o recursos captados para hacer posibles esas inversiones.

La lista de la izquierda, por tanto, contestará a la pregunta: ¿Se ha invertido mucho o poco en el período considerado? ¿Se ha invertido en activo fijo, en activo circulante? ¿Se ha invertido en activo funcional o extrafuncional? ¿Se ha invertido según planteamientos de marketing ... en fijo o en circulante... en materiales o inmateriales?

Engrosan el capítulo de los empleos, conceptos como los siguientes:

- Aumentos del activo fijo.
- Inversión en stocks.
- Aumento de las cuentas por cobrar.
- Aumento del disponible.
- Reducciones de capital exigible.

La lista de la derecha contestará preguntas como: ¿Con qué recursos se han hecho viables las inversiones? ¿Capital o deuda? ¿Capital social o renuncias a dividendos? ¿Deuda a largo o corto plazo?

Forman parte del capítulo de las fuentes, variaciones del balance como las siguientes:

- Aumentos de capital social.
- Incrementos de reservas (autofinanciación).
- Crecimiento de la deuda a largo o corto plazo.
- Disminución de activos.

El cuadro de movimiento de fondos debe evitar los signos negativos ya que todo movimiento de balance es una fuente o un empleo. Las disminuciones de activo son fuentes de financiación (¡pero no inversiones negativas!) y las disminuciones de exigible son inversiones (no pueden ser fuentes negativas... los manantiales dan agua, no la «absorben»).

El esquema de fuentes y empleos debe evitar compensar o «netear» cuentas. Si un aumento del stock de materia prima se compensa con una disminución de las existencias de producto acabado... ¿cómo lo presentamos? No se puede escribir: aumento neto igual a cero. Es preciso señalar con claridad:

1) Inversión en el almacén de materia prima.
2) Recurso financiero obtenido gracias a reducir el nivel de producto acabado.

El lenguaje empleado en el cuadro de financiación no debe ser «jeroglífico» ni «críptico». Se trata de llamar a las inversiones y los recursos por su nombre. Por ejemplo:

- Inversión en la fábrica de La Coruña.
- Ampliación de la delegación de San Juan de Alicante.
- Obtención préstamo La Caixa.
- Etc.

No hace falta tampoco que el cuadro se extienda en muchos conceptos diferentes. Basta con destacar los más significados. En el apartado de prácticas de este capítulo, el caso Pronasa presentará el esquema de fuentes y empleos muy sintetizado. Se hace así para centrar claramente los grandes movimientos del período. A continuación se da una explicación con mayor detalle y utilizando un lenguaje claro que llegue a los profanos en contabilidad y finanzas.

El cuadro de movimiento de fondos de una empresa debería llegar incuestionablemente a los directores de departamento, consejeros y banqueros de la misma.

¿Qué uso puede hacer el director de marketing del cuadro de orígenes y aplicaciones? Lo dejábamos entrever cuando decíamos que la izquierda y la derecha del cuadro permiten ver el efecto de las políticas de marketing de la compañía. El director de marketing debe leer ese documento «de oficio» cada año, pero hay ocasiones en que, por sí mismo o por medio de analistas internos o externos, debiera hacerse preparar esquemas de fuentes y empleos que abarquen períodos –anuales o no– referidos a cuestiones tan significativas como: Desde que yo –director de marketing– entré en esta empresa, ¿qué ha cambiado en su dinámica patrimonial? Desde que lanzamos la nueva línea de actividad o de producto, ¿qué se ha transformado en los balances? Desde que abrimos las delegaciones en Sevilla y Granada, ¿qué impacto ha habido sobre el activo y su forma de financiación?

De hecho, la lectura de un cuadro de fuentes y aplicaciones se efectúa en cuatro fases:

1. Análisis de las inversiones. A la dirección de marketing le interesa averiguar el protagonismo de cada departamento en el desarrollo de las inversiones.
2. Análisis de las fuentes de financiación. Recurso al capital propio o al crédito.
3. Juicio sobre la estabilidad del desarrollo seguido. Se aplican las mismas normas sobre el equilibrio patrimonial que hemos presentado para el análisis estático de la solidez patrimonial.
4. Oportunidad o inadecuación del tipo de desarrollo seguido. Un desarrollo desestabilizador no es en sí mismo un problema. Todo es función de la solidez patrimonial que presentará la empresa en el año en que la dirección de marketing decide emprender el estudio de la evolución patrimonial de la compañía. Una empresa de elevada solidez patrimonial en el primer año de un período estudiado, soportará bien un desarrollo desestabilizador. Una compañía de acusada debilidad patrimonial no soportará adecuadamente ese tipo de desarrollo.

Hemos presentado ya los conceptos principales que afectan a la solidez patrimonial de la empresa tanto en la versión de un ejercicio en concreto como en la óptica evolutiva o de desarrollo.

Veamos la aplicación de estos conceptos al caso Pronasa.

Caso práctico: Pronasa

- ***Análisis de la solidez patrimonial en el año 5º y evolución entre los años 1º y 5º.***
- ***La óptica de la dirección de marketing.***

La directora de marketing de Pronasa desea conocer la situación patrimonial actual de la empresa. También desea saber si desde su entrada en el año 1º de este estudio, se han notado los efectos de la cultura de marketing sobre el crecimiento de la empresa.

El primer paso será consultar el balance del año 5º tal como fue reestructurado en la práctica correspondiente al capítulo segundo. Este balance va a ser sintetizado en las masas patrimoniales fundamentales para:

- Mentalizarlo cómodamente.
- Proporcionar una visión amplia, para profundizar en ella más adelante.

El balance resumido (balance sintético) es el que presenta el cuadro 1. Ha sido representado gráficamente mediante la figura 7. Ambos documentos nos muestran cómo la estructura de activo de Pronasa no se sujeta al esquema de muchas empresas industriales de tamaño medio. Como ya hemos comentado, las «pymes» industriales suelen equilibrar su activo fijo con el activo circulante. En Pronasa, en cambio, esta norma no se cumple ya que el activo fijo medido a valor neto (habiendo restado el valor depreciado o amortizado) sólo representa el 39'23% del activo neto total.

Pronasa es una empresa especialmente intensiva en activo circulante y dentro de él se concentra la inversión en cuentas a cobrar de clientes. He aquí una primera constatación y también una primera pregunta en el plano del marketing: ¿responde esta enorme concentración del activo de Pronasa a una actitud pro-mercado? Es pronto para contestar, ya que el próximo capítulo nos dará elementos de juicio complementarios, pero... quedémonos de momento con la pregunta.

¿Es intensiva Pronasa en activos extrafuncionales? No. Solamente un 2,01% sobre el total de activo. Un 10% o un 15% hubiera llamado la atención, pero la cifra presentada por Pronasa es muy baja.

Para la directora de marketing, como para otros directores departamentales cabe la satisfacción de que la inversión se dedique funda-

CUADRO 1

Balance sintético de Pronasa (año 5.º)

ACTIVO		
Inmovilizado material	3.692	45,38%
Inmovilizado inmaterial	62	0,76%
– Fondo amortización	–562	–6,91%
Activo fijo neto	3.192	39,23%
Stocks	760	9,34%
Clientes	3.954	48,60%
Extrafuncional	56	0,69%
Disponible	174	2,14%
Activo circulante	4.944	60,77%
TOTAL ACTIVO	8.136	100,00%
PASIVO		
Capital social	1.300	15,98%
Reservas	1.032	12,68%
Capital propio	2.332	28,66%
Exigible a largo plazo	1.746	21,46%
Exigible a corto plazo	4.058	49,88%
Exigible	5.804	71,34%
TOTAL PASIVO	8.136	100,00%

mentalmente a la explotación. Hay confianza en el negocio esencial de Pronasa. No se percibe en los gestores del negocio la necesidad de diversificar fuera del contexto de la explotación.

¿Cómo es la proporción entre bienes materiales e inmateriales?

Como puede observarse, la inmaterialidad del balance de Pronasa es mínima. Esto le confiere capacidad de garantizar con sus activos

FIGURA 7

Estructura patrimonial de Pronasa (año 5.º)

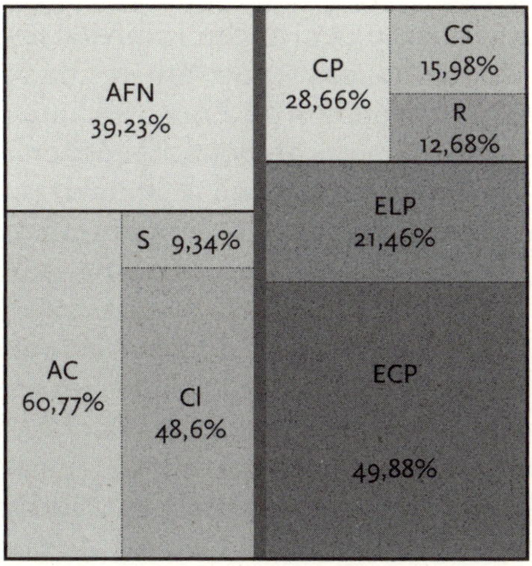

la deuda. Por otra parte, en un proceso de valoración de Pronasa (por venta total o parcial de sus acciones) la volatilidad de precios asignados a los activos será mucho menor que si Pronasa tuviera una acusada presencia de activos inmateriales.

¿Es significativo el grado de consolidación del activo fijo de Pronasa?

Para contestar esta cuestión es preciso que consultemos el balance de gestión que habíamos estructurado en la parte de prácticas del capítulo precedente. En la página 57 mostramos el activo fijo con mayor detalle. De entre las diversas partidas del inmovilizado, destacaremos como más consolidadas las siguientes:

Terrenos	182
Edificios	1.010
Instalaciones industriales	1.596
Acciones Eravi, SA	106
Viviendas sociales	108
Gastos de constitución	16
Gastos puesta en marcha	46
Total activo fijo consolidado	3.064

¿Por qué hemos elegido estas partidas como activos muy consolidados?

Los terrenos no se amortizan. Los edificios se amortizan en muchos años; en este caso, y como puede observarse en el balance, son nuevos. Lo mismo ocurre con las instalaciones industriales (instalación de fuerza, gas, agua, túneles de congelación, frigorización, etc.). Las acciones de Eravi, SA que por naturaleza son activos financieros (pero no por su papel en Pronasa) no se amortizan. Las viviendas sociales no se amortizan todavía puesto que están en curso de ejecución; se empezarán a amortizar una vez acabada su construcción y, evidentemente, por largos años de vida útil.

Hemos excluido la maquinaria y el mobiliario por suponerles una vida útil más corta. En la realidad de cualquier empresa no nos hace falta suponer nada: la vida útil debe ser un dato conocido para cualquier elemento del activo.

Los gastos de constitución y de puesta en marcha suelen amortizarse en cinco años. Esto no es más que una simple norma, puesto que su vida útil es difícil de fijar. Observemos cómo Pronasa ha optado por no amortizarlos. Es preciso aclarar que las normas contables dicen que cuando un bien de activo inmaterial no se ha de reponer el día de mañana, no hace falta crear fondo de amortización. La sociedad se constituye una vez... se pone en marcha una vez. La amortización de los gastos de constitución y puesta en marcha se haría directamente (amortización directa) disminuyendo el valor inicial de la cuenta hasta su total extinción.

Pronasa no lo hace. Al menos no vemos que lo haga en su balance interno. Puede hacerlo en la contabilidad oficial o fiscal, puesto que tiene derecho a ello (la amortización desgrava fiscalmente). Si no amortiza estos gastos en su balance interno es porque piensa que estas dos partidas son un valor vivo, valorable y vendible en un potencial proceso de transmisión de acciones.

Esto quiere decir que, respetando la óptica de gestión de Pronasa (no amortización de su activo inmaterial), consideraríamos estos bienes muy consolidados. No generalicemos la cuestión. Si cualquier otra empresa amortizase los gastos de constitución internamente y oficialmente, consideraríamos esta partida de activo como no-consolidada.

En resumen: Pronasa presenta un valor de 3.064 correspondiente a bienes altamente consolidados. El activo fijo bruto asciende a 3.754.

Luego la proporción es:

$$\frac{3.064}{3.754} \times 100 = 81,6\%$$

Esta cifra se considera, sin lugar a dudas, como un elevadísimo grado de consolidación y la lección práctica que se obtiene es muy clara: ello requerirá de financiación mediante capitales propios.

Efectivamente, pasemos ya a hablar del pasivo que presenta Pronasa en el año 5°. La visión más general del pasivo de la empresa nos la da su ratio de endeudamiento:

$$\frac{\text{Capital exigible}}{\text{Capital propio}} = \frac{5.804}{2.332} = 2,488$$

Este ratio podemos considerarlo medio-alto. Para gestores amantes del riesgo todavía daría mucho margen a nuevo endeudamiento. Para gestores adversos al riesgo, convendrá pararse en esta cota o no ir mucho más allá. En términos generales, no es una cota crítica, ni mucho menos, y aún permitiría cierto margen de endeudamiento adicional.

¿Cómo es la composición del capital propio? Domina el capital social sobre las reservas. Esto es digno de mención, puesto que en una pyme con veinte años de antigüedad, solemos encontrar una proporción de reservas mucho mayor que el capital social. Cuando el espectro accionarial es estrecho (pymes) la autofinanciación (reservas) es un elemento clave. En Pronasa observamos que, pese a la limitación del espectro accionarial (familia y amigos del fundador) ha habido un aporte de capital social superior a las reservas. Ello es debido a haber compatibilizado una política de reinversión con otra de dividendos nada despreciables. Cuando se ha necesitado capital social, el conjunto de socios «ha arrimado el hombro». No obstante, parece haber indicios de que los socios han ido llegando al límite de lo que deseaban aportar ya que existen, en el capítulo del exigible, préstamos otorgados por los accionistas («yo ayudo pero... me lo devolvéis cuanto antes»...).

¿Cuál es la «calidad» de la deuda?

$$\frac{\text{Exigible a largo plazo}}{\text{Exigible total}} = \frac{1.746}{5.804} \times 100 = 30,08\%$$

En realidad, este cociente ha sido presentado aquí a mayor abundamiento, puesto que un simple vistazo a la figura 7 ya permite ver la descomunal importancia de la deuda a corto plazo en el contexto no solamente del exigible total, sino del conjunto del pasivo. El exigible a corto plazo es prácticamente la mitad de todo el pasivo.

Este hecho resta calidad a la deuda de Pronasa, le da un carácter apremiante.

¿Qué horizonte de vencimiento tiene la deuda a largo plazo?

Fuimos informados de este extremo cuando estructurábamos el balance de gestión de Pronasa (véase sección práctica del capítulo 2):

(10) *Proveedores industriales*: El plazo medio de pago es de 2 años. Los pagos acordados con los proveedores de bienes de equipo son:

- Año 6º: 170.000.
- Año 7º: 170.000.
- Año 8º: 170.000.
- Año 9º: 66.000.

(13) *Préstamos Caixa Comarcal*: Estos préstamos se consiguieron para construir el nuevo complejo industrial. Su devolución está prevista en 5 plazos anuales de 300.000 cada uno a partir del 6º año.

(16) *Préstamos accionistas:* Cantidades entregadas por los accionistas, cuya primera devolución será en julio y diciembre del año 6º, a razón de 70.000 en cada fecha. El resto se devolverá el año 7º en las mismas fechas.

Como puede observarse, la deuda a largo plazo, además de ser escasa respecto al exigible a corto plazo, no presenta horizontes prolongados como los de 8, 10, o 12 años.

La deuda que más se extiende en sus vencimientos es la de la Caixa Comarcal (5 años). La de proveedores de equipo llega como máximo a 3 años y la de accionistas se cancela entre el año próximo y el siguiente. Se trata, por tanto, de un horizonte «endeble».

¿Cómo es la composición de la deuda a corto plazo?

Los recursos que podemos considerar de carácter cíclico o automático son fundamentalmente dos:

Proveedores comerciales	686
Bancos por descuento bancario	2.000
	2.686

Se puede discutir si la deuda con Hacienda por impuestos pendientes de pago y los dividendos a pagar son recursos cíclicos o no. Tienen ciertamente una componente de automatismo: la empresa puede ir generando beneficios a lo largo de los diversos meses del año, sin que de forma inmediata se le exija ni pago de impuestos ni de dividendos. Tanto la legalidad fiscal como la práctica en materia de dividendos permiten a la empresa generar beneficios durante 12 meses, preparar la contabilidad y declarar el resultado para pagar a mitad del año siguiente. Luego existe un crédito por parte del Ministerio de Hacienda y de los accionistas. Si una empresa supiera que siempre va a ganar... y que va a ganar igual o más que el año anterior, el crédito de Hacienda y accionistas sería cíclico («revolving» dicen los anglosajones). Pero nadie puede someter la consecución de beneficios y el pago de dividendos a la regularidad que sí que presenta, por ejemplo, la compra de materias primas (se gane o se pierda, siempre hay que comprar materiales).

En Pronasa, los recursos claramente cíclicos presentan la siguiente proporción:

$$\frac{2.686}{4.058} = 66{,}19\%$$

Esta proporción, aunque no es pobre, no está en los límites de lo deseable. (Lo deseable sería el 100%; eso es imposible a causa de los vencimientos de deudas a largo plazo.) Para decir que el grado de automatismo confiere calidad a la deuda a corto plazo deberíamos estar hablando del 80% o 90%. No es el caso de Pronasa.

Cerremos el análisis de la solidez patrimonial del año 5º comentando una visión de conjunto.

La figura 7 nos hace ver cómo el activo fijo neto está financiado mayormente por capital propio. El pequeño resto de inmovilizado neto está financiado por exigible a largo plazo. Un excedente de deuda a largo plazo colabora en la financiación de activo circulante. El resto del mismo está financiado por exigible a corto plazo.

Este esquema es plenamente ortodoxo. Pronasa es una empresa patrimonialmente sólida aunque con alguna «fisura». El endeudamiento ya se va acercando a la cota 3; el volumen y horizonte de la deuda a largo plazo es francamente pobre. Si el talante de los gestores ha de ser conservador cara al futuro, deberán mantener la empresa en este esquema. Si se ven capaces de asumir mayores riesgos aún podrán «pisar el acelerador» algo más allá.

Y bien: ¿qué se ha notado en la estructura patrimonial de esta empresa desde la entrada de la nueva directora de marketing y el advenimiento de Meritxell Capdargent a la dirección general?

Vamos a instrumentar la visión dinámica del análisis de la solidez patrimonial. Lo hacemos mediante los cuadros 2 y 3, así como con la figura 8.

Obsérvese cómo el cuadro 2 es un simple listado de diferencias contables, pero no está estructurado como un esquema de fuentes y empleos.

Al analizar tanto el cuadro 3 como la figura 8 vamos a seguir los cuatro pasos que hemos indicado en el contenido teórico de este capítulo.

CUADRO 2

Tabla de diferencias contables

	AÑO 1	AÑO 5	DIFERENCIA
Inmovilizado bruto	788	3.754	2.966
Stocks	426	760	334
Realizable funcional	1.218	3.954	2.736
Realizable extrafuncional	110	56	–54
Disponible	346	174	–172
TOTAL ACTIVO BRUTO	2.888	8.698	5.810
Capital social	800	1.300	500
Reservas	628	1.032	404
Exigible a largo plazo	0	1.746	1.746
Exigible a corto plazo	1.316	4.058	2.742
Fondo amortización	144	562	418
TOTAL PASIVO	2.888	8.698	5.810

La inversión se ha distribuido por igual entre el activo fijo y el circulante. Ambos, de forma equivalente, han sido el centro de atención de la generación que toma el relevo en la dirección de Pronasa. La nueva cultura de marketing brota en esta compañía cuando la misma acomete un proceso de inversión de señalada magnitud.

CUADRO 3

Esquema de fuentes y empleos (cuadro de movimiento de fondos)

EMPLEOS			FUENTES		
VA		%	VA		%
2.966	Inmovilizado bruto	49,14%	54	• Realizable extrafuncional	0,89%
334	Stocks	5,53%	500	Capital social	8,28%
2.736	Realizable funcional	45,33%	404	Reservas	6,69%
			418	Fondo amortización	6,93%
			1.746	Exigible LP	28,93%
			2.742	Exigible CP	45,43%
			172	• Disponible	2,85%
6.036		100,00%	6.036		100,00%

FIGURA 8

Representación gráfica del movimiento de fondos entre los años 1 y 5

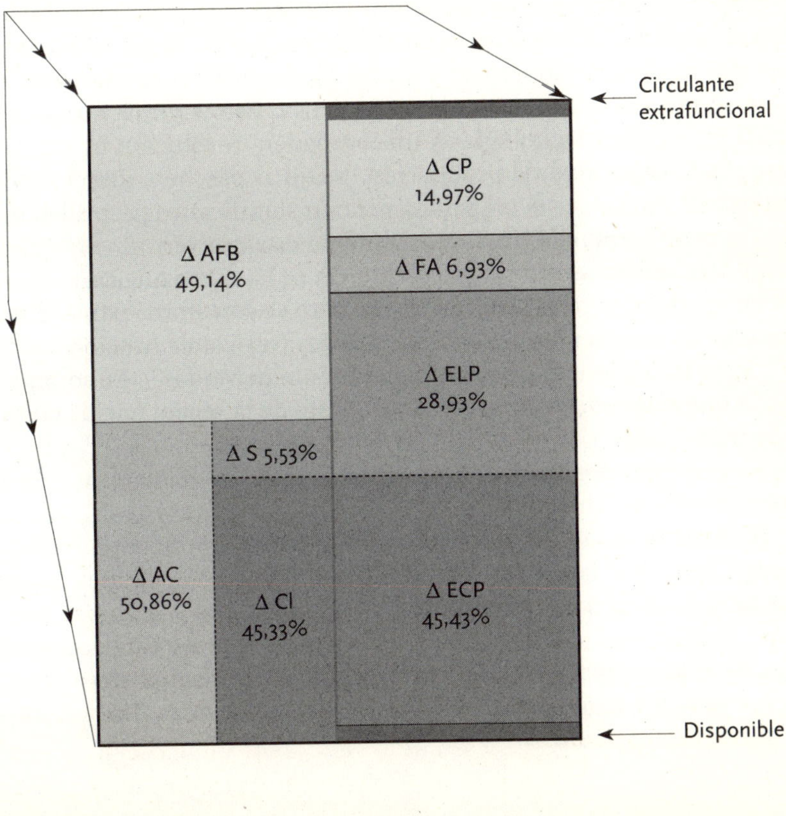

Observemos las importantes cifras que presenta el cuadro 3. Un total de inversiones de 6.036.000 euros ya es en sí mismo un volumen superior al importe del activo total en el año 1º (cuadro 2). En los 15 años anteriores desde el inicio de la empresa, el señor Capdargent no había efectuado ninguna inversión de tan formidable importe como el que ahora ha capitaneado la valerosa Meritxell. La confianza de la nueva directora general en las acciones de marketing y la respuesta del mercado ha de ser muy grande para asentar este paso de gigante.

Estamos viviendo el más emocionante período en la historia de Pronasa. ¡Adelante juventud! Por otra parte, la preocupación del director contable también puede ser comprensible. Nunca antes en Pronasa, la dinámica inversión-financiación había sido tan «galopante». ¡Cabalga veterano contable! ¡Galopa antiguo hombre de confianza y sentirás sangre de juventud recorrer cada milímetro de tu arteria aorta hasta el más diminuto capilar de tu dedo meñique!

¿Cómo se han repartido estas inversiones campeonas?

Volvamos al balance detallado que presenta la sección práctica del capítulo anterior. Observamos en él que se construye un nuevo edificio que se dota de poderosas y modernas instalaciones industriales y que se refuerza el capítulo de maquinaria. Esto significa una destacada renovación tecnológica y una verdadera revolución en cuanto a ampliada capacidad de producción. ¡«Ojo al parche», directora de marketing! Pronasa está preparada para un significativo paso adelante en el terreno comercial (patrimonialmente está por ver).

¿Y la inversión en activo circulante? Ya se ha dicho que corre paralela en volúmenes con el inmovilizado, pero se concentra extraordinariamente en las cuentas a cobrar de clientes (realizable funcional).

¿Sube esta cuenta por causa del aumento de ventas? ¿Enhorabuena a la nueva directora de marketing? ¿Éxito de la recién nacida cultura de marketing?

No precipitemos juicios. En próximos capítulos hablaremos de la evolución de las ventas.

¿Quizás la razón del señalado aumento de las ventas por cobrar no signifique que las ventas han crecido, sino que los clientes pagan más tarde? ¿Lo hemos pretendido así? ¿Ha sido una acción pro-mercado? ¿Palideció el jefe de contabilidad cuando se tomó esta decisión? ¡Sacude tu preocupación fiel contable y vivirás la vida dos veces!

No vamos a contestar de momento estas preguntas. Lo haremos en el próximo capítulo.

Demos ahora el segundo paso en el análisis de la galopante dinámica patrimonial de Pronasa. Hablemos ahora solamente de fuentes de financiación.

La fuente preponderante, rotundamente preponderante, ha sido la deuda. ¿A largo o a corto plazo? Cifras cantan. La figura 8 es muy expresiva. ¿Se ha cruzado de brazos el accionista durante este trepidante período? No, ha ampliado la cifra de capital aportando algo más de la mitad de lo que ya aportó en los primeros años. Los dividendos se han ido recortando a lo largo de este período. También los accionistas han contribuido con un préstamo pero su esfuerzo ha sido insuficiente en un desarrollo tan voluminoso y por eso se ha recurrido a la deuda de forma muy importante.

Pasemos ahora a la tercera fase del análisis de la evolución patrimonial. ¿Ha sido equilibrado este desarrollo? ¿Ha sido armonioso? En cuanto a correspondencia de masas patrimoniales –a la vista de la figura 8– hemos de decir que sí, pero el aumento del capital propio junto con el incremento del fondo de amortización (14,97% + 6,93% = 21,90%) no llegan a financiar la mitad del esfuerzo inversor en activo fijo. El resto ha sido financiado con exigible a largo plazo, pero ¡cuidado! la inversión en inmovilizado es de tipo *muy consolidado* y, en cambio, la deuda a largo plazo contraída es de débil horizonte (ya se ha dicho anteriormente). He aquí una fisura. Por otra parte, el recurso al endeudamiento ha sido muy grande. Por fortuna, los recursos automáticos (sobre todo descuento de letras de clientes) tienen un papel muy importante. En resumen: desarrollo algo desestabilizador aunque no muy exagerado.

¿Podía permitirse Pronasa este tipo de desarrollo? ¿Tendrá razón el preocupado contable? ¿Mirará con ojos acusadores a la directora de marketing? Algo de razón tiene para estar preocupado por el escaso horizonte del exigible a largo plazo. No es precisamente la directora de marketing la que ha «bendecido» la elección de este volumen y plazo de la deuda. Los últimos responsables de la estructura de pasivo elegida son los propietarios, es decir, los accionistas representados por el consejo de administración.

Contestar las preguntas anteriores supone dar el último paso en el análisis dinámico. ¿Cuál era la estructura patrimonial de Pronasa en el último año?

La estructura patrimonial de Pronasa en el primer ejercicio (véase la figura 9) indicaba un equilibrio de masas patrimoniales enormemente conservador puesto que el activo fijo neto está totalmente financiado por capital propio. Todavía le «sobran» fondos propios para acudir en financiación del activo circulante. El ratio de endeudamiento es:

$$E = \frac{1.316}{1.428} = 0{,}921$$

CUADRO 4

Balance sintético de Pronasa (año 1.º)

ACTIVO	MILES DE EUROS	%
Activo fijo bruto	788	
– Fondo amortización	–144	
Activo fijo neto	644	23,46
Stocks	426	15,53
Clientes	1.218	44,39
Extrafuncional	110	4,00
Disponible	346	12,61
Activo circulante	2.100	76,53
TOTAL ACTIVO	2.744	100,00
PASIVO		
Capital social	800	29,15
Reservas	628	22,89
Capital propio	1.428	52,04
Exigible a corto plazo	1.316	47,96
TOTAL PASIVO	2.744	100,00

El coeficiente obtenido es inferior a la unidad, luego es un importe bajísimo y del mismo talante conservador que el equilibrio de masas patrimoniales. El Sr. Capdargent, fundador de la empresa, alcanzó un grado de solidez patrimonial acentuadísimo (bueno para los conservadores, desaprovechado para los agresivos). Desde esta plataforma de «búnker» de la solidez patrimonial, la directora de marketing y la directora general han emprendido un desarrollo de tendencia algo des-

FIGURA 9

Evolución de la estructura patrimonial de Pronasa

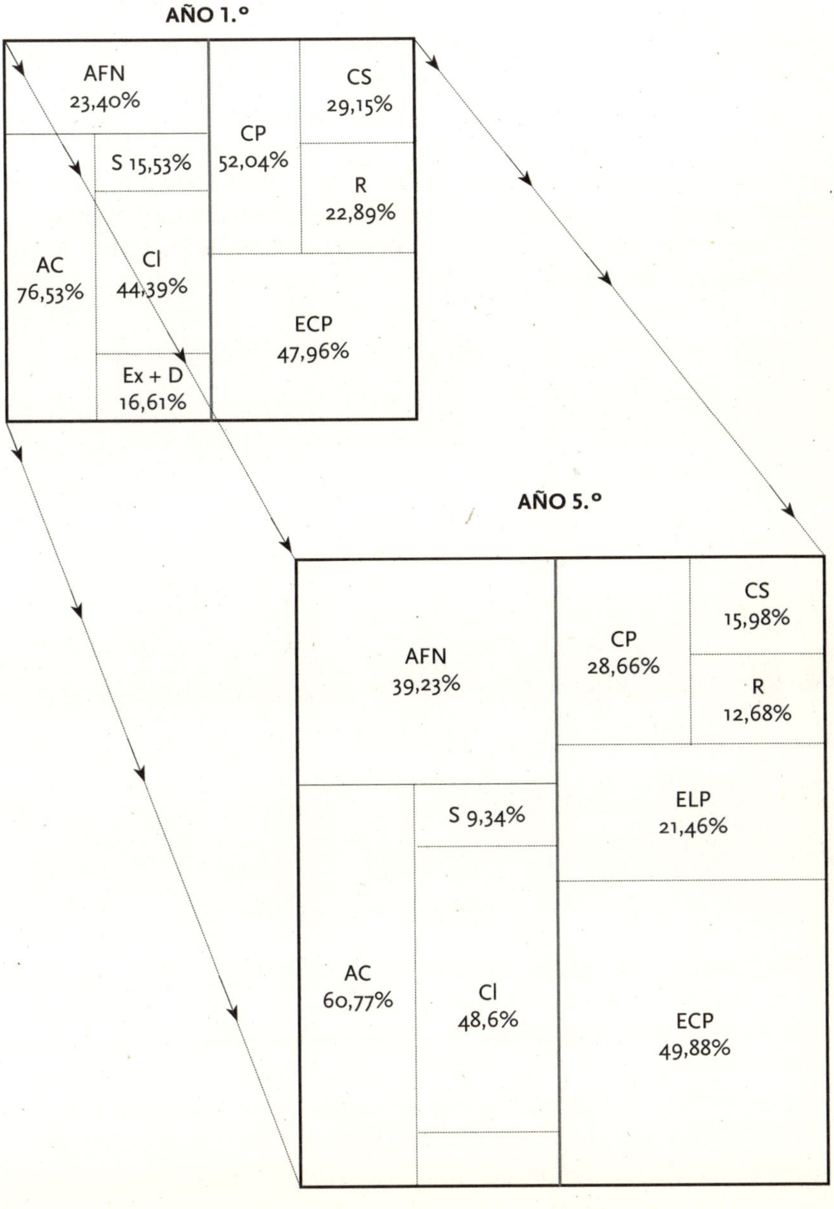

estabilizadora –en sí misma– pero adecuada a la sólida «plataforma» de partida.

La solidez del veterano Sr. Capdargent ha sido un buen trampolín para el salto «juvenil» de la nueva cultura de marketing.

¿Debe seguir Pronasa en los próximos años un desarrollo igual al que acaba de vivir? No. De hacerlo de nuevo, la empresa no lo resistiría sin perjudicar mucho la solidez de su estructura patrimonial.

La directora de marketing debe saber que se ha dado un paso de gigante y que, de momento, es irrepetible. Lo que pueda y deba hacerse en el futuro será comentado con mayor profundidad a lo largo de próximos capítulos, pero de momento la dirección de marketing debe ser consciente de la importante evolución habida y de las limitaciones para recrearla de nuevo.

Capítulo 4

La solvencia del cliente

Financieros y comerciales frente a frente

¿Cuántas veces no han hablado el director comercial y el financiero de la solvencia de la clientela? A menudo también la dirección comercial debe escuchar discursos de la dirección general sobre las diversas formas en que nuestra propia solvencia puede quedar comprometida, si dejamos que tal o cual actuación en el campo del marketing se lleve a cabo. ¿Quién no ha oído comentarios como éste?: «Estos comerciales con tal de vender le venden a cualquiera...», o este otro: «Si nuestros clientes debieran cumplir todos los requisitos que piden los de finanzas, no venderíamos a nadie...».

A menudo pues hablamos de solvencia en la empresa, pero: ¿qué es la solvencia empresarial? En términos generales, la solvencia es la capacidad de solventar o resolver algo y se puede aplicar a todas las ramas del quehacer humano... bueno, a casi todas. Decimos de un buen arquitecto que es un facultativo muy solvente. ¿Decimos de Emma Thompson que es una buena actriz o una actriz solvente?

Bien. No nos separemos de la primera idea. Presentado el concepto general de solvencia, definamos ahora la solvencia empresarial.

Al director comercial le va bien el cliente que le compra, el que le compra cada vez más. El abogado de la empresa desea que el cliente tenga bienes con que responder de la deuda (para un posible caso de impago). El director financiero quiere que los clientes paguen puntualmente.

Luego: ¿qué es la solvencia empresarial?

Pues algo que se puede conceptuar de dos formas diferentes.

Un primer concepto, que frecuentemente manejan juristas y banqueros es el que se relaciona con la palabra *garantía*. La solvencia de la empresa sería la capacidad de garantizar, cubrir o respaldar sus deudas con el activo de la misma.

Un segundo concepto que concierne de forma especial a las expectativas del director financiero (y en último término de todos los que trabajan en una empresa) es el de la *puntualidad* de pago o puntualidad financiera de una firma. Esta última la definiríamos como la capacidad de atender las deudas en la fecha de su vencimiento.

He aquí dos conceptos diferentes. Pero dejémonos de divisiones y dicotomías. Carece de objetividad el manejar como un eslogan que las mujeres y hombres del departamento comercial desprecian la cuestión de la solvencia de la clientela.

Tanto a comerciales como a financieros interesa que el cliente:

1. Pague puntualmente sus deudas.
2. Si no puede pagar puntualmente, al menos que garantice con su patrimonio esa deuda impagada.

Interesa a todos, pero la cuestión no se vive con la misma intensidad en el departamento comercial como en el departamento financiero.

Los dos conceptos de solvencia son en el fondo diferentes. La vieja literatura financiera solía relacionarlos demasiado estrechamente. Tanto el análisis teórico de ambos conceptos como la experiencia práctica, nos muestran sus meridianas diferencias. Esas diferencias acaban influyendo sobre el quehacer de directivos comerciales y financieros.

Valga un ejemplo para poner de relieve esas diferencias: Una empresa industrial inicia sus actividades. Se planifica y presupuesta un monto determinado a invertir en activo fijo. Se consigue financiar todo él con capital social. ¿Hasta aquí, qué le parece, atento lector? Bien, me contestará usted. El planteo es conservador, pero muy sólido sin duda para el arranque de actividades. Imagínese usted que algo terrible sucede: el empresario promotor olvida planificar las inversiones en activo circulante (¿nunca ha vivido usted esa experiencia?) y por tanto tampoco se produce una reflexión expresa sobre la forma de financiar las inesperadas necesidades de activo circulante.

La empresa efectúa su primera compra de materia prima... ¿cómo la financia?... Obtiene el crédito de sus proveedores. Día tras día acumula nuevos valores: no sólo en el almacén de materia prima sino también en productos en curso de fabricación. Cuando finaliza su primera remesa ya empieza a acumular valor en su almacén de productos acabados... pero ha corrido el tiempo. El acopio de materiales y el proceso de producción han significado el transcurso de, por ejemplo, treinta días desde el inicio de actividades. Ese período coincide con el plazo de pago acordado por el proveedor. El naciente empresario no puede pagar, no tiene dinero porque no ha vendido todavía (...y cuando venda deberá esperar todavía a cobrar de su cliente).

Este empresario es insolvente en una óptica de puntualidad financiera. ¿Es solvente, en cambio en un enfoque de garantía patrimonial? Sí. Tiene activo para responder de la deuda con el proveedor. ¿Qué activo? Su activo fijo, sus materias primas, sus productos en curso y sus productos acabados. ¿Debe entregarlo todo al proveedor impaciente por cobrar? Calma. Hablaremos más adelante de todo ello. La solvencia-garantía tiene un componente «ritual» muy importante, que iremos desgranando en próximas páginas.

Distingamos pues ambos conceptos ya que ciertas empresas de escasa solvencia-garantía resultan ser buenas pagadoras. Otras en cambio de elevada solvencia-garantía resultan ser malas pagadoras.

Hablemos ahora de forma concreta del primero de ambos conceptos. La solvencia-garantía suele medirse a través de un tipo de solvencia que recibe el nombre de solvencia final o solvencia total. Esta clase de solvencia se mide tomando el activo total y restándole el pasivo exigible. ¿Qué representa esta diferencia? Simple y llanamente: el capital propio. Pues en este caso, resulta que hemos vuelto al capítulo anterior puesto que en él ese concepto se manejó extensamente. En realidad la llamada solvencia final o total no es exactamente la cifra de capital propio que aparece en el balance ya que los analistas solemos «depurar» el activo de aquellas partidas cuya capacidad de garantizar deuda es discutible: muchos, por no decir todos, los activos inmateriales, ciertas participaciones accionariales en empresas, activos fijos muy específicos, ciertos stocks obsoletos, ciertas deudas de clientes dudosos, etc.

Esta medida de la solvencia final tiene una lectura «chocante». Teóricamente si la empresa no pudiera pagar sus deudas, tras cierto tiempo de comprensiva paciencia por parte de sus proveedores, se debería embargar su activo, o liquidarlo tras una suspensión de pagos que la empresa ha sido incapaz de «levantar». Liquidar el activo es una durísima situación de carácter definitivo. Para poder cobrar (o recuperar algo) los acreedores han de «matar» la empresa. Estamos delante de una perspectiva finalista o si se quiere «necrológica». «Matar para poder cobrar». A ello se puede llegar sin duda, pero es una salida última a la que no se acude de forma inmediata. La solvencia final no es una medida tan práctica como la que presentamos a continuación.

Otra clase de solvencia (en la línea de la solvencia-garantía) bastante más «operativa» que la anterior es la llamada solvencia de funcionamiento o solvencia corriente. Esta medida de la solvencia no se sitúa en una postura finalista sino que se interroga: ¿a quién afectan los primeros impagos de una empresa? A los titulares del exigible a corto plazo. ¿Cuál sería la garantía «natural» para esos acreedores? La que brinde el activo circulante. ¿Por qué?

Porque la cesión de una parte de ese activo (endoso de una letra o pagaré contra un cliente) no «mata» la empresa. Porque un tiempo de espera debiera permitir vender o liquidar parte de ese activo circulante sin comprometer la continuidad de la empresa.

La solvencia corriente se calcula por comparación del activo circulante y del exigible a corto plazo. La resta de ambos nos da un concepto muy comentado por la literatura financiera: el fondo de maniobra.

FIGURA 1

Representación gráfica del fondo de maniobra

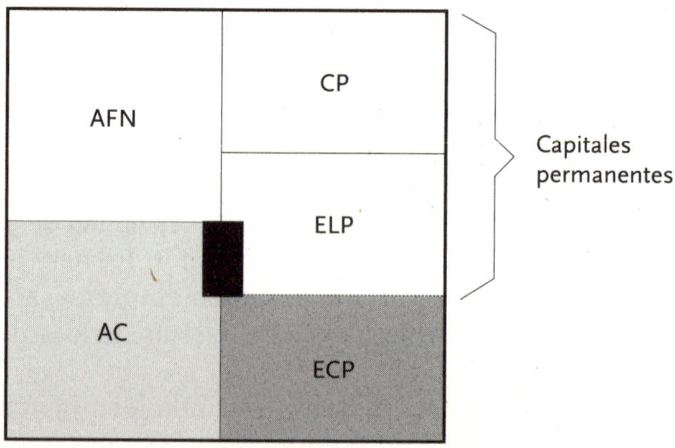

A este concepto se le ha dado en ocasiones una importancia excesiva. ¿Qué significa el fondo de maniobra? Teóricamente, si una empresa impagara a sus acreedores a corto plazo, éstos dirigirían su mirada hacia el activo circulante. Siguiendo la figura 2 podremos observar cómo la porción A del activo circulante representa un valor suficiente para compensar en «especie» la totalidad de la deuda a corto plazo. La franja B es circulante que garantiza «a mayor abundamiento». ¿Por qué se menciona el fondo de maniobra si la porción A ya garantiza? ¿No sería el fondo de maniobra equivalente a cero una posición ideal? En la práctica es muy posible que en el momento de intentar realizar el circulante «contenido» en A, éste bajase de precio. Podría ocurrir, por ejemplo, que ante una cierta tensión de tesorería, la empresa de la figura 2 pidiera a algunos de sus clientes el anticipo de algún vencimiento. Eso se haría otorgando un descuento a esos clientes y perdiendo por tanto valor el activo circulante. La realización de existencias –vía liquidación o traspaso a acreedores– se puede sujetar también a pérdidas de valor más o menos importantes. Por esa razón un fondo de maniobra de valor cero no sería garantía suficiente. Se busca siempre que exista una garantía adicional o sobregarantía para mayor tranquilidad del acreedor a corto plazo.

El fondo de maniobra ha sido objeto de mitos y leyendas, como la elaboración de vaticinios sobre próximas suspensiones de pagos. Ya hemos dicho antes que la solvencia-garantía es un concepto diferente de la solvencia-puntualidad.

FIGURA 2

El fondo de maniobra como sobregarantía para el acreedor a corto plazo

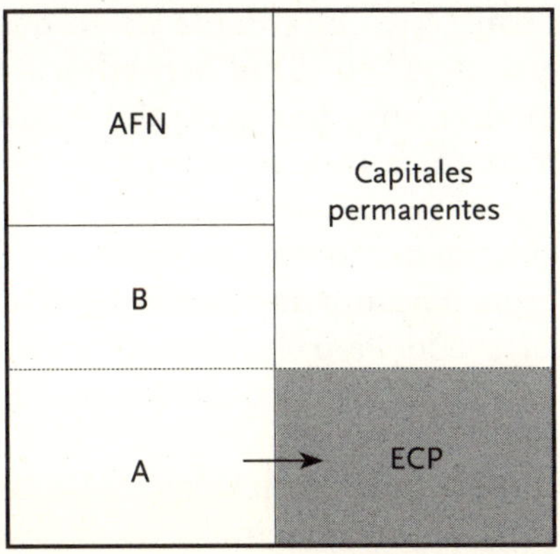

¿Negros nubarrones en el horizonte, si el fondo de maniobra es negativo?

FIGURA 3

Fondo de maniobra negativo

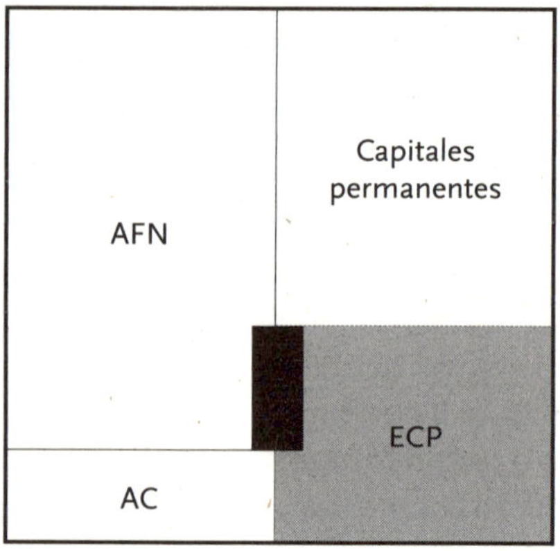

El bajo nivel de activo circulante, respecto a la deuda a corto plazo, no es indicador válido de que la empresa se halle cercana a la falta de puntualidad en el pago. Si este activo circulante rotara muy rápidamente, es decir tendiera a la liquidez en muy poco tiempo, podría ir pagando los vencimientos del exigible a corto plazo. El problema grave se producirá si la empresa de la figura 3 viera sus ventas colapsadas... no generaría liquidez... no podría pagar y... el acreedor a corto plazo observaría entonces que no se puede resarcir con activo circulante de su deudor, porque hay fondo de maniobra negativo. Si el acreedor a corto plazo debe resarcirse con la realización, por parte del deudor, de activo fijo, entramos en una dinámica mucho más compleja que la de la solvencia corriente.

El fondo de maniobra negativo es comparable a un coche descapotable. Las mismas probabilidades de volcar tiene un coche descapotable que otro de techo carrozado. Pero el vuelco de un coche de techo rígido puede proteger la cabeza de los ocupantes, cosa que no ocurre en un vehículo descapotable.

El fondo de maniobra medido en valor absoluto no dice nada. Dos empresas pueden presentar, por ejemplo, cifras de este estilo:

	Empresa A	Empresa Z
Activo circulante	200	900
Exigible a corto plazo	–100	–800
Fondo de maniobra	100	100

El valor 100, correspondiente al fondo de maniobra, no significa que ambas empresas son igualmente solventes. Lo que tendría sentido, hablando de solvencia corriente sería esto otro:

Empresa A Empresa Z

$$\frac{\text{Activo circulante}}{\text{Exigible a corto plazo}} = \frac{200}{100} = 2 \qquad \frac{900}{800} = 1{,}125$$

La empresa A tiene una elevada solvencia de funcionamiento ya que ofrece a sus acreedores a corto plazo doble contra sencillo.

¿Y la empresa Z? Esta empresa ofrece a sus acreedores un valor cercano a la unidad. Es decir un fondo de maniobra próximo a cero.

La unidad, como resultado del ratio de solvencia corriente, es un valor demasiado justo por ser susceptible de reducirse y hacer que el activo circulante llegue a no cubrir plenamente la deuda a corto plazo. Ya lo hemos comentado. Pero: ¿qué opinamos de 1,125?

Responder a esta pregunta nos obligaría a profundizar en la naturaleza del activo circulante de la empresa Z. Si el tipo de existencias que maneja esta empresa es susceptible de perder, brusca y fuertemente, su valor (como es el caso de productos sujetos a tendencias de la moda, corrientes de opinión, etc.) y ese valor perdido fuera superior al 12,5%, nos situaríamos por debajo de la unidad, dejando por tanto de garantizar la deuda a corto plazo.

A todo esto, un directivo comercial se estará haciendo la pregunta de cómo se accede al balance de un cliente para poder analizar todo lo que venimos comentando.

En los países que operan con empresas que no son opacas en sus operaciones (porque hay claridad fiscal e información financiera pública y fidedigna) esto no tiene ningún problema ya que los balances son ampliamente disponibles.

En el Estado español una cosa es lo que ocurre con las grandes empresas y otra lo que ocurre con las «pymes». Sea porque cotizan en bolsa, sea porque dependen de empresas multinacionales o porque su espectro accionarial es amplio, la información económico-financiera de las grandes empresas es fiable para ser analizada. Entre las pequeñas y medianas, se ha avanzado mucho en cuanto a veracidad fiscal, pero este aspecto aún es susceptible de mejora. El balance presentado hoy en Hacienda por una «pyme» puede ser o no auténticamente veraz. En el primer caso tenemos una buena base de análisis. De pensar que no es veraz... ¿nos consta que sea así? Si sospechamos que el balance real de esa empresa es mejor que el fiscal, pero no disponemos de él... pues analicemos el fiscal. De dar ratios altos ya nos podemos considerar satisfechos, puesto que las cifras del balance real superan las del fiscal.

En cualquier caso –a falta de balances– debemos recoger siempre indicios reveladores de nuestra clientela. ¿A quién vende? ¿Le pagan a tiempo? ¿Qué existencias tiene? ¿Invierte en extrafuncionales?

La realidad del Estado español en materia de información económico-financiera, no es precisamente satisfactoria. Ello, sin embargo no ha de ser nunca un freno para adquirir formación sobre los temas de análisis de la solvencia. Hoy aprendemos; a partir de mañana ponemos en práctica lo aprendido y lo vamos perfeccionando... mientras tanto, la situación irá cambiando y la información económico-financiera será cada vez más abundante, fiable y fácil de obtener.

El ratio de solvencia de funcionamiento lo hemos planteado como:

$$\frac{\text{Activo circulante}}{\text{Exigible a corto plazo}}$$

Habíamos dicho que un valor de 2 es muy alto y que un valor de 1,125, lo era o no en función de si el activo circulante era susceptible de una pérdida de valor cercana al 12,5%. ¿Qué juicio nos merecen aquellos ratios cuyo valor se sitúe entre los dos que acabamos de citar? Por ejemplo 1,3. Todo radica en la naturaleza del circulante: ¿es previsible una devaluación del mismo de un 30%? Si eso pudiera ocurrir, me temo que no haría falta hacer ninguna clase de análisis. ¿Qué presencia en el mercado tiene una empresa cuyas existencias pueden devaluarse –a corto plazo– en un 30%? ¿Qué clase de clientes tiene, para que demos por perdido el 30% de lo que le deben?

En realidad, por más que en este texto facilitemos coeficientes, ratios y representaciones gráficas, lo que realmente tiene valor de cara a la gestión empresarial es una actitud de vigilancia sobre los temas de solvencia de la clientela. En líneas anteriores formulábamos preguntas sobre posibles indicios de algunos de nuestros clientes que pueden ser reveladores: ¿invierte en extrafuncionales?

Planteemos una variante del ratio principal de solvencia de funcionamiento:

$$\frac{\text{Activo circulante} - \text{Circulante extrafuncional}}{\text{Exigible a corto plazo}}$$

Ilustremos este ratio con unas cifras a título de ejemplo:

Activo circulante (AC) = 200
Circulante extrafuncional (C Ex) = 120
Exigible a corto plazo (ECP) = 100

Si aplicamos estos valores a los ratios de solvencia de funcionamiento, que ya conocemos, tendremos:

$$\frac{AC}{ECP} = \frac{200}{100} = 2$$

$$\frac{AC - C\,Ex}{ECP} = \frac{200 - 120}{100} = 0{,}8$$

¿Qué importancia analítica puede tener aplicar esta variante? En situaciones parecidas a ésta, la respuesta que he recibido de bastantes directivos es que ninguna. Hay quien piensa que un ratio de solvencia de funcionamiento de 2 es muy alto y por tanto que, salvo otros inconvenientes que pudieran surgir, la empresa merece confianza. No debe dejar de llamarnos la atención un importe de activo circulante extrafuncional de 120 (sobre 200 de circulante total). Hay acreedor que ve en ello una ventaja: «mi cliente puede realizar en cualquier momento ese circulante extrafuncional y obtener dinero para pagarme». Pero hay acreedor que ve en ello un peligro: si el deudor realiza el circulante extrafuncional (y cancela un crédito a largo plazo o paga un elevado dividendo, o redime capital, o invierte en activo fijo, etc.) la solvencia corriente se transforma en 0,8, cifra a todas luces insuficiente. La solvencia corriente de una empresa no puede descansar sobre partidas de carácter extrafuncional, por la razón descrita. En cambio, las inversiones habituales en stocks y cuentas a cobrar son garantía permanente, puesto que la empresa las transforma físicamente, pero las mantiene monetariamente. Ninguna empresa puede modelar a su antojo los niveles de inversión que mantiene en stocks y clientes, el negocio «obliga», el negocio marca unos límites. Sin embargo, la tenencia de activos circulantes extrafuncionales no obedece a ninguna ley precisa.

Los ratios no pueden ser tomados monolíticamente, ni sus conclusiones pueden evitar un cierto carácter de flexibilidad. Las variantes sobre los ratios principales son siempre interesantes. Los ratios no son más que pequeños peldaños en que apoyar el pie de un razonamiento. Un ratio en aislado no dice nada. Varios ratios dicen algo. Las variantes de los ratios –distintas en cada caso concreto– son las vías hacia razonamientos más completos.

Hablando de solvencia corriente, existe un ratio conocido con un nombre curioso: la «prueba del ácido»; este título es traducción del inglés: «acid test». En castellano este ratio recibe el nombre de ratio de tesorería. Este coeficiente se presenta así:

$$\frac{\text{Cuentas a cobrar + Disponible}}{\text{Exigible a corto plazo}}$$

El interés de este ratio es soslayar el peso de los stocks en la solvencia corriente y tener una visión más cercana a la liquidez (o a la consecución de la liquidez para ser más precisos). Cualquier valor cercano a la unidad es, en el fondo, un valor muy alto. ¿Por qué? Porque teóricamente un endoso masivo de toda la deuda a favor (de la empresa) compensaría las obligaciones a corto plazo.

El curioso nombre de «acid test» proviene de los primeros años del siglo XX. En esas épocas, la resistencia de los materiales se controlaba por medio del test del vertido de ácido. Una gota de ácido vertida sobre la superficie de un material mostraba la nobleza o debilidad del mismo; era una prueba rápida y contundente. Muchos bancos americanos aplicaban, a principios de ese siglo, el ratio de tesorería como panacea de la solvencia empresarial. Fijaban límites al valor del ratio, con lo cual la empresa «pasaba» o «no pasaba» un test rápido y contundente. Otro nombre para este coeficiente fue «quick ratio», por las razones antedichas. Insistamos sin embargo en que un ratio en aislado no dice nada. Veamos por medio de un ejemplo cómo podemos combinar ratios.

Discuten el director comercial y el financiero sobre la posibilidad de refinanciar o no a un par de clientes que presentan ciertas dificultades en el pago. Esos dos clientes son las empresas A y B.

¿Cuál de las dos empresas nos parece más fiable en una óptica de solvencia?

Denominación del ratio	**Instrumentación**	**Valor en la empresa A**	**Valor en la empresa B**
Solvencia corriente	$\frac{AC}{ECP}$	1,87	1,31
Prueba del ácido	$\frac{AC - Stocks}{ECP}$	0,17	0,78

Digamos en primer lugar que nos estamos ciñendo a un aspecto muy concreto. No hemos entrado todavía en aspectos de análisis económico ni de proyección futura de la firma. Bajo el prisma considerado, la más solvente de ambas es la empresa B. ¿Por qué?

Es cierto que 1,87 significa más alta solvencia corriente que 1,31. Pero 1,31 es una cifra suficiente. Nadie pide a nadie 1,87; de hecho, éste es un valor sobrante. En cambio, un test ácido (o ratio de tesorería) de 0,17 es muy bajo y 0,78 es claramente alto. Es posible que la empresa B pudiera endosarnos letras contra algunos de sus clientes para resarcirnos de algún impago; la empresa A difícilmente podría hacerlo. Es obvio que existe un gran «peso» de las existencias en la empresa A. Esto, como acreedor a corto plazo, solamente puede interesarme si estos stocks son de fácil realización. Por ejemplo: existencias de cobre; tendrían fácil salida porque hay cotización y mercado consistente para este producto. Un stock de juguetes, como garantía, pondría la piel de gallina al más feroz de los guerreros de Atila... si no los ha conseguido vender el propio empresario... ¿los realizaré yo? No hay cotización ni mercado estable. Es un mercado influido fuertemente por las novedades.

Es posible que el director de marketing lea en algún informe sobre un cliente, el llamado ratio de disponibilidad. Este ratio se plantea así:

$$\frac{\text{Efectivo}}{\text{Exigible a corto plazo}}$$

¿Se imagina usted que este ratio diera un valor igual a la unidad? Alguien podría dejarse atraer por ese fabuloso canto de sirenas. Usted no. ¿Cuánto tiempo va a durar ese altísimo valor de la cuenta de efectivo? ¿Tiene todavía la empresa en sus arcas la abultada cifra que exhibía en el balance que cerró hace tres meses? Piense usted en algo más volátil que el dinero: quizás lo sea una gota de alcohol sobre una plancha caliente al sol del verano... El dinero líquido es una «herramienta» de pago pero *nunca una garantía.*

En realidad, el ratio que acabamos de representar, debe arrojar habitualmente valores muy bajos (por debajo de 0,10). No es sorprendente que sea así. La liquidez de la empresa no tiene otra finalidad que hacer de depósito regulador entre cobros y pagos. Piénselo bien: si el flujo de cobros fuera tan regular y fiable como el reloj de mi abuelo, no haría falta mantener saldos líquidos en la empresa. Los cobros irían cubriendo cómodamente los pagos, creándose así un auténtico «nirvana» empresarial. Dado que ese paraíso no existe, bueno es mantener una cierta seguridad en efectivo; pero no es necesaria tanta liquidez como elevada sea la deuda a corto plazo.

El ratio de disponibilidad es un cálculo inútil. Si es muy alto puede ser efímero y si es normal ha de ser bajo. En cualquier caso no indica nada sobre la solvencia de funcionamiento de una empresa. Al contrario, en niveles absurdamente altos puede engañar a personas con poca experiencia en temas de análisis económico-financiero.

Volviendo a las ideas iniciales del capítulo, recordaremos cómo hemos planteado dos conceptos diferentes de solvencia. Hasta ahora nos hemos ocupado de la solvencia como garantía. A partir de ahora hablaremos de la solvencia como puntualidad de pago o puntualidad financiera.

Ésta es una temática en donde la dirección de marketing y la financiera interrelacionan de forma muy especial.

El provecho, para la dirección de marketing, del resto de este capítulo ha de radicar en un doble orden:

- externo,
- interno.

En el orden externo, lo explicado debe servir para interpretar mejor las dificultades de pago de algunos clientes y poder calibrar las expectativas futuras de esas firmas. ¿Cortar el suministro? ¿Refinanciar? ¿Solicitar garantías?

En el orden interno de la empresa, se pretende que el contenido de las páginas siguientes facilite el diálogo entre marketing y finanzas, al tomar, por parte de ambos, conciencia objetiva de las dificultades de pago que a nuestra empresa le puedan reportar ciertas políticas comerciales. Inversamente, habrá actuaciones en el campo del marketing que representan un compromiso de orden menor para la puntualidad de pago. En uno u otro caso necesitamos instrumentos analíticos que objetiven al máximo la cuestión. De ello hemos de hablar en el resto del capítulo.

Desde tiempos pretéritos, los empresarios y banqueros han deseado tener algún instrumento que pudiera vaticinar con tiempo suficiente el posible impago del deudor. Hacia los años 60 se crean –sobre todo en Estados Unidos– modelos de predicción basados en ratios (algunos de los que ya hemos visto y otros que veremos más adelante) debidamente ponderados según la importancia que demos a cada ratio. Estos modelos se han ido contrastando y perfeccionando en la actualidad. Se les otorga validez para grandes empresas en grandes mercados como en Estados Unidos. Bajo mi punto de vista, estos modelos estadounidenses no predicen en el caso de las «pymes» españolas. Un error de rumbo en un gran petrolero tarda más en corregirse que en un velero de treinta y cinco pies. El relevo generacional en una «pyme» puede transformarla en cuestión de meses. Las «pymes» se fortalecen o debilitan en ciertos mercados en espacios de tiempo corto. A las grandes empresas les cuesta más maniobrar. Indicadores preocupantes hoy pueden ser totalmente negativos dos o tres años más tarde.

El tema es polémico. Entre mis buenos amigos tengo algunos en contra y otros a favor de las opiniones que acabo de exponer.

Nuestro objetivo para las explicaciones que seguirán a este preámbulo es el de conceptualizar los condicionantes de la futura puntualidad de pago de una empresa (la nuestra... o la de un cliente).

Para ello podemos utilizar el esquema representado en la figura 4.

En la cabecera del esquema tenemos representadas las palabras inversión y financiación. La inversión es un fenómeno consustancial a la vida de la empresa, es necesaria y continua.

La financiación acompaña a toda inversión. Idealmente, los dos fenómenos paralelos debieran planificarse previamente. Las inversiones inesperadas obligan a la empresa a financiarse improvisadamente, es decir: sobre la marcha. En ocasiones, la financiación no se ha gestionado sino que se ha forzado espontáneamente en forma del proveedor que no ha cobrado puntualmente el equipo o la materia que entregó.

Las inversiones se efectúan en tres frentes diferentes: activo fijo, activo circulante y devoluciones de deuda.

FIGURA 4

Condicionantes de la puntualidad de pago

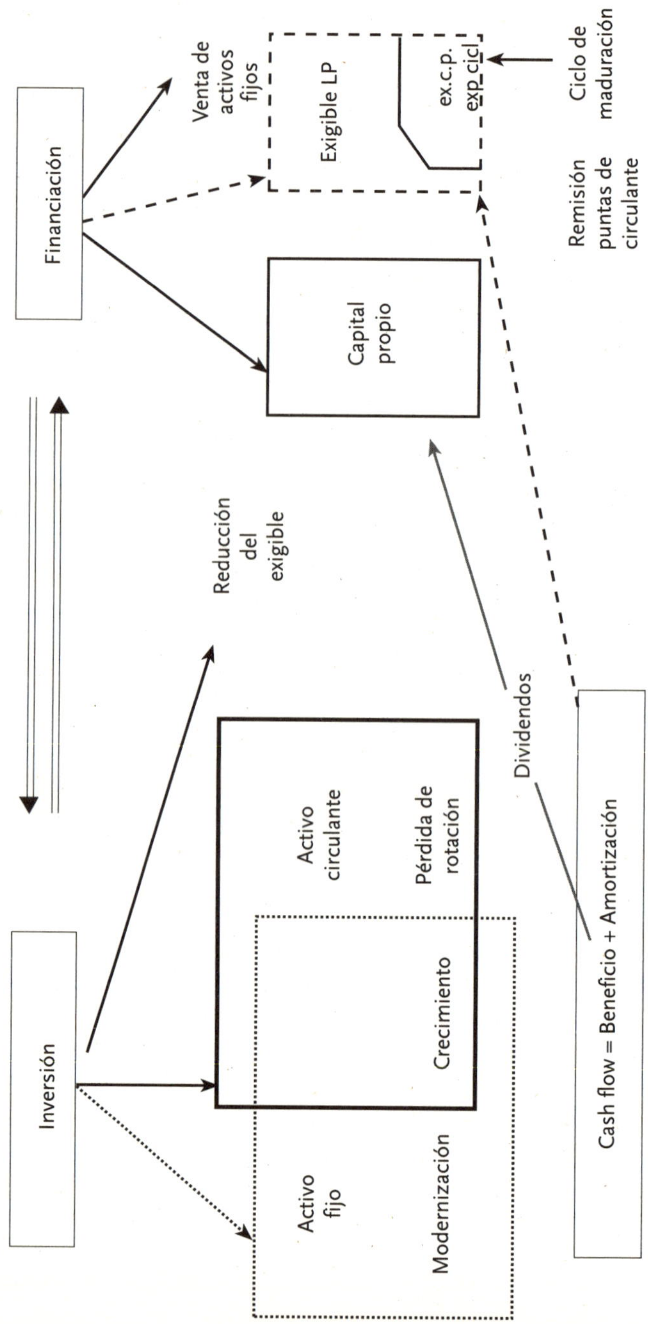

Las inversiones en activo vienen reclamadas por la propia esencia de la explotación de la empresa. Las devoluciones de deuda no dependen de la explotación de la empresa, son función de la deuda existente y los plazos acordados para su devolución. El nivel de deuda a ir devolviendo *en el futuro* depende *hoy* de la política de financiación que la empresa llevó a término en el *pasado*.

Las fuentes de financiación son de tres tipos:

- Capital propio.
- Deuda.
- Realizaciones de activo.

Esta tercera no puede ser un recurso sistemático como las dos anteriores. La venta de activos fijos, la realización de activos extrafuncionales o la reducción de activos circulantes ociosos (hasta sus niveles operativos lógicos), no son recursos que se puedan obtener sistemáticamente, sino que tienen lugar de cuando en cuando, bajo mecanismos de gestión de carácter un tanto excepcional.

Los motivos por los cuales la empresa invierte en activo fijo o circulante se reducen a tres:

- Modernización o renovación de equipos.
- Crecimiento de las ventas.
- Ralentización o pérdida de rotación en el activo circulante.

La renovación de equipos (o de activos fijos en general) es consustancial a la explotación de la empresa. Caben «vías de escapatoria» (como alquilar ciertos equipos en lugar de comprarlos o subcontratar producción) para evitar tener que reponer equipos viejos. Pero inevitablemente –aunque una empresa no creciera comercialmente– está «condenada» a reponer o modernizar aquellos viejos activos fijos que no se pueden alquilar ni cuya función sea subcontratable.

El crecimiento de las ventas comporta necesidades crecientes de producción (en empresas industriales) o de suministro y espacio (empresas comerciales). Esto crea necesidades de activo fijo para manejar los volúmenes crecientes de actividad.

Pero el crecimiento es un desencadenante de inversiones, tanto en activo fijo como en activo circulante. Podríamos decir: sobre todo en circulante (excepto en el caso de empresas de servicios). Efectivamente, el más mínimo incremento de la cifra de ventas comportará ipso facto el aumento de la inversión en saldos de clientes; ¡salvo que tuviéramos la enorme habilidad de reducir el plazo de cobro cuando crecemos! ...suele ocurrir al revés: gracias a ciertas concesiones en el plazo de cobro, a veces podemos aumentar las ventas. Pero el aumento de ventas no es solamente un desencadenante inmediato de la inversión en cuentas por cobrar. Es preciso reflexionar sobre el impacto del crecimiento comercial en las existencias, tanto de empresas manufactureras como de entidades comerciales. Demasiado a menudo encontramos en la práctica una falta de sensibilidad por parte de los directivos no-financieros al fenómeno del crecimiento de las ventas. Se suele reflexionar basándose en el erróneo esquema:

Mayores ventas ⟶ Mayor beneficio ⟶ Mayor liquidez

Eso sólo sería posible en una empresa que cobrara al contado, subcontratara su actividad y tuviera a su proveedor suministrándole cada hora y cada minuto a su antojo. El esquema normal es:

Mayores ventas ⟶ Mayor beneficio ⟶ Falta de liquidez (para financiar el activo circulante adicional)

Éste es un punto crucial en la interrelación marketing-finanzas: ¿cómo crecer, simplificando al máximo las necesidades de invertir en activo circulante?

¿Qué es un fenómeno de «sobreinversión» en activo circulante? El esquema de la figura 5 nos lo explica. La iniciativa de dar mayor plazo de crédito a la clientela, induciría por sí misma un aumento de la partida de cuentas por cobrar, pero el esperado incremento de ventas produciría también un aumento «superpuesto» en la misma partida de cuentas por cobrar. El crecimiento de ventas comportaría también la necesidad de invertir en stocks.

El crecimiento no es gratuito, es preciso anticipar, «sobre el papel», la problemática financiera que puede comportar. A partir del capítulo 7 de este texto volveremos sobre tan interesante cuestión.

Volvamos al tema de la financiación. La decisión de financiarse con exigible obliga a su devolución y al pago de intereses. Sobre el tema de los intereses incidiremos en el próximo capítulo, ahora tendremos en cuenta el compromiso que comporta la devolución del exigible. Pensemos en la financiación por capital propio. La diferencia esencial con el exigible es que no obliga a devolución. ¿No obliga a nada el capital propio?

FIGURA 5

Efecto de sobreinversión en activo circulante

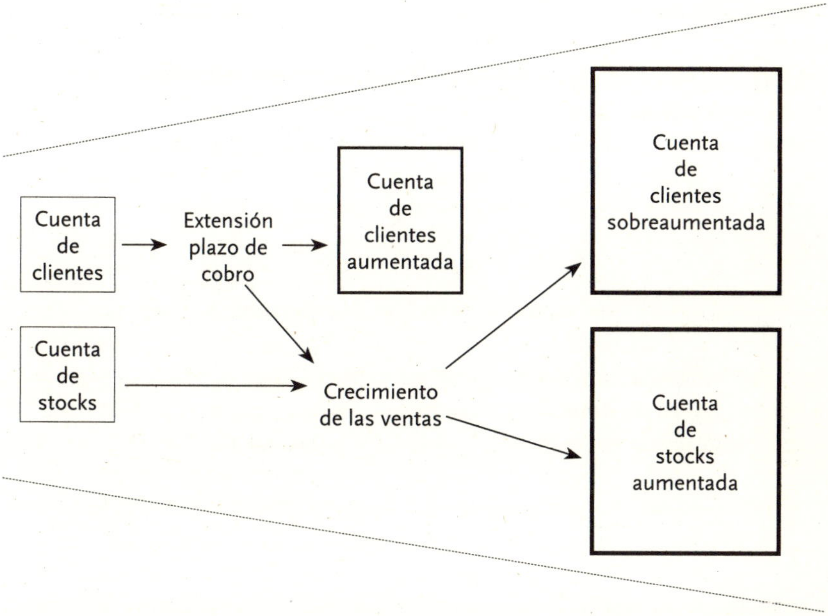

Ya lo dijimos en el capítulo 2: obliga a ser retribuido. El pago de dividendos no es legalmente obligatorio pero es fundamental, cuando el espectro accionarial es amplio. El hecho de que en muchas pequeñas empresas de propietario único o de poquísimos accionistas, se prescinda de los dividendos por uno o varios años, no es óbice para no sentir el peso de la retribución del capital propio. En cualquier empresa en que la limitación, en número, del espectro empresarial permitiera gran austeridad en el dividendo, siempre quedaría la «obligación» de demostrar a los pocos accionistas que la empresa obtiene beneficios. Se mire como se mire, el accionista, o es retribuido con dividendos, o debe observar en los estados de resultados, satisfactorios beneficios.

Al pie del esquema de la figura 4 aparece el concepto de *cash flow*. Este concepto no ha sido todavía explicado. Tiene mucho interés para la dirección de marketing de la empresa. El *cash flow* se define como la suma del resultado y de la amortización. Al decir resultado estamos admitiendo que éste pueda ser adverso (pérdida) o favorable (beneficio). El esquema sin

FIGURA 6

Beneficio y amortización como elementos integrantes del *cash flow*

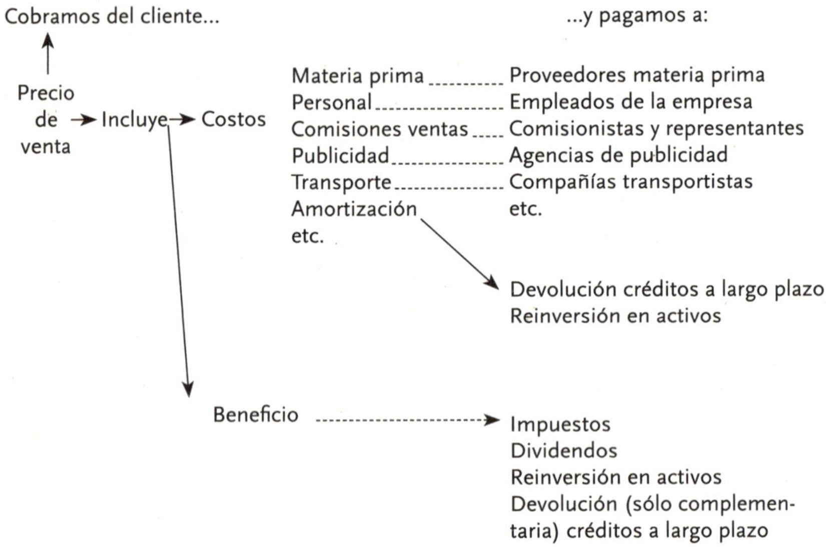

embargo no ha usado la palabra resultado (ambivalente) sino beneficio. ¿Por qué? En parte porque el autor de este libro es temperamentalmente optimista y en buena parte también porque el beneficio es la base para dotar el dividendo que a su vez retribuye al capital propio como puede verse en la figura 4.

¿Por qué el concepto de *cash flow* suma el resultado y la amortización? Para contestar esta pregunta es preciso que recordemos lo escrito sobre la amortización en el capítulo 3. El precio de venta de un producto, como ya dijimos, debe ser tal que absorba los costes de producción y venta del mismo; debe dejar además un beneficio (figura 6). En el concierto total de los costos que debe «absorber» o sufragar el precio de venta, debe estar la amortización del activo fijo. Luego, como se dijo, el cliente «paga» la amortización y el beneficio en cada producto (supuesto que vendemos un número tal de unidades que nos compensa de los costos totales).

El dinero cobrado del cliente tiene destinos de salida inmediata, como los proveedores, empleados, comisionistas, etc. pero el dinero correspondiente a la amortización y el beneficio no tiene destino o salida asignada inmediata, sino que por un tiempo u otro, puede «remansarse» en las cuentas de efectivo hasta destinarse potestativamente a devolver los créditos a largo plazo (que un día financiaron activos fijos) o bien a reforzar el activo fijo o el circulante.

Si la misión de la amortización es la de reponer los activos fijos que envejecen ... ¿con qué dinero los repondremos, si esos fondos destinados a la amortización fluyeron ya para devolver créditos o para reinvertirse en cualquir clase de activos? Puede ocurrir que al término de la vida útil de un bien, efectivamente, no hayamos retenido en cuentas líquidas el flujo que recogimos de cada venta, en concepto de amortización. En ese momento deberemos endeudarnos a largo plazo o ampliar el capital. ¿Dónde está el dinero de la amortización?, preguntará quizás extrañado el banquero. «Eso... eso... ¿dónde están los fondos que se cobraron del cliente en concepto de amortización?», preguntan un tanto «mosqueados» los accionistas. El director financiero de la empresa puede contestar a los banqueros: «Utilizamos esos fondos para devolver viejos préstamos que teníamos con vosotros. Cumplimos puntualmente nuestros compromisos, os dimos satisfacción en todo momento. Ello nos permitió rebajar el endeudamiento. Ecuánime es querer restablecer ahora viejas cotas de endeudamiento».

También puede contestar el director financiero: «Utilizamos los flujos correspondientes a la amortización para reponer algunos bienes de activo fijo y apoyar a nuestros comerciales, dando variedad a nuestro stock y mayor plazo a nuestra clientela. Ese dinero de la amortización está ahora materializado por todo nuestro activo. Hemos posibilitado el crecimiento del patrimonio. Este mayor activo será respaldo y garantía de la deuda que os solicitamos».

A la interpelación de los accionistas, el director financiero o el general podrían contestar: «Ciertamente en el cobro de cada producto vendido, día tras día, semana tras semana... hemos ido afluyendo hacia la empresa el dinero de la amortización, pero tal como iba entrando, lo íbamos asignando a devolver créditos a largo plazo o a reinvertirlo en activo. ¿Os hemos pedido últimamente aportaciones vuestras para devolver créditos? No; los devolvimos con los fondos que el cliente pagó en concepto de amortización ... ¿Os despertamos temprano alguna mañana invernal para pediros que aportarais capital para la compra de una máquina? No; lo hicimos con el dinero generado vía amortización. Así velamos vuestro sueño tranquilo. La amortización trabajó para vosotros durante vuestro reparador descanso. Ahora estamos ante una inversión importante y no hemos acumulado una cifra de efectivo grande (la rentabilidad de los depósitos líquidos es baja). Es vuestra oportunidad para luciros».

Bien. Hemos caricaturizado un tanto el tema, con el ánimo de que se capte el fondo de la cuestión y la dirección comercial interprete dónde están y dónde no, las fuentes del dinero de una empresa.

Ciertamente cada unidad vendida debiera dar un «granito de arena» de amortización y beneficio. Las 10.000 unidades vendidas, por ejemplo debieran al final del ejercicio haber cubierto todos los costes de materiales, personal, publicidad, etc... Si solamente hubiéramos vendido 5.000 unidades hubiéramos cubierto el coste de materia prima (lo que no hemos gastado en los productos vendidos todavía está en existencias; es patrimonio, no es coste todavía) pero vendiendo sólo la mitad de lo esperado difícilmente cubriríamos el costo de personal, ni la publicidad...

En tal caso no hay fondos líquidos para la amortización (se los «comieron» los otros gastos). Luego todo lo explicado anteriormente sirve cuando la empresa obtiene cifras de ventas alrededor de lo presupuestado (o esperado como actividad normal). Los descensos severos de la cifra de negocio, «desmontan» la bien intencionada caricatura de nuestras explicaciones anteriores.

Volvamos a la pregunta planteada, pocas páginas antes: ¿Por qué el *cash flow* es la suma del resultado y la amortización?

Tal como hemos explicado, las dos únicas magnitudes que pueden generar o «promover» liquidez son el beneficio y la amortización, ya que los restantes «ingredientes» del precio de venta (y por tanto del cobro) son factores de entrada y salida vinculadas.

La traducción literal de *cash flow* sería «flujo de caja». La mejor traducción sería sin embargo algo así como «fuerza creadora de liquidez». El beneficio y la amortización no son exactamente «caja»... serían efectivo si los separáramos cuidadosamente en cada cobro para retenerlos en una urna de cristal. Es cierto que *entran* gracias a cada cobro... pero también solemos utilizarlos de inmediato (o casi de inmediato) para devolver créditos o reinvertir en activo. La expresión *cash flow* suele utilizarse sin traducir. No olvidemos que flujo no significa materialización de dinero sino «fuerza generadora».

El esquema de la figura 4 representa gráficamente cómo el beneficio es base de dividendos y cómo el conjunto de beneficio y amortización permite devolver créditos a largo plazo. De aquí podemos pasar a enunciar uno de los condicionantes de la puntualidad de pago de una empresa:

$$CF > D + VLP$$

En donde:

CF = *Cash flow.*
D = Dividendos.
VLP = Vencimientos anuales de la deuda a largo plazo.

Los compromisos que la empresa haya adquirido con sus accionistas en concepto de pago del dividendo, así como las obligaciones anuales de pago de la deuda contraída a largo plazo, han de ser cubiertos por el *cash flow* a generar en aquel año. Volveremos sobre este concepto en el capítulo 8 de este libro, pero enunciemos ahora un conocido principio de las finanzas: la capacidad de endeudamiento (a largo plazo) de una empresa es función del *cash flow* que genera (o razonablemente generará en el futuro próximo).

El principio recién enunciado no afecta demasiado al profesional del marketing, puesto que no está en las atribuciones de su oficio el aconsejar a la empresa sobre políticas de endeudamiento. Pero el principio anterior es extensible a otro más amplio, que sin duda afecta a la tarea del director de marketing en la empresa.

Si el crecimiento reporta necesidad de invertir, si la inversión se financia con capital propio o con deuda, si ambos recursos reclaman *cash flow*... entonces... la capacidad de crecimiento de una empresa es función del *cash flow* que genera (o generará en el futuro por inducción de ese crecimiento).

Repasemos los dos principios: la capacidad de endeudamiento de la empresa no depende de las garantías patrimoniales que ésta pueda ofrecer a sus banqueros, sino del *cash flow* que pueda generar.

La capacidad de crecimiento no la dicta la demanda, sino la generación de *cash flow*. La demanda es una condición necesaria, un motor que ha de estar presente, pero no la pauta de actuación.

La segunda condición de puntualidad de pago es evitar las pérdidas de rotación del activo circulante. Este tema ocupará el resto del capítulo ya que es una cuestión de acusada interrelación marketing-finanzas.

Esto se relaciona también con dos aspectos del esquema de la figura 4, que son los últimos que vamos a comentar. A la derecha del esquema y en la parte baja, vemos los condicionantes de puntualidad que se relacionan con el tema de la ágil rotación del activo circulante. ¿Cómo atendemos los créditos de vencimiento expreso?

Préstamos a corto plazo de vencimiento expreso los hay de dos tipos:

- Los que provienen de operaciones de préstamo, planteadas originalmente a largo plazo.
- Los que se conceden en un momento determinado del ejercicio para ser devueltos en menos de un año.

Sobre los primeros –es decir, los que originalmente se plantearon a largo plazo–, ya está todo dicho: se han de atender con la generación de *cash flow*.

Sobre los segundos, hemos de decir lo siguiente: una operación de préstamo que nace y muere dentro de un período inferior al año, debe reunir un requisito fundamental. ¿Cuál es ese requisito? Veámoslo: la empresa solicita esa clase de préstamo a una caja o a un banco *solamente* cuando la necesidad de financiación que se le ha creado va a ser transitoria.

Pongamos un ejemplo: una industria que confecciona y comercializa trajes de baño. En los meses de invierno se le crea la necesidad de financiar un importante stock, que alcanzará su punto máximo en la primavera. Las ventas de trajes de baño en esa estación y la de verano van haciendo que el stock disminuya y la necesidad financiera remita. El préstamo a corto plazo expreso nace en invierno con la necesidad gradual de constituir un stock de trajes de baño. En primavera tenemos una «punta de circulante»... que empieza a remitir cuando la estación avanza. La remisión de la «punta» continúa en verano. Los cobros de clientes permitirán más tarde devolver ese préstamo puntual o transitorio, con vencimiento expreso a corto plazo. La figura 4 representa el factor de remisión de las puntas de circulante como condicionante del pago de exigible a corto plazo expreso.

La pregunta siguiente era: ¿Cómo devolvemos los créditos de vencimiento cíclico? La figura 4 nos indica que el ciclo de maduración debe hacer posible el pago a proveedores y el crédito bancario por descuento de letras. Efectivamente, no necesitamos *cash flow* para pagar los créditos cíclicos. El vencimiento de las letras contra nuestros clientes culmina el ciclo de maduración. El pago de la letra que efectúa nuestro cliente va a resarcir a la caja o al banco que nos descontó tiempo atrás esos efectos. El impago de nuestro cliente (pérdida de rotación del activo circulante) dejaría inatendido –momentáneamente– ese crédito. Pagaremos puntualmente a nuestros proveedores comerciales porque confiamos fabricar y vender a ritmo adecuado sin pérdida de rotación. El giro habitual del negocio, es decir la feliz consecución del ciclo de maduración es lo que debe ir pagando los recursos cíclicos. La pérdida de rotación del circulante, es decir, la ralentización del ciclo de maduración, puede llevarnos a la impuntualidad de pago, si no interponemos financiación especial a tiempo.

Desde ahora y para el resto del capítulo vamos a concentrar nuestra atención en el fenómeno de la rotación. Éste es un tema clave en la consecución de bodas y divorcios entre el marketing y las finanzas.

La acepción más general del concepto de rotación descansa sobre un ratio tan simple como este:

$$\frac{\text{Ventas}}{\text{Activo}} = \text{Número de rotaciones (o vueltas)}$$

La eficacia analítica de este ratio se puede captar, si se piensa por separado en el sentido del numerador y del denominador.

Las ventas son –por prosaico que suene– la medida de la importancia de una empresa, puesto que miden la capacidad de la misma de suplir necesidades (de la población industrial, comercial o consumidora). La venta (o la demanda) es la razón de ser de la empresa; cada unidad monetaria vendida es un sí a la compañía. La venta es el puente de conexión entre la empresa y el mercado. No estamos diciendo con ello que un pequeño hospital comarcal no haga nada importante; pero, se quiera o no, el demandante otorga fuerza, importancia o pervivencia a una empresa en cuanto la afirma en el mercado a través del reconocimiento que hace de ella cada vez que formula un pedido.

¿Qué es el denominador del ratio? Del activo hemos hablado mucho en el tercer capítulo y ahora tenemos una oportunidad de resumir y «redondear» todo lo dicho anteriormente.

El activo es una medida de responsabilidad para el equipo gestor de la compañía. ¿Qué vale el activo de nuestra empresa?, ¿cinco mil millones? Pues bien: son cinco mill millones confiados a nosotros como equipo gestor. Esa es nuestra responsabilidad. Gran responsabilidad. Los activos no son gratuitos, ni siquiera baratos, no llueven generosamente del cielo... tras el activo hay unos titulares del capital propio que arriesgan dinero... tras el activo hay los tenedores de un capital exigible que también lo arriesgan al buen fin de la empresa. El activo –medida de responsabilidad (de confianza otorgada)– es como la eslora de un barco. Los 300 metros de largo de un petrolero y su descomunal tonelaje es una rotunda expresión de responsabilidad para su capitán. Su capacitación le viene de complejos estudios y largas jornadas de navegación. El patrón de un pesquero de 15 metros de eslora acreditará una preparación mucho menos compleja.

El ratio de rotación compara los medios *confiados* al equipo gestor, con la proyección de la empresa en el mercado.

Un ejemplo sencillo puede aclarar el sentido último del ratio general de rotación: Dos pesqueros de igual desplazamiento e idéntico motor se hacen a la mar. Ambos patrones tienen la misma «herramienta» confiada a sus manos expertas, pero al término de la jornada uno de los dos venderá, en la lonja del puerto, más pescado que el otro. Un patrón eligió mejor el caladero, o arrumbó mejor su embarcación durante la larga pesca de arrastre... sacó más provecho de su activo.

El ratio de rotación es una primera aproximación a la eficacia empresarial. Decimos «primera» porque la «definitiva» será la comparación del beneficio obtenido con el activo empleado para conseguirlo. Siguiendo el ejemplo anterior, podríamos decir que no se trata solamente de vender más kilos de pescado, sino de comercializar las capturas de mayor precio en el mercado.

El análisis de la rotación debe respetar la idiosincrasia de ciertas actividades. No se puede comparar la rotación de un hotel que trabaja solamente en los cortos meses del verano, con la de un fabricante de coches.

No se puede comparar la rotación de una estación de servicio de gasolina situada en el centro de Barcelona con la de una estación de esquí operativa de diciembre a abril (...si la estación se halla situada en el hemisferio norte).

Entre empresas del mismo sector, la rotación es comparable y se trata de un análisis muy interesante. Pero dentro de un mismo sector también pueden surgir diferencias. ¿Qué diferencias de rotación no habrá entre el hotel que trabaja unos pocos meses en verano, porque está situado en la Costa Brava, y otro hotel situado en las Cayman Islands, bañadas por las transparentes aguas del mar Caribe?

El análisis inexcusable para una empresa es comparar su propia rotación en espacios de tiempo diferentes: ¡bajó la rotación de nuestra empresa de 5 a 3 vueltas! ¿Por qué ha ocurrido? ¿Bajada de ventas? ¿Subieron las ventas, pero creció proporcionalmente más el activo?

El director de marketing empieza a alertarse: ¿qué efecto sobre la rotación tendrá invertir en una sala de exposición y atención al público?, ¿y en nuevas patentes?, ¿y en unas existencias aumentadas y variadas para servir cuanto antes a nuestra clientela?

Estas preguntas abren ya el camino a una segunda consideración en el estudio de la rotación. El ratio general de rotación debe desglosarse así:

$$\frac{\text{Ventas}}{\text{Activo}}$$

$$\frac{\text{Ventas}}{\text{Activo fijo neto}} \qquad \frac{\text{Ventas}}{\text{Activo circulante}}$$

En la óptica del marketing, esta clase de desglose nos permite detallar el análisis. Si en nuestra empresa ampliásemos la sala de exposición mediante obra nueva, afectaríamos al denominador del ratio de la izquierda. Si el local no fuera construido a nuestras expensas (ni adquirido) sino alquilado, no afectaría a la rotación del activo fijo. Pero ¿qué sale más costoso: un local de propiedad o uno de alquiler? El de propiedad me obliga a calcular su amortización; el arrendado, su alquiler... no nos precipitemos; dejemos esta clase de preguntas para el capítulo 6.

Si el tipo de decisión que la dirección comercial-marketing debate con el director financiero es aumentar la inversión en existencias para atender el suministro a la clientela más eficazmente... ¿qué puede pasar? Que esta decisión puede afectar al ratio de la derecha. Aumentará de forma directa el denominador del coeficiente. Pero: ¿puede ocurrir que la clientela, mejor servida (que por la competencia), nos compre más?

Diga:

☐ SÍ

☐ NO (... ponga una cruz en la casilla elegida...)

Si la respuesta es afirmativa puede ocurrir que las ventas crezcan proporcionalmente más que la inversión en activo circulante (stocks) y la rotación mejore. (Los comerciales serán felicitados por el director general... quizás invitados a una copa de cava catalán... o a una cena).

Si la respuesta es negativa, la rotación disminuirá (los comerciales podrán contestar: «si no hubiéramos mejorado el servicio, nuestros competidores nos habrían hecho experimentar una severa bajada de ventas». Quizás aún les inviten a una copa de cava... más barato).

El ratio de rotación del activo circulante es a su vez desglosado, tal como mostramos esquemáticamente:

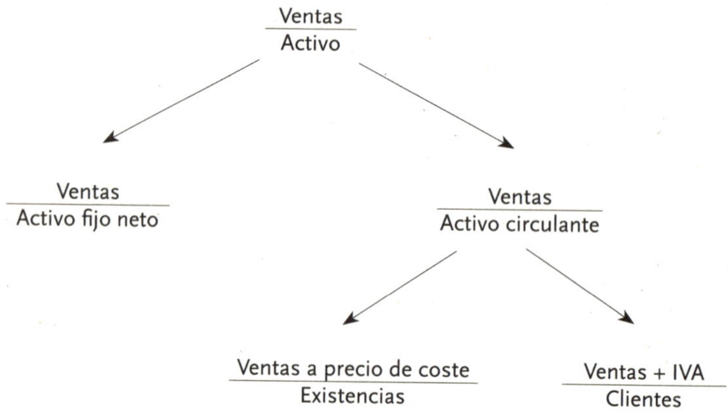

La rotación del activo circulante se ha desglosado entre la rotación de stocks y la de las cuentas a cobrar de clientes. La rotación de las existencias se calcula por comparación con el valor de las ventas, pero computadas a precio de coste. La razón de ello es que las existencias en un balance se valoran por el costo que han acumulado para ser fabricadas (o simplemente compradas si de una empresa comercial se tratara). Sobre los costes que integran el valor de los stocks hablaremos en el próximo capítulo.

El sentido de este ratio no es unívoco. Es preciso distinguir el cálculo de la rotación de stocks, según se hable de empresas estacionales o de empresas de ventas mensuales sensiblemente regulares.

Hablemos en primer lugar de las empresas que venden regularmente. Unas cifras pueden ayudar a entender el sentido del ratio de rotación de stocks:

Stocks = S = 100

Ventas a precio de coste = VPC = 1.000

$$\frac{VPC}{S} = \frac{1.000}{100} = 10 \text{ rotaciones}$$

Si éste fuera el caso de una empresa comercial diríamos que acopia mercadería, la mantiene almacenada unos días y consigue «proyectarla» al mercado: su inversión en mercadería la ha «colocado» en el mercado 10 veces a lo largo del año. Esto nos hace pensar que el ratio se leería muy cómodamente planteado así:

$$\frac{S}{VPC} \times 365 = \frac{100}{1.000} \times 365 = 36{,}5 \text{ días}$$

Si la empresa fue capaz de proyectar hacia el mercado por 10 veces el stock, quiere decir que le tomó –por término medio– 36,5 días cada vuelta. Dicho en palabras llanas: el hábito de esta empresa es dar salida a su stock en plazos de 36,5 días. Dicho de otra forma: la permanencia media de sus existencias en el almacén (o la tienda) es de 36,5 días.

Hablemos ahora de las empresas de venta estacional. Retomemos el ejemplo de la confección de trajes de baño. Su stock más alto lo podemos situar en el inicio de la primavera. Demos algunos valores a título de ejemplo:

Stock en la punta = S_P = 700
Ventas acumuladas a precio de coste = VPC = 900

$$\text{Rotación de stocks} = \frac{S_P}{VPC} \times 365 = \frac{700}{900} \times 365 = 283{,}88 \text{ días}$$

Si esta rotación tuviera sentido real, sería preocupante: 9 meses y medio.

El valor más bajo de stocks tendrá lugar a principio de otoño. Facilitemos cifras a título de ejemplo:

Stock en el valle = S_V = 100
Ventas anuales a precio de coste = VPC = 900

$$\text{Rotación de stocks} = \frac{S_V}{VPC} \times 365 = \frac{100}{900} \times 365 = 40{,}5 \text{ días}$$

La cifra obtenida no se parece en nada a la anterior. Ninguno de los dos cálculos tiene ningún sentido real. En sí mismos no significan nada. Los cálculos mensuales de la rotación de stocks, que para los directivos comerciales tienen mucho sentido, no nos dicen nada en empresas estacionales. Cada mes obtendríamos un resultado diferente. No es ninguna sorpresa que las ventas sean bajas y la producción previamente a la temporada de ventas alta.

Lo que podría tener sentido en empresas estacionales es calcular la rotación interanualmente. Por ejemplo: las cifras que hemos dado en el último supuesto podrían ser las de la temporada que acabamos de cerrar. ¿Qué ocurrió en la campaña anterior? Estas podrían ser las cifras de la vieja campaña:

Stock en el valle del año pasado = S_{VP} = 120
Ventas a precio de coste = VPC_P = 700

$$\text{Rotación de stocks} = \frac{S_{VP}}{VPC_P} \times 365 = \frac{120}{700} \times 365 = 62{,}57 \text{ días}$$

De una temporada a otra, no sólo hemos aumentado la cifra de ventas en un 28%, sino que hemos conseguido cerrar la campaña más livianos de existencias. Tanto los 62,57 días del año pasado como los 40,5 del presente no tienen sentido en sí mismos pero sirven –en este caso– para situar un punto de referencia y una variación que nos informe suficientemente.

Decíamos que el ratio de rotación del activo circulante se había desglosado en dos: la rotación de stocks y la de las cuentas a cobrar de clientes. Este último ratio puede expresarse tal como lo hemos planteado en su momento, o bien puede hacerse el cálculo invirtiendo el orden de los factores:

$$\frac{\text{Clientes}}{\text{Ventas + IVA}} \times 365$$

El resultado de este ratio indica el plazo medio de cobro de la empresa. Esta cifra es representativa solamente en el caso de que la empresa tenga ventas sensiblemente regulares a lo largo del año. En caso de ventas estacionales puede aplicarse exactamente la misma reflexión que hemos hecho para los stocks. En empresas de temporada, el cálculo de la rotación de stocks y de las cuentas a cobrar puede hacerse interanualmente, pero no tiene sentido hacerlo mensualmente.

El ratio de rotación de stocks nos da una medida general interesante, pero demasiado amplia para permitir un análisis suficientemente detallado. Esto quiere decir que nuestro esquema de los ratios de rotación puede irse completando. Veamos el caso de una empresa industrial.

En las empresas manufactureras, los stocks pueden ser subdivididos entre los del almacén de materia prima, los que estén en curso de producción y los que son vendibles porque ya están fabricados. Si nos ocupáramos del caso de una empresa comercial, podríamos subdividir las mercaderías entre los diferentes rangos de que se componen.

De hecho, la interrelación comercial-finanzas en el tema de la rotación del activo circulante, se ciñe al plazo de cobro de clientes y a la rotación de las existencias de producto acabado. Este último aspecto se puede ver en la figura 7.

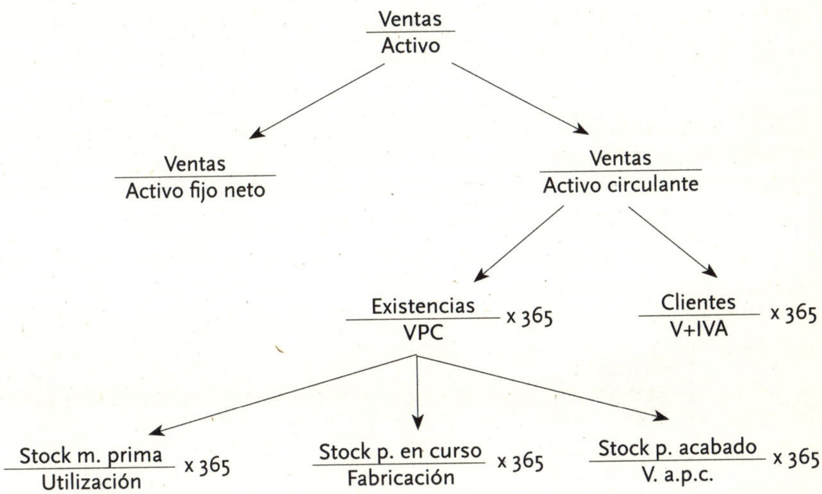

A la derecha de la figura tenemos representado el mercado de la empresa. Los tres diferentes tipos de stock de la empresa industrial han sido asimilados a tres depósitos reguladores.

El tercer depósito es el almacén comercial que «desagua» hacia el mercado. El flujo de salida es obviamente el valor de las ventas, pero lo hemos de computar, como hemos dicho, a precio de coste, puesto que éste es el criterio de valoración de los productos aún no vendidos. La posterior comparación de las ventas a precio de coste con las ventas a precio de venta nos dará el margen obtenido.

El flujo de producción procedente de fábrica alimenta continuamente el almacén de producto acabado. Pero el flujo que confiere vitalidad y dinamismo al stock de producto acabado es la venta... el tirón de la demanda. El flujo de entrada –la fabricación– no es más que una consecuencia, pero no es un dinamizador de la rotación del stock de producto acabado. Por esta razón, el ratio de rotación de los productos terminados se representa tal como nos lo muestra la figura.

$$\frac{\text{Stock de producto acabado}}{\text{Ventas a precio de coste}} \times 365 = \frac{\text{SPA}}{\text{VPC}} \times 365 = \text{v días}$$

El significado de estos «v» días, en una empresa que no sea de temporada, es el tiempo medio que se tarda en vender (después de finalizada la producción). Por esta razón hemos dicho antes que los factores que mueven este ratio son tema de intensa interacción marketing-finanzas.

FIGURA 7

Rotación detallada de stocks

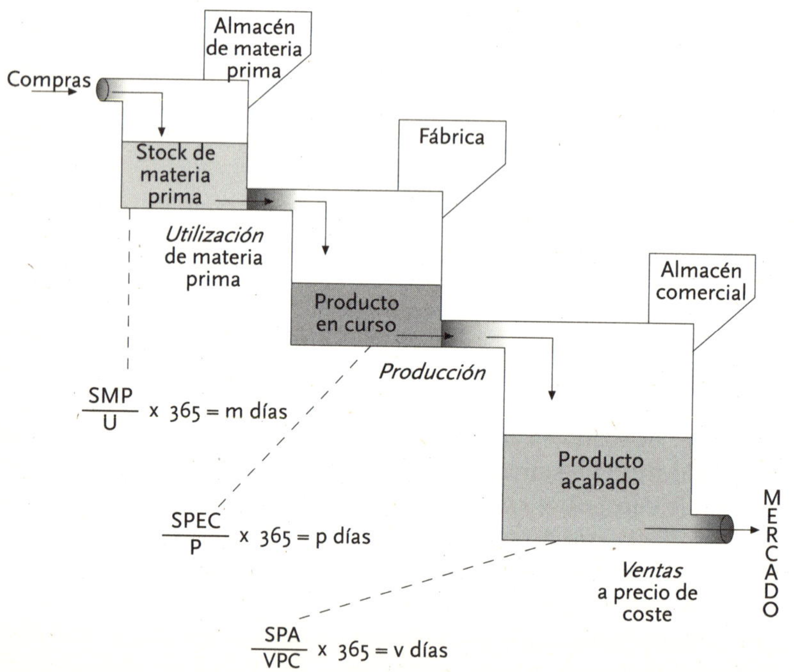

Los otros dos ratios que representa el esquema se refieren a la rotación del producto en fábrica y al giro de la materia prima en su almacén. Las ventas no intervienen para nada... «arrastran» indirectamente el flujo de producción y por consiguiente el de utilización de materia prima. En todo caso, la interacción que conllevan estos dos últimos ratios será entre la dirección de producción y la de finanzas, pero no afecta a la de marketing.

La rotación del ratio de stock de producto acabado es indicativo de desajustes entre producción y venta. La dirección financiera tiene un interés máximo en que la rotación del stock de producto acabado no se «encalle» por lo que hemos comentado sobre la puntualidad de pago. En el capítulo 6 presentaremos otras razones que hacen que el director financiero esté muy atento al fenómeno de la rotación.

El hecho de que la rotación del stock de producto acabado se entorpeciera a lo largo del tiempo podría tener dos lecturas:

a) Que las ventas no se han producido en la medida de lo esperado y por tanto que la producción ha superado a la venta, acumulándose stock de producto acabado.
b) Que a lo largo del ejercicio y de forma expresa hemos ido aumentando el stock de producto acabado a fin de tener mayor variedad y cantidad de producto para servir en menor plazo a la clientela.

En el primer caso, la realidad nos ha desbordado y o bien la dirección comercial no ha sabido recuperar el ritmo de las ventas o la dirección general no ha sabido acompasar a tiempo el flujo de producción con el de venta.

Es en el segundo caso cuando suele producirse un conflicto de intereses entre la dirección comercial y la financiera. Para la dirección comercial, un stock de producto acabado (o de mercadería si es una empresa comercial) bien surtido y variado es una importante herramienta de trabajo para suministrar lo más ágilmente a los clientes, adelantándose a la competencia o contrarrestando actuaciones de la misma. Pero para el director financiero, este mayor stock significa necesidad de recursos financieros y pérdida de rotación, siempre y cuando la mayor inversión en stocks no se autocompensase con un crecimiento proporcional de la cifra de ventas. En el capítulo 7 nos ocupamos del debate entre comercial y finanzas y la manera de darle salida frente al futuro. Ahora nos limitamos a señalar la importancia que el control de este ratio tiene para la dirección comercial y la financiera.

El segundo ratio que involucra claramente las áreas de finanzas y comercial es el del plazo de cobro de clientes. El plazo medio de cobro lo calculábamos así:

$$\frac{\text{Cuentas a cobrar de clientes}}{\text{Ventas + IVA}} \times 365$$

El interés de la dirección comercial se centra en que los clientes disfruten de condiciones de pago que hagan atractiva la idea de dirigir sus pedidos hacia nosotros. El plazo medio que indica este ratio (para el caso de empresas con ventas mensuales regulares) se ve afectado no solamente por las condiciones de pago que ofrece la empresa de forma habitual, sino por las refinanciaciones que se otorgan a clientes con dificultades para cumplir el pago puntualmente. La regulación en la concesión de plazos de pago, selección de nueva clientela, líneas máximas de crédito, refinanciación, etc... pueden producir morosidad en la clientela. De ahí el choque de intereses entre comercial y finanzas. Tal como hemos dicho, para el caso de los stocks, explicaremos más adelante cómo se canaliza el conflicto de intereses entre comercial y finanzas por causa de las condiciones ofrecidas a la clientela.

Caso práctico: Pronasa

- ***Análisis de la solvencia corriente y rotación de circulante.***
- ***Efectos de la política de marketing.***

CUADRO 1

Información para el cálculo de las rotaciones

	Año 1	Año 5
Ventas (a precio de venta)	8.246	13.506
+ Stock final prod. acab.	54	86
- Stock inicial	61	84
+ Ventas a prec. de coste	7.010	10.352
= *Fabricación acabada*	7.003	10.354
+ Stock final prod. en curso	290	540
- Stock inicial	262	454
+ Fabricación acabada	7.003	10.354
= *Entrada en fabricación*	7.031	10.440
+ Stock final materias primas	82	134
- Stock inic. materias primas	89	184
+ Materias primas utilizadas	6.935	10.214
= *Compras*	6.928	10.164

	Año 1			Año 5		
	Congelados	Embutidos	Total	Congelados	Embutidos	Total
+ Stock final prod. acab.	12	42	54	44	42	86
- Stock inicial	30	31	61	41	43	84
+ Ventas a prec. de coste	3.520	3.490	7.010	6.438	3.914	10.352
= *Fabricación acabada*	3.502	3.501	7.003	6.441	3.913	10.354

	Año 1			Año 5		
	Congelados	Embutidos	Total	Congelados	Embutidos	Total
+ Stock final prod. en curso	30	260	290	40	500	540
- Stock inicial	24	238	262	54	400	454
+ Fabricación acabada	3.502	3.501	7.003	6.441	3.913	10.354
= *Entrada en fabricación*	3.508	3.523	7.031	6.427	4.013	10.440
+ Stock final materias primas	36	46	82	75	59	134
- Stock inic. materias primas	41	48	89	109	75	184
+ Materias primas utilizadas	3.478	3.456	6.935	6.339	3.874	10.214
= *Compras*	3.473	3.454	6.928	6.305	3.858	10.164

CUADRO 2

Ratios de solvencia corriente

DENOMINACIÓN	INSTRUMENTACIÓN	AÑO 1	AÑO 5
Ratio general de solvencia corriente	$\frac{AC}{ECP}$	$\frac{2.100}{1.316} = 1,59$	$\frac{4.944}{4.058} = 1,22$
Solvencia funcional	$\frac{AC-Extr.}{ECP}$	$\frac{2.100-110}{1.316} = 1,51$	$\frac{4.944-56}{4.058} = 1,20$
Solvencia libre	$\frac{AC-ED}{ECP-BDB}$	$\frac{2.100-600}{1.316-600} = 2,09$	$\frac{4.944-2.000}{4.058-2.000} = 1,43$
Solvencia libre-funcional	$\frac{AC-ED-Extr.}{ECP-BDB}$	$\frac{2.100-600-110}{1.316-600} = 1,94$	$\frac{4.944-2.000-56}{4.058-2.000} = 1,40$
Tesorería	$\frac{AC-S}{ECP}$	$\frac{2.100-426}{1.316} = 1,27$	$\frac{4.944-760}{4.058} = 1,03$
Tesorería funcional	$\frac{AC-S-Mor.-Extr.}{ECP}$	$\frac{2.100-426-6-110}{1.316} = 1,18$	$\frac{4.944-760-90-56}{4.058} = 0,99$
Tesorería libre	$\frac{AC-S-Mor.-ED}{ECP-BDB}$	$\frac{1.668-600}{1.316-600} = 1,49$	$\frac{4.094-2.000}{4.058-2.000} = 1,02$

En donde:

AC = activo circulante
ECP = exigible a corto plazo
Extr. = activo circulante extrafuncional
ED = efectos descontados
BDB = bancos por descuento bancario
S = stocks
Mor. = clientes morosos

El valor del ratio de solvencia es alto en el año 1. Desciende su valor ostensiblemente entre al año 1 y el año 5. Esto no debe ser enjuiciado negativamente, lo que es importante es cuestionarnos si el valor del año 5 aún confiere garantía patrimonial a la deuda a corto plazo.

Consideramos que un valor de 1,22 todavía cubre bien la deuda a corto plazo, puesto que es difícilmente sospechable que el valor del activo circulante de Pronasa pueda perder valor, a corto plazo, en un 22%. ¿Por qué?

El valor en stock de materias primas está materializado en ganado a punto de sacrificar y carne comprada en canal, así como tripa, aditivos, etc.

Difícilmente este tipo de mercaderías podría experimentar una pérdida de valor del 22% a corto plazo. Las existencias de producto en curso son carnes en proceso de despiece y elaboración. Son también embutidos y jamones que están curando. Tampoco en esta partida es presumible una pérdida de valor tan severa como un 22% en poco tiempo.

El producto acabado es carne frigorizada y congelada. Son también embutidos y jamones listos para el consumo. Estos no son productos sujetos a fluctuaciones en la demanda por tendencias de moda o gustos erráticos. Luego tampoco en esta partida existe un riesgo de devaluación importante.

Respecto al importe de la cuenta de clientes, puede decirse que de forma alguna es previsible o presumible una alarmante pérdida de valor. La partida de morosos es de monto muy bajo respecto a la deuda total de clientes. Ello ha sido así tanto en el año 1 como en el año 5. No hay indicios, por tanto, para temer o sospechar que el saldo de las cuentas por cobrar pudiera experimentar a corto plazo un descenso brusco e importante.

Si observamos los ratios-variantes practicados sobre el ratio principal de solvencia corriente, podemos apreciar cómo de una variante a otra no hay alteraciones de valor (a la baja) que puedan preocuparnos.

En la aplicación práctica a este caso hemos ido desarrollando diversas variantes. La primera de éstas –la solvencia funcional– la habíamos comentado en la parte teórica de este mismo capítulo. Otra variante posible es la que yo he llamado «solvencia libre». En el numerador hemos tomado el activo circulante, pero le hemos restado los efectos contra clientes ya descontados en el banco. ¿Por qué? Puesto que esas letras ya descontadas están depositadas en una caja o un banco a título de garantía por el dinero que la entidad bancaria ha anticipado a Pronasa. Luego, Pronasa no puede «exhibir» los efectos descontados como un elemento del activo circulante abierto como libre garantía a cualquier acreedor. Recíprocamente en el denominador del ratio se ha restado el crédito contraído por Pronasa ante sus bancos en concepto de anticipo con garantía de efectos.

Pues bien, cuando a Pronasa se la somete al test de esta variante, sale fortalecida. Al restar de la deuda a corto plazo, la obligación ya garantizada, queda un contingente de deuda mucho menor. El activo circulante «libre» cubre cómodamente esta deuda en los dos años estudiados.

¿Qué pensamos del valor del ratio de tesorería que presenta Pronasa? Pues que *es muy alto, es decir: muy favorable para sus acreedores a corto plazo*, ya que en los dos ejercicios estudiados, arroja valores por encima de la unidad. No olvidemos que en la parte teórica del capítulo hemos dicho que valores de 0,7 ya se consideran altos. El elevado valor de este ratio plantearía enseguida esta pregunta: ¿son buenos pagadores los clientes de Pronasa? Esto ya se ha contestado en las recientes consideraciones sobre el valor del ratio general de solvencia corriente, pero, a mayor abundamiento, podemos observar los dos últimos ratios del cuadro 2. En ellos se ha restado el epígrafe de clientes morosos. Pese a esa deducción, la prueba del ácido sigue siendo muy alta.

En resumen podemos decir que Pronasa ofrece una imagen solvente a sus acreedores a corto plazo. Gozar de su confianza después de la etapa de expansión que se acaba de pasar es una cuestión muy importante.

Estudiemos ahora la rotación del activo circulante. Para ello podemos consultar el cuadro 3.

CUADRO 3

Ratios de rotación de activo circulante

DENOMINACIÓN	INSTRUMENTACIÓN	AÑO 1	AÑO 5
Rotación general de activo circulante	$\frac{AC}{V+IVA} \times 365$	$\frac{2.100}{8.246 \times 1,06} \times 365 = 87,69$ d.	$\frac{4.944}{13.506 \times 1,07} \times 365 = 124,87$ d.
Rotación general de existencias	$\frac{S}{VPC} \times 365$	$\frac{426}{7.010} \times 365 = 22,18$ d.	$\frac{760}{10.352} \times 365 = 26,79$ d.
Rotación del stock de materia prima	$\frac{SMP}{U} \times 365$	$\frac{82}{6.935} \times 365 = 4,31$ d.	$\frac{134}{10.214} \times 365 = 4,78$ d.
Rotación del producto en curso	$\frac{SPC}{P} \times 365$	$\frac{290}{7.003} \times 365 = 15,11$ d.	$\frac{540}{10.354} \times 365 = 19,03$ d.
Rotación del stock de producto acabado	$\frac{SPA}{VPC} \times 365$	$\frac{54}{7.010} \times 365 = 2,81$ d.	$\frac{86}{10.352} \times 365 = 3,03$ d.
Rotación general de cuentas a cobrar	$\frac{C}{V+IVA} \times 365$	$\frac{1.218}{8.740,7} \times 365 = 50,86$ d.	$\frac{3.954}{14.451,4} \times 365 = 99,86$ d.
Rotación saldos regulares de clientes	$\frac{CT-MOR}{V+IVA} \times 365$	$\frac{1.218-6}{8.740,7} \times 365 = 50,61$ d.	$\frac{3.954-90}{14.451,4} \times 365 = 97,59$ d.
Rotación cuentas a pagar a proveedores	$\frac{Prov.}{Co. + IVA} \times 365$	$\frac{424}{6.928 \times 1,06} \times 365 = 21,07$ d.	$\frac{686}{10.164 \times 1,07} \times 365 = 23,02$ d.

En donde:

V = ventas
VPC = ventas a precio de coste
SMP = stock de materia prima
d = días
U = utilización en fábrica de materia prima
SPC = stock de producto en curso
P = producción
SPA = stock de producto acabado
C = cuenta a cobrar
Prov. = deudas con proveedores comerciales
Co. = compras de materias primas y auxiliares

La rotación general del activo circulante se ha ralentizado notablemente al pasar de 87,69 días a 124,87 días. Esto ha supuesto para Pronasa necesidades de financiación importantes; de no haberse previsto adecuadamente hubiera podido comportar impuntualidades de pago.

¿En qué partidas se ha operado esta disminución o pérdida de rotación?

La rotación general de existencias presenta una cierta ralentización. En el caso de Pronasa esto no es muy significativo ya que 22,18 días es de hecho un plazo muy corto y razonable si se piensa en la actividad cárnica. Las empresas alimentarias y de producto perecedero han de operar obviamente con rotaciones muy ágiles, aunque existe la posibilidad de frigorizar o congelar la mercadería. Una oscilación de 4 días como la que se ha producido sería significativa en términos relativos, pero en la práctica no le damos mucha importancia ya que en períodos cortos, pequeñas oscilaciones en valor absoluto son perfectamente posibles sin que ello indique cambios relevantes en la gestión del negocio.

La rotación del stock de materia prima apenas se ha alterado. Pronasa controla bien este capítulo. Es una rotación muy rápida y es razonable que sea así. Mantener un importante stock de animales a punto de sacrificio no es el objetivo de Pronasa; tampoco lo es, obviamente, soportar altos contingentes de compra de carne en canal.

El producto en curso rota más lentamente. Ello es poco plausible en el caso de manipulación de carne frigorizada o de hamburguesas congeladas, pero es perfectamente comprensible para el caso de los embutidos y jamones con períodos de curación relativamente largos. La alteración global de 4 días no es significativa cuando partíamos de 15,11 días. Pero ello no obsta para que más adelante investiguemos la rotación esperada de la carne congelada y de los productos elaborados como embutidos y jamones.

La rotación de las existencias de producto acabado es muy ágil. Esto es lógico si se piensa que la demanda es bastante previsible y que los embutidos y jamones una vez curados, deben estar –cuanto antes– en manos del detallista y del público consumidor.

Veamos ahora el tema del plazo de cobro y pago en Pronasa. Dejemos para más adelante el análisis detallado de la rotación de los stocks de congelados y embutidos.

El plazo medio de cobro en el año 1 estaba en unos 50 días. En el año 5 este plazo ha cambiado muy sustancialmente, puesto que alcanza ya prácticamente los 100 días. Las condiciones de financiación concedidas a la clientela de Pronasa se han doblado.

¿Es esto bueno o malo? Si esta enorme prolongación del plazo de cobro tuviera como causa una relajación de los mecanismos de cobro o retrasos crónicos de una clientela en dificultades de pago, entonces podríamos decir que lo que está ocurriendo es muy malo y que esta masa enorme de malos pagadores puede arrastrar a Pronasa al desastre. Pero no es este el caso. ¿Cómo lo sabemos? Basta mirar la cuenta de morosos. Tal ratio en el cuadro 3 no indica ninguna evolución alarmante.

La nueva cultura de marketing de Pronasa que ha aportado el relevo generacional ha influido en todo ello. Pronasa ha diseñado un cambio en el plazo de cobro. La actitud ha ido cambiando y se ha transformado en una inclinación pro-mercado.

Es evidente también que las nuevas inspiraciones comerciales que han enfocado la empresa hacia grandes superficies, han influido notablemente en el fortísimo cambio del plazo de cobro. ¿Habrá temblado en más de un momento el director de contabilidad? Seguramente sí; pero sus temblores pueden estar producidos por una visión demasiado aislada del tema del plazo de cobro.

Recordemos ahora el contenido de la práctica del capítulo anterior: Pronasa había invertido fortísimamente en inmovilizados, potenciando y modernizando su capacidad productiva. Todo ello surgía de la fe de la directora general y de la de marketing en el mercado y en Pronasa. La tremenda inversión en activo fijo no podía quedarse ahí... esperando impávida que lloviera del cielo la bendita demanda. Entonces se ha utilizado el plazo de cobro como una herramienta comercial. Ello ha provocado un fenómeno de sobreinversión en la cuenta de clientes. El cambio de plazo de cobro, en aislado y por sí mismo, ya hubiera hecho doblar el monto de la inversión en cuentas a cobrar, pero esa actuación comercial además ha propulsado las ventas, aumentando inductivamente la deuda de los clientes. Esto justifica la significada inversión en cuentas por cobrar que puso de manifiesto el esquema de fuentes y empleos (capítulo 3).

Es evidente que todo ello crea un movimiento de fuerte tensión en las necesidades de financiación y significa trabajo y riesgo para los estamentos financieros de Pronasa. Pero la oportunidad ante el mercado propiciaba un paso histórico fuertemente vivido por la recién creada dirección de marketing. No bastaba en Pronasa la lenta energía del jefe de ventas ni los temblores del jefe de contabilidad. Faltaba la mentalidad y cultura de marketing para ese relevante paso hacia el futuro.

En cuanto al plazo de pago a proveedores, observamos que es corto y que apenas oscila. Podríamos hacernos una pregunta: ¿no es perjudicial para Pronasa pagar a proveedores a 24 días y cobrar de clientes a 100?

Veamos. Vamos a responder cuándo lo es y cuándo no lo es. Cuando una empresa empieza sus actividades –y no es este el caso de Pronasa– ha de tener muy claro antes de empezar a qué plazo va a cobrar de clientes y a qué plazo va a pagar a proveedores. Imaginemos que esa empresa va a cobrar de clientes al contado y va a pagar a proveedores a 60 días. Si esa empresa tarda en vender la mercadería 60 días, acompasa perfectamente el ritmo de transformación del circulante con el de pago. Si por fortuna vendiera en 30 días, podría acumular dinero porque «toca» efectivo antes de pagar a proveedores.

Si el caso fuera a la inversa (es el caso de Pronasa; puesto que paga antes de cobrar) le faltaría dinero. Ese dinero debe recabarlo de capital propio o de exigible a largo plazo. ¡Nunca de deuda a corto plazo con vencimiento expreso!

Si la empresa que inicia sus actividades cubre la «brecha» desfavorable –entre cobro y pago– con capital propio o deuda a largo, funcionará cómodamente, puesto que ya cubrió *permanentemente* la adversa «brecha». Mientras esa empresa no desee crecer, vivirá tranquila.

Si esa empresa deseara crecer no lo va a tener fácil. Este es realmente el caso de Pronasa. Cuando las ventas crecen –éxito del marketing– el contable tiembla. La razón de ello estriba en que las nuevas compras inducidas por el aumento de ventas las podemos financiar a 24 días... pero al cabo de 24 días no habremos cobrado todavía de los clientes para poder pagar a proveedores. Será preciso buscar financiación adicional. La causa de ello no es solamente la «brecha» adversa, sino el crecimiento de ventas que la nueva cultura de marketing está propiciando. La financiación ideal para una «brecha» aumentada (como es nuestro caso en Pronasa) serían los recursos cíclicos y en su defecto –como se ha dicho– capital propio o deuda a largo plazo. Pronasa ha potenciado un importante recurso cíclico: el descuento de letras de sus clientes.

Todo ello constituyen conocimientos importantes para la nueva directora de marketing, ayuda a entender la preocupación del veterano contable de Pronasa y propicia la comprensión de las dificultades financieras que comporta dirigirse a un nuevo segmento de clientela, si además se está aumentando el volumen de ventas.

Habíamos dejado para más adelante el análisis de la rotación detallada de las existencias de producto en curso. El tema interesa a la dirección de marketing de Pronasa para entender los efectos financieros que puede provocar la política de producto que se está haciendo.

CUADRO 4

Rotación de stocks de las dos ramas de producto

	Año 1			Año 5		
	Congelados	Embutidos	Total	Congelados	Embutidos	Total
Rotación general de stocks	8	36	22	9	56	27
Rotación materias primas	4	5	4	4	6	5
Rotación producto en curso	3	27	15	2	47	19
Rotación producto acabado	1	4	3	2	4	3

Para ello utilizamos el cuadro 4. Este cuadro nos muestra cómo la rotación general de stocks es muy diferente en el caso de la carne frigorizada y congelada o en el caso de embutidos y jamones. Pero además, podemos observar que la rotación general de los embutidos y jamones pasa de 36 días en el año 1 a 56 en el año 5. ¿A qué se debe este importante cambio?

La causa no radica en la rotación del stock de materia prima ya que ésta suele ser la misma para ambos productos, si se exceptúa la pequeña oscilación que puede introducir el stock de aditivos y tripa.

El cambio más significativo se advierte en la rotación del stock de producto en curso. Es decir el tiempo medio de fabricación. En el caso de los embutidos pasa de 27 a 47 días. La razón de ello está en el nivel de calidad del producto. La primera lectura del caso ya nos indicó que la directora de marketing había abogado por la mejora de calidad de estos productos. Ello ha supuesto un mayor plazo de elaboración o curado. Esto ha tenido también consecuencias financieras aunque de orden mucho menor que las que se han operado en las cuentas de clientes.

Gracias al mecanismo de la rotación, la dirección de marketing de Pronasa advierte el efecto de sus políticas sobre producto en curso y sobre las cuentas a cobrar.

En el primer caso, el importante cambio en el proceso no reporta, sin embargo, consecuencias fínancieras preocupantes. La acción pro-calidad podría hacerse cómodamente. La acción sobre el plazo de clientes ha sido de mucho mayor impacto financiero.

¿Provechoso en último término? Esto lo contestaremos dentro de dos capítulos más. ¿Podrá el lector resistir la larga espera de dos capítulos más?

Capítulo 5

El profesional del marketing ante el estado de resultados: ¿volumen o beneficio?

Los padres del plan contable oficial no se han preocupado demasiado del director de marketing. El estado de resultados estructurado de acuerdo con la normativa oficial no aporta a los profesionales del marketing ninguna información relevante. El análisis de la gestión de la empresa pide que el estado de resultados tenga no sólo una estructura diferente, sino una orientación distinta de la propuesta oficial.

Lo más simple sería ordenar el estado de resultados por la naturaleza de los costes. El costo de personal, por ejemplo, sería un concepto monolítico, una naturaleza claramente perfilada, pero una anotación de poco alcance si no discriminamos el impacto departamental de ese concepto singular. Por esta razón, una estructuración de la cuenta de resultados basada en los «portadores de coste» empieza a tener mayor sentido. Por portador de coste entenderíamos toda gran función empresarial que aglutinara con lógico sentido un conjunto determinado de costes. Los grandes portadores de coste son las áreas funcionales fundamentales: producción, comercial-marketing, dirección-administración. A partir de los tres fundamentales, es posible ir creando otros portadores de coste de menor alcance, supeditados a los primeros.

Lógicamente, el sistema del portador de coste permite aprovechar una ordenación por naturaleza o concepto:

- Costes de producción: personal, amortización, materiales, energía, etc.
- Costes de comercial: personal, amortización, publicidad, dietas, etc.
- Costes de administración-dirección: personal, amortización, mantenimiento, material de oficina, etc.

El sistema del portador de coste supone ya un determinado grado de riqueza en la información. La dirección de marketing puede recibir información sobre los costos de su área y esto, evidentemente, ya representa una consistente aportación para su tarea. Pero el sistema del portador de coste no apura la cuestión suficientemente, puesto que no da pautas para cuestiones que afectan vitalmente a la función del marketing en la empresa: política de precios, expansión geográfica, éxito de las delegaciones de ventas, contribución del vendedor, ventaja comparativa de los propulsores de ventas, contribución de los diversos productos, etc.

La estructuración del estado de resultados, que puede dar mejores pautas a los gestores de la empresa, es aquella que más objetivamente permita identificar la diversidad de márgenes que la empresa puede obtener y que conteste a las preguntas implícitas en el párrafo anterior. Esto no es nada nuevo. Pero en la práctica lo he visto poco aplicado o implementado de una manera poco objetiva.

La primera preocupación de un directivo comercial frente al estado de resultados es la de definir claramente qué significa la palabra *ventas* y qué valor va a encabezar el estado de resultados.

Para un vendedor, la palabra ventas tiene la connotación del pedido que acaba de formular un cliente. Si el vendedor ha de celebrar una buena operación, eso tiene una fecha clara: el mismo día en que el cliente ha cursado una orden verbal o escrita, pero presumiblemente irrevocable.

La contabilidad no entiende así la venta. La podemos registrar o inscribir cuando hemos producido la factura contra el cliente, aunque no se haya cobrado. La norma contable no espera a que la empresa tenga el dinero, le basta con que tenga un derecho adquirido ante su cliente.

¿Qué piensan –en el fondo de su corazón– algunos directores generales de empresa? Razonan seguramente de acuerdo con aquel dicho catalán: «No es diu blat fins que no està al sac i ben lligat»[1].

De hecho, la concepción jurídica de la compraventa no anda muy lejos de la precautoria receta del campesino catalán. El contrato de compraventa no se perfecciona hasta el total pago del precio convenido.

Sea como fuera, nosotros debemos adherirnos a la acepción contable de la venta, cuyos sinónimos son numerosos: facturación, giro, volumen, cifra de negocio, actividad, etc.

La última línea de cada factura nos da un total bruto del que es preciso separar el impuesto sobre el valor añadido, ya que la empresa vende productos o servicios, pero no «vende» el IVA repercutido. A partir de este valor contable de la venta es preciso discutir el sentido de ciertos conceptos que pueden estar enturbiando el verdadero valor de la facturación; por ejemplo, hablemos de uno de los «caballos de batalla» entre marketing y finanzas: el tema de los *descuentos a clientes*. Los descuentos que se extienden y generalizan a un amplísimo número de clientes deben deducirse directamente de las ventas para hallar la «verdadera» venta, es decir, el verdadero efecto del esfuerzo comercial de la empresa. El caso extremo e indiscutible es el de la firma que factura –desde origen en factoría– a precio de venta al público; lógicamente, esta empresa debe acordar con los intermediarios, en el canal de distribución, los correspondientes descuentos para que puedan operar con un margen adecuado.

Mención aparte merecen los descuentos que se otorgan excepcionalmente a clientes por razones de peso: compras importantes, adquisiciones en baja temporada, situación estratégica en el mercado, etc. Este tipo de descuentos no deben minorar las ventas directamente, sino que pueden ser considerados gastos comerciales.

Otra de las cuestiones que se discute a menudo en el seno de las empresas es la de las *devoluciones de producto* por parte del cliente. Hay quien defiende que cuando la devolución se produce por un defecto de calidad (y el cliente ya no desea reponer) se cargue tal hecho como un coste de fabricación. Se argumenta también que cuando la venta se hizo en régimen de depósito, las devoluciones del cliente se computen como gasto comercial. Bajo nuestro punto de vista, cualquier devolución, sea cual fuere la causa, es una venta no realizada, es una venta frustrada. Me parece muy adecuado que se investigue la causa de las devoluciones y se exonere de culpa al departamento de marketing cuando, por causa de un fallo en fabricación, el cliente devuelve género (¿depende la sección de control de calidad del departamento de marketing?). Como también me parece correcto investigar si no se exageró en los contingentes de género que se «vendieron» en régimen de depósito.

Nuestra recomendación apunta fundamentalmente a evitar «inflar» la cifra de ventas con importes que acaben descontándose o con entregas de género que acaben en devoluciones. A buen seguro que, como éstos, pueden surgir otros ejemplos que obliguen a precisar el alcance de las verdaderas ventas en la empresa. Es decir, el mérito que –en cuanto a volumen– es preciso acordar al departamento de marketing.

En resumen:

Suma de facturación bruta
– IVA

Facturación total neta
– Descuentos habituales
– Devoluciones de mercaderías
etc.

Ventas netas

El siguiente paso, en la estructuración del estado de resultados, consiste en determinar qué costos tienen el carácter de *variables* y cuáles el de *fijos*.

Respecto al concepto de costo variable es corriente advertir cierto confusionismo en la práctica de la gestión empresarial.

El costo variable se define como aquel que aumenta o disminuye con el aumento o disminución de la venta. Todos los costos, aunque sean fijos, aumentan o disminuyen, a la larga, con los incrementos o decrementos de las ventas. La diferencia esencial entre los variables y los fijos es la enorme sensibilidad de los primeros. Cualquier aumento o disminución de la venta reporta *instantáneamente* la oscilación del costo variable. Esto no ocurre con los gastos fijos. Tales gastos pueden permanecer estables a corto plazo pese a ciertos aumentos o disminuciones de ventas; o inversamente: «dar un brusco salto hacia arriba», aunque las ventas no se hayan alterado.

A la larga, «todo» se mueve con las ventas –más bien hacia arriba que hacia abajo– pero el coste variable lo hace instantáneamente y siguiendo cierta proporción. Esta proporcionalidad entre coste variable y ventas tiende a no alterarse bruscamente (aunque en circunstancias excepcionales pudiera ocurrir).

Esta característica de la sensibilidad del coste variable no es la única que lo define. Existe otra peculiaridad que conocen los expertos, pero que suele escapar a personas que sin ser del área de finanzas deben consultar los estados de resultados. Esta segunda característica se enuncia diciendo que el coste variable se contabiliza en el preciso instante de la venta... ni antes, ni después... en la misma «décima de segundo».

Expliquémoslo con un ejemplo. En las empresas industriales, el costo de materia prima es un exponente claro de un coste variable. Pensemos en una empresa fabricante de muebles. Si de un año para otro la venta de mesas o sillas aumentase en un 20%, lógicamente la cantidad de madera consumida aumentaría en una proporción muy similar. Esto nos indica que el costo de la madera cumple la primera de las condiciones que hemos enunciado.

¿Cuándo contabilizaremos el costo de la madera?:

- ¿En el momento de la compra de la materia prima? No.
- ¿En el traspaso del almacén a fábrica? No.
- ¿Mientras serremos, pulamos, ensamblemos...? No.
- ¿Cuando el mueble ya está hecho? No.
- ¿Cuando el mueble se vende? Sí. ¡Por fin, por fin surgió la respuesta correcta!

Entonces, ¿si no hay venta no hay costo variable? Efectivamente así es.

Repasemos despacio todas estas cuestiones.

En el momento de la compra de la materia prima, el contable contabilizará una *inversión*, pero no un costo de materia prima. La materia prima que entra en el almacén forma parte ya de las existencias de materiales antes de su elaboración. Esa existencia de materia prima –madera– es un patrimonio, una riqueza del fabricante de muebles... nada se ha consumido, nada ha desaparecido, ni se ha evaporado. La riqueza en madera está ahí, intacta, en el almacén esperando el momento de su transporte al taller.

Cuando la madera es trasladada al taller y empezamos a trocearla, pulirla, etc. está experimentando una transformación física, pero ahora se convierte en otra clase de patrimonio, de riqueza, de activo... llamado «muebles en curso de producción». Nada ha salido de la empresa, nada ha desaparecido para este fabricante de muebles. La riqueza se transforma, pero permanece en el activo de la compañía.

Cuando el mueble ya se ha fabricado y se traslada al almacén de producto acabado, tampoco podemos contabilizar coste de madera ya que esa madera sigue estando en el activo de la empresa. Ya no se llama producto en curso, recibe el nombre de «muebles terminados». Ninguna riqueza se ha esfumado ni difuminado. La transformación ha sido importante, pero seguimos siendo propietarios de un activo, es decir, titulares de una inversión en un activo específico llamado «muebles acabados».

En el preciso instante de la venta del mueble surgirá el coste de madera. ¿Por qué? Porque el mueble vendido «sale» de nuestro activo, «se va» la riqueza que teníamos y la sustituimos por otra cosa distinta que es una factura de venta, un derecho adquirido contra el cliente. Cuando ese activo, llamado «mueble acabado», desaparece de la empresa, nos interesa saber qué costo de materia prima incorporaba aquello que ya no es nuestro. Cuando sepamos qué coste específico de madera tenía el mueble y lo comparemos con el precio al que lo hemos vendido, obtendremos una diferencia que nos explicará qué margen bruto nos queda para cubrir otros gastos y obtener un beneficio.

La pregunta sobre el costo de la madera tiene sentido cuando se vende el mueble. Antes del momento de la venta, el control del valor de la madera en stocks me servía para saber cuál era mi riqueza, mi activo... pero todavía no era un coste.

Estas explicaciones nos permiten trazar una clara frontera entre costes variables y fijos. Los gastos fijos (o de estructura) se van sucediendo a lo largo del año sin «esperar» al preciso momento de la venta. La retribución del director general o del director de marketing corre, mes tras mes, independientemente de que las ventas mejoren o empeoren. Los gastos de estructura son como una carga a nuestra espalda que estará ahí, indiferente a la circunstancia de que el camino suba por ásperas pendientes o baje por un frondoso bosque. El peso de la carga sobre nuestros hombros es el mismo con frío o con calor, al sol o bajo la lluvia.

Podemos ir ilustrando la diferencia entre gastos proporcionales y estructurales, haciendo un recorrido por el terreno de la función del marketing en la empresa.

La retribución del director de marketing y la de su equipo es un gasto estructural, pero ¿y las comisiones sobre ventas? Variable, lógicamente, puesto que el valor absoluto (no el porcentaje) del gasto varía con el volumen de ventas... hacia arriba o hacia abajo. Por otra parte, este costo cumple también la segunda condición: la comisión se devenga en el momento de la venta, aunque se pague más tarde.

¿Cómo clasificar la publicidad? ¿Costo variable, quizás? ¿Más publicidad significa más venta? Esta última pregunta hará esbozar más de una sonrisa. Lo que es seguro es que no es costo variable. De serlo, la vida perdería la dosis de incertidumbre que la hace emocionante. En realidad, la pregunta sobre la publicidad es otra: ¿costo fijo o inversión?

Un esfuerzo publicitario puntual para introducir un nuevo producto o comunicar las especificaciones concretas que han mejorado un producto existente es una inversión en activo fijo inmaterial y no un costo. La razón de ello es que se intenta que el gran esfuerzo actual trascienda más allá de un ejercicio, es decir, que sirva para varios años. Conseguirlo o no es un problema distinto, pero la intención de base es prolongar el efecto del intenso esfuerzo presente. Si esto se cargara a un solo ejercicio, gravaríamos en exceso ese período y los gastos del departamento de marketing abultarían en demasía.

Si la publicidad efectuada tiene carácter habitual y hace el papel de la leña que vamos echando al fuego para mantenerlo continuamente vivo, entonces se trata de un gasto fijo. Decimos fijo porque es una carga ya establecida para todo el año. La publicidad no se compra un día (como un stock) y se contabiliza como costo en el preciso instante de la venta sino que o bien se produce a lo largo del ejercicio o bien antecede a la venta, cuando se produce antes del momento álgido de la campaña (anuncios de trajes de baño en mayo, de turrón o cava en noviembre, etc.).

Hay más cuestiones discutibles en el ámbito del control económico-financiero de la función de marketing. Otro caso puede ser el del incentivo al comprador, las famosas colecciones de cromos contenidas en el producto, un encendedor incluido en dos cartones de tabaco, etc.

El pequeño encendedor es un costo variable. Hasta que no se venda el par de cartones de cigarrillos no se devenga el costo del encendedor. Más venta significa mayor número de pequeños encendedores en los bolsillos de los fumadores. Pero cuando la empresa tabacalera adquiera esos encendedores, lo hará por remesas de millares en coloridos muy distintos y asegurándose de que exhiben la marca de los cigarrillos. La compra de varios millares de encendedores será una inversión, no un coste. Una inversión en un activo circulante llamado stock de material de promoción. A medida que los mecheros van saliendo de ese stock hacia el mercado (incluidos en el par de cartones de tabaco) se van convirtiendo en coste variable.

¿Qué ocurriría si en cierto momento tuviéramos conciencia de que el efecto de atracción del encendedor es nulo? ¿Qué ocurriría si supiéramos que el público se sentirá más atraído por otro tipo de pequeño obsequio o descuento por cantidad?

En cuanto el encendedor ya no acompaña al producto que se vende, dejará de ser costo variable. Quedará en nuestro activo como un stock, pero ¿qué hacemos ahora con él? Si los encendedores (mejor sin marca) se saldan por debajo de lo que nos costaron (harto probable) experimentaremos una pérdida. ¿Cómo contabilizamos esta pérdida? ¿Como gasto variable? ¿Como gasto fijo? Esta última sería la fórmula correcta ya que ese gasto pesará como una «losa inamovible» por el resto del ejercicio, independientemente del volumen de ventas.

El ejemplo nos ha mostrado cómo un concepto único, un esfuerzo de promoción, admite tres clasificaciones diferentes:

- Inversión en circulante al adquirirlo.
- Costo variable al vender el producto al que acompaña.
- Costo fijo cuando deja de ser útil.

Hasta aquí hemos visto la importancia que tiene para la dirección de marketing, definir el alcance de la cifra de ventas, así como identificar la diferencia entre costo e inversión, entre gasto variable y fijo.

Ahora añadamos otro concepto del máximo interés para los profesionales del marketing: ¿qué tratamiento damos en el estado de resultados a los gastos financieros?

La respuesta es muy clara. Los gastos financieros *no* pertenecen al conjunto de costes de explotación de una empresa.

Hablemos de ello. Cuando hemos definido los costes variables y estructurales nos ha faltado añadir algo muy significativo. Tales costos deben referirse exclusivamente al ámbito de la explotación de la empresa:

- la venta,
- la producción,
- la dirección-administración.

De forma que, por ahora, el estado de resultados adquiriría la estructura siguiente:

Suma de la facturación bruta
– IVA

Facturación total neta
– Descuentos habituales
– Devoluciones de mercaderías
etc.

VENTAS NETAS
– Costos variables

MARGEN BRUTO
– Gastos fijos

RESULTADO DE EXPLOTACIÓN (también llamado BAIT)[2]

Esta estructura del estado de resultados nos indica que las ventas netas, consignadas en la cabecera del documento, se refieren única y exclusivamente a operaciones de explotación. No incluye, por tanto, la cifra de ventas netas ningún concepto de carácter atípico o extrafuncional. Tal como ya hemos dicho, los costos variables y los fijos deben ceñirse al estricto ámbito de la explotación específica de la empresa.

Consecuentemente, el resultado que se obtiene es un beneficio o una pérdida que explica el éxito o fracaso económico de la empresa en su sentido más puro y esencial.

¿Por qué no aceptamos que el gasto financiero sea uno más entre los diversos gastos de la explotación? La respuesta conecta claramente con lo que expusimos en el capítulo 2. El origen de los gastos financieros está en el nivel de deuda que tenga la empresa, pero no en el volumen vendido, ni en el producido.

Vamos a poner un ejemplo: a las ocho de la mañana de un día laborable del mes de febrero, el gerente de una próspera empresa industrial de Lliçà de Munt recibe a la directora de producción:

«Albert —le dice un tanto cabizbaja—, necesitamos comprar una máquina nueva en la sección de mecanización.»

«Brrmmfggs... —contesta el director general—. ¿Cuánto cuesta esa máquina?».

«Un millón de euros» —contesta apartándose ligeramente, la directora de producción.

«Bbrrrmmmfffggsss... —articula roncamente el conmocionado director general—. Esa inversión no estaba en el presupuesto. Olvídalo, es impensable».

«Pero la máquina es absolutamente necesaria» —tercia la responsable técnica.

«Reuniré al consejo de administración. Prepara un informe, te haré dar la cara en la reunión del consejo. Te acribillarán a preguntas... prepárate bien y, la próxima vez, procura prever mejor tus necesidades de equipamiento».

Cinco días más tarde, a las siete de la mañana, se reúne el consejo de administración. Está invitada a la reunión la directora de producción. Defiende la inversión y, tras cierto debate, los miembros del consejo aprueban la misma.

A las ocho y media de la mañana se interrumpe cinco minutos la reunión para que los consejeros puedan hacer alguna llamada telefónica e ir al lavabo, puesto que algunos de ellos son personas ya mayores.

A las ocho y treinta y cinco minutos se reemprende la reunión, pero ahora es para hablar de otro tema: ¿Cómo financiar la máquina, cuya compra ya se ha aprobado? ¿A quién se puede invitar a esta segunda parte de la reunión? ¿A la directora de producción? Obviamente no. No está obligada a conocer el mercado financiero. Quizás sepa de alguna propuesta de financiación planteada por el proveedor de la máquina pero, en tal caso, lo mejor que puede hacer es comunicarla al director financiero.

El consejo invitará a la reunión a la directora financiera, la cual informará sobre el interés de un grupo inversor de entrar a formar parte del accionariado de la empresa.

También informará sobre las intenciones de un banco y una caja de ahorros de trabajar más intensamente con la empresa. Finalmente, presentará una propuesta del fabricante de la máquina para otorgar financiación a la empresa por dos años.

Tras un fructífero debate, se decide dar entrada en la sociedad al nuevo grupo accionarial, puesto que son buenos conocedores del mercado y personas con ideas y posibilidades financieras muy elevadas. Se amplía, pues, el capital en un millón de euros y se recomienda a los actuales accionistas que dejen paso –en esta operación– a los recién llegados.

Así pues, el cien por cien de la inversión en maquinaria es financiada con capital social.

... y así pasaron unas semanas...

El día primero de marzo, a las seis de la mañana, el director de marketing está ante la puerta del despacho del director general:

Toc-toc.

«¿Quién es?».

«Soy yo».

«Pero, ¿quién eres tú?».

«Sorpresa, sorpresa...».

«¡Adelante!».

«Albert, ¡buenas noticias!».

«Hombre, ¡qué bien!».

«Tenemos un nuevo producto entre manos. ¡Algo francamente sensacional! La campaña de lanzamiento va a impactar muy positivamente...».

«Uufff... ¿Campaña de lanzamiento? ¿Cuánto va a costar?».

«Ni 800.000, ni 700.00, ni 600.000 euros... solamente 500.000. La hemos negociado magníficamente... ¡estamos de suerte!».

«Uuuffff...—exclama sordamente el preocupado director general—. Ese costo no estaba presupuestado».

«No es un costo, Albert. Es una inversión ¿No te parece fantástico?».

«¿Una inversión?».

«Sí, hombre. ¿No has leído el libro de Joan Massons? El autor explica la diferencia entre inversión y costo. Todos lo hemos leído menos tú. ¿No te da vergüenza?».

«Debo proponer ese cos... digo, esa inversión al consejo de administración. Tendrás que dar la cara ante el consejo. Te van a acribillar a preguntas. La próxima vez procura prever con mayor antelación las posibilidades de lanzar un nuevo producto».

Nueva reunión del consejo. Brillante defensa de la campaña de lanzamiento a cargo del director de marketing. Tras cierto debate queda aprobada esa inversión en activo fijo inmaterial.

Se inicia la segunda parte de la reunión. Cambio de tema: ¿cómo financiar esta inversión inmaterial? El consejo oye las propuestas de la directora financiera. Finalmente no se considera adecuado plantear una nueva ampliación de capital tan próxima a la anterior y se acuerda solicitar un préstamo a una caja de ahorros.

Pese a que un activo inmaterial no suele ser garantía crediticia, se obtiene el préstamo a partir de la credibilidad de la empresa y del nuevo producto.

La directora financiera le dijo al director de marketing: «Ven conmigo a la caja de ahorros. Tú hablarás del previsible éxito del nuevo producto, yo me ocuparé de negociar el tipo de interés, los plazos y las garantías».

(Un año más tarde, la directora financiera y el director de marketing se casaron. Tuvieron cuatro hijos: dos de ellos estudiaron finanzas en una prestigiosa escuela de negocios y los otros dos cursaron estudios de marketing en la misma institución. Los dos que estudiaron marketing ahora son multimillonarios).

La historia aún no ha acabado. Pocos días después de obtenerse el préstamo para la campaña de lanzamiento, un miembro del consejo de administración visitaba la empresa.

Fue a ver expresamente a la directora de producción y la felicitó con las siguientes palabras: «Estamos encantados con su máquina nueva, supongo que es preciosa, que funciona muy bien y además no nos está costando ni un euro de intereses, ya que la financiamos con capital propio».

Antes de salir de la zona de despachos, tropezó casualmente con el director de marketing, le dio los buenos días fríamente y le espetó: «Su maldita campaña nos está costando un tipo de interés del 10%... Nos estamos desangrando con esta historia».

Final de la historia. ¿Moraleja? Usted ya la ha elaborado en su mente.

Ningún cargo ejecutivo en la empresa es mínimamente responsable de los gastos financieros. Ni siquiera la directora financiera, ya que ella propuso vías de financiación, negoció el tipo de interés y el préstamo fue finalmente aceptado por el consejo de administración.

La responsabilidad de la directora de producción es que la máquina rinda, es decir, que colabore en la obtención de un buen resultado de explotación. La responsabilidad del director comercial es que la campaña de lanzamiento surta efecto y, por tanto, que coopere también en la obtención de un elevado resultado de explotación.

Se habrá observado que el resultado de explotación también se ha denominado BAIT. Se trata de las siglas de *beneficio antes de intereses e impuestos*. Para la palabra impuestos se ha elegido la inicial del vocablo inglés *taxes* (se evita así la repetición de la letra i).

La expresión BAIT deja claro que no se ha operado todavía la deducción del gasto por intereses.

En el fondo, los intereses dependen de la política de endeudamiento que siga una empresa. Lo importante para la gestión de la compañía es obtener un BAIT elevado para hacer frente a los gastos financieros (si los propietarios deciden endeudarse).

Luego estamos afirmando que el verdadero beneficio de una empresa es el BAIT. En el fondo, aquí empieza y acaba todo. El BAIT obtenido será aplicado a pagar intereses y/o a retribuir al propietario.

Vamos a poner otro ejemplo para insistir en esta cuestión. Deseamos comparar tres empresas: A, M y Z. Vamos a suponer que las tres fabrican y venden el mismo tipo de producto. Vamos a suponer también que tienen las tres el mismo volumen de activo y que compiten en el mismo mercado. Observamos cómo la empresa M es la que gana más de las tres, pero no es la más interesante económicamente ni la que atraería inversores expertos.

Efectivamente, ¿por qué la empresa A es la que gana menos de las tres? La razón es única: la empresa A paga elevados gastos financieros. No cabe duda de que si viéramos el balance de la empresa A, ella sería la que presentaría un endeudamiento mayor. No olvidemos que hemos partido del supuesto de que las tres tienen idéntico volumen de activo. La empresa M está muy poco endeudada.

	A	M	Z
Ventas netas	1.000	1.000	800
– Costos variables	300	300	240
= Margen bruto	700	700	560
– Gastos de estructura	300	500	300
= BAIT	400	200	260
– Gastos financieros	350	20	200
= BAT (beneficio neto antes de impuestos)	50	180	60

Imaginemos ahora que la empresa A decidiera cambiar su coeficiente de endeudamiento, es decir, gestionar un cambio en su estructura de pasivo. No tiene que reestructurar su activo, ni la calidad del producto, ni su publicidad... La empresa A irá devolviendo sus préstamos, saneando su exigible hasta que un día se hallará tan endeudada como M. Ese día pagaría 20 de gastos financieros y obtendría un beneficio de 380, es decir, el más alto de las tres empresas.

Ahora supongamos que en la empresa M la mayoría de accionistas se quejaran de que el capital es demasiado alto y manifestasen su deseo de beneficiarse de redenciones de capital a fin de poder invertir en otras empresas, repartiendo el riesgo de sus inversiones. Si un día la compañía M llegara a endeudarse tanto como A... ¡pobre empresa M! perdería 150.

Lo más importante en A o en M no es la estructura de pasivo, sino conseguir un BAIT suficientemente alto para cubrir los gastos financieros. El BAIT ha de dar libertad a la empresa para endeudarse más o menos. La decisión de endeudamiento debe tomarse, como decíamos en el capítulo 2, en función del riesgo que se quiera adoptar, pero no como una constricción imperativa porque el BAIT es muy bajo.

	A (devuelve deuda)	M (se endeuda)	Z
Ventas netas	1.000	1.000	800
– Costos variables	300	300	240
= Margen bruto	700	700	560
– Gastos de estructura	300	500	300
= BAIT	400	200	260
– Gastos financieros	20	350	200
= BAT (beneficio neto antes de impuestos)	380	– 150	60

Ciertamente, la empresa M no puede endeudarse, no puede prescindir de tener un enorme capital invertido. Eso supone una tremenda constricción para el grupo accionarial. La empresa A, en cambio, es libre de hacer lo que quiera con su estructura de pasivo. Con una pequeña cantidad de capital y elevado endeudamiento todavía gana dinero.

Veamos el caso de la empresa Z. Tiene un BAIT superior a M pero inferior a A. La compañía Z está en mejores condiciones que M para endeudarse, pero su BAIT tampoco le permite llegar demasiado lejos en materia de endeudamiento. Luego los accionistas no pueden minimizar su capital, no pueden disponer de él tan libremente como A. Si la compañía Z quisiera crecer, no podrá hacerlo endeudándose, mientras no mejore ostensiblemente su BAIT, y deberá recurrir a aumentar el capital propio o... renunciar al crecimiento. Sin embargo, si la compañía A tuviera la opción de crecer, puede hacerlo libremente, financiándose con deuda. Con la misma cifra de capital se encontrarían sus propietarios con una empresa mayor y que arroja más altos beneficios. Eso no pueden hacerlo ni M, ni Z.

Si la clave de la economía de una empresa no es su estructura de pasivo sino su BAIT, podemos preguntarnos, ¿en qué es mejor A que M y que Z? Observemos que los costos variables son equivalentes en las tres empresas.

Representan el 30% sobre la cifra de ventas. Esto nos indica que la relación entre los precios de venta y de compra de materias de las tres empresas es equivalente. Si alguna de las tres compañías vendiera más barato que las otras, es porque puede comprar más barato ya que –insistimos– la incidencia de los costos variables sobre las ventas es del 30%.

Los gastos de estructura representan en la empresa A un 30% de las ventas, pero en M son mucho mas altos ya que «absorben» el 50% de la cifra de negocio. La empresa Z tiene la misma magnitud en valor absoluto de gastos fijos, pero al ser la facturación menor los «absorbe» en peores condiciones.

El problema de M es de bajo BAIT por exceso de gastos fijos. El problema de Z es de escasa facturación para la carga estructural que posee. Por el activo que Z posee, debería poder aumentar sus ventas. La rotación total de activo de Z es menor que la de A y M.

La empresa Z debe apresurarse a aumentar sus ventas controlando su activo y sus gastos fijos.

La empresa M debe apresurarse a reducir sus gastos fijos.

La empresa A, mientras M y Z luchan por arreglar sus problemas, es posible que, al «galope tendido», les saque nueva ventaja en costes o ventas.

Todo este razonamiento sobre el BAIT y el exacto papel de los gastos financieros se complementa diciendo que tanto los ingresos como los gastos atípicos serán el último epígrafe del estado de resultados. En resumen, la estructura explicada se compendia así:

Conceptos fundamentales	*Portadores de coste*	*Naturaleza del costo*
Ventas netas		
– Costos variables	Producción	Materias primas Personal a destajo Etc.
	Comercial	Comisiones Promociones Etc.
	Administración-dirección	Incentivos Primas Etc.

Conceptos fundamentales	*Portadores de coste*	*Naturaleza del costo*
Margen bruto – Gastos fijos	Producción Comercial Administración-dirección	Personal Mantenimiento Amortización Etc. Personal Amortización Publicidad Etc. Personal Viajes Etc.
BAIT – Gastos financieros ± Atípicos – Impuesto sobre beneficios BPT		

Recopilando un poco lo dicho hasta aquí podríamos decir que el BAIT es el resultado que va a juzgar la labor del director de marketing como uno más de los componentes del equipo de dirección. El BAT, como hemos intentado dejar claro, es harina de otro costal.

Sabemos que al director de marketing le afecta la delimitación del exacto concepto de las ventas netas; le importa también diferenciar entre costo e inversión comercial. Hemos dado criterios para asignar al departamento de marketing costos fijos y variables.

Es preciso dar un paso más. ¿Cómo utiliza el director de marketing esta estructura del estado de resultados? ¿Qué filosofía hay tras ella? ¿Qué capacidad analítica confiere al director de marketing?

Bien, voy a darle una oportunidad ¿Se acuerda usted de las empresas A, M y Z? Pues le nombro director de marketing de la empresa A. ¿Por qué? Es un premio por haber comprado este libro.

Ahora imagínese usted que las cifras que yo le he brindado en la página 169 fueron las presupuestadas para el año en curso. Por cierto, ¿le parece a usted que como director de marketing le interesa esta cuenta más allá del BAIT? Ciertamente no. Por debajo del BAIT se opera una información a conocer, pero los datos realmente vitales para su gestión, como director de marketing, están situados del BAIT hacia arriba. Al director general y a usted lo que más les interesa es que el BAIT sea elevado, sea «robusto» y resista bien el embate de los gastos financieros.

Ya tenemos a la empresa A en plena acción. Durante la marcha del ejercicio vamos controlando mensualmente las cifras del estado de resultados. Con usted como director de marketing, las cosas marchan inmejorablemente.

Al cierre del mes de septiembre, usted es el primero en comunicar al director general que ya se ha alcanzado la cifra de ventas presupuestada para todo el año: 10 millones de euros.

Si usted ha controlado férreamente sus costes variables y también lo ha hecho el director de producción, ¿a cuánto deben ascender los costos variables? Importarán a final de septiembre la cifra de 3 millones, puesto que la incidencia del coste variable sobre ventas es del 30%. Habremos conseguido el margen bruto planificado para todo el ejercicio... ya en septiembre. ¿Qué misión cumple el margen bruto? ¿Por qué lo calculamos? Su misión es cubrir los gastos fijos y arrojar un BAIT cuanto más alto mejor. Hemos obtenido ya en septiembre un margen bruto que cubre los gastos fijos de todo el año. Pero, ¿a cuánto deberían ascender los gastos fijos en septiembre, si hemos ido cumpliendo el presupuesto a rajatabla?

Deberían representar 9/12 del total del año, ya que los gastos fijos no son función de las ventas, sino del tiempo transcurrido en el ejercicio.

Esto quiere decir que, de cumplirse las expectativas presupuestarias en cuanto a costo, el estado de resultados comparativo sería el siguiente:

	Presupuesto de todo el año	Realidad en septiembre
Ventas netas	10	10
– Costos variables	3 (30%)	3 (30%)
Margen bruto	7	7
– Gastos fijos	3	2,25
= BAIT	4	4,75

A la vista de estas cifras puede decirse que hay motivos sobrados de satisfacción. El BAIT ya en septiembre es más alto que la expectativa para todo un año y, obviamente, los tres meses siguientes añadirán mayor valor a esta cifra.

Lo importante de esta fecha de septiembre es que hemos conseguido el margen bruto que cumplía –ya a nivel de la previsión– un requisito fundamental: cubrir los gastos de estructura para arrojar un BAIT capaz de «resistir» el ataque de cualquier importe de gastos financieros. Teóricamente hablando, si en los meses de octubre, noviembre y diciembre no se vendiera nada, tendríamos al menos la «tranquilidad» de saber que los gastos fijos están cubiertos por el «madrugador» margen bruto. Decimos «madrugador» porque ese margen bruto se ha presentado –generosamente– tres meses antes.

La afirmación que acabamos de hacer es casi la formulación de una tremenda tentación: la de hacer vacaciones (con sueldos pagados) durante los tres últimos meses del año. Bien, eludamos tentaciones y pensemos en el juego que da la estructura del estado de resultados.

Es obvio que el planteamiento que acabamos de ver permite reflexionar al director de marketing sobre política de precios. Teóricamente en los tres últimos meses del año sería posible vender con una fuerte rebaja de precios. El límite de la rebaja estaría en llegar simplemente a compensar los costes variables. Si en el último trimestre la empresa vendiera, como decimos, a precio de coste variable (pura especulación teórica), no generaría valores adicionales en el margen bruto, pero es que previamente ya cubría los gastos fijos y obtenía el BAIT que le permitía absorber gastos financieros cómodamente. No es la clase de política que llevaríamos a la práctica por treinta mil razones. Una de ellas sería lo maltrecha que quedaría nuestra imagen ante los clientes (que compraron en agosto y septiembre). Otra de las muchas razones son las regulaciones en materia de precios, etc.

¿Se ha sentido feliz como director de marketing de la empresa A? Pues bien, generalicemos ahora sobre algunos conceptos. La enseñanza del sistema marginalista fue durante muchos años la ahora superada teoría del punto muerto o punto de equilibrio. Esa vieja teoría explicaba la cifra de ventas que situaba a la empresa en un punto de «equilibrio» en que ni se ganaba ni se perdía. Lo cierto es que a nadie en sus cabales le importa lo más mínimo un volumen de ventas en que pasa algo tan terrible como no ganar ni perder, ya que de «clavarse» cualquier empresa en ese punto está automáticamente acabada. (¿Cómo se reinvierte sin beneficios? ¿Qué política de dividendos es posible?).

Lo que es importante en el análisis marginalista del estado de resultados es centrar en qué volumen de ventas se cumple un doble requisito:

- Absorber cómodamente los gastos fijos.
- Liberar un BAIT que permita afrontar los gastos financieros de cualquier coeficiente de endeudamiento por alto que sea.

Esta reflexión es muy importante para la dirección de marketing, puesto que nos permite debatir sobre volumen y beneficio, aislando productos y mercados. Si el mercado doméstico de la empresa A pudiera garantizar razonablemente un volumen de ventas de 10, los mercados de exportación aportarían cifras en «zona marginal». Si la gama actual de productos de la empresa ya cubre la cifra 10, los precios de promoción de nuevos productos pueden ser bajos, puesto que ya alcanzamos el margen bruto necesario.

La estructuración del estado de resultados por un sistema marginalista apunta fundamentalmente a la consecución del margen bruto idóneo. Es evidente que el sistema aporta pautas interesantes de reflexión. Su aplicación, sin embargo, no está exenta de dificultades y riesgos. Las cosas serían muy fáciles si siempre ocurrieran como en el ejemplo que hemos puesto, es decir, reflexionar «a toro pasado» y con las espaldas bien cubiertas. La dificultad está en hacer una previsión, confiar en ella y arriesgarnos con determinadas políticas de precios por segmentos, países o productos.

¿Qué le pasaría a la empresa A si confiando en vender 10 en el mercado doméstico, saliera a exportar a precios más bajos?

Éxito, si el mercado doméstico no demanda por debajo de 10; pero si el mercado doméstico no cumpliera las expectativas, el negocio de exportación –a precios bajos– no alcanzaría a darle a la empresa el margen bruto adecuado.

La utilidad del sistema marginalista no se remite únicamente a las reflexiones que acabamos de efectuar, sino que abarca también un campo amplio de posibilidades en torno al control del éxito económico por centros de beneficio y el lanzamiento de novedades por parte de directores de marketing.

¿Qué es un centro de beneficio? Algo fácil de definir, algo difícil de identificar adecuadamente en la práctica.

Un centro de beneficio es una unidad identificable en el seno de la empresa que es portadora de actividad o venta por sí misma. Lógicamente, este centro también absorbe unos costes claramente imputables, algunos más difíciles de imputar que otros.

Pongamos algunos ejemplos de posibles centros de beneficio. Las «familias» de productos suelen constituir el caso más claro. En una empresa de servicios consideraríamos centros de beneficio las diversas actividades que desarrolla.

No siempre el concepto de centro de beneficio ha de coincidir con el producto o la actividad.

Una delegación de ventas es un centro de beneficio porque genera un volumen de actividad por sí misma, así como unos costos (los inherentes al producto vendido más los de la propia delegación).

Otro ejemplo sería el de una empresa que usara diferentes conductos promotores de ventas. La visita de un vendedor, el anuncio con cupón-respuesta, la alocución pública de un experto... Cualquiera de estos tres medios de venta puede tratarse como un centro de beneficio. El conjunto de vendedores generaría un volumen de ventas claramente identificable y operaría con unos costos específicos o singulares. El anuncio con cupón-respuesta induce también determinadas ventas y tiene sus costos imputables. La pública alocución de un conocido experto en la materia, sobre la actividad o producto que queremos vender inducirá ventas, pero tendrá también un costo conocido.

Hablando de centros de beneficio, es posible compatibilizar en la misma empresa centros de beneficio de índole diversa. Podemos cruzar, por ejemplo, información sobre productos y delegaciones de ventas.

Productos / Delegaciones	α	β	γ	Etc.
A	Ventas Costos Margen	Ventas Costos Margen	Etc.	
B	Etc.			
C				
Etc.				

Cruzar información actualmente no tiene ya la dificultad de otros tiempos. Los *executive information systems* (EIS) y los *management information systems* (MIS) han tenido su base en la posibilidad de combinar información útil en el plano ejecutivo. Sobre las posibilidades que el sistema marginalista brinda en cuanto al control de la rentabilidad del marketing por centros de beneficio, este texto presenta en el capítulo 10 un caso que refleja una experiencia práctica de ambicioso alcance, pretendiendo dar respuesta a una cuestión compleja en el marketing actual: el grado de autonomía a acordar a las delegaciones de ventas... un vendedor es también un centro de beneficio.

El modelo de estructuración del estado de resultados que estamos comentando es aplicable por centros de beneficio. Supongamos que el objetivo del director de marketing es controlar el éxito económico de las delegaciones de ventas.

El volumen de ventas por delegación es un control sin ningún secreto. El conocimiento de los costos variables por delegación es harina de otro costal. En la práctica se aprecian errores y carencias. El coste variable a imputar se compone, entre otros, de los siguientes conceptos fundamentales:

- Costes variables de fabricación de los productos vendidos en esa delegación.
- Comisiones a vendedores y/o representantes afectos a la zona de esa delegación.
- Costos de promoción comercial, etc.

Está claro que el primero de los conceptos expuestos no se origina en la misma delegación de ventas, pero el producto vendido debe arrastrar ineludiblemente ese costo.

Después del cargo de los costes variables, obtendríamos el margen bruto por delegación de ventas. Esto nos daría una magnitud de mucha importancia, ya que hemos señalado anteriormente que el margen bruto es una magnitud clave por cuanto que debe «absorber» los gastos fijos y liberar un BAIT generoso. Con el control del margen bruto por delegación conocemos la distinta capacidad de cada área de contribuir por medio de su margen bruto específico a absorber gastos fijos.

La detección del margen bruto ya obliga a establecer ciertos controles informativos a nivel de las oficinas de ventas pero es la fase que suele tener menor complicación en la implantación o desarrollo de estados de resultados marginalistas.

Las mayores dificultades suelen surgir en cuanto a la consideración de los gastos fijos que se deben cargar a los diversos centros de beneficio y, en este caso, a las oficinas de ventas. Existen gastos fijos de clara imputación al centro de beneficio. En nuestro ejemplo, tales cargos corresponderían al sueldo del director de cada delegación, o al alquiler del local (o a la amortización si el local no es de alquiler). Así podríamos identificar como gastos fijos claramente imputables a la delegación, ejemplos como los siguientes:

- sueldos dirección delegación,
- sueldos vendedores,
- sueldos personal subalterno,
- amortización o alquiler local,
- amortización equipamientos,
- suministros,
- viajes,
- etc.

Las discusiones suelen producirse cuando se trata de gastos fijos comunes o generales. Por ejemplo: la retribución del director de marketing.

Existen viejas recetas administrativas que ponen en práctica repartos de gastos «a ultranza». Cualquier gasto por amplio, general y común que sea es repartido sobre la base de curiosos coeficientes entre los centros de beneficio, en un intento inútil de «hacer justicia». De acuerdo con cualquiera de estas viejas normas, el sueldo del director de marketing sería cargado a las diversas delegaciones de ventas según coeficientes de reparto harto discutibles.

Efectivamente, ¿qué criterio de reparto tomamos?: ¿el número de vendedores por delegación?, ¿la cifra de ventas?, ¿una combinación de ambos? Cualquiera de estos criterios tiene inconvenientes a la hora de asignar costes.

Pero nuestra opinión, contraria a la distribución de los gastos fijos comunes, se basa no sólo en la debilidad de cualquier criterio de reparto, sino en cuestiones de fondo como las siguientes:

- El sistema no juzga objetivamente la labor de los responsables de los centros de beneficio.
- Si el centro de beneficio es vendido o simplemente eliminado, los gastos generales que a él se imputaban se cargarán a otros centros... pero no desaparecerán.

- El sistema puede desmotivar a responsables de productos, zona, etc...

Sigamos con el ejemplo de las delegaciones de ventas, para ver el efecto de los puntos que acabamos de presentar.

Supongamos que una empresa retribuía a los delegados-jefes por medio de un sueldo más una comisión sobre las ventas obtenidas en su zona. El sistema puso rápidamente de manifiesto sus inconvenientes: óptica de *volumen* en lugar de óptica de *beneficio*. La retribución de los vendedores, así como su número en la oficina eran administrados con un criterio demasiado liberal en aras a conseguir volumen y... una buena comisión. El mismo aire de liberalidad se producía con los clientes en mora y los impagados. Canales de cobro, incorporación de nuevos clientes, reparto de material promocional, intensidad publicitaria, relaciones públicas, etc., eran bailarines desacompasados en un vertiginoso rock'n roll...

La óptica del volumen es un peligro del que sólo se salvan personas muy ponderadas y con una visión innata del negocio entendido como un conjunto de factores. La empresa de la que estamos hablando decidió sustituir el antiguo sistema e instaurar un incentivo en función del resultado de cada centro de beneficio. De esta forma, el delegado-jefe en lugar de ser un *gran vendedor* pasaría a ser un *gestor* de la delegación de ventas de la empresa.

La cuestión está en discutir qué significa *resultado* de una delegación de ventas.

Según viejas normas, todos los gastos fijos se reparten. Veamos cómo podría «encajar» esa superada norma en la mentalidad de los jefes de delegación, convertidos ahora en gestores y retribuidos por beneficio y no por volumen.

Que las ventas sean controladas por delegación es ya un hecho antiguo sin discusión posible. Así obtenemos las diversas magnitudes que representan las ventas por centros de beneficio:

$$V_A + V_B + V_C + V_D \ldots\ldots = V_T$$

Los delegados-jefes aceptarán la existencia de unos costos variables (como las comisiones y promociones) que dependen claramente de la actividad conseguida. Quizás les cueste más entender que se les cargue el costo de obtención (sea la compra o la producción) del bien que han vendido. Ello podría ser así, puesto que ellos ni han gestionado la compra ni la producción, pero el cargo del costo de obtención del producto no es discutible, como sí lo es el reparto de un gasto general común. El costo variable del producto es una imputación necesaria, ya que la mercancía llega a la delegación (o a casa del cliente) siendo portadora de un coste inseparable de su volumen monetario (al ser vendida).

Así pues, el paso siguiente –plenamente objetivo– nos situaría en las siguientes magnitudes:

V_A	V_B	V_C	V_D	etc...	V_T
$-CV_A$	$-CV_B$	$-CV_C$	$-CV_D$		$-CV_T$
$=MB_A$	$=MB_B$	$=MB_C$	$=MB_D$		$=MB_T$

En donde: CV = costos variables.
MB = margen bruto.

Esta información ya es un gran paso, lo hemos dicho anteriormente. Ahora sabemos en cuánto contribuye cada delegación a la absorción de gastos fijos.

Hablemos de eso precisamente. Explicamos a los delegados-jefes que se les van a cargar aquellos gastos que se producen claramente en la oficina de ventas: sueldos, alquileres, etc.

Deben entenderlo. Nadie habla de repartir nada. Se hace una imputación clara, meridiana, transparente y directa: «que cada palo aguante su vela». Llamaremos a estas magnitudes gastos fijos *imputables* (no estamos diciendo «repartibles») y lo representamos como GFI:

V_A	V_B	V_C	V_D	etc....	V_T
$-CV_A$	$-CV_B$	$-CV_C$	$-CV_D$		$-CV_T$
$=MB_A$	$=MB_B$	$=MB_C$	$=MB_D$		$=MB_T$
$-GFI_A$	$-GFI_B$	$-GFI_C$	$-GFI_D$		$-GFI_T$
$=MC_A$	$=MC_B$	$=MC_C$	$=MC_D$		$=MC_T$

Es así como obtenemos el margen de contribución (MC) de cada centro de beneficio. Esta magnitud va más allá, mucho más allá, del margen bruto. Ahora conocemos el aporte, la contribución de cada delegación para poder absorber los gastos fijos generales, es decir, los gastos de la supraestructura, del «corazón central» que mueve esos poderosos «brazos» llamados delegaciones de ventas.

Supongamos que en aras de normas caducas se decidiera, en la empresa del ejemplo, cargar –por reparto– los gastos comunes a cada delegación de ventas. ¿Lo va a entender el delegado-jefe? Antes le era igual porque se le controlaba por ventas y no por resultado. Ahora le va a importar mucho... quizás acepte disciplinadamente el sistema del reparto de gasto, pero nunca podrá entenderlo. Su reacción lógica ha de ser: «Pero si yo no gestiono ni directa ni indirectamente ninguno de esos gastos que me imputáis...».

Un mes después de que haya aceptado sumisamente el injusto sistema, se comunica a la delegación X o Z que dado que sus ventas han subido y las de las otras delegaciones se mantienen, el cargo de gastos generales va a ser mayor de lo habitual, por hacerse en función de las ventas. ¡Buena manera de castigar los éxitos!

Dos meses después, se comunica a las delegaciones de ventas que sus cargos serán mayores porque se acaba de incorporar a la empresa un supervisor delegado por el consejo de administración y un técnico más en la sección de mantenimiento.

Es posible que al poco tiempo, los directores de zona pidieran a gritos que se les pague un incentivo porcentualmente menor, pero que se les pague sobre el margen de contribución de su oficina.

Otro de los absurdos de este sistema es que nos orienta erróneamente a la hora de tomar decisiones sobre eliminación o reconversión de centros de beneficio. Veamos un ejemplo numérico como el del cuadro 1.

Este ejemplo nos muestra, en primer lugar, que los volúmenes de ventas difieren mucho entre las diversas delegaciones de ventas (¿tamaño y riqueza de las áreas de mercado?, ¿ineficiencias comerciales?).

CUADRO 1

DELEGACIONES ➤	**A**	**B**	**C**	**D**	**TOTAL**
Ventas netas	200	100	400	300	1.000
– Costos variables	120	40	280	180	620
= Margen bruto	80	60	120	120	380
– Gastos fijos imputables	30	5	80	20	135
= *Margen de contribución*	50	55	40	100	245
– Gastos fijos repartidos	44	22	88	66	220
= «Resultado» por delegación	6	33	–48	34	25

Los costos variables tampoco son homogéneos. Mientras que las delegaciones A y D operan con incidencias de costos variables del 60%, el área B opera con una proporcionalidad del 40% y C del 70%. La razón de esta dispersión estriba quizás en que la «mezcla» de productos vendidos sea diferente en las diversas delegaciones.

Los gastos fijos imputables difieren también de una delegación a otra. Las áreas más pequeñas funcionan, quizás, con un contingente de personal mucho menor que las grandes.

Si detuviéramos nuestro análisis en el margen de contribución, haríamos lo más procedente, para observar cuestiones que la dirección de marketing deberá ahondar.

¿Por qué la delegación que más vende es la que arroja un margen de contribución menor? (C) ¿Por qué la modesta delegación B consigue un margen de contribución que es el segundo en valor absoluto y el primero en valor relativo? ¿Por qué la delegación D supera a A en ventas y margen de contribución?

Supongamos ahora que unos administrativos practican la tan trabajosa como inútil práctica de repartir los gastos fijos. Según este reparto, la delegación C está perdiendo mucho dinero. ¿Significa esto que el área de mercado C no nos interesa trabajarla? Si pese al reparto burocrático que se ha hecho y que «demuestra» que en el área C perdemos dinero, no vamos a abandonar ese mercado, no valía la pena perder tiempo y dinero haciendo un reparto inútil, que no ha llevado a ninguna decisión de tipo práctico.

En el fondo, repugna la idea de abandonar el área de mercado C. Hay varias razones para ello:

- Rendirse prematuramente podría ser un error.
- Estamos leyendo que C aporta un margen de contribución positivo de 40.
- Quizás pensemos atacar el área de mercado C, suprimiendo la delegación actual y potenciando el «sastrecillo valiente» que es B...

Hablemos de ello: rendirse prematuramente puede ser un error, pero si alguna de las cuatro delegaciones diera margen de contribución negativo, el razonamiento sería: «o levantamos rápidamente esa delegación o cada día que seguimos manteniendo esa oficina estamos perdiendo dinero *antes* de los gastos fijos comunes». Estamos leyendo que C da un margen de contribución positivo. Pero ahora imagínese usted que los administrativos que preparan esta clase de cuadros no supieran nada de la diferencia entre gastos fijos imputables y gastos fijos comunes. O que les importara muy poco esa diferencia, de manera tal que los gastos fijos imputables y los repartidos por prorrateo cayeran en el mismo saco. Nunca hubiéramos leído ninguna cifra que hablara –cargada de esperanza– de un margen de contribución positivo. El desconcierto de la persona que no hace estos cuadros pero que debe leerlos ha de ser muy grande, cuando inmediatamente después del margen bruto se pueden leer unos gastos fijos de volumen ingente y una pérdida «kafkiana» de 48 en la delegación C.

Ciertamente... repugna abandonar un área de mercado, pero imagínese usted que A, B, C y D fueran productos en lugar de zonas comerciales. ¿Por qué no eliminar una marca (como C) o venderla? Sería un error, si no se juzga por margen de contribución.

Si el área C fuera atacable con la pequeña estructura de B... eso hay que hacerlo en cualquier circunstancia. No hace falta que alguien haga un reparto artificioso de los gastos fijos comunes para que nos demos cuenta de que la delegación C es mejorable.

Si el reparto de gastos fijos comunes debiera conducir coherentemente a la supresión de un centro de beneficio porque «pierde», obtendríamos los datos del cuadro 2.

En este cuadro podemos observar cómo se produce un tremendo contrasentido: ahora la empresa tiene pérdidas. Si deseamos acabar de estropear las cosas podemos suprimir A y D que también «pierden» dinero.

El éxito económico de una delegación de ventas, de un producto o de un «motor» de actividad se mide por el margen de contribución.

CUADRO 2

DELEGACIONES ⟶	**A**	**B**	**C**	**D**	**TOTAL**
Ventas netas	200	100	—	300	600
– Costos variables	120	40	—	180	340
= Margen bruto	80	60	—	120	260
– Gastos fijos imputables	30	5	—	20	55
= *Margen de contribución*	50	55	—	100	205
– Gastos fijos repartidos	73	37	—	110	220
= «Resultado» por delegación	–23	18	—	–10	–15

A la vista del cuadro 1 queda claro que no había ninguna necesidad de repartir los gastos fijos comunes. El área C arrojaba un margen de contribución del 10%, cuando las otras zonas de mercado lo daban netamente más alto: A = 25%, B = 55%, D = 33%.

La idea teórica que preside los razonamientos en torno al esquema marginalista del estado de resultados es bastante clara. Las aplicaciones prácticas no son tan simples. En mi experiencia como ejecutivo y consultor, he encontrado siempre las mayores dificultades en la imputación de ciertas partidas como las que describimos a continuación.

Existen ciertos gastos sobre los que la empresa tiene la opción de gestionarlos centralizada o descentralizadamente. En otros, en cambio, no es así. En resumen: la división de gastos en una empresa, en cuanto a su centralización, es de tres tipos:

- Gastos necesariamente descentralizados (o mejor dicho, imputables).
- Gastos necesariamente centralizados (o mejor dicho, centrales o comunes).
- Gastos ambivalentes.

Ejemplos del primer caso son los costos de la materia prima. Podríamos centralizar la compra, la logística de almacenamiento y distribución a los centros fabriles, etc., pero la imputación del costo es necesariamente al producto y, por tanto, al centro que lo fabrica y al que lo vende. Son gastos imputables, claramente imputables. En ocasiones, el control preciso de los mismos obliga a situar contadores, básculas, dosificadores, etc. a la entrada o salida de ciertas secciones, pero no cabe duda de que el planteo teórico es muy claro. En la práctica no admite discusión posible pero sí que puede crear en algunos casos gastos para su control.

La segunda categoría es la de los gastos que se centralizan forzosamente. Por ejemplo: la retribución del director general de la empresa. Por más que exista un director de producto, la dirección general es absolutamente necesaria por encima de los responsables de producto. No hay opción posible con estos gastos que son «centrales» por definición categórica.

En cambio, en los gastos ambivalentes, la empresa puede optar por centralizar o descentralizar. Por ejemplo: el gasto de transporte tratado por asunción directa interna de la misma empresa. Si la compañía no recurre a un transportista externo (ejemplo de gasto imputable), sino que posee su propia flota de vehículos y plantilla de conductores, se halla ante dos posibilidades:

- Descentralizar la función de transporte, delegándola en manos del responsable de producto, el cual utilizará vehículos de mayor o menor porte según las características del producto y la distancia a recorrer, dispersión de rutas, etc.
- Centralizar la función de transporte, reduciendo seguramente el parque de vehículos y utilizando camionaje de porte superior.

El primer sistema proporciona agilidad, más rápido servicio al cliente y en ocasiones rutas más cortas (aunque más frecuentes). La avería de un vehículo permite «combinaciones» de flota que no permiten los parques de pocas unidades. El segundo sistema es de características opuestas al anterior pero suele ser mucho más barato... lo cual no lo hace definitivamente mejor que el primero.

La empresa se obligará a hacer una opción en función de una serie de circunstancias que sería largo enumerar aquí.

A la hora de imputar los gastos de transporte, no surgirá ninguna duda con el sistema descentralizado (o la parte descentralizada en un sistema mixto). Pero, ¿qué hacemos en un sistema centralizado?

La respuesta más cómoda es no hacer nada, dejar el gasto como un costo común... tal como haríamos con el sueldo del director general.

Esta forma de zanjar la cuestión podría reportar inconvenientes bastante serios. Si el responsable de un área, servicio o producto no es consciente de lo que cuesta el transporte, puede organizar expediciones de poca carga unitaria, puede realizar rutas absolutamente «diabólicas», para «mimar» a un cliente que se está acostumbrando a un servicio que en vez de servicio normal ya es «servilismo».

Esta última reflexión invita a cargar contablemente el transporte centralizado a las diversas áreas o productos... pero, ¿cómo? Si lo hacemos en función de la cifra de ventas, vamos a parar al sistema que antes hemos criticado con tanta contundencia. Podríamos caer en distorsiones tan evidentes como el problema de peso no relacionado con el precio de venta, o el problema de cubicaje de ciertos productos independiente del precio de venta: producto caro y pequeño, contra producto barato pero voluminoso y/o pesado.

¿Qué hacer? En tales casos o bien encontramos un criterio basado en el control *real* de tonelaje, volumen y kilómetros recorridos o bien debemos mantener el gasto sin asignar. En una empresa que organice bien su transporte interno, los pesos y volúmenes de cada expedición se han de conocer, así como se saben los kilómetros de cada desplazamiento. Esa es una base más objetiva de cálculo que la simple imputación a la cifra de ventas.

La categoría de los gastos ambivalentes nos muestra la dificultad de aplicar con precisión ciertas teorías. Hay quien se enamora de las teorías y pretende aplicaciones sofisticadas de las mismas en la práctica. El peligro de esta postura es complicar las cosas o ralentizar el proceso de decisión. En el extremo contrario están los que se asustan fácilmente por las brechas abiertas entre teoría y práctica. Por ellos el mundo no se habría movido desde la prehistoria.

El primer paso para aplicar teorías en la práctica es conocerlas bien. El segundo paso es aquilatar debidamente el coste de la implantación con las ventajas que previsiblemente se van a obtener.

Estamos finalizando ya el contenido teórico de este capítulo. Lo acabaremos con una última reflexión que abrirá la puerta al capítulo siguiente.

Determinar el margen de contribución de un centro de beneficio es muy importante. Pero es una visión parcial cuando se da la circunstancia capital de que ese centro de beneficio utiliza activos claramente identificados para el desarrollo de su actividad. La pregunta entonces es si por el volumen de activos que utiliza ese centro de beneficio, compensa realmente el margen de contribución que se está obteniendo.

En el ejemplo de las delegaciones de venta puede darse la precisa circunstancia de que estas delegaciones tuvieran activos claramente asignados:

- locales de almacén y oficinas (si no se explotan en régimen de alquiler),
- mobiliario,
- maquinaria informática,
- vehículos,
- utillaje en almacén,
- existencias de producto acabado o mercadería,
- cuentas por cobrar de clientes.

La pregunta que va más allá del contenido de este capítulo es si esta inversión en activos –distinta para cada delegación– es debidamente compensada por el margen de contribución.

Esta pregunta se contesta en el capítulo siguiente. No se lo pierda, va a resultarle un capítulo realmente emocionante.

Caso práctico: Pronasa

- ***Estructuración y análisis del estado de resultados de gestión: la óptica de la dirección de marketing.***

El jefe de contabilidad de Pronasa presenta el estado de resultados, estructurando los costos por naturaleza. Se utilizan conceptos curiosos como el de gastos reales, resultado bruto y resultado neto que no hemos visto a lo largo del capítulo anterior y que no tienen ningún sentido analítico. Ello precisará lógicamente de un proceso de reordenación a fin de obtener un estado de resultados de gestión.

Veamos el estado de resultados que nos facilita el jefe de contabilidad de Pronasa:

CUADRO 3

Estado de resultados de Pronasa

	Año 1	Año 5
1. Ventas netas	8.246	13.506
2. Otros ingresos	24	28
Total ingresos	8.270	13.534
3. Personal	525	980
4. Transportes	120	246
5. Publicidad		134
6. Materias primas y auxiliares	6.914	10.128
7. Gastos varios comerciales	20	44
8. Consumos	104	262
9. Mantenimiento	80	106
Impuestos s/explotación	16	92
Impagados		30
10. Resultado financiero neto	96	826
11. Varios	64	110
Total gastos reales	7.936	12.958
Resultado bruto	334	576
12. Amortizaciones	46	170
Resultado neto	288	406
Impuestos sobre beneficios	62	92
Resultados post-impuestos	226	314

Indicaciones sobre las partidas del estado de resultados de Pronasa

1. *Ventas netas*: Un programa informático permitía separar de las facturas enviadas a clientes, los productos que pertenecen a la rama de congelados y embutidos.

	Año 1	**Año 5**
Congelados	4.000	8.200
Embutidos	4.246	5.306
Total	8.246	13.506

2. *Otros ingresos*: El importe del primer año se refiere a un canon pagado por una productora de cine a Pronasa por filmar unas secuencias de la película *El viudo Rius se jubila* en la parte antigua de la fábrica edificada por el fundador de la empresa. El importe del año 5 se refiere a dividendos satisfechos por Eravi, SA.

3. *Personal*: Esta cuenta encierra muchos conceptos diversos:

3.1. Personal que trabaja a sueldo en la planta de congelados	142	160
3.2. Personal que trabaja a destajo para la planta de congelados	30	88
3.3. Personal que trabaja a sueldo en almacenes, transporte interno y control fábrica	50	150
3.4. Comisiones satisfechas a representantes por ventas de congelados	16	54
3.5. Comisiones pagadas a representantes por ventas de embutidos	24	78
3.6. Personal que trabaja a sueldo en la planta de embutidos	48	84
3.7. Personal que trabaja a destajo en la planta de embutidos	66	136
3.8. El departamento comercial se había organizado en dos secciones especializadas en congelados y embutidos. Sus costos de personal se repartían así:		
• Congelados	16	30
• Embutidos	60	80
• Común	30	60
3.9. La función de administración y dirección general estaba centralizada. Su costo era:	40	60

4. *Transportes*: Se contrataba este servicio con una empresa especializada, la cual efectuaba un presupuesto anual revisable al alza o a la baja en función de kilogramos transportados y distancias recorridas. El producto congelado era transportado por esta empresa especializada en camiones frigoríficos. Los embutidos se distribuían en camiones isotermos.

	Año 1	**Año 5**
Congelados	520	1.320
Embutidos	680	1.140
Total	1.200	2.460

5. *Publicidad*: En el año 1 la empresa no hacía publicidad. La directora de marketing cambió las cosas; sin embargo, la publicidad se hacía solamente para el capítulo de embutidos.
6. *Materias primas y auxiliares*: A la salida de la sala de despiece se controlaba la carne que iba a los túneles de congelación o a la sala de embutir, de forma que podían conocerse estos costos por renglón.

	Año 1	**Año 5**
Congelados	3.490	6.354
Embutidos	3.424	3.778
Total	6.914	10.128

7. *Gastos varios comerciales:*

	Año 1	**Año 5**
Comercialización de congelados	5	10
Comercialización de embutidos	15	34
Total	20	44

8. *Consumos*: Esta partida incluye gastos de teléfono, agua y energía. Este último concepto no se había podido relacionar con el volumen de producción ya que los túneles de congelación y colgadores móviles debían funcionar continuamente, independientemente del volumen de carne que transportasen; tampoco

se habían instalado contadores eléctricos y de agua independientes.

9. *Mantenimiento:* El mantenimiento no imputable a fabricación se contabilizaba en gastos varios comunes. Su importe era muy bajo.

	Año 1	**Año 5**
Congelados	6	16
Embutidos	4	10
Fabricación común	70	80
Total	80	106

10. *Resultado financiero neto*: El contable de Pronasa resumía en la misma cuenta los gastos habidos por intereses devengados y los intereses a su favor por los saldos de liquidez habidos en bancos y cajas.

	Año 1	**Año 5**
Intereses a nuestro favor	16	2
Intereses en contra	112	828
Neto contabilizado	96	826

11. *Varios*: Se refiere a un conjunto de pequeños gastos de índole diversa de los que pudo hacerse únicamente esta clasificación:

	Año 1	**Año 5**
Gastos diversos de producción	44	80
Gastos diversos de administración y dirección	20	30
Total	64	110

12. *Amortizaciones*: Esta partida respondía a la depreciación de activos fijos de finalidades distintas:

12.1 Túneles de congelación	6	40
12.2 Colgadores móviles (chorizos, choricillos, chorizuelos y embutidos)	20	70
12.3 Elementos fabricación comunes	15	45
12.4 Mobiliario oficinas administrativas	5	15
Total	46	170

A la vista de todos estos datos es posible construir el cuadro 4, que se define como el estado de resultados de gestión de Pronasa. Se trata pues de la cuenta de pérdidas y ganancias que podremos trabajar cómodamente y que orientará nuestra gestión.

El cuadro se halla distribuido de forma tal que nos permite comparar los años 1 y 5, es decir, el período en el cual el relevo generacional permite implantar una nueva cultura de marketing en la empresa.

Cada uno de los dos años considerados separa las dos ramas de actividad de la empresa: congelados y embutidos. Cada una de las dos familias de productos cuenta con una columna adicional donde hemos consignado un porcentaje. Observemos cómo el nivel de ventas (cabecera del cuadro) se ha considerado valor básico y se ha reducido a valor 100. A partir de la base 100, todas las cifras de costes y márgenes se han referenciado al valor básico, por lo que se ha obtenido una variopinta gama de porcentajes que iremos comentando más adelante.

La observación número 1 sobre la cuenta no estructurada de pérdidas y ganancias nos ha permitido asignar las ventas netas por rama de actividad. La segunda de estas indicaciones nos ha permitido considerar la partida de «otros ingresos» como resultados atípicos o ajenos a la explotación de Pronasa y, por esta razón, hemos desplazado este epígrafe a la parte baja del cuadro 4. Observemos cómo aparece por debajo del concepto de «Ingresos financieros», antecediendo a las tres últimas líneas del cuadro.

La llamada número 3, que engloba la partida de «personal», se desglosa en conceptos muy diversos:

3.1. Se trata de un gasto fijo porque son retribuciones en forma de sueldos y es imputable porque trabajan exclusivamente para la familia de productos congelados.
3.2. Es un coste variable ya que la retribución es a «tanto la pieza». Cuando se contabiliza o se paga un destajo, su valor se añade

CUADRO 4

Estado de resultados de gestión	Año 1			
	Congelados	%	Embutidos	%
VENTAS NETAS	4.000	100,00	4.246	100,00
Coste materias primas y auxiliares	3.490	87,25	3.424	80,64
Mano de obra variable	30	0,75	66	1,55
Coste variable fabricación	3.520	88,00	3.490	82,20
Margen bruto fabricación	480	12,00	756	17,80
Comisiones	16	0,40	24	0,57
Distribución	52	1,30	68	1,60
Coste variable comercial	68	1,70	92	2,17
MARGEN BRUTO	412	10,30	664	15,64
Personal fabricación imputable	142	3,55	48	1,13
Mantenimiento imputable	6	0,15	4	0,09
Amortizaciones	6	0,15	20	0,47
Gastos producción imputables	154	3,85	72	1,70
Personal comercial imputable	16	0,40	60	1,41
Gastos varios comerciales	5	0,13	15	0,35
Publicidad				
Gastos comerciales imputables	21	0,53	75	1,77
TOTAL GASTOS FIJOS IMPUTABLES	175	4,38	147	3,46
MARGEN DE CONTRIBUCIÓN	237	5,93	517	12,18
Personal común de producción				
Mantenimiento				
Consumos				
Amortizaciones				
Gastos varios comunes de producción				
Gastos de producción comunes				
Gastos comerciales comunes				
Personal administración y dirección				
Gastos comunes de administración y dirección				
Amortización mobiliario oficina				
Gastos dirección y administración comunes				
Impuestos sobre explotación				
Provisión impagados			0,00	0,00%
TOTAL GASTOS FIJOS COMUNES				
RESULTADO EXPLOTACIÓN (BAIT)				
Gastos financieros				
Ingresos financieros				
Otros ingresos atípicos				
RESULTADO ANTES IMPUESTOS (BAT)				
Impuesto sobre beneficios				
RESULTADO POST-IMPUESTOS (BPT)				

Total	**%**
8.246	100,00
6.914	83,85
96	1,16
7.010	85,01
1.236	14,99
40	0,49
120	1,46
160	1,94
1.076	13,05
190	2,30
10	0,12
26	0,32
226	2,74
76	0,92
20	0,24
96	1,16
322	3,90
754	9,14
50	0,61
70	0,85
104	1,26
15	0,18
44	0,53
283	3,43
30	0,35
40	0,48
20	0,24
5	0,06
65	0,79
16	0,19
394	4,78
360	4,37
112	1,36
16	0,19
24	0,29
288	3,49
62	0,75
226	2,74

Año 5					
Congelados	**%**	**Embutidos**	**%**	**Total**	**%**
8.200	100,00	5.306	100,00	13.506	100,00
6.350	77,44	3.778	71,20	10.128	74,99
88	1,07	136	2,56	224	1,66
6.438	78,51	3.914	73,77	10.352	76,65
1.762	21,49	1.392	26,23	3.154	23,35
54	0,66	78	1,47	132	0,98
132	1,61	114	2,15	246	1,82
186	2,27	192	3,62	378	2,80
1.576	19,22	1.200	22,62	2.776	20,55
160	1,95	84	1,58	244	1,81
16	0,20	10	0,19	26	0,19
40	0,49	70	1,32	110	0,81
216	2,63	164	3,09	380	2,81
30	0,37	80	1,51	110	0,81
10	0,12	34	0,64	44	0,33
		134	2,53	134	0,99
40	0,49	248	4,67	288	2,13
256	3,12	412	7,76	668	4,95
1.320	16,10	788	14,85	2.108	15,61
				150	1,11
				80	0,59
				262	1,94
				45	0,33
				80	0,59
				617	4,57
				60	0,44
				60	0,44
				30	0,22
				15	0,11
				105	0,77
				92	0,68
				30	0,22
				904	6,69
				1.204	8,91
				828	6,13
				2	0,01
				28	0,21
				406	3,01
				92	0,68
				314	2,32

al producto en stock. En el momento de la venta del producto se registra el costo variable.

3.3. Es un gasto fijo ya que no son destajos, ni primas, sino sueldos. No es personal afecto a una rama concreta de actividad, luego es gasto fijo común. Como tal, no se «repartirá» a ninguna de las dos ramas de actividad.

3.4. Se trata de comisiones, por tanto, costo variable. Nos dicen claramente que se refieren a la venta de productos congelados. Es obviamente un gasto comercial.

3.5. Es un caso idéntico al del epígrafe anterior, sólo que el cargo se hace a la gama de embutidos y no de congelados.

3.6. Es un gasto fijo ya que se refiere a las retribuciones en forma de sueldos y es imputable a la familia de embutidos porque trabajan exclusivamente para esa rama de actividad.

3.7. Es un costo variable por lo que se ha dicho anteriormente, pero se carga al capítulo de fabricación y al rango de embutidos.

3.8. Este es un punto particularmente interesante. La especificidad de cada familia de productos ha aconsejado especializar a los vendedores. Se trata de gastos fijos ya que no son incentivos ni comisiones. Son del departamento comercial e imputables por familia de producto.

3.9. Es un gasto fijo y no imputable por producto.

La llamada número 4 especifica claramente que el presupuesto de transporte estaba hecho por una compañía externa y revisable al alza o a la baja, lo cual lo convierte en un costo variable. La imputación por producto nos viene dada por los datos que se nos facilitan.

El costo de publicidad viene explicado en la indicación número 5. Sabemos que es un gasto fijo y que se asigna a un único capítulo: embutidos.

Sobre el costo de materia prima tenemos la llamada número 6. El registro de este costo obliga a interponer ciertos controles a la salida de la sala de despiece. Es obviamente un costo variable y el resultado del control interpuesto es lo que nos permite conocer su repercusión por producto.

La indicación número 7 no presenta ningún problema. Se trata de gastos fijos e imputables por producto.

La observación número 8 es un ejemplo de pérdida de control o incapacidad de imputación por no interponer los recursos precisos.

La partida de mantenimiento consignada en la llamada número 9 es un gasto fijo de clara imputación mixta. En parte se imputa a los productos y en muy elevada parte es de carácter común aunque asignable al departamento de producción. La pequeña parte imputable a gastos varios comunes se obtiene por diferencia entre los valores que nos facilita la indicación número 9 y la cifra global reseñada en el estado general de resultados que nos ha facilitado el jefe de contabilidad de Pronasa.

La observación número 10 se refiere a los gastos e ingresos financieros. El tema es muy interesante. La naturaleza y origen de los gastos financieros han sido puestos de manifiesto en el contenido teórico de este capítulo. La «mezcla» entre intereses en contra e intereses a favor que ha efectuado el contable va contra la esencia analítica del estado de resultados. Cierto es que por naturaleza todo son elementos financieros, pero su origen es muy diverso y ello es interesante tenerlo en cuenta analíticamente.

Los ingresos financieros tienen su origen en saldos de efectivo que Pronasa mantiene en el banco y/o la caja de ahorros. Lógicamente, la entidad bancaria remunera estas cuentas con un determinado tipo de interés. En el caso de Pronasa, estas cifras son modestas y no constituyen un capítulo importante, ni mucho menos, en el conjunto de ingresos de la empresa; pero en otras empresas pudieran ser más importantes. El caso es que estos ingresos financieros constituyen un resultado atípico. Este ingreso es claramente extrafuncional puesto que el negocio intrínseco de Pronasa es la producción y comercialización de carnes; cualquier otro origen de un ingreso, que no sea éste, se considera extrafuncional. Se podría alegar que los saldos de efectivo que maneja Pronasa son los mínimos y necesarios para operar adecuadamente y que, por tanto, su tenencia es totalmente normal. Esto es cierto. De hecho, esa suma de efectivo se considera un activo de explotación pero no así su fruto, ya que el tipo de actividad (negocio financiero) es radicalmente distinto. Se trata de ingresos que van a oscilar, *independientemente* de la actividad cárnica, en función de volúmenes de efectivo mantenidos en cuenta y tipos de interés.

Los intereses a favor de Pronasa nunca pueden ser el contrapunto a los intereses que paga esta empresa. Los primeros provienen de una operación de tenencia de efectivo y los segundos proceden de una política de endeudamiento, independiente también de la específica actividad cárnica.

Resumamos diciendo que:

- La tenencia de efectivo (en cantidades mínimas operativas) es un activo relacionado con el «universo» de la *explotación*.

- El pago de intereses depende del ratio de endeudamiento y pertenece al «universo» de la *financiación* (estructura de pasivo).
- La percepción de intereses a nuestro favor pertenece al «universo» de la *extrafuncionalidad.*

Por estas tres razones, los gastos e ingresos financieros aparecen desglosados en las últimas líneas del cuadro.

La partida de «varios» consignada en la observación número 11 reviste poco interés. Pasemos a la última indicación que se centra en el tema de la amortización. Este es un gasto fijo (raramente es coste variable) y asignable por producto, de acuerdo con los elementos que se amortizan: túneles de congelación, colgadores para embutidos o elementos comunes.

¿Cómo puede analizar el estado de resultados (cuadro 4) la directora de marketing de Pronasa? El análisis de la cuenta de pérdidas y ganancias debe someterse a una metodología:

1. Analizar los aspectos más generales de la economía de Pronasa.
2. Analizar los aspectos más concretos que afectan a la función de marketing.

El primer aspecto, a su vez, hay que desglosarlo así:

1.1. Visión estática del resultado: origen del beneficio en el año 5. Puntos clave en la gestión económica de Pronasa.

1.2. Visión dinámica del resultado: ¿qué ha cambiado en la economía de Pronasa?

El segundo aspecto permite una triple visión:

2.1. El impacto de los costes comerciales en la formación del resultado en el año 5.

2.2. La evolución de los costes comerciales del año 1 al 5.

2.3. La evolución por familias de producto.

Aspecto 1.1

Pronasa genera un BAIT del 8,91% sobre ventas. ¿Es esta una cifra adecuada? Es pronto para contestarlo, pero el capítulo siguiente nos mostrará la forma de juzgar el margen de Pronasa. Lo que de momento podemos afirmar es que este margen es un poco justo ya que en el momento que se detraen los gastos financieros (que representan un 6,13%), el margen porcentual antes de impuestos, se reduce a un 3,01% que se puede considerar algo bajo en el sector de alimentación.

¿Qué quiere decir un 6,13% de gastos financieros sobre ventas netas? Pues, mire usted, nada de nada. El juicio que va a hacerse sobre el impacto de los gastos financieros requiere de algunas ideas que expondremos en el capítulo siguiente.

Observe usted que es la segunda vez en dos párrafos que le remito al capítulo siguiente. Entonces, ¿de qué sirve el análisis que estamos haciendo? Es una primera toma de contacto con el aspecto económico de Pronasa, pero quedarán interrogantes abiertos. Abrir interrogantes es muy importante y el capítulo siguiente dará juego suficiente para ir contestando todas las preguntas que surjan en esta primera toma de contacto.

¿Cuál es el peso relativo de los costos variables y fijos en Pronasa? ¿Cuál es la estructura de costes?

Entre gastos fijos comunes e imputables se absorbe un (6,69% + 4,95% =) 11,64% de la cifra de ventas netas. Los costos variables son proporcionalmente mucho más importantes, ya que absorben el 79,45% de las ventas netas.

Esto quiere decir que en Pronasa, el crecimiento de ventas no es en principio un gran portador de beneficio, porque la empresa es muy intensiva en costos variables y el margen bruto no crece tan espectacularmente como sería el caso del ejemplo de las empresas A, M y Z utilizado en la parte teórica de este capítulo. Recíprocamente, si Pronasa tuviese un retroceso de ventas, su resultado se debilitaría proporcionalmente menos que el de otras empresas que son más intensivas en gastos fijos que en variables.

Si observamos la composición del débil contingente de gastos de estructura, vemos cómo la mayoría de éstos son gastos fijos comunes (6,69%). Esto quiere decir que el posible debilitamiento o supresión de una de las dos líneas nos afectará más duramente que en el caso de otra empresa, donde el peso de los gastos fijos comunes fuera menor que en Pronasa (cosa que en términos generales no es fácil que suceda).

¿En qué conceptos se concentra el importante peso relativo de los gastos variables?

En fabricación. Más concretamente en la partida de costes de materia prima que absorbe por sí sola un 74,99% de las ventas netas. Esto nos indica una fortísima concentración de costes: un solo concepto absorbía 3/4 de la cifra de ventas.

La clave del negocio de Pronasa es el precio de compra de la carne en canal o de ganado a punto de sacrificar... o mejor dicho, la sensibilidad «precio de compra-precio de venta». Cualquier oscilación al alza de los precios de compra debe ser inmediatamente reflejada por el precio de venta. Algo aparentemente tan simple como uno o dos puntos porcentuales en el precio de venta reduciría el margen antes de impuestos en uno o dos tercios de su valor. La permanente atención al control de los precios en la lonja de la carne es una faceta vital de la actividad de Pronasa.

La capacidad de maniobra con el precio de venta, que tiene la directora de marketing de Pronasa, es nula.

Aspecto 1.2

Veamos qué cuestiones han supuesto un cambio en la economía de Pronasa. El BAT era de 288 en el año 1. Aunque sube mucho en valor absoluto a lo largo de los años siguientes, sin embargo su valor porcentual sobre ventas (y eso es lo importante) es algo menor. Ha pasado del 3,49% al 3,01%. ¿Por qué?

El BAIT o resultado de explotación pasa de 360 a 1.200, pero lo realmente significativo es que su peso relativo sobre la facturación pasa de 4,37% a 8,91%.

Esto significa un progreso notabilísimo... pero, podríamos pensar erróneamente que ha sido un progreso inútil si, a fin de cuentas, el BAT ha disminuido pasando de 3,49% a 3,01%. Es evidente que la incidencia de los gastos financieros se ha hecho sentir mucho: han pasado de un modesto 1,36% a un «atenazador» 6,13%. Entonces, ¡los gastos financieros están siendo una auténtica lacra para Pronasa! No. Este movimiento al alza de los gastos financieros no significa, en principio, nada en sí mismo. Hemos de esperar al próximo capítulo para ver si las «apariencias» engañan o no. Lo único que podemos constatar, de momento, es que Pronasa soporta un volumen mucho mayor de gastos financieros ahora que en el pasado. Pero no precipitemos juicios prematuros. Recordemos el ejemplo de las empresas A, M y Z. La mejor no era la que obtenía el BAT más alto. La mejor, económicamente hablando, es la de BAIT más alto. El BAIT ha mejorado ostensiblemente en Pronasa, por esto le remito a usted, paciente y sufrido lector, al capítulo próximo. Es más, tentado estuve, redactando estas líneas, de pasar estos comentarios analíticos al capítulo siguiente, pero pensé que un primer contacto –aunque incompleto– con el estado de resultados podía ser útil para empezar a ver lo que tal documento dice y aquello a lo que no contesta. Ya veremos en el próximo capítulo que la disminución del BAT en Pronasa no es relevante y que lo verdaderamente importante y positivo es el progreso del BAIT.

Aunque no podamos emitir juicios, de momento, sobre el tremendo aumento de los gastos financieros, sí que podemos preguntarnos sobre el origen de ese aumento. Nuestra memoria deberá llevarnos al capítulo tercero. En él veíamos cómo Pronasa había emprendido un importante desarrollo de sus activos, tanto en el inmovilizado como en el circulante. Las elevadas necesidades de recursos se suplieron fundamentalmente con deuda, la cual ha originado el comentado crecimiento de los gastos financieros, pero... no vayamos más allá; el aumento de los gastos financieros no es «perverso» en sí mismo; es preciso relacionarlo con la inversión del accionista, pero «ésta es harina de otro costal» o, en nuestro caso, tema para otro capítulo.

Retengamos, de momento, nuestro elogioso comentario al crecimiento importante, impresionante del BAIT que se sitúa en un 8,91%, es decir, algo más del doble de la incidencia porcentual del año 1.

¿A qué se debe este formidable éxito del resultado de explotación?

¿A la disminución del peso relativo de los gastos fijos comunes? No precisamente, ya que éstos pasan de ser el 4,78% en el año 1 al 6,69% en el año 5, luego no han actuado como elementos favorables sino al revés... por los gastos fijos comunes, el resultado sería peor. Ello puede (o suele) suceder en épocas de fuerte crecimiento de activos.

¿Qué ha ocurrido con los gastos fijos imputables?

Tampoco han sido una ayuda, sino un estorbo, puesto que han pasado del 3,9% al 4,95%.

El éxito de la gestión económica de Pronasa se ha producido precisamente en lo que es el factor clave. Los costes de materia prima han experimentado una acentuada disminución, pasando de ser el 83,85% al 74,99%, es decir, una mejora de 8,86 puntos porcentuales que es capaz, no sólo de contrarrestar la mala evolución de los gastos fijos, sino de mejorar todavía el margen de explotación.

Aspecto 2.1

Veamos ahora qué impacto podían tener los gastos comerciales en la formación del resultado en el año 5. La respuesta es muy inmediata. Son gastos muy poco significados ya que todo el protagonismo recae sobre el costo de materia prima.

Veamos los gastos comerciales:

Variables	2,80%
Comerciales imputables	2,13%
Comerciales comunes	0,44%
Total	5,37%

Dentro de los gastos comerciales imputables tenemos la publicidad como costo más importante, seguido muy de cerca por el gasto de personal imputable.

Observemos, por tanto, cómo Pronasa no es nada intensiva en costos comerciales. Tampoco hay posibilidades contundentes de actuación en materia de precios. Sin embargo, sí que hubo una acción sobre la calidad del producto, que supuso invertir en valor de producto en curso. Hubo también una acción pro-clientes en forma de un plazo de cobro netamente más prolongado.

Aspecto 2.2

Veamos ahora la evolución de la pequeña masa de gastos comerciales. Las comisiones que eran de valor muy bajo en el año 1, han doblado su incidencia porcentual. El gasto de personal comercial imputable desciende ligeramente (siempre en valor relativo). El esfuerzo publicitario que era inexistente en el año 1 es ya una realidad en el año 5.

Las únicas evoluciones significativas pertenecen a las comisiones y la publicidad. Todo ello es indicativo de una mayor mentalidad o cultura de marketing pero, tal como hemos dicho en párrafos anteriores, el esfuerzo más significativo de Pronasa ha sido en inversiones en activo y no en gastos comerciales.

Aspecto 2.3

Observemos ahora lo que ha ocurrido con cada una de las familias de producto de Pronasa.

Las ventas de productos frigorizados y congelados han subido espectacularmente entre los años 1 y 5. En los cuatro años transcurridos, la cifra monetaria de ventas se ha doblado. Incluso en el caso de introducir una corrección monetaria por la inflación de precios de la carne en estos años, el aumento puede calificarse de verdaderamente espectacular. Este es un indicio claro de lo fundamentado de la confianza de la directora general en la empresa y en la nueva cultura de marketing. Observemos cómo en el año 1, las ventas de embutidos y congelados iban bastante a la par, pero en el año 5 las ventas de congelados son mucho más altas que las de embutidos.

Las ventas en el capítulo de embutidos no han evolucionado igual. El aumento en cuatro años ha sido de un 24,96%, lo cual afectado por el índice de aumento de precios en el sector cárnico podría quedar netamente disminuido. No obstante, con índices de inflación alrededor del 5 o 6% anual, aún podría hablarse de estabilidad o ligero crecimiento. Lo que queda claro es que la directora de marketing tiene que «lidiar» con dos toros muy diferentes en cuanto a su capacidad de penetración en el mercado. Posiblemente, la mejora de calidad de la familia de productos de embutidos se enfocó a centrarse en un segmento de consumidores. El provecho de esta política, no podemos ni debemos juzgarlo solamente basándonos en la cifra de ventas sino en el margen de contribución.

En el año 1, el capítulo de embutidos era un triple campeón:

- en cifra de ventas,
- en valor absoluto de margen de contribución,
- en valor relativo de margen de contribución.

El margen de contribución relativo de la rama de embutidos era algo más del doble del margen de contribución que brindaba el capítulo de congelados. Algo muy similar ocurría con el valor absoluto del margen de contribución.

Cuando se juzga el margen de contribución, interesa opinar tanto sobre su valor absoluto como sobre el relativo. El valor absoluto interesa porque ayuda en mayor o menor medida a absorber los gastos fijos no imputables. El valor relativo interesa porque indica el «mérito» o la «eficacia» de la línea de producto (aunque ésta sea modesta).

En el año 5, el tricampeón pasa a ser el capítulo de congelados. Su margen de contribución en valor absoluto supera en mucho al de embutidos. Existe una diferencia menor en el valor relativo y una diferencia muy marcada en volumen de ventas.

¿Indica esto que la rama de embutidos ha empeorado? No, no confundamos las cosas. El margen de contribución de la familia de embutidos ha mejorado ostensiblemente en valor absoluto y relativo. Lo que ocurre es que ha mejorado menos espectacularmente.

Pronasa era una empresa madura en el mercado de embutidos. No era fácil hacer grandes progresos, pero se ha progresado.

Pronasa era una entidad joven en el capítulo de congelados y ha hecho una apuesta tecnológica que le ha permitido una clara mejora en volumen y beneficio.

Tal como ya hemos dicho, necesitamos continuar el análisis económico de Pronasa porque estos comentarios son todavía provisionales.

¿Qué va a aportarnos el próximo capítulo?

Le garantizo una lectura emocionante de las próximas páginas.

Capítulo 6

¿Rendimiento del activo o del capital?

La respuesta del director de marketing

Hemos dejado en el capítulo anterior tantas preguntas sin respuesta que ahora siento mi pulso temblar al iniciar este capítulo.

Es la intensa sensación de responsabilidad que me invade. Se trata de no decepcionar al «maratoniano» lector que haya llegado hasta aquí.

Es también la emoción de escribir sobre un tema muy rico en sugerencias. Uno de los puntos esenciales de las finanzas de empresa es el tema que abordamos en este capítulo.

(¿De verdad se ha creído lo del temblor de mi pulso?).

Si usted ha ido leyendo este libro de forma más o menos continuada, seguro que se acuerda de cosas que hemos comentado en el capítulo 3.

Recordémoslo juntos: el activo tiene como misión trabajar para crear la riqueza que retribuya al pasivo... respire hondo y retenga unos instantes esta idea en su cabeza. (¿La ha retenido ya?... pues prosigamos).

Juntos vamos a recordar también un par de ideas más. La eficiencia del activo era aproximada, en un primera medida, por la rotación: su capacidad de generar ventas. El director de marketing es un gran protagonista y elemento motor en la generación de ventas. Pero la eficiencia del activo también depende de no excedernos en sus volúmenes así que ojo con la abundancia excesiva de stocks, los largos plazos a la clientela y las cuantiosas inversiones en activo fijo.

Hemos dicho «un par de ideas», falta otra: el BAIT es el genuino resultado de la explotación... no ha sido afectado para nada por los intereses provocados por el pasivo exigible. El BAIT surge del activo sin tener para nada en cuenta al pasivo. Observemos la figura 1. El activo *funcional* (tanto fijo como circulante) es el productor o generador del BAIT. Los activos extrafuncionales generan gastos e ingresos atípicos. El fruto procedente del activo es pues: el BAIT generado por activos operacionales y los resultados atípicos (positivos o negativos) procedentes de activos extrafuncionales.

El conjunto del BAIT más los atípicos debe retribuir al pasivo. El pasivo «tiende su mano» hacia el activo para percibir su retribución. En primer lugar es preciso retribuir al exigible por medio de los intereses (legalmente obligatorios). Después de retribuir al exigible, el BAT resultante remunerará a los accionistas, los cuales, tras el cómputo del impuesto, decidirán la parte que destinan a reservas y la que destinan a dividendos.

FIGURA 1

Relación entre aspectos patrimoniales y económicos en la empresa

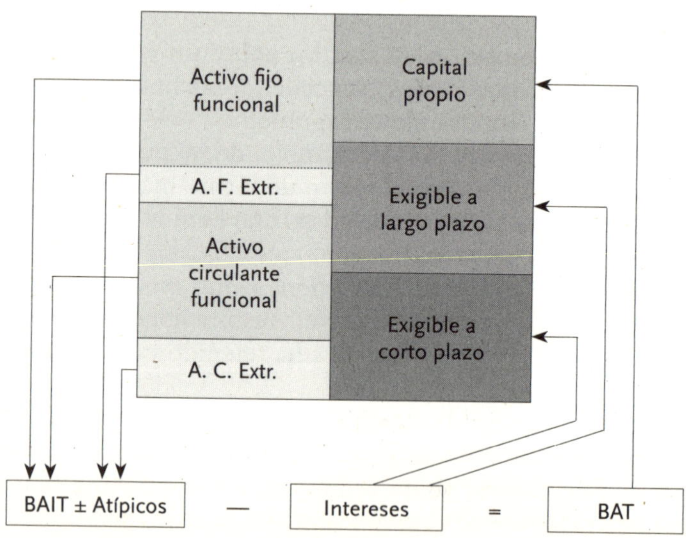

Esto quiere decir que existe una vinculación directa entre el activo total y su fruto que es el BAIT ± Atípicos.

Así pues, el ratio o coeficiente de rendimiento de activo se expresa:

$$\frac{\text{BAIT} + \text{Atípicos}}{\text{Activo total neto}}$$

Este ratio va más lejos que el ratio de rotación, ya que este segundo medía la capacidad generadora de ventas (volumen) del activo y en cambio el ratio de rendimiento del activo mide su capacidad generadora de beneficios, que al fin y al cabo es lo que importa realmente como elemento remunerador del pasivo (capítulo 3) y como factor clave en la libertad de inversión de una compañía (capítulo 4).

El ratio de rendimiento de activo suele presentarse en numerosos artículos e informes con unas siglas: ROA, que quiere decir *«Return on assets»* (también leemos a menudo: ROI *«Return on investments»*). Ello se hace así por dos razones:

1. Para que casi nadie lo entienda y dar así sensación de profunda sabiduría[1].
2. Porque internacionalmente ha solido adoptarse terminología financiera de origen anglosajón.

Las dos razones que acabo de exponer no son excesivamente sólidas pero... ¡qué le vamos a hacer!... hay siglas que se ponen de moda más fácilmente que otras.

Planteado ya el ratio de rendimiento de activo, la pregunta que puede surgir es doble:

- ¿Qué cifra se le ha de «pedir» a este ratio?
- ¿Qué papel juega el director de marketing en el juicio sobre el rendimiento del activo?

Respecto a la primera pregunta hemos de contestarla con una reflexión: ¿Qué le pedimos al activo? ¿Qué le pedimos al BAIT? A ambos les pedimos que retribuyan el pasivo. La primera obligación de remuneración es la del exigible (en forma de intereses). Luego el coeficiente de rendimiento de activo (ROA) ha de ser un tanto por ciento igual o superior al coste del exigible.

Si la empresa obtiene un rendimiento de activo del 17%, por ejemplo, está claro que podrá pagar cómodamente un tipo de interés del 10% por ejemplo. Esta misma empresa se limitaría a cubrir –justito, justito–, los intereses si ganara en el activo simplemente el 10%.

Finalmente, para esta empresa sería terriblemente contraproducente que el ROA fuera solamente del 8%... simplemente... porque el exigible le cuesta más de lo que el activo es capaz de rendir.

Esta es una primera idea –intuitiva– sobre el valor del ROA o rendimiento de activo. A lo largo del capítulo la iremos objetivando matemáticamente.

La segunda pregunta era sobre el rol del director de marketing en la consecución del rendimiento del activo. Contestaremos a esta pregunta con varias ideas, vaya por delante la primera de ellas.

El ROA es, fundamentalmente, responsabilidad del equipo de dirección de la empresa. Digo fundamentalmente, puesto que en el rendimiento de activo también se involucran, como responsables del mismo, los consejeros de la empresa. Pero la consecución de un elevado rendimiento de activo es un logro que recae en muy buena parte en el director general y consiguientemente en la dirección de marketing. En este mismo capítulo veremos de una forma mucho más precisa el área de responsabilidad del director de marketing, pero de momento demos el primer paso.

La visión global del ROA incluye los activos extrafuncionales y los resultados atípicos. ¿Responsabilidad también estos últimos del director de marketing?

Veámoslo con un ejemplo: Una empresa química sustituye a su director de marketing. A la hora de seleccionar un nuevo profesional para este cargo, se pide a todo candidato tres cosas:

a) Buena experiencia en marketing de la industria química.
b) Preparación académica adecuada, por ejemplo, titulado por ESADE.
c) Sentido del humor.

Finalmente ocurre lo de siempre. El candidato reúne los dos primeros requisitos y falla en el tercero, pese a ello la empresa lo admite.

Pero resulta que esta empresa química tiene inversiones extrafuncionales, concretamente en el sector inmobiliario. Cuando se cierre el ejercicio contable y se vea el resultado: ¿podemos pedir responsabilidades al director de marketing sobre la comercialización de la promoción inmobiliaria? En principio no; se pedía formación académica y experiencia concreta. El candidato la aportó. Nadie le dijo que además debía gestionar el marketing de proyectos de promoción inmobiliaria. Si se desea... con el tiempo, esta persona puede ir adentrándose y adquiriendo experiencia en el mercado inmobiliario; pero así y todo podría haber ocasionales choques de intereses entre la atención y dotación de medios a las actividades de marketing funcionales y extrafuncionales.

Esto quiere decir que hay un concepto de rendimiento de activo que debe ceñirse a la estricta funcionalidad de la empresa.

Por ejemplo: ¿qué pensaríamos de una compañía en que se dieran los siguientes valores del ratio de rendimiento de activo?

1. $$\frac{\text{BAIT} \pm \text{Atípicos}}{\text{Activo total neto}} = 5\%$$

2. $$\frac{\text{BAIT}}{\text{Activo de explotación neto}} = 20\%$$

El primer ratio da un valor muy bajo. El segundo ratio da un valor mucho más alto. En el segundo ratio hemos prescindido de los resultados atípicos o extrafuncionales. Hemos presentado solamente el BAIT, el fruto genuino de la pura actividad operacional de la empresa. Lo hemos dividido por el activo de explotación, es decir, el activo afecto a la más estricta funcionalidad de la empresa.

En este ejemplo se da la circunstancia de que cuando se maneja la empresa, referida solamente a su negocio más claro y esencial, se obtiene un buen rendimiento.

Pero cuando se mezclan actividades de explotación con actividades atípicas, el rendimiento decrece enormemente. Ello quiere decir que o bien la empresa del ejemplo ha invertido excesivamente en activos extrafuncionales, que no le rinden, o bien que tiene más pérdidas atípicas que beneficios extrafuncionales.

La responsabilidad del director de marketing se ciñe al segundo ratio. La labor del director de marketing y de sus compañeros, directores de departamento, se mide por el segundo ratio.

El primer ratio de rendimiento de activo es un rendimiento *global*. El segundo ratio es el rendimiento de explotación, técnico o *específico* del negocio.

La responsabilidad del director de marketing puede entenderse y profundizarse mucho mejor si se procede al desglose del ratio de rendimiento específico del activo.

Veámoslo:

AEN = Activo de explotación neto
V = Ventas netas

$$\frac{BAIT}{AEN} = \frac{BAIT}{V} \times \frac{V}{AEN}$$

Margen de explotación ($\frac{BAIT}{V}$)

Rotación del activo de explotación ($\frac{V}{AEN}$)

Algo tan simple, como dividir y multiplicar simultáneamente por un factor común (la cifra de ventas), nos permite desglosar el rendimiento del activo en los dos fenómenos que lo originan o lo componen:

- El margen de explotación.
- La rotación del activo operacional.

El margen de explotación (expresado porcentualmente) es una magnitud que el director de marketing debe manejar corrientemente, por todo lo que dijimos en el capítulo anterior. De hecho, al analizar el estado de resultados de la empresa Pronasa hicimos mucho hincapié en el margen de explotación. Al instrumentar porcentualmente todos los conceptos de margen y de costo del estado de resultados, obteníamos el margen porcentual de explotación entre otros datos muy interesantes. Lo que este margen nos está diciendo es el valor de unidades monetarias que la empresa puede ganar (antes de contabilizar los intereses) por cada cien unidades monetarias vendidas; es decir: cuánto vale en términos de ganancia cada «ocasión» u «oportunidad» de vender.

Si la empresa tuviera pérdidas, este cálculo no se haría, por razones que expondremos más adelante. Ello explica que en el párrafo precedente se hable exclusivamente de ganancia y no de resultado en términos generales.

La rotación del activo funcional o de explotación es el segundo factor que compone el rendimiento específico de la empresa.

La importancia que para el director de marketing tiene este ratio quedó expuesta en el capítulo 4, cuando lo describimos como una primera aproximación a la eficiencia empresarial. También en ese capítulo poníamos de manifiesto cómo las inversiones de marketing en activo fijo, existencias de producto acabado y cuentas a cobrar de clientes planteaban siempre el difícil dilema de si el volumen de ventas que propiciarían mantenía o mejoraba la fluidez de la rotación de esos activos. Vimos en su momento cómo –de especial forma– las inversiones en stock de producto acabado y cuentas a cobrar eran uno de los «núcleos» del histórico conflicto entre marketing y finanzas.

Era un conflicto porque la posible pérdida de rotación del activo circulante podía llevar la empresa al impago y, en cualquier caso, obligaría a invertir y a procurarse a tiempo los recursos financieros necesarios.

Pero ahora hemos de añadir algo más al conflicto marketing «versus» finanzas: la ralentización o dinamización de la rotación influye directísimamente sobre el rendimiento del activo funcional, como acabamos de ver en el desglose del ratio de rendimiento de activo.

No quisiéramos que todas las reflexiones sobre el impacto de la rotación recayeran sobre el director de marketing. El resto de directivos departamentales también influyen sobre la misma: inversión en planta fabril, en stocks de materias primas y auxiliares, etc.

Tampoco se trata de advertir fatalmente contra las inversiones propiciadas desde un departamento de marketing. Tan contraproducente es castigar la rotación con determinadas inversiones como castigarla también frenando aquellas inversiones que hubieran podido reportar ventas más elevadas y consiguientemente mayor rotación.

El análisis del rendimiento del activo a partir del desglose entre margen de explotación y rotación del activo operacional nos permite conocer la «vía» o el «estilo» del éxito en el negocio.

Veamos el caso de dos empresas que actúan en sectores diferentes de actividad:

	A	Z
Ventas	1.000	600
BAIT	40	60
AEN	200	300

Si calculamos el rendimiento del activo (o ROA) obtenemos el mismo para ambas empresas:

$$(A)\quad ROA = \frac{BAIT}{AEN} = \frac{40}{200} \times 100 = 20\%$$

$$(Z)\quad ROA = \frac{60}{300} \times 100 = 20\%$$

En cambio, si hacemos el desglose que nos permita analizar por separado el margen de explotación y la rotación del activo funcional obtenemos cifras muy diferentes:

$$ROA = \frac{BAIT}{AEN} = \frac{BAIT}{V} \times \frac{V}{AEN}$$

$$\text{en A} = \frac{40}{200} = \frac{40}{1.000} \times \frac{1.000}{200}$$

$$20\% = \boxed{4\%} \times 5\,R$$

Como vemos en el caso de la empresa A, el elevado rendimiento del activo se obtiene con un margen bajo (no estamos diciendo *malo*) y con una rotación muy alta (no estamos diciendo *buena*). Teniendo en cuenta que este margen del 4% no ha contabilizado todavía intereses, podemos afirmar que es justo o «afinado», pero esto no nos permite decir que es un «mal» margen o que la economía de esta empresa no sea buena. Su economía es excelente. Ello se juzga por el rendimiento del activo sin más. La empresa A opera con un margen «afinado» y eso tiene sus dificultades (como cualquier actividad humana comporta).

La empresa A compensa –sobradamente– su escaso margen (escaso no quiere decir malo) con una elevadísima rotación. Esa elevada rotación se consigue o bien por una necesidad muy atemperada de activos o por un gran volumen de ventas. Eso puede ser o no, una virtud cultivada por la empresa A. Hay sectores de la actividad empresarial en donde es normal que las rotaciones sean altas y los márgenes estrechos. Ese es un «estilo»... un reparto de pesos... pero ninguno de los dos ratios nos habla por sí solo de «bondades» especiales.

Otra cosa sería conseguir mejorarlos a lo largo del tiempo. Pero de eso hablaremos después de mostrar las cifras de la empresa Z.

$$\text{ROA} = \frac{\text{BAIT}}{\text{AEN}} = \frac{\text{BAIT}}{\text{V}} \times \frac{\text{V}}{\text{AEN}}$$

$$\downarrow \qquad \downarrow \qquad \downarrow$$

$$\text{en Z} = \frac{600}{300} = \frac{60}{600} \times \frac{600}{300}$$

$$\downarrow \qquad \downarrow \qquad \downarrow$$

$$20\% = \boxed{10\%} \times \text{2 R}$$

La empresa Z es, desde un punto de vista económico, exactamente igual de buena que la empresa A, puesto que también hace rendir su activo en un 20%. La capacidad de «hacer frente» al pago de intereses es exactamente igual para ambas empresas.

El tipo de interés al que haya que hacer frente, a partir de este estupendo rendimiento del 20%, no depende del director de marketing. Su obligación, como la de otros directores departamentales, es colaborar a obtener un buen ROA y no simplemente un determinado valor de ventas.

La empresa Z llega a ser igual de buena (económicamente hablando) que la empresa A por otra «vía» distinta, con un «estilo» diferente: el margen de explotación es más del doble que el de la empresa A (¿hace eso mejor una empresa que otra?). Pero la rotación del activo es menos de la mitad que en la empresa A.

No podemos juzgar el margen y la rotación por separado. No podemos opinar, viéndolos en aislado. Se han de estudiar siempre de forma conjunta. El nivel que alcance el margen por un lado y la rotación por el otro dependen fundamentalmente del sector en que operemos.

Hay sectores de actividad que operan con márgenes sistemáticamente bajos: artículos de primera necesidad, gran consumo, etc.

En tales sectores podemos alcanzar amplísimos espectros de consumidores que nos garanticen la elevada rotación, necesaria para compensar el ajustado margen. Lo que importa es el efecto final sobre el rendimiento del activo.

En otros sectores de actividad, el espectro consumidor del producto es estrecho (tecnología altamente especializada, por ejemplo). La inversión necesaria es elevada. Ello hace que se trabaje con una rotación lenta o baja. Necesariamente el margen debe ser elevado y el precio de venta reflejarlo de forma adecuada.

En la práctica, muchas personas confunden los conceptos de rendimiento y margen. Espero haber dejado clara la diferencia. En ocasiones se oyen razonamientos muy curiosos: «Seguro que el amigo Paco se está forrando... ¡como que trabaja con un margen del 20%!...». ¿De qué margen se está hablando? ¿Antes o después de intereses? Y... en cualquier caso... si el amigo Paco tiene una tienda, me gustaría ver cuánta gente entra... y cuánta gente compra. Si el bueno de Paco tiene un restaurante, iré a eso de las dos de la tarde para ver cuánta gente aguarda turno en la barra. Volveré por la noche para ver si tiene el local lleno... y... supuesto que lo tenga totalmente ocupado, echaré una ojeada a la decoración del local, al mobiliario, a la barra, a la cocina, a las cámaras frigoríficas...

Sin saber la inversión y la venta (es decir la rotación) hablar de margen es totalmente inútil.

Recordemos cómo en el capítulo anterior dejábamos cuestiones pendientes para éste. Hora es de enfocar esas cuestiones... pero es que acabamos de hacerlo. El capítulo anterior no presentó ninguna magnitud más allá del margen. El presente capítulo nos dice: el director de marketing no puede pararse en el limitado concepto del margen... es preciso ir más allá y alcanzar una medida que es rotunda y definitiva: el rendimiento del activo.

El capítulo anterior no hizo más que brindarnos el primer paso. Nos presentó el BAIT. Pero eso, solamente, es insuficiente. El BAIT tiene sentido al compararlo con el activo necesario para conseguirlo. Esa es finalmente la verdadera eficacia económica de la empresa y en la cual el director de marketing no es un engranaje aislado, sino una pieza clave.

Deseo introducir ahora al profesional del marketing en una visión más exacta de su papel sobre el rendimiento del activo a través del doble mecanismo del margen porcentual de explotación y la rotación del activo operacional.

Antes me permito comentar un punto que considero importante. El director de marketing debe y puede entender que el margen y la rotación dependen de la actividad sectorial. Debe y puede entender que las especificidades del sector van a imponer «vías» o «estilos» que actúan como una constricción (aunque intentar cambiarlas o «revolucionarlas» forma también parte de su misión). Pero el valor final del ratio de rendimiento de activo no admite justificación alguna según las especificidades de cada sector.

El resultado del ROA es bueno o malo sin más. Sin paliativos. Sin excusas. Es un ratio inexorable y «brutal». Con un ROA del 6%, mal se pagan intereses del 10%... luego, peor se va a retribuir al capital propio. Esto, se mire como se mire, no tiene vuelta de hoja. Es el cielo o el infierno.

Sería muy peligroso «creerse» una frase de este calibre: «Ya se sabe, en este sector has de estar muy contento si obtienes un 6% de ROA. Los intereses son una lacra. Nos endeudaremos cuando no haya más remedio. Nosotros somos afortunados porque obtenemos un 6,3%. La mayoría de empresarios en este sector están por el 5% o peor. Este sector es como es ...y... ya se sabe... hay que ir tirando como se pueda...».

Puede ser ciertísimo que un sector funcione económicamente mal, como recoge la frase citada. Pero no ha de haber conformismo ni justificación. Un ROA del 6,3% puede ser el mejor del sector pero es rematadamente malo en un país en que el dinero cueste el 10% por ejemplo. La empresa de amplio espectro accionarial que obtiene un ROA inferior al tipo de interés está destinada al inmovilismo más brutal a corto plazo y a su desaparición (si no cambia el ROA), puesto que cuando necesite financiación... los accionistas no concurrirán porque se les retribuya mal ... la deuda le costará más de lo que gana el activo.

Distinto es el caso de la empresa individual o de poquísimos propietarios (familia, amigos etc.). El propietario de un establecimiento pequeño, inmerso en un sector pobre (por ROA) llegará quizás a «sacudirse» sus deudas de encima y se conformará con un bajo ROA... porque: «al menos» no pierde ... y ... ése es su oficio de toda la vida. «¿Qué me espera si cierro la empresa?», puede preguntarse ese empresario veterano. «Mi propia empresa me paga un sueldo, aunque me da un bajo rendimiento. Si la vendo me la pagarán mal porque es poco rentable y seguramente me iré al paro... luego sigo adelante mientras la cosa no empeore».

Una cuestión es que subsistan sectores malparados y negocios pobres... y otra intentar justificarse en el «mal de muchos».

La medida del ROA es contundente e inapelable. Tan clara como cruda: los márgenes bajos se han de compensar por alta rotación... las bajas rotaciones se compensan por márgenes altos. Uno u otro. Cuestión de estilo, pero el ROA está por encima de todo.

Formule un deseo querido lector: «Ya lo tengo», me contesta el lector. ¿Sí? ¿Me lo puede confesar?

Y el lector me confiesa: «Quiero ser el director de marketing de una empresa de alto margen y alta rotación».

¡Ah! ... pero ... ¿existe esta clase de empresas?

Las hemos visto en coyunturas muy concretas: El «boom» inmobiliario español de los 60 por ejemplo. Pero las coyunturas pasan.

Cuando una empresa alcanza, un buen día, un centro de beneficio alto en margen y alto en rotación se crea el famoso efecto PMM^2 que de antiguo se ha enunciado así:

«A un panal de rica miel cien mil moscas acudieron...». No ha habido pleno acuerdo entre los autores más modernos sobre si fueron cien mil moscas exactamente o cómo se pudieron contar, pero la esencia de tan científico principio perdura. En suma: hágase inimitable cuando alcance el «panal» del margen y la rotación o patente todo lo patentable; de lo contrario se sentirá aturdido por el zumbido de millares de moscas a su alrededor.

La actuación del director de marketing influye sobre el margen y la rotación. La influencia más evidente es la que las ventas ejercen simultáneamente sobre ambos factores. El éxito de un director comercial, del jefe de la red de ventas, etc... es doble cuando el volumen de facturación crece, ya que induce mejoras del margen (si los costes suben proporcionalmente menos) y de la rotación (si las inversiones no crecen tanto).

Observemos cómo cualquier acción inspirada en el marketing debe manifestarse en un impacto sobre los costos y/o sobre las inversiones. Nada de lo que hagamos en marketing no supondrá un costo o una inversión. Las actuaciones que repercuten sobre costos (comisiones, promociones, personal, formación, publicidad, etc.) afectarán al margen y las que impliquen inversiones en activo fijo, stocks o cuentas de clientes afectarán a la rotación directamente (y al costo indirectamente a través de la amortización de activos fijos comerciales).

FIGURA 2

Impacto económico-financiero de las decisiones de marketing

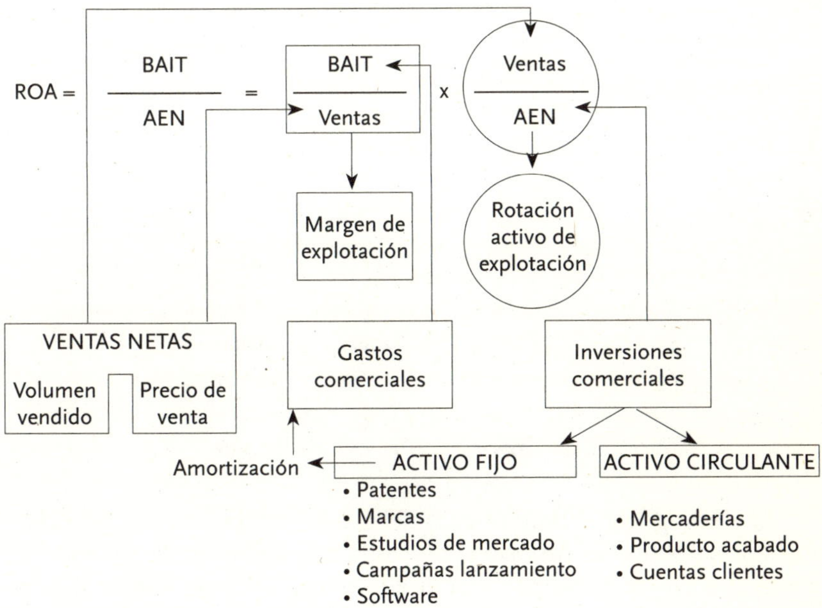

Estos mecanismos quedan reflejados en el esquema que representa la figura 2.

Para explicitar mejor esta relación, podemos utilizar algunos ejemplos numéricos.

Una empresa opera con un activo de explotación neto de 1.000 y obtiene un ROA del 16% compuesto por las magnitudes que explicitamos a continuación:

Ventas	1.600	
— CV	–960	(60%)
= MB	640	(40%)
— GF	–480	
= BAIT	160	

$$ROA = \frac{BAIT}{AEN} = \frac{BAIT}{V} \times \frac{V}{AEN}$$

$$\frac{160}{1.000} = \frac{160}{1.600} \times \frac{1.600}{1.000}$$

$$16\% = 10\% \times 1{,}6\ R$$

¿Qué efecto sobre el rendimiento del activo tendría mejorar la comisión de los vendedores en un punto porcentual... si esperamos con ello que las ventas puedan aumentar en un 10%?

Ventas = 1.600 x 1,10	1.760,0
– Costes variables (60% + 1%)	–1.073,6
Margen bruto (39%)	686,4
– Gastos fijos	–480,0
BAIT	206,4

$$ROA = \frac{BAIT}{AEN} = \frac{BAIT}{V} \times \frac{V}{AEN}$$

$$\downarrow \qquad \downarrow \qquad \downarrow$$

$$\frac{206{,}4}{1.000} = \frac{206{,}4}{1.760} \times \frac{1.760}{1.000}$$

$$\downarrow \qquad \downarrow \qquad \downarrow$$

$$20{,}64\% = 11{,}72\% \times 1{,}76\ R$$

El efecto sobre el rendimiento del activo es espectacular. ¿Por qué? Porque ha ocurrido una serie de cosas maravillosas: la rotación ha mejorado en un 10%, por efecto de un aumento de ventas que no ha obligado a aumentar el activo (esto es utópico). El margen crece mucho mas allá del crecimiento de las ventas, pese al aumento de los costos variables, puesto que los gastos fijos no han aumentado (esto no es tan utópico, pero no es fácil de conseguir).

Supongamos ahora que lanzamos un nuevo producto, que puede reportar un aumento de las ventas de un 5% y que alterará la incidencia de los costos variables, pasando de 60 a 62%, porque durante el primer año mantendremos precios bajos de promoción.

El nuevo producto obliga a reforzar la plantilla comercial con un gasto de 20. Invertiremos 150 en una campaña de publicidad de lanzamiento que amortizaremos en 5 años.

Ventas = 1.600 x 1,05		1.680,0
– Costes variables (62%)		–1.041,6
Margen bruto (38%)		638,4
– Gastos fijos:		–530,0
– existentes	480	
– plantilla	20	
– amortización	30	
BAIT		108,4

$$ROA = \frac{BAIT}{AEN} = \frac{BAIT}{V} \times \frac{V}{AEN}$$

$$\downarrow \qquad \downarrow \qquad \downarrow$$

$$\frac{108{,}4}{1.000+150} = \frac{108{,}4}{1.680} \times \frac{1.680}{1.150}$$

$$\downarrow \qquad \downarrow \qquad \downarrow$$

$$9{,}42\% = 6{,}45\% \times 1{,}46\ R$$

El efecto a corto plazo del nuevo producto es un tanto preocupante, puesto que el ROA pasará previsiblemente del 16% al 9,42%.

Este último valor se sitúa por debajo del costo del exigible. Las expectativas a mayor plazo, tanto de precios como de volumen de ventas, han de ser mucho más halagüeñas, de lo contrario no interesa implementar esta decisión.

¿Qué ha ocurrido fundamentalmente para que el ROA se precipite tan bruscamente hacia abajo?

El margen ha retrocedido de 10% a 6,45% o lo que es lo mismo: se ha deteriorado en más de un tercio. Ello es debido a un terrible doble efecto combinado:

1. El costo variable pasa del 60% al 62% con la pérdida de dos puntos porcentuales sobre las ventas. Esto es muchísimo, cuando se opera con un margen del 10%.
2. Por otra parte, los gastos fijos reciben un doble impacto: el aumento de plantilla y la amortización de una importante campaña de lanzamiento.

La rotación del activo se ha deteriorado por efecto de incorporar un nuevo valor de carácter inmaterial. La campaña de lanzamiento es un nuevo activo de *valor superior* al pobre efecto del nuevo producto sobre las ventas (que crecen, a corto plazo, muy poco –sólo un 5%–).

Pongamos otro ejemplo, por aquello de que no hay dos sin tres.

¿Qué efecto tendría sobre el rendimiento del activo, doblar el plazo a la clientela normalizado actualmente en 30 días? ¿Qué efecto, si las ventas pudieran crecer en un 20%? Vamos a equipar la planta de producción con dos nuevas máquinas presupuestadas en 200, que comportan la incorporación de dos oficiales de primera, cuyo costo anual es de 7.

Esta pregunta involucra efectos sobre otro departamento, que es el de producción. Esto es lo normal. El estudio de efectos aislados no tiene valor mayor que el de ilustrar ciertas ideas. Veremos en el próximo capítulo y en el caso Pronasa cómo interaccionan una serie de iniciativas conjuntas. Pero esa es una visión práctica que se capta bien, si antes llegamos a entender ejemplos sencillos como los anteriores.

Siguiendo el tercer ejemplo, habremos de suponer que las dos máquinas se amortizarán en 6 años.

Ventas 1.600 x 1,20		1.920
– Costes variables (60%)		–1.152
Margen bruto		768
– Gastos fijos:		–520
– existentes	480	
– plantilla	7	
– amortización	33	
BAIT		248

Este valor del BAIT supera en mucho el BAIT existente, que es 160.

Pero, ¿qué ocurre con el activo de explotación? Aumentará por la inversión de 200 en las dos nuevas máquinas y además por el cambio que se operará en la partida de cuentas a cobrar.

El importe actual de esta partida es, por ejemplo, 155. Obviamente al doblar el plazo, la cuenta deberá, como mínimo, doblar su valor. Pero se añade la sobreinversión por crecimiento de ventas. El cálculo previsional puede hacerse a través del ratio del plazo de cobro:

$$\frac{\text{Clientes}}{\text{Ventas + IVA}} \times 365 = \text{plazo de cobro}$$

$$\frac{\text{Clientes}}{1.920 \times 1,16} \times 365 = 60 \text{ días}$$

$$\text{Cl} = \frac{60 \times 2.227,2}{365} = 366$$

$$\text{ROA} = \frac{\text{BAIT}}{\text{AEN}} = \frac{\text{BAIT}}{\text{V}} \times \frac{\text{V}}{\text{AEN}}$$

$$\downarrow \qquad \downarrow \qquad \downarrow$$

$$\frac{248}{1.000+411} = \frac{248}{1.920} \times \frac{1.920}{1.411}$$

$$17{,}57\% = 12{,}91\% \times 1{,}36 \text{ R}$$

Aumento del activo circulante: 366–155 = 211. Sumando el incremento de activo fijo (200) y el de circulante (211) obtenemos una inversión total en activo de 411.

El ROA experimenta una mejoría que, sin ser espectacular, es suficientemente significativa. La rotación del activo se ha ralentizado, pero no sólo por la inversión en el alargamiento del plazo de cobro, sino por una inversión de importe parecido en la planta de producción. En cambio, el margen ha experimentado una notable mejora (casi tres puntos porcentuales) debido a un progreso muy fuerte de las ventas, con una subida de los gastos fijos que ha sido cómodamente «absorbida» por el crecidísimo margen bruto. Éste pasó de 640 a 768 y los gastos fijos solamente aumentaron en (33 + 7)40.

Como hemos dicho, estos ejemplos están simplemente parcializados y no son en absoluto reales. Por otra parte, hemos estimado efectos sobre las ventas que, en aras de los sencillos ejemplos expuestos, no hemos cuestionado.

El planteamiento teórico podría haberse ilustrado, añadiendo factores de riesgo en las expectativas sobre ventas. Los fenómenos dispersos que caracterizan la gestión empresarial apenas dan pie a recoger datos en cantidad suficiente como para calcular coeficientes de riesgo.

En la práctica nos moveremos envueltos en incertidumbre. En el capítulo siguiente veremos cómo podemos formalizar las previsiones de ventas, costos e inversiones.

El modelo que desglosa el ROA entre margen y rotación no se utiliza cuando el BAIT es negativo. Cuando el BAIT es positivo, la rotación actúa como un «potenciador» del margen. La rotación aumentada puede ser correctora y potenciadora del BAIT. Correctora ya que el aumento de ventas puede mejorar el margen en sí mismo (por mejor absorción de gastos fijos) y potenciadora por multiplicar uno al otro. Con BAIT negativo no hay acción multiplicadora, sólo correctora. Un margen negativo multiplicado por la rotación daría un rendimiento cada vez más negativo a medida que la rotación fuera mejorando. Eso es un contrasentido ya que en el momento en que la rotación aumentara –por aumento de ventas– el margen lógicamente podría dejar de ser negativo por mejor absorción de los gastos fijos, es decir, por el efecto corrector de la rotación sobre el margen.

Al finalizar la exposición de los aspectos teóricos en el capítulo anterior, hemos dejado una pregunta en el aire. La pregunta decía que los centros de beneficio tenían asignados activos concretos... ¿cómo jugar con este hecho? Ha llegado el momento de contestar la pregunta. El verdadero éxito económico de un centro de beneficio es la comparación entre el margen de contribución (en valor absoluto) y el activo que el mismo necesita para obtener ese margen de contribución. Es la teoría, que estamos exponiendo, sobre el ROA la que contesta la pregunta.

Estas cuestiones, sin la informática moderna, eran inabordables años atrás. Actualmente la informática ha facilitado la labor de consultores y directivos. Las consideraciones sobre el rendimiento de activos en centros de beneficio me han permitido ayudar a bastantes empresas. Sin los conceptos vertidos en este capítulo y la informática actual, la economía de la función de marketing en la empresa no hubiera tenido el despegue que está teniendo ya. El contenido del capítulo 10 está basado sobre un caso real que desarrolla y aplica lo que acabamos de exponer.

Como hemos dicho hasta aquí, el ROA es un instrumento que afecta de lleno a la valoración económica de la tarea de la dirección de marketing. Pero repasemos la figura 1 al principio del capítulo. En ella vemos cómo, tras cubrir los intereses, se obtiene el BAT, el cual retribuye al capital propio.

Ello permite obtener el ratio de rentabilidad del capital propio que podemos enunciar así:

$$\frac{BAT}{CP}$$

El mismo ratio puede presentarse en su versión postimpuestos:

$$\frac{BPT}{CP}$$

Este ratio tiene sentido en la óptica del accionista, nunca en la de un director de marketing.

¿Por qué presentarlo en este libro, enfocado a la tarea empresarial del director de marketing?

Porque el ROA es el inicio de un proceso que tiene su final en la rentabilidad del capital propio (ROE)[3].

Lo que ocurra a partir de la obtención del ROA no afecta al director de marketing puesto que se trata de la deducción de intereses. Es el nivel de endeudamiento y el precio del dinero lo que condicionará el nivel de gastos financieros. En ninguna de estas dos magnitudes se involucra para nada el director de marketing. La influencia en los procesos de decisión sobre la estructura de activo y pasivo de una empresa industrial pue-

FIGURA 3

Niveles de decisión en la formación del activo y del pasivo

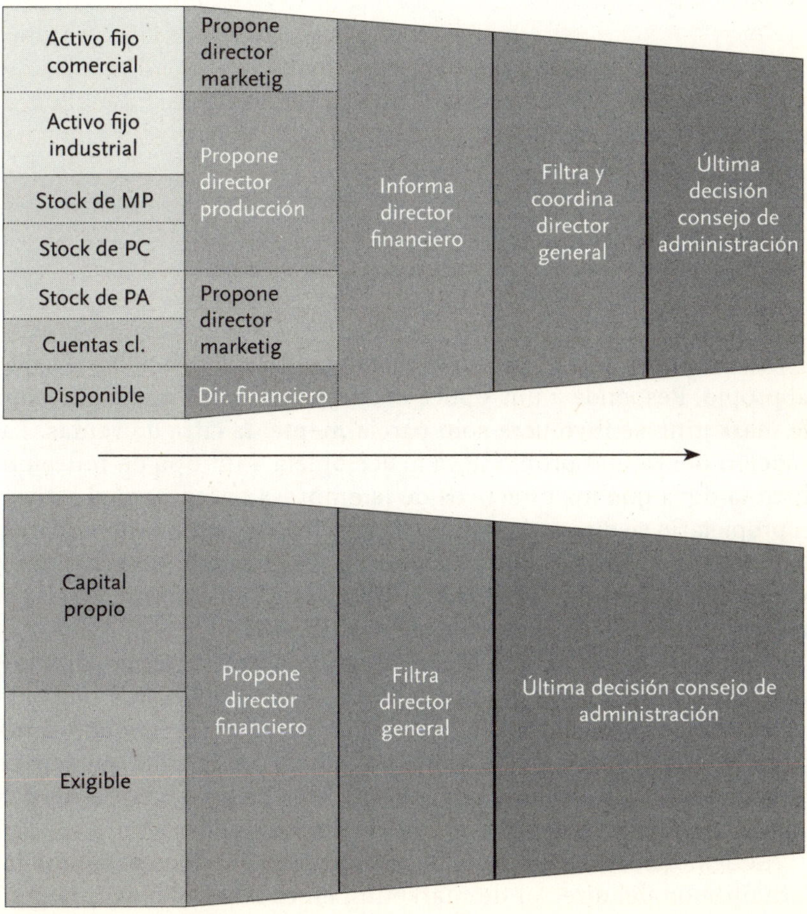

de verse en el esquema representado por la figura 3. Las decisiones sobre activos fijos comerciales, stock de producto acabado y cuentas a cobrar de clientes ponen en la balanza propuestas de la dirección de marketing con su contrapunto económico-financiero.

El director general recoge información (sobre niveles de activo) de marketing y finanzas que selecciona, filtra y pondera para someterlo al debate y decisión final del consejo de administración que representa a los propietarios.

Lo que sí que le conviene saber al director de marketing es hasta qué punto el ROA, en cuya obtención colabora decisivamente, puede ser transformado para convertirse en un ROE harto diferente.

Al igual que ocurre con el ROA, también el ROE puede ser desglosado en dos subratios:

$$ROE = \frac{BAT}{CP} = \frac{BAT}{V} \times \frac{V}{CP}$$

Margen postinterés ($\frac{BAT}{V}$)

Rotación del capital propio ($\frac{V}{CP}$)

En este desglose, el concepto nuevo es el de la rotación del capital propio. Responde a una óptica del accionista en la que el director de marketing se involucra sólo parcialmente: la cifra de ventas. La rotación del capital propio lleva al accionista a un tipo de reflexión distinta de la que los directivos de la empresa hacen para el activo. El propietario se dirá a sí mismo: ¿Qué actividad hemos sido capaces de potenciar en el mercado gracias a nuestras aportaciones? ¿Cómo hemos sido capaces de proyectar la empresa en su entorno, gracias a nuestro sacrificio y capacidad de asumir riesgos?

Hablando del ROA, nos hicimos una pregunta: ¿cómo juzgarlo? La respuesta fue: compárelo con el tipo de interés del capital exigible.

Hablando ahora del ROE nos hacemos la misma pregunta: ¿cómo juzgarlo? La respuesta es diferente: compárelo con la renta que pueda darle una inversión tipificada de «riesgo cero» (activos financieros del Estado o fondos de inversión altamente diversificados).

Reflexionábamos sobre el desglose del ROA y centrábamos la participación del director de marketing en el desarrollo del margen y la rotación, acotando límites y marcando corresponsabilidades. Decíamos entonces que la gestión de la rotación se hacía en un doble campo:

- Alentando las ventas (el numerador del ratio).
- Racionalizando o minimizando el denominador del ratio, es decir, el activo de explotación.

Paralelamente, cuando se trata de gestionar la mejor rentabilidad del capital propio, nos encontraremos con que el margen viene ya muy determinado por el BAIT, pero ahora experimentará el «embate» de los gastos financieros. A primera vista pudiera parecer que el importe de los gastos financieros va a ser un condicionante muy importante del éxito económico de la empresa. Veremos más adelante cómo este hecho, a pesar de lo que parezca a primera vista, tiene una relevancia muy condicionada.

Gestionar la rotación del capital propio supone no sólo abordar la vía del numerador del ratio: impulso a las ventas, sino el camino del denominador: el nivel de capital propio.

La gestión del capital propio podemos contemplarla en dos escenarios distintos:

1. La sociedad devuelve dinero al accionista, por una decisión de reducción de capital:

   1.1. Gracias a la venta de un importante activo.
   1.2. Tomando deuda (que sustituye al capital).

2. Crecen las ventas y la sociedad pasa a tener necesidades financieras por su crecimiento:

   2.1. No aumenta el capital. Financia todas sus necesidades con deudas.
   2.2. Aumenta el capital un mínimo, utilizando un máximo de nueva deuda.

¿Qué efecto sobre el ROE tendrá cada uno de estos dos escenarios con sus correspondientes subescenarios?

1.1. Reducción de capital por venta de activo. Aumenta la rotación del capital propio y eso por sí solo haría que el ROE aumentara.

Es decir:

$$\uparrow \frac{BAT}{CP\downarrow} \longleftarrow \frac{BAT =}{V =} \times \uparrow \frac{V =}{CP\downarrow}$$

(Los signos = y $\uparrow\downarrow$ indican estabilidad o alteración de la magnitud considerada).

Pero si la venta del activo obligase a alquilar su sustituto, el margen podría bajar por el nuevo costo de alquiler. En tal caso el efecto final sobre el ROE sería favorable o no. Se podría calcular sin ninguna dificultad.

1.2. Tomamos deuda para sustituir parte del capital propio.

$$\downarrow \frac{BAT\downarrow}{V=} \times \uparrow \frac{V =}{CP\downarrow} \longrightarrow \frac{BAT\downarrow}{CP\downarrow}\ ?$$

Aislemos el factor ventas y considerémoslo estable. La reducción de capital mejorará la rotación del mismo. El mayor volumen de deuda supondrá más gastos financieros, luego el BAT (a igualdad de otros factores de costo) bajará lógicamente. Por consiguiente baja el margen. El efecto final sobre el ROE puede ser beneficioso o no. Sería preciso calcularlo siguiendo esta misma formulación.

2.1. Crecen las ventas pero el capital se mantiene igual. El crecimiento se soporta con deuda.

$$\frac{BAT\ ?}{V\uparrow} \times \uparrow \frac{V\uparrow}{CP =} \longrightarrow \frac{BAT\ ?}{CP =}\ ?$$

Al crecer las ventas pero mantenerse igual el capital propio, la rotación mejora. ¡No sabemos qué hará el margen!... ya que el BAT bajará por causa de los gastos financieros pero podría subir por aumento de ventas.

Tampoco sabemos cómo responderá el ROE, a priori. Es preciso calcularlo en cada caso concreto.

2.2. Un pequeño aumento de capital y un máximo de deuda. Este caso es similar al anterior. La rotación del capital puede aumentar o no, según la importancia del incremento de ventas y capital respectivamente. El efecto sobre el margen será o no de reducción, según la combinación entre aumento de BAT por aumento de ventas y disminución por gastos financieros.

Recordemos ahora lo dicho sobre el limitado significado de los gastos financieros... éstos no siempre hacen daño, contra lo que suele parecer a primera vista. Si la rotación aumenta más de lo que baja el margen, vale la pena endeudarse puesto que «sale a cuenta» pagar gastos financieros. Este aspecto se abordará a continuación.

¿Cómo debe acoger el director de marketing las reflexiones que se le hacen sobre el «castigo» que los gastos financieros inflingen a la empresa?

¿Cómo debe reaccionarse ante el extendido mito: gastos financieros igual a lacra, igual a sangría, igual a ruina...?

La mejor forma de entenderlo es guiarse por un ejemplo en donde iremos jugando con diversos niveles de BAIT (... ojo director de marketing... ahí eres corresponsable).

Jugaremos con diversos niveles de deuda y tipos de interés (... tranquilo director de marketing... esto no te afecta... pero tampoco permitas que lloren sobre tu hombro con lágrimas de cocodrilo).

Los ejemplos que iremos presentando a partir de ahora ilustrarán la relación entre ROA y ROE a través de la deuda. Este mecanismo es conocido con un nombre feísimo, traducción literal de la expresión anglosajona: *financial leverage*; es decir apalancamiento financiero.

Vamos a imaginar una empresa que tuviera un activo total de 1.000. Sobre esta cifra de base iremos jugando con una serie de supuestos:

Supuesto nº 1. ¡No debemos ni un duro a nadie!

Activo total neto 1.000	Capital propio 1.000

Activo total neto rinde un: **20%** →	Capital propio es retribuido con un: **20%**

BAIT (± Atípicos)	200	ROA	20%
– Intereses	0		
BAT	200	ROE	20%

La ausencia de endeudamiento hace que no existan gastos financieros. Luego BAIT y BAT coinciden. Lo mismo que se gana a nivel del activo (20%) es lo que permite retribuir a los financiadores (20%).

En este caso el efecto de apalancamiento financiero es totalmente inexistente.

Supuesto nº 2. Nos endeudamos moderadamente; la deuda nos cuesta un tipo de interés del 10%.

Activo total neto 1.000	Capital propio 500
	Exigible 500

Activo total neto	Capital propio es retribuido con un: 20% y un 10% = 30%
rinde un: **20%**	Exigible pactó un: 10%

BAIT ± Atípicos	200
– Intereses 10% s/500 =	–50
BAT	150

ROA = 20%
i = 10%
ROE = 30%

En este supuesto, el 10% de interés aplicado sobre un importe de deuda de 500 significa devengar unos gastos financieros de 50.

Aparentemente ganamos menos que en el supuesto n.° 1, puesto que el BAT es ahora de 150 y en cambio en el supuesto anterior eran 200. Sin embargo, la cifra absoluta, como sabemos de sobra, no significa nada.

Cuando comparamos el valor del BAT con el capital propio obtenemos:

$$ROE = \frac{BAT}{CP} = \frac{150}{500} = 30\%$$

Esta cifra es, en sí misma, muy alta y mejora en mucho el ROE del supuesto n.° 1. Aparte de la claridad que nos aportan estos números, la lógica evidencia nos sirve de mucho. Si el rendimiento a nivel del activo es del 20%, la empresa está en condiciones de retribuir *cualquier pasivo* (sea capital o deuda, mucha o poca respectivamente) al 20%.

Si uno de los dos financiadores –precisamente el capital exigible– pacta previamente un tipo conocido (el 10%) ... el otro financiador (en este caso el capital propio) se lleva el 10%, que el acreedor no ha percibido, y el 20% que en cualquier caso le da el activo con toda seguridad.

Aquí sí que se da un fenómeno de apalancamiento financiero favorable o amplificador.

Esto refuerza –o deja claros– nuestros argumentos sobre lo absurdo de juzgar el impacto de los gastos financieros de una empresa en valor absoluto o en un peregrino porcentaje referido a la cifra de ventas.

El director de marketing no debe permitir ni una lágrima a nadie por causa de los gastos financieros.

¿Qué le parece, querido lector, esta pregunta? Si la empresa del supuesto n° 2 tuviera necesidad de financiación: ¿recabaría más capital propio o deuda?

El núcleo accionarial actual sabe que aquí hay un «pastel» a repartir del 20% (¡el delicioso ROA, servido entre otros por el director de marketing!).

Si buscan la financiación en una caja de ahorros o en un banco, deberán darle una retribución alrededor del 10%. ¡Pueden hacerlo cómodamente con un «poderoso» ROA del 20%!

Si hacen entrar nuevos accionistas les darán (en forma de dividendos o reservas) el 30% ... pero ¡cuidado! ... siendo más personas a repartir el «pastel» no tocará la misma porción a todos. Además de ello, habrá que darles explicaciones sobre la marcha de la empresa... ¿por qué compartir con los nuevos accionistas?

Veamos qué pasaría si al ampliar el capital tuviéramos que repartir la «tarta» del 20% de ROA entre más «comensales».

Esta posibilidad la contempla el supuesto n° 3.

Supuesto n° 3. Invertimos 200 en activo y financiamos esa inversión con capital propio.

Vamos a suponer, para mantener la coherencia con los anteriores supuestos, que el BAT responde normalmente ante la nueva inversión y pasa a ser de 240.

Activo total neto	Capital propio 500 +200 = 700
1.000 +200 = 1.200	Exigible 500

Activo total neto	Capital propio es retribuido con un: 27,1%
rinde un: **20%**	Exigible pactó un: 10%

BAIT ± Atípicos	240	ROA = 20%
– Intereses: 10% s/500 =	–50	
BAT	190	ROE = 27,1%

El ROA sigue siendo el mismo de siempre. La inversión en activo ha reportado un aumento del BAIT pero no del ROA. En este sentido no habrá llantos ni enhorabuenas.

Pero, tal como habíamos enunciado, el ROE ya no es del 30%. Si el actual conjunto accionarial acepta la vía de la ampliación de capital lo hace «repartiendo» con otros.

Supongamos, en un nuevo ejemplo que la empresa opta por la vía contraria... es más: decide, a mayor abundamiento, redimir capital usando deuda.

Supuesto nº 4. ¡Elevado endeudamiento!

Activo total neto 1.200	CP 240
	Exigible 960

Activo total neto rinde un: **20%**	CP 60%
	Exigible pactó un: 10%

BAIT	240	ROA = 20%
– Intereses 10% s/960 =	–96	
BAT	144	

¡Qué llanto más hipócrita el de aquel que se lamentase del pago de intereses por valor de 96!

Un BAT de 144 es menor que el de cualquiera de los supuestos anteriores. Pero al hacer el cálculo del ROE obtenemos unas cifras de ensueño:

$$\text{ROE} = \frac{\text{BAT}}{\text{CP}} = \frac{144}{240} = 60\%$$

La lógica del supuesto es la de siempre: pudiendo retribuir a cualquier financiador al 20% ... el exigible pacta mucho menos, el 10%. Pero, por otra parte, el financiador más barato es una abrumadora mayoría en el conjunto del pasivo... mejor que mejor.

Pero: ¿y el riesgo patrimonial de tan alto endeudamiento?

Supuesto nº 5. ¡Las cosas se tuercen!

Activo total neto 1.000	Capital propio 500
	Exigible 500

Activo total neto	Capital propio es retribuido con un: 7% y un –3% = 4%
rinde un: 7%	Exigible pactó un: 10%

¿Riesgo del endeudamiento? Supongamos ahora que en este ejercicio las ventas no han ido muy bien o los costos se han disparado.... el impacto de la competencia... el fracaso en el lanzamiento de un nuevo servicio o producto, etc...

Es igual que cojamos las cifras de activo de cualquiera de los supuestos desarrollados. Vamos al supuesto nº 2, pero ahora suponiendo que, por desgracia, el BAIT cae hasta la cifra de 70.

En tal caso:

BAIT	70
– Intereses = 10% s/500=	–50
BAT	20

$$ROA = \frac{70}{1.000} = 7\%$$

$$ROE = \frac{20}{500} = 4\%$$

El ROA es, tristemente, menor que el tipo de interés. La lógica del supuesto es la siguiente: si ganáramos solamente un 7% de ROA, no «podemos» retribuir el pasivo al 10% ... lo hacemos, detrayendo del capital propio. Entre el «pobre» 7% obtenido y el 10% pactado con los acreedores, falta un 3% que se detrae del capital propio.

El accionista que podría haber recibido un 7% *–si no hubiera endeudamiento–* debe ceder un 3% y le queda simplemente un 4%.

Este ROE del 4% es netamente inferior a la retribución que el accionista hubiera obtenido si hubiese invertido en depósitos bancarios o deuda del Tesoro.

El efecto de apalancamiento financiero es ahora de carácter *reductor*. Uno de los riesgos del endeudamiento es que el ROA se perjudique y dañe proporcionalmente más a la rentabilidad del propietario. Llamamos a esta clase de riesgo, riesgo económico del endeudamiento.

El otro riesgo del endeudamiento es el riesgo patrimonial. Lo describimos ya en el capítulo 3. Consiste en un riesgo doble. Riesgo potencial de impago por el elevado monto de exigible y riesgo de que el activo resultase insuficiente para responder de la deuda en caso de impago.

Supuesto nº 6. ¡Dramático!

Estábamos endeudados «hasta las orejas» confiando en un ROA alto, cuando el ROA cae, como cayó en el supuesto anterior. ¿Qué ocurre entonces?

Activo total neto 1.000	CP 200
	Exigible 800

Activo total neto rinde un: 7%	CP ¡Pérdidas!
	Exigible pactó un: 10%

BAIT	70	ROA = 7%
–Intereses 10% s/800=	–80	i = 10%
BAT	–10	ROE = ¡negativo!

Poco hace falta explicar sobre la evidencia de este último supuesto.

Es un ejemplo de fuerte apalancamiento financiero reductor.

Es evidente que el elevado endeudamiento influye en este problema. Con un endeudamiento menor, como el del supuesto anterior, la empresa no hubiera entrado en pérdidas, pero la *causa fundamental* no es el endeudamiento. Es que el ROA sea bajo, sea malo, porque es inferior al coste del capital exigible.

En los supuestos en que: ROA > i, los gastos financieros no perjudicaban; al contrario, era una alternativa mejor que la de tomar capital propio.

Solamente se debe llorar por los gastos financieros cuando el ROA es débil. Pero es, así y todo, un llanto equivocado. La primera lágrima debiera haberse derramado por el ROA..... el endeudamiento puede propiciar el segundo «mazazo», pero el primero, no lo olvidemos, estuvo en la gestión del activo (productor del BAIT).

Todo lo visto hasta aquí puede resumirse en un modelo que no sólo relaciona muy claramente el ROA y el ROE, sino que pone de manifiesto la influencia de directivos y consejeros en la gestión de la rentabilidad del capital propio.

El efecto de apalancamiento financiero lo hemos explicado así: «Cuando el ROA es superior al tipo de interés, propicia un ROE mayor que ambos. Cuando, por desgracia, el ROA es inferior al tipo de interés... propicia un ROE menor que ambos».

Si ROA > i	se da que:	ROE > ROA
Si ROA < i	ocurre que:	ROE < ROA

Esto es equivalente a una expresión del tipo:

$$ROE = ROA \times FAF$$

Las siglas FAF significan factor de apalancamiento financiero. ¿Qué significado tiene? Recurramos al contenido del supuesto n.° 4. En ese supuesto hemos visto cómo es posible apalancar una rentabilidad del capital propio de un 60% a partir de un rendimiento de activo del 20%. Existe por tanto un maravilloso «factor mágico» que transforma un 20% de ROA en un excelente 60% de ROE y cuyo valor es 3.

El punto de partida para obtener ese altísimo ROE del 60% es un ROA del 20% ... pero el endeudamiento de la empresa actúa como una palanca que potencia el 20% hasta el fabuloso 60%. Digamos a título de ilustración que la cilindrada de un coche es la que es, tres mil centímetros cúbicos por ejemplo, pero la palanca de cambios del automóvil le permitirá subir una cuesta cómodamente o correr por el llano a 160 km/h.

El responsable de marketing y sus compañeros en la dirección ejecutiva de la empresa pondrán la cilindrada del motor –el ROA– pero los gestores que representan a la propiedad pondrán la palanca adecuada: el endeudamiento.

Así pues en el caso del supuesto n° 4, el factor de apalancamiento financiero será de valor 3. Esta es la cifra que «transforma» un ROA del 20% en un ROE del 60%.

ROE =	ROA	x	FAF
↓	↓		↓
60% =	20%	x	3

La cuestión interesante sería ahora explicitar este factor de apalancamiento financiero que vale 3. El FAF fue descompuesto y desarrollado por el profesor Antoni Parés[4]. Sigamos sus razonamientos mediante el modelo que él divulgó bajo el nombre de ROED (*return on equity decomposition*).

El ROED de Parés analiza el ROE calculado después del cómputo del impuesto sobre beneficios. De modo que el factor de apalancamiento con el que Parés trabajó no sólo fue de índole financiera sino fiscal. En tal caso hablaremos de factor de apalancamiento financiero-fiscal y partiremos de la igualdad siguiente:

$$\frac{\text{BPT}}{\text{CP}} = \frac{\text{BAIT+Atípicos}}{\text{ATN}} \times \text{FAFF}$$

En donde:

BPT = beneficio postimpuestos.
CP = capital propio.
ATN = activo total neto.
FAFF = factor de apalancamiento financiero-fiscal.

El profesor Parés explicitó el FAFF a base de ir afectando el numerador y el denominador del ratio del rendimiento del activo hasta reducir la derecha de la igualdad a la misma expresión de la izquierda.

Así pues, la magnitud ATN que divide en la primera razón de la derecha, debe aparecer multiplicando en la segunda razón. La suma del BAIT y los atípicos que aparecen multiplicando en el primer quebrado deben constar dividiendo en el tercero de la derecha. Así sucesivamente, la igualdad adquiere esta forma:

$$\frac{\text{BPT}}{\text{CP}} = \frac{\text{BAIT+Atípicos}}{\text{ATN}} \times \overbrace{\frac{\text{ATN}}{\text{CP}} \times \frac{\text{BAT}}{\text{BAIT+Atípicos}} \times \frac{\text{BPT}}{\text{BAT}}}^{\text{FAFF}}$$

Es fácil observar cómo tres factores en cociente y producto, a la derecha de la igualdad, acaban mostrando el ratio de la izquierda.

Demos nombres a los ratios que desglosan el factor de apalancamiento financiero-fiscal.

ATN/CP. Es una forma, entre otras, de expresar el nivel de endeudamiento de la empresa. Basta consultar cualquiera de los gráficos anteriores sobre supuestos de apalancamiento financiero para apercibirse de ello.

BAT/BAIT+Atíp. Si consultamos la primera figura de este capítulo, observaremos cómo entre BAIT + Atípicos y BAT, se interponen los intereses a los que ha de hacer frente la empresa. Más pequeño el valor de este ratio, más intensamente se hace sentir la incidencia de los gastos financieros. Una empresa que teniendo BAIT + Atípicos de valor 100, por ejemplo, generase un pequeño BAT de 10, se hallaría sometida a una fuerte incidencia de los gastos financieros. Lo cual puede obedecer a tres causas que actúen singularmente o combinadas:

- Elevado endeudamiento de la empresa.
- Alto tipo de interés.
- BAIT débil.

Finalmente el tercer ratio BPT/BAT mide la incidencia de los impuestos. Un nombre muy gráfico para este ratio podría ser «impacto fiscal».

¿Entre qué valores se moverán estos tres ratios? La relación ATN/CP siempre será igual o mayor que la unidad. (¡Por razones puramente conceptuales, el capital propio no puede ser jamás mayor que el activo total neto! En caso de duda, vale la pena releer el contenido del capítulo 1).

Luego el ratio del rendimiento del activo multiplicado por el ratio de endeudamiento se «transforma» en una cifra mayor... ¡qué bien!, ¿no? Pero a esa alegre y potenciadora multiplicación sigue otra de carácter más «tristón».

La incidencia de los gastos financieros medida por el cociente BAT/BAIT+Atíp. no puede ser nunca mayor que la unidad... los gastos financieros siempre restan del BAIT. Pero, ¿y si la empresa percibiera intereses a su favor? En tal caso, esos intereses percibidos no deben nunca restarse de los intereses pagados porque sería mezclar peras y manzanas. Los intereses percibidos son, para cualquier empresa (excepto una entidad financiera), ingresos atípicos.

Al ser este segundo componente inferior a la unidad actuará como un factor reductor.

Así pues:

- El endeudamiento en aislado *amplifica*.
- La incidencia aislada de los intereses *reduce*.

¿Quién va a ganar la partida? Tome los datos de un balance y de un estado de resultados y haga la prueba. Lo haremos al final de este capítulo con el caso Pronasa, pero podemos resumir así:

Endeudamiento x Incidencia intereses > 1, significa FAF amplificador

Lo contrario significaría FAF reductor.

¿Qué valor presentará el último de los tres ratios? Le hemos llamado «impacto fiscal». Su valor depende de la forma jurídica de la entidad. En el caso de una sociedad anónima o de una limitada, el tipo impositivo es el 35%, luego el ratio dará el valor complementario 0,65.

En definitiva, la rentabilidad del accionista BPT/CP es función de tres factores básicos:

1. El rendimiento del activo o ROA.
2. El nivel de endeudamiento y su coste.
3. La presión fiscal.

Cada uno de estos tres factores involucra a la dirección de marketing y a la dirección de la empresa de formas muy diferentes. En la gestión del primer factor, el director de marketing, el director general y sus compañeros se involucran directamente. Influirán otros factores más allá de la capacidad de los directivos, competencia, organización infraestructural del país en que operamos, etc.

En el segundo factor, encontraremos como actores del endeudamiento a los propietarios y a la reacción del sistema financiero. El coste del endeudamiento escapa de las manos de los propietarios y recae en parte sobre el sistema financiero y las autoridades económicas del país.

Finalmente, el tema de la normativa fiscal se escapa de las manos de los gestores de la empresa y el margen de maniobra que queda es hacer uso de posibles desgravaciones fiscales como las que favorezcan la inversión o la creación de empleo.

Aquí finalizamos el contenido teórico de este capítulo. Lo hemos hecho con la esperanza de haber contestado los interrogantes que abrió el capítulo anterior. Creemos asimismo haber proporcionado una visión resumida final del concepto de rentabilidad en una empresa y el papel que involucra al director de marketing en el éxito económico de la compañía.

Veamos ahora una aplicación de todo ello en el caso Pronasa.

Caso práctico: Pronasa

- ***¿Ha valido la pena la expansión reciente?***
- ***¿Ha sido útil la nueva cultura de marketing?***

El análisis económico final de Pronasa empieza por un cálculo del rendimiento del activo:

$$\text{ROA:}\quad \frac{\text{BAIT+ Atíp.}}{\text{ATN}^{5}} = \frac{\text{BAIT+ Atíp.}}{\text{VN}} \times \frac{\text{VN}}{\text{ATN}}$$

$$\text{Año 1:}\quad \frac{360+16+24}{2.744} = \frac{360+40}{8.246} \times \frac{8.246}{2.744}$$

$$14{,}58\% = 4{,}85\% \times 3\ \text{R}$$

$$\text{Año 5:}\quad \frac{1.204+2+28}{8.136} = \frac{1.204+30}{13.506} \times \frac{13.506}{8.136}$$

$$15{,}16\% = 9{,}13\% \times 1{,}66\ \text{R}$$

En el año 1, cuando se produce el relevo generacional y la entrada de la nueva directora de marketing, el ROA es del 14,58%. Para poder dar una opinión sobre este valor es preciso conocer el tipo medio de interés al que Pronasa podía endeudarse en el año 1. Tras efectuar esa consulta averiguamos que el tipo medio de interés de esa época era claramente inferior al 14,58%. En tal caso, Pronasa operaba con una buena cota de ROA. Esa cota no es espectacularmente elevada, pero el fundador de la empresa deja una empresa rentable a la nueva generación.

La nueva generación desarrolla más la política favorable a la rama de productos congelados. Cambia la calidad y segmento de mercado de la gama de embutidos y jamones. Se dan mejores (mucho mejores) condiciones de pago a la clientela.

En el momento del relevo generacional, el margen –antes de intereses– era del 4,85% pero el activo presentaba 3 rotaciones. El margen es realmente «afinado» (insistamos en que está calculado antes de intereses). No podemos decir que el margen sea bueno o malo sin saber los tipos de márgenes (preintereses) con que se mueve la competencia. Cierto es, sin embargo, que en este tipo de empresas los márgenes suelen ser ajustados.

En el caso de Pronasa el afinado margen preintereses se compensa con una animada rotación de 3 vueltas. Decimos «animada» por cuanto este ratio no es frecuente (salvo en empresas rentables pero de escaso margen). No obstante, para poder dar una opinión sobre la «bondad» de este valor de la rotación, deberíamos conocer también información fiable del sector.

Sea como fuere y aún a falta de información sectorial, ya hemos dicho que no puede negarse que el señor Capdargent dejó a su hija una empresa rentable (sin ser espectacular).

Como decíamos, Meritxell Capdargent y la directora de marketing introducen una serie de cambios importantes. ¿Todo ello para bien?

En los cuatro años de «revolución meritxelliana», el rendimiento del activo mejora pasando de 14,58% a 15,16%.

Este progreso no es de «rompe y rasga», pero es ciertamente alentador, porque no siempre se consiguen resultados mejorados en tan poco tiempo tras un cambio de una dimensión cuantitativa y cualitativa como no se había producido nunca en toda la historia de Pronasa.

¿Gracias a qué, se opera esta mejora? Observemos cómo la evolución del margen preintereses y la rotación del activo son de total disparidad.

El margen ha experimentado un progreso fortísimo, tanto que casi está doblando su valor del año 1. En cambio, la rotación del activo decae, se ralentiza ostensiblemente, no es la mitad de la del año 1, pero ha sufrido una dramática pérdida de impulso.

¿Es ésta la victoria del jefe de contabilidad reticente ante el gallardo empuje de las nuevas «leonas» de Pronasa? No precipitemos todavía juicios prematuros. La rotación del activo ha acusado la tremenda magnitud de las inversiones que se han efectuado en el período «revolucionario». Arrumbemos la nave de nuestra memoria hacia el capítulo 3 para recordar la tremenda entidad de las inversiones en activo fijo que la confianza en el mercado de las directoras de Pronasa había propiciado. Recordemos también un volumen casi equivalente de inversión concentrada en la partida de cuentas por cobrar de clientes. No olvidemos tampoco, aunque sea de orden mucho menor, la inversión en stock de producto en curso a cambio de un nuevo giro en la calidad de la rama de embutidos.

Estos cambios en la política tradicional de la empresa han tenido un efecto muy marcado sobre la rotación del activo. No sería prudente decir que no haya motivos de preocupación. La evolución de la rotación del activo siempre debe ser tomada en serio. La directora de marketing debe estar muy atenta a ella. La pérdida de rotación de Pronasa ha sido muy fuerte. Digámoslo sin paliativos y sin esconder la cabeza bajo el ala, pero no creemos que esta cuestión deba ser utilizada para poner en tela de juicio a la directora de marketing ni el futuro de Pronasa.

Las ventas han aumentado, el rendimiento del activo ha aumentado, pero la fuerte caída de la rotación del activo no es para tomarla frívolamente. En esa caída de la rotación es preciso distinguir dos aspectos:

- La pérdida de rotación consolidada o consistente.
- La pérdida de rotación transitoria.

Tal como han ido las cosas en estos cuatro años de fuerte desarrollo, hemos de considerar que el plazo de pago otorgado a los clientes se convierte en una nueva política establecida. Es un cambio definitivo en la rotación. Es un río sin retorno, salvo que un criterio con acento financiero prevaleciera y hubiera un nuevo cambio acortando el plazo. Mientras no se hable en serio de reducir el plazo, por debajo de los 101 días actuales, nosotros hemos de tomar el paso de 80 a 101 días como un paso definitivo.

No estamos afirmando que de cara al futuro Pronasa deba «clavarse» en 101 días. Podría haber un cambio –marketing y finanzas frente a frente– pero eso se decidirá más adelante. Es el próximo capítulo el que se ocupa de debatir el futuro de Pronasa.

También es una pérdida consolidada de rotación la del stock de producto en curso de embutidos y jamones. No es muy significativa, pero dejémoslo dicho.

En cambio, la pérdida de rotación que se ha operado a nivel del activo fijo no debería ser tomada como algo irremisible o consolidado sino como algo a mejorar. En muchas empresas –y Pronasa no es una excepción– no se puede invertir en activo fijo en «pequeños» tramos. No se puede ampliar un edificio solamente en 20, 30 o 100 metros cuadrados. Puestos a edificar, suele hacerse con vistas a un futuro más o menos dilatado. Es lógico que Pronasa tarde tiempo todavía en ir saturando su renovada y aumentada capacidad de producción.

Reza así un viejo dicho castellano: «No se tomó Zamora en una hora». El desafío para la dirección de marketing de Pronasa es doble:

- ¿Debemos aceptar la pérdida de rotación o la gran partida de las cuentas de clientes como una política definitiva? ¿Consolidada por siempre jamás? ¿O mostrará la directora de marketing su sensibilidad financiera?
- Seguir aumentando el volumen de ventas en el futuro reportará una mejora de la rotación muy necesaria para el éxito del ROA.

¿Cuál puede llegar a ser el valor del ROA si la rotación del activo del año que viene aumentase de 1,66 vueltas a 2 vueltas? De no alterarse el margen, Pronasa podría alcanzar algo más de un 18% de rendimiento de activo.

Comentada la parte más crítica de la evolución económica de Pronasa, hablemos ahora de la excelente evolución del margen.

Decíamos que el margen casi se doblaba. ¿Ha sido una hábil gestión de los gastos fijos la que nos ha llevado a la impresionante mejora del margen preintereses?

No, pero ¿por qué cuestionarnos todo esto de nuevo? Bastará con que nuestros ojos se dirijan hacia el contenido del capítulo anterior para recordar todo lo que dijimos sobre la evolución del margen de explotación.

Ha habido cosas muy bien hechas. Ha habido certeros disparos a la diana del éxito empresarial. La gestión combinada de precios de venta y compra ha transformado el factor económico clave de Pronasa: la «concentrada» incidencia del costo de materia prima que ha pasado del 83,85% al «glorioso» 74,99%, con una espectacular mejora de casi 9 puntos porcentuales.

Un segundo gran éxito de esta etapa ha sido la formidable penetración en el mercado de la rama de congelados con mejora de ventas, margen de contribución absoluto y relativo.

En tercer lugar ya se comentó en el capítulo anterior el efecto del cambio en la calidad de embutidos y jamones. Las ventas han aumentado poco o se han estabilizado, pero el producto deja ahora más margen tanto en valor absoluto como relativo y ello solamente a costa de una pérdida de rotación en stock de producto en curso bastante irrelevante.

Enhorabuena a la directora de marketing por su contribución al ROA y calurosas palabras de ánimo para que el aumento de actividad prosiga. La enorme inversión efectuada en activo fijo pide la prosecución de la línea de expansión de la actividad.

Sin embargo, cuando hemos teorizado sobre la contribución del marketing al ROA, hemos dicho que tan sólo el ROA específico o técnico debía ser patrón de medida aplicable a la dirección de marketing. Pero, a la hora de aplicar esta idea a la empresa Pronasa, hemos incurrido en una traición a la teoría, traición cargada de insidiosa bellaquería.

No, no se alarme, por favor. Podría hacerse así, directamente, porque sabíamos que tanto los ingresos atípicos como los activos extrafuncionales son de muy bajo valor en Pronasa. No obstante, no está de más comprobarlo con la instrumentación siguiente:

ROA: específico

$$\frac{\text{BAIT}}{\text{AEN[6]}} = \frac{\text{BAIT}}{\text{VN}} \times \frac{\text{VN}}{\text{AEN}}$$

Año 1:

$$\frac{360}{2.634} = \frac{360}{8.246} \times \frac{8.246}{2.634}$$

$$13{,}66\% = 4{,}36\% \times 3{,}13\ \text{R}$$

Año 5:

$$\frac{1.204}{7.972} = \frac{1.204}{13.506} \times \frac{13.506}{7.972}$$

$$15{,}10\% = 8{,}91\% \times 1{,}69\ \text{R}$$

A la vista de estas cifras podemos apreciar cómo las conclusiones fundamentales apenas se alteran. El progreso en el ROA específico ha sido superior al global. Su origen está en las mejoras simultáneas del margen de explotación y de la rotación específica de la empresa respecto a las magnitudes globales tratadas en el capítulo anterior. Las diferencias respecto a la evolución del ROA global no son enormes, pero en todo caso reforzarían el razonamiento de que el cambio político protagonizado por las nuevas directoras va de momento en buena dirección. Es muy posible que la espectacular mejora del margen no se hubiera producido sin el mayor poder de negociación que a Pronasa le ha dado su elevado crecimiento. Es evidente que a la mejora del margen ha contribuido también el cambio de calidad en la línea de embutidos. El precio de venta del renglón de embutidos (y no el volumen) permite una incidencia del coste de materia prima mucho menor. La «batalla» del volumen en los congelados y de la calidad en embutidos y jamones ha dado sus frutos en el margen de explotación.

Hemos dicho también en la exposición teórica que tras colaborar en la obtención del ROA, el director de marketing adoptará una postura de espectador para ver qué ocurre con la estrategia financiera de la empresa. Contemplará el impacto de los intereses sobre la deuda y verá el efecto de apalancamiento financiero-fiscal sobre la rentabilidad del capital propio.

Veamos algunos números:

$$\frac{\text{BAT}}{\text{CP}} = \frac{\text{BAT}}{\text{VN}} \times \frac{\text{VN}}{\text{CP}}$$

Año 1:

$$\frac{2.880}{1.428} = \frac{2.880}{8.246} \times \frac{8.246}{1.428}$$

$$20{,}16\% = 3{,}49\% \times 5{,}77\ \text{R}$$

Año 5:

$$\frac{4.060}{2.332} = \frac{4.060}{13.506} \times \frac{13.506}{2.332}$$

$$17{,}41\% = 3\% \times 5{,}79\ \text{R}$$

En el año 1, la rentabilidad del capital propio era muy alta y los accionistas podían estar más que satisfechos. El margen antes de impuestos es muy «fino» pero es la réplica lógica del margen de explotación que ya hemos comentado que era muy ajustado. Una rentabilidad del capital propio del 20,16% hubiera podido ser una tentación al inmovilismo, «... ya estamos bien como estamos... no nos compliquemos la vida...», pero es muy posible que Meritxell Capdargent haya pensado que una buena rentabilidad asentada sobre un margen muy afinado es siempre un riesgo potencial.

Es evidente que las enormes inversiones de este período se han dirigido a satisfacer una demanda potencial oportunamente advertida y a ganar la batalla del margen de explotación.

El margen de explotación aumentado, tal como hemos visto anteriormente, da mayor seguridad de éxito económico a la empresa, pero el embate de los elevados gastos financieros «devuelve» el margen total antes de impuestos a un valor muy fino... más fino todavía que en el primer año. Pronasa ha mantenido elevada la rotación del capital propio gracias al impulso que el nuevo marketing ha dado a las ventas y a la utilización de la deuda.

¿Han hecho bien los miembros del consejo de administración de Pronasa en utilizar deuda y «esquilmar» el margen de explotación?

El uso de la deuda ha reportado un enorme crecimiento de los gastos financieros que nos deja un pequeño margen del 3%, pero si Pronasa no hubiera utilizado deuda, la rotación del capital propio hubiera empeorado; aunque, claro está, el margen preimpuestos sería más alto.

Entonces, ¿qué camino era mejor?, ¿la deuda o el capital propio con ahorro de intereses?

Ahora, de hecho, contestaremos una de las preguntas formuladas en el capítulo anterior. Los gastos financieros en sí mismos o comparados con la cifra de ventas no nos dicen nada.

En el año 1 era muy interesante mantenerse endeudados porque un 14,58% de ROA apalancaba un 20,16% de ROE.

En el año 5, el ROE es del 17,41% netamente más alto que el tipo de interés, luego vale la pena proseguir la línea de endeudamiento.

Hay una forma muy clara de ver la conveniencia de haber financiado la expansión de Pronasa con endeudamiento (a pesar de que el margen baje).

Imaginemos ahora (aunque sea mucho imaginar) que el consejo de administración en un alarde de actitud superconservadora hubiera cancelado toda la deuda y hubiera situado a la empresa en un endeudamiento nulo. ¡El ahorro de gastos financieros sería impresionante... mayor imposible! El margen preimpuestos coincidiría con el recién mejorado margen de explotación, es decir, el 9,13%. Pero la rotación del capital propio habría disminuido ferozmente... coincidiría con la rotación del activo.

¿Qué rentabilidad ofrecería Pronasa a sus accionistas? Simplemente el 15,16%, la misma que ofrece el activo. Estaríamos aplicando a Pronasa los mismos términos que hemos aplicado en el supuesto número 1 de apalancamiento financiero.

En cambio, Pronasa retribuye realmente a su accionista con un 17,41%... de acuerdo, pero ¡un valor del 17,41% es inferior al 20,16% del año 1!

Esto no ha ocurrido por haberse endeudado; insistamos: *más bajo el endeudamiento, peor la rentabilidad* en Pronasa.

Ni esto tampoco ha ocurrido porque el ROA sea peor que antes. Esto ha ocurrido porque el tipo de interés de mercado ha subido en estos últimos años (¿culpa de la directora de marketing?... ¿culpa del consejo de administración?).

Veamos lo del tipo de interés mediante el modelo ROED de Parés:

$$\frac{\text{BPT}}{\text{CP}} = \frac{\text{Bait+Atíp.}}{\text{ATN}} \times \underbrace{\underbrace{\frac{\text{ATN}}{\text{CP}} \times \frac{\text{BAT}}{\text{Bait+Atíp.}}}_{\text{Factor de apalancamiento financiero}} \times \frac{\text{BPT}}{\text{BAT}}}_{\text{Factor de apalancamiento financiero-fiscal}}$$

Año 1

$$\frac{226}{1.428} = \frac{400}{2.744} \times \frac{2.744}{1.428} \times \frac{288}{400} \times \frac{226}{288}$$

$$15{,}83\% = 14{,}58\% \times \underbrace{\underbrace{1{,}92 \times 0{,}72}_{\text{FAF} = 1{,}38} \times 0{,}78}_{\text{FAFF} = 0{,}89}$$

Año 5

$$\frac{314}{2.332} = \frac{1.234}{8.136} \times \frac{8.136}{2.332} \times \frac{406}{1.234} \times \frac{314}{406}$$

$$13{,}46\% = 15{,}16\% \times \underbrace{\underbrace{3{,}49 \times 0{,}33}_{\text{FAF} = 1{,}14} \times 0{,}773}_{\text{FAFF} = 0{,}74}$$

Al haber subido el ROA, lo razonable es que el FAF también hubiera aumentado, pero no ha sido así. Veamos la razón de ello:

	Año 1	Año 5
$\frac{\text{Intereses}}{\text{Exigible}}$	$\frac{112}{1.316} = 8,5\%$	$\frac{828}{5.804} = 14,26\%$

Esto nos muestra el acentuado encarecimiento del tipo de interés. A pesar de ello, el endeudamiento sigue siendo interesante para Pronasa porque:

ROA > i
15,16% > 14,26%
FAF = 1,14

En definitiva, si algún retroceso se ha operado en la rentabilidad del accionista no es porque el proyecto de expansión no haya empezado a dar sus frutos, sino por el encarecimiento del tipo de interés.

Pronasa tiene también buen camino a recorrer en materia de rotación del activo. Preciso es que planifiquen bien su futuro.

En el capítulo siguiente plantearemos el futuro económico-financiero de Pronasa y el papel de la directora de marketing en todo ello.

Capítulo 7

Marketing y finanzas en las antípodas del proceso de planificación

La planificación del futuro de una empresa ha de acabar expresándose en unas cifras clave que anticipen:

- El provecho económico de las operaciones del próximo o próximos ejercicios.
- La viabilidad financiera de los planteos de futuro.

Esto quiere decir que el proceso de programación de los documentos que contengan las magnitudes planificadas debe cerrarse finalmente con la expresión:

- Del éxito económico (o no) representado en un estado previsional de resultados.
- De la situación patrimonial previsible a través de un balance previsional y de las necesidades de tesorería anticipadas mediante un presupuesto financiero.

La confección o instrumentación de estos documentos presupuestarios (resultados, balance y tesorería) corresponde al director financiero de la firma.

¿Cómo llega a ello?

En la práctica observamos «culturas de planificación» diversas:

- La «burocrática».
- La «técnica».
- La «volumétrica».

Las tres representan tres burdas caricaturas de lo que no debería ser nunca un proceso de planificación. Reflexionar sobre esas tres caricaturas nos hará entender mejor la lógica de un proceso integrado de planificación.

Las culturas presupuestarias «burocráticas» suponen una reunión de un alto estamento contable-administrativo de la empresa con el director general a fin de confeccionar unos presupuestos basados en la cercana realidad del cierre del balance. En la reunión se habla de un porcentaje de crecimiento que, aplicado sobre una serie de magnitudes del balance y estados históricos de resultados, proyecte a futuro una simple extrapolación del pasado.

Se «fuerza» así un presupuesto, tomado más como una referencia orientativa que como un proyecto de futuro. En la preparación de este presupuesto se obvia la fuerza comercial de la empresa, la de logística, producción, recursos humanos, etc.

Se concibe el presupuesto como una orientación numérica a asumir. Se le da prácticamente la categoría de ciega orden para cualquier estamento no administrativo. El efecto en la organización es de todo menos estimulante. Los departamentos que no participaron en su confección se hallan vueltos de espaldas hacia ese presupuesto al que consideran pura burocracia. Lo entienden como un elemento artificioso de control que habla de un poder polarizado hacia una parte de la organización.

La cultura de planificación «técnica» parte de un apriorismo de la dirección general en que todo se centra en un eje inamovible: los recursos materiales de la compañía: su capacidad de producción o de rendimiento de un servicio. Es una cultura que podría resumirse en frases de este estilo: «Nuestras instalaciones están diseñadas para producir tantos miles de unidades ... es responsabilidad de nuestro departamento de marketing darles salida en el mercado», «Tenemos capacidad para atender a tantos cientos de usuarios ... he aquí el objetivo para nuestros vendedores». Esta clase de cultura suele anteponer la inversión a la reflexión sobre nuestras posibilidades en el mercado. Ha reportado a menudo bajos rendimientos de activo por sobredimensión de los mismos y tensiones de tesorería al no generarse los elevados recursos necesarios para hacer frente a una inversión de escasa vitalidad.

La cultura «volumétrica» suele originarse ante una visión exclusivamente basada en la actividad, en cifras de demanda del mercado apoyadas entre otras cosas por elementos atractivos incorporados al producto, a su precio, a su plazo de entrega, etc. sin una sistematización de la cuantificación de costos, resultados, inversiones, etc.

La imprevisión de los medios técnicos necesarios para vender un servicio o fabricar un producto, así como la carencia de planteo de las necesidades financieras, suelen dar al traste con la propia expectativa de actividad o con la tesorería de la empresa.

El común denominador de estas tres caricaturas es la polarización hacia uno de los estamentos ejecutivos de la empresa: finanzas, producción o comercial.

Si ninguna de estas tres «culturas» de planificación corresponde a un proceso de previsión bien realizado ... ¿qué es planificar?

Hay quien todavía cree que planificar es un juego de adivinanza del futuro. Adivinar el futuro es imposible. En realidad, un proceso de planificación bien realizado supone diseñar el futuro, preconstruirlo. Planificar significa decir qué queremos ser en el futuro... a dónde queremos ir.

A una nave sin rumbo fijo le es igual desviarse de su derrota. Cuando una embarcación tiene un rumbo definido «gestiona» su derrota corrigiendo las desviaciones que experimenta sobre el rumbo «planificado». Si no decimos a dónde queremos ir, no iremos a ninguna parte. Si decimos a dónde queremos ir es probable que lleguemos. En planificación hay incertidumbre y riesgo, pero nuestras intenciones de futuro nos mueven a la acción.

Es frecuente en la práctica observar cómo en muchas empresas se piensa que el proceso de planificación tiene su origen y final en la órbita del director general y sus responsables departamentales. Ello comporta reducir la función de los miembros del consejo de administración a un organismo puramente reactivo ante la planificación, pero no concebido como un colectivo creativo en el proceso de planificación empresarial.

La concepción del consejo de administración anclada en el pasado, como pura representación de las participaciones más relevantes del capital, va quedando rápidamente obsoleta. La visión del consejo de administración como un colectivo reducido a reunirse una o dos veces al año para aprobar el balance y acordar la asignación del resultado va pasando a la historia.

Entender el papel del director de marketing en el proceso de planificación económico-financiera significa entender el papel del director general y del consejo de administración en la línea que los aires nuevos nos van apuntando.

Ha llegado quizás el instante preciso en que el lector se dirá a sí mismo: «en nuestra pequeña empresa, propietarios, administradores y directivos somos todos lo mismo: mis padres, hermanas, hermanos y yo».

No hace falta ceñirse precisamente al ámbito de la empresa familiar: «Somos tres propietarios; yo llevo la dirección general, mi socio Pep la jefatura de producción, mi socia Laia la dirección de marketing ... ahora quizás daremos la opción de participar en el negocio a Elia Farnuserals, nuestra veterana jefa contable...».

No voy a ser yo quien se apresure a decirle que se rompa usted en tres: sea propietario sin ser gerente, sea consejero sin ser gerente ... si la empresa es pequeña hemos de ser tres cosas: propietarios, consejeros y ejecutivos... si la empresa se ha hecho mayor de lo que usted se piensa, sopese lo que acaba de leer y lo que seguirá leyendo en próximas páginas.

Ser en una empresa pequeña tres cosas diferentes —propietario, consejero (o administrador) y directivo— es lo lógico, pero no le excusa a usted de seguir leyendo este libro, por dos razones:

1. Porque lo ha comprado y no puede desaprovecharlo, tirando por la borda el dinero que le ha costado. (Si su libro es uno de los doce mil ejemplares que hemos regalado para promocionarlo, piense en el dinero que nos ha costado a nosotros).
2. En serio. Porque las páginas siguientes le harán pensar en el desdoble de responsabilidades que adquirimos como propietarios, consejeros o ejecutivos. Mezclar las cosas puede ser muy humano. Colocarlas en su justo lugar resulta necesario a menudo.

La concepción del consejo de administración que se está mostrando actualmente, como la más eficaz, apunta a características del estilo siguiente:

1. Las responsabilidades estratégicas y políticas recaen de pleno sobre el colectivo de consejeros o administradores.

2. La figura del consejero es representativa en algunos casos, pero en muchos otros está muy profesionalizada.
3. Maneja información normalizada en contenidos y fechas de consulta.
4. La figura del vicepresidente ejecutivo y/o consejero delegado mantiene un vínculo entre consejo y equipo ejecutivo.
5. Las reuniones ordinarias del consejo de administración son frecuentes.

Vamos a ir comentando los cinco aspectos que componen el retrato del consejo de administración. Se trata de ingredientes necesarios para entender el rol de un consejero, de un director general y de un ejecutivo de marketing en el proceso de planificación económico-financiera.

1. *La función estratégico-política.* Ninguno de los que escribimos sobre estos temas tenemos el don de la definición universalmente coincidente. La estrategia de una empresa se formaliza en un conjunto de objetivos.

¿Qué es un objetivo? Un objetivo adquiere la condición de tal si reúne dos clases de características:

- Unas que dependerán de los consejeros de la empresa.
- Otras que son inalienables y consustanciales a la condición de los objetivos.

Entre las primeras citemos dos:

- Concreción.
- Asequibilidad.

Las segundas son:

- Riesgo.
- Incertidumbre.

Hablemos de las primeras. Un objetivo no puede ser nunca demasiado amplio o genérico, ya que en tal caso contraviene a su propia esencia: no nos moverá a la acción.

Veamos un ejemplo: si un grupo de estudiantes de mi escuela, viniera un día a visitarme y me dijera que su objetivo para el próximo curso es practicar el excursionismo o el alpinismo, yo les contestaría que eso no es ningún objetivo. Es una amplia formulación de una noble y loable intención de futuro, cargada de voluntarismo y ensueño, pero no alcanza la categoría de objetivo. Un objetivo sería que me dijeran que preparan una excursión al Puigmal (la cima más alta del Pirineo oriental). Eso sí que supondría un grado de concreción que les movería a la acción: ¿en qué época?, ¿cuántas personas?, ¿por qué ruta? ... a partir de ahí podríamos hablar de medios para conseguir el objetivo: sistema de transporte hasta la base, alimentación, material de acampada, equipo de seguridad, de abrigo, de progresión, etc.

La concreción del objetivo permite plantear otros: después del Puigmal, la Pica d'Estats (el más alto de Catalunya), tras él, alguna de las vías de escalada a la cara norte del Pedraforca, etc.

La formulación de objetivos en el ámbito empresarial no dista mucho del ejemplo presentado. Si el consejo de administración me explicara que el objetivo frente al año que viene es mejorar la rentabilidad del capital propio, pasando del 13% actual al 16%, yo les diría lo mismo que a mis jóvenes amigos montañeros. Se trata del planteo de una loable intención de futuro pero no de la formulación concreta de un objetivo.

Mejorar la rentabilidad, tal como proponen estos empresarios, supone afectar al BAT y la cifra de capital propio. Afectar al BAT supone planificar ventas y costos. Presupuestar los costos supone actuar sobre variables y fijos, etc., etc. La mejora del ROE, así, sin más, es lo que a corto o largo plazo pretende cualquier empresario. Trazar un objetivo supone concretar bastante más:

- Crecimiento de las ventas.
- Ámbitos geográficos nuevos en nuestro mercado futuro.
- Diversificación de la gama de productos.
- Cambio en la imagen corporativa.
- Nuevos segmentos de mercado, etc.

Hemos hablado de la concreción del objetivo. Hablemos ahora de su asequibilidad. El objetivo como tal debe ser alcanzable ... no descartamos que exista ambición en él y riesgo de no conseguirlo, pero razonablemente pensamos que nuestro equipo puede alcanzar el objetivo.

Si el grupo de estudiantes me dijera que tras la experiencia del dulce Puigmal se dirigirán a la vertiente Rupal del Nanga Parbat (Himalaya occidental) les diría que su objetivo no pasa de momento de ser un sueño, les instaría a cambiar de objetivo (pero a seguir soñando, porque los sueños han abierto las puertas de muchos objetivos).

La concreción y la asequibilidad de un objetivo son características que se modelan en el seno de la más alta instancia de gestión de la empresa, que es el consejo de administración. En cambio, el riesgo y la incertidumbre, se podrán acotar más o menos, pero son consustanciales a la condición de un objetivo.

El riesgo –asociado a la incertidumbre– de un objetivo, radica en dos aspectos diferentes:

- Riesgo en la elección o formulación del objetivo. ¿Hemos elegido los mejores para la rentabilidad o la pervivencia de la empresa?
- Riesgo en su logro o consecución. El objetivo se considera asequible, pero ¿lo alcanzaremos? El Everest era un objetivo asequible para los alpinistas catalanes que lo intentamos, pero hasta la tercera expedición en 1985, no se coronó el techo del mundo.

El conjunto de objetivos que componen la estrategia empresarial no son sometibles al prisma de una valoración técnica que con medidas objetivas diga los objetivos «buenos» o «malos». Los objetivos podrán ser criticables porque alguien no crea en ellos, pero difícilmente esa crítica podrá ser sustentada sobre cuantificaciones plenamente objetivas. Esta idea sólo es válida cuando los objetivos no son formulaciones descabelladas, que contradicen la característica esencial de su asequibilidad. Hay inasequibilidades técnicamente demostrables (por ejemplo: tasa de crecimiento inadecuada respecto al *cash flow* que genera la empresa, capítulo 4).

El planteo estratégico de futuro es la expresión de la formulación de mayor riesgo en la empresa. Esa responsabilidad debe asumirse colectivamente y (salvo el caso de las pequeñas empresas) por personas que no tengan el peso de la carga ejecutiva del día a día. De las instancias ejecutivas fluye información y experiencia hacia las instancias de gestión, pero el gran riesgo de la formulación estratégica del futuro debe ser asumido colectivamente.

Junto a la formulación estratégica, hemos situado en el plano de la actividad del consejo de administración, la definición política conducente a la consecución de la estrategia. El marco estratégico frente al futuro fluye del consejo de administración al director general, que es la máxima instancia ejecutiva. A partir de la dirección general, los objetivos son comunicados a los directores departamentales. Éstos deben circunscribirlos a su área y concretarlos lo más posible. Para alcanzar estos objetivos, los directores departamentales formulan una serie de medios necesarios. Estos medios son de dos clases: técnicos y políticos.

Los medios técnicos son calculables con base plenamente objetiva. Para el departamento de producción es un medio técnico el acceso a una nueva máquina. Su costo es conocido a través de la oferta del proveedor, sus prestaciones técnicas están homologadas, la necesidad de mantenimiento establecida, etc. Se trata de medios que no entrañan riesgos evidentes o destacables y en los que no hay la menor bruma de incertidumbre.

Los medios políticos, por el contrario, entrañan riesgos e incertidumbres en su implantación y consecuencias. Si la dirección comercial propone, por ejemplo, prolongar el plazo de cobro de clientes en treinta días, pasando de sesenta a noventa días, se producirán riesgos e incertidumbres en dos órdenes:

- Estimaremos con riesgo el montante de la inversión. ¿A cuánto ascenderá el saldo de la partida de cuentas a cobrar a causa de esa decisión política?
- Corremos el riesgo de que el medio sirva plenamente al objetivo o no. ¿Realmente la clientela era sensible a ese nuevo plazo de pago o lo hubiese sido más a una intensificación de nuestro esfuerzo publicitario?

No es fácil establecer una frontera precisa entre medios técnicos y políticos. Al final observamos que la mayoría de medios planteados tienen componentes técnicas y políticas; deslindarlos es una buena forma de conocer y gestionar esos medios.

La última decisión sobre medios políticos recae en el consejo de administración. Las decisiones políticas que comprometen fundamentalmente los planteamientos estratégicos han de ser asumidas colectivamente al más alto nivel de gestión. El director general será quien interprete e implemente la política de la empresa, establecida por el consejo de administración.

El esquema presentado en la figura 1 resume estas ideas. Señalado con el número 1 vemos el flujo, de consejo a director, de la definición estratégica del futuro de la empresa. Marcada con el número 2,

FIGURA 1

Preliminares del proceso de planificación económico-financiera

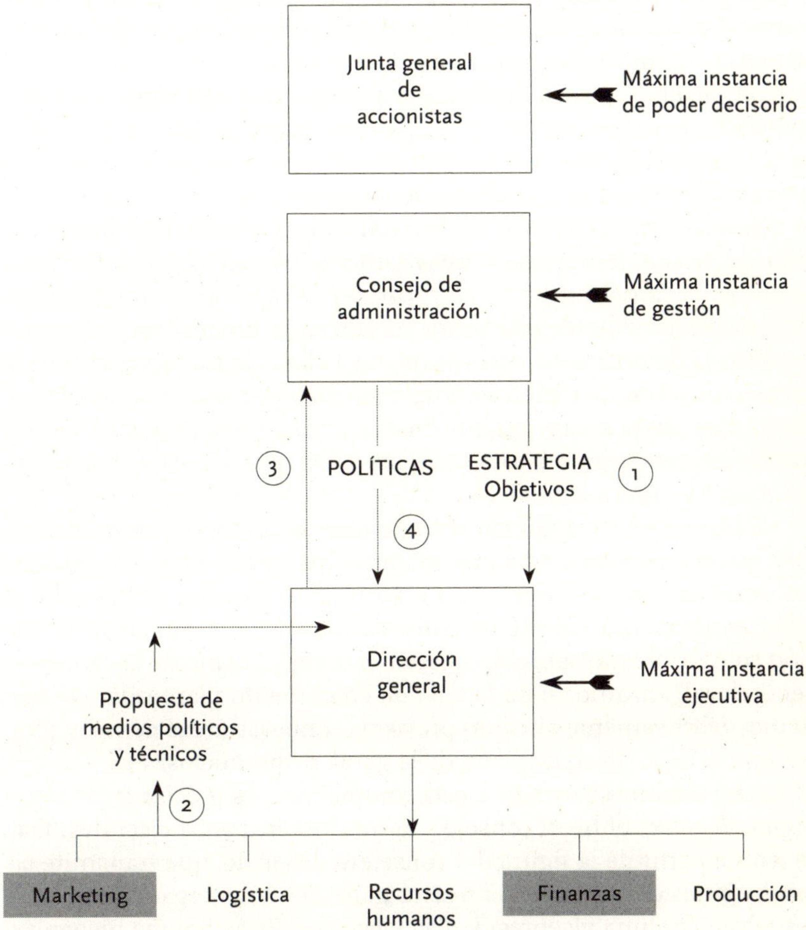

vemos la formulación de medios políticos y técnicos que procedente de los directores de departamento es transmitida al consejo (3) a través del director general. Debatido el marco político en el consejo, vuelve (4) a los directores de departamento a través del director general.

2. *La profesionalización del consejo de administración.* En otros tiempos, y todavía hoy en día en algunas empresas, los miembros del con-

sejo de administración lo son por la tenencia de un importante paquete de acciones o por designación de grupos accionariales que por su participación tengan derecho a un consejero.

La pura tenencia –por herencia, por ejemplo– de un elevado número de acciones no significa que esa persona tenga capacidad de «diseñar» el futuro del negocio ni de establecer contactos a alto nivel que propicien el desarrollo de las estrategias empresariales. La representación, por designación de grupos accionariales, podría introducir ya un cierto factor de mérito en ese consejero, pero no siempre de adecuación precisa al complejo quehacer estratégico y político.

De manera creciente se incorporan a los consejos de administración, profesionales que no necesariamente son accionistas. Su razón de ser en el cargo estriba en su capacidad de aportar visión del negocio, establecimiento de relaciones comerciales, financieras, etc.

Para la dirección de marketing, esta clase de incorporaciones al consejo de administración es crucial, puesto que puede ser motor de alianzas en vertical que garanticen el acceso o continuidad en ciertos mercados, prescriptores para consumidores potenciales, conocedores del mercado internacional, etc.

3. Los miembros del consejo de administración han de recibir *información normalizada* sobre los principales aspectos del negocio. En otros tiempos, se limitaban a aprobar el balance y el estado de resultados en una simple revisión anual. Deben manejar información comercial enfocada a demostrar el cumplimiento de la estrategia general: ¿alcanzamos o no la cota de crecimiento planteada?, ¿penetramos efectivamente al ritmo previsto en nuevas áreas de mercado?, ¿es un hecho la diversificación de la gama de productos?

4. En organizaciones de cierta complejidad, es preciso crear *mecanismos de enlace* entre el consejo y la máxima instancia ejecutiva. Esto se hace a partir de la figura del consejero delegado, que transmite las resoluciones del consejo al director general. Otras organizaciones lo resuelven con una vicepresidencia ejecutiva. Estas figuras juegan un papel importante en la interrelación marketing-finanzas (como veremos más adelante). Su proximidad al «día a día» les permite captar mejor la problemática del choque de intereses entre finanzas y marketing y transmitirlo a los miembros más distantes del consejo para armonizar «ententes» en el conflicto marketing-finanzas o inclinar, cuando convenga, la balanza de un lado preciso.

5. El consejo de administración tiende, en las organizaciones actuales, a *reunirse con más frecuencia* de lo que sucedía en otros tiem-

pos ya caducos. Aún ahora hay organizaciones que reúnen el consejo un par de veces por año. Es comprensible que eso sea así, si esos consejeros no les sirven de nada. Pero cuando el consejo lo forman personas con visión del negocio, con criterio, informadas y con contactos suficientes, vale la pena reunirse con mayor periodicidad. El encuentro mensual a la vista de información normalizada es una vía frecuente hoy en día. En casos de crisis, las reuniones se producen semanalmente. Si el consejo es algo numeroso, la reunión semanal se produce mediante comisiones de «vigilancia» más reducidas. La reunión semanal puede ser una primera instancia del comité de vigilancia del consejo seguida de una reunión mixta con el comité de dirección (integrado por los directores departamentales). Este tipo de enlaces son de capital importancia para la dirección de marketing y la de finanzas. La experiencia me ha demostrado que estos enlaces han concurrido muy efectivamente a armonizar los intereses controvertidos del marketing y las finanzas.

¿Recuerda, amable lector, que decíamos al principio de este libro que deseábamos acabarlo con la boda principesca de las finanzas y el marketing?

Vamos preparando el camino a la boda. El debate político en el consejo, sobre medidas controvertidas en el campo comercial y financiero, será el vehículo que lleve a los novios ante la autoridad matrimonial.

Explicado el papel del consejo y su relación con la dirección de marketing y finanzas, vamos a dar un paso hacia adelante, comentando cómo se desarrolla el proceso de planificación a partir del momento en que el director general transmite al equipo ejecutivo el marco estratégico planteado para el futuro.

¿Qué quiere decir para el futuro? ¿Con qué horizonte se planifica? ¿Es mejor acotarlo a los próximos seis meses? ¿Un año? ¿No es lo ideal planificar a tres años?

No se trata de decidir entre lo mejor y lo peor. Un conductor de coche debe ser bueno maniobrando dentro de un garaje entre columnas, pasos estrechos y otros coches aparcados. Debe ser igualmente bueno conduciendo en autopista a 120 km/h.

¿A qué distancia debe mirar cuando deba aparcar entre el coche de su vecino y un robusto pilar de marcados ángulos? A muy corta distancia, si no quiere rayar su flamante pintura o la de su vecino. ¿A qué distancia debe mirar conduciendo en la autopista? A larga distancia para prever una vía de salida, el adelantamiento de otro coche, la cercanía de la estación de peaje, etc.

Tan necesaria es la planificación a largo como a corto plazo. Pero admitimos que a largo plazo las cifras son más borrosas ... podemos trabajar con una instrumentación referida a grandes masas patrimoniales, a grupos de costos y a períodos anuales de tiempo, sin necesidad ni posibilidad de detallar y profundizar mucho más allá. En cambio, la planificación a corto plazo pedirá más detalle (lo veremos en la planificación del caso Pronasa) en el balance y estado de resultados. Planificando a corto plazo utilizaremos dimensiones temporales como períodos mensuales. La ejecución de un presupuesto de tesorería pedirá –a lo largo del desarrollo del ejercicio– una previsión semanal con incidencia muchas veces diaria.

¿Significa planificar a corto plazo hacerlo a un año? Suele ser así por lo de la fecha de cierre del balance, pero no siempre es operativo. Una empresa que vende muebles, otra que vende cursos en vídeo, otra que vende viviendas, ofrecen, a sus expensas, plazos de 12, 24 o 36 meses, para que el cliente pague su compra. Su ciclo de maduración, especialmente largo, marca sin embargo el horizonte a corto plazo. En esta clase de empresas el período mínimo es de tres años. (Cuando, queriendo simplificar las cosas, he trabajado la planificación a un año, luego me he arrepentido y no he dudado en hacer lo lógico: ceñirnos a la duración del ciclo de maduración).

El consejo de administración desencadena el proceso de planificación y lo prosiguen los directores de departamento elaborando propuestas de medios que «regresan» al consejo para una primera criba tentativa.

Hablemos del director de marketing en esta segunda etapa. Los objetivos de crecimiento, diversificación de productos, expansión geográfica, explotación de patentes, etc. que formula el consejo de administración no debieran sorprender enormemente a la dirección de marketing ya que todo esto debe surgir de experiencias vividas ya desde su puesto de director departamental.

Todo esto le ha de permitir redactar un plan de ventas *(programa*, si está expresado en unidades físicas, *presupuesto* cuando se «traduzca» a unidades monetarias). La consecución del plan de ventas se sujeta a una serie de medios que podemos clasificar así:

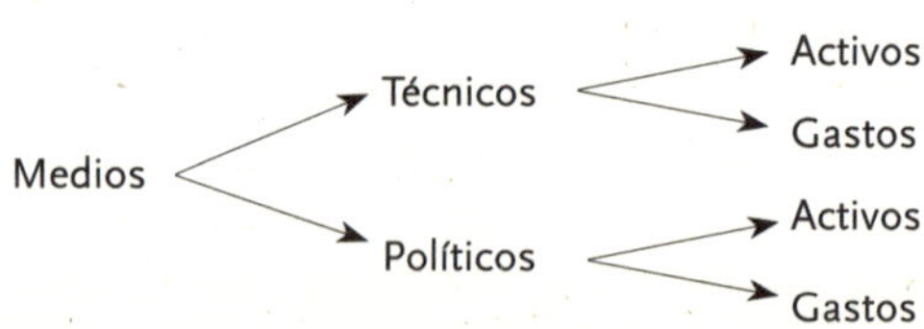

Un medio técnico de activo puede ser la ampliación de un edificio comercial, *hardware* informático, etc.

Un medio técnico traducido en un gasto es la incorporación de un vendedor.

Un medio político manifestado en un activo es una decisión sobre el plazo a otorgar a la clientela, influirá sobre el valor de la cartera de clientes. Un medio político manifestado en un gasto es el estilo, enfoque e intensidad de la publicidad ordinaria de mantenimiento.

FIGURA 2

Condicionantes y efectos económico-financieros del plan de ventas

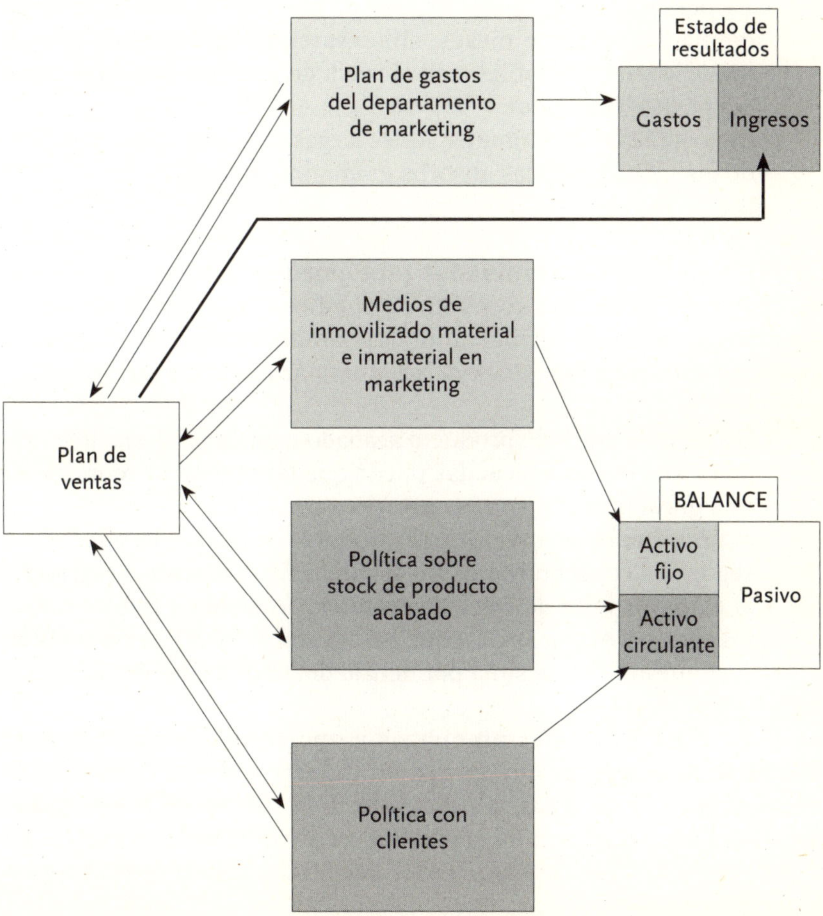

Las decisiones futuras sobre el stock de producto acabado son armas comerciales importantes para las empresas industriales. Las decisiones sobre el nivel y variedad de mercadería lo son para las empresas comerciales.

El nivel de stock de producto acabado o de mercadería entraña amenazas y oportunidades:

- La capacidad de atender pedidos especiales con rapidez o las reposiciones urgentes de clientes en plena temporada.
- La posibilidad de acortar el plazo normal de suministro a clientes.
- La posibilidad de descentralizar stocks, acercando la fuente de suministro al cliente.
- La posibilidad de sostener una producción estable a lo largo de días, semanas o meses, sin desatender la demanda irregular de la clientela, utilizando el stock de producto acabado como «depósito» regulador.
- La posibilidad de acometer series largas de producción en espera de que el mercado las absorba gradualmente.
- Etc.

Vistas ya las oportunidades (que pueden representar importantes ventajas de tipo comercial y medios clave para alcanzar el objetivo de ventas), veamos ahora las amenazas que entrañan las políticas intensivas en stock de producto acabado o mercadería:

- Un elevado stock de producto acabado o de mercadería, invendido en sus fechas adecuadas puede quedar obsoleto y representar una grave pérdida para la empresa.
- ¿Cómo financiar un stock de producto acabado elevado? ¿Con seguridad conseguiremos los recursos financieros necesarios?
- Si el mayor valor de stock de producto acabado no induce mayores ventas y mayor BAIT, ¿qué pasará con el ROA?, ¿y con el ROE si el nuevo ROA se sitúa por debajo del tipo de interés?

Está claro que estas amenazas y oportunidades resumen el conflicto de intereses que puede producirse entre la dirección de marketing y la de finanzas. Se ponen de nuevo en juego todos los elementos que hemos comentado en capítulos anteriores. La óptica del volumen contra la del beneficio, y la del ROA resumiéndolo todo.

Cualquier decisión de inversión se enfrenta a un doble análisis:

- ¿Qué reporta económicamente? La respuesta no la darán ni las ventas ni el margen, sino el ROA.
- ¿Es financieramente viable? De esto hablaremos en el próximo capítulo.

Es igual que la inversión venga propuesta por el departamento de marketing, el de recursos humanos o el de producción. Siempre debe ser sometida al doble juego del análisis económico (ROA) y de su viabilidad financiera. Expuesto así pudiera parecer que el resultado de toda inversión es objetivable y que el director financiero someterá cualquier decisión en activo fijo o circulante al frío prisma del ROA y a la capacidad de conseguir o no los recursos financieros que esa inversión reclama.

Pero no es así. Recordemos que el ROA es la comparación entre el BAIT y el activo neto. ¿Cuál será el BAIT que se desprenderá de determinada inversión en activo? En el mejor de los casos es cuantificable, pero con riesgo de equivocarnos, ya que lo estimamos en condiciones de incertidumbre. ¿A cuánto ascenderá la inversión que vamos a hacer? Podemos fijar la cifra con precisión si hablamos de un medio técnico, pero nunca si planeamos un medio político. Podemos marcarnos un nivel máximo de stock de producto acabado, pero tenemos el riesgo de no cumplirlo ... si fijamos un ritmo de producción, pero las ventas fallan ... el stock recogerá esta adversidad. Pero, podríamos haber frenado la producción ... ¿cuándo? ... ¿cuándo estamos realmente seguros de que la caída de ventas será realmente abrupta?, ¿cuántos de nuestros empleados irán al paro?, ¿en qué acabarán los costos de producción, si no somos todavía capaces de aguantar un poco más en espera de que las ventas remonten?

La primera propuesta que deba hacerse sobre niveles del stock de producto acabado (si partiera de la dirección comercial), pondría lógicamente el acento en políticas que permitan un suministro rápido a la clientela (o amplias posibilidades de elección, por parte del consumidor, cuando se trate de una empresa comercial).

Si la propuesta partiera de la dirección financiera sería seguramente restrictiva, en aras a evitar necesidades financieras, riesgos de obsolescencia y posibles amenazas al ROA.

El conflicto de intereses entre marketing y finanzas a la hora de planificar niveles de stock de producto acabado o de mercadería, es normal que surja cuando ambos directores defienden su parcela de actividad. ¿Quién manda sobre quién en la decisión final? Ninguno de los dos. Han de debatir el tema, han de aportar sus puntos de vista más o menos encontrados. En ocasiones se llega a consensuar propuestas. Pero eso se produce solamente cuando hay una visión muy clara, por parte de ambos, de las circunstancias que entraña la decisión desde uno u otro punto de vista.

La decisión sobre los niveles futuros de stock de producto acabado, tampoco debe tomarla la dirección general. La máxima instancia ejecutiva puede estructurar la información que le llega, tanto del departamento de marketing como de finanzas, para transmitirla al consejo de administración.

El consejo tomará una decisión política sobre los niveles de stock de producto acabado. Nadie habla de *técnica* de stocks de producto acabado sino de política. Estas decisiones que entrañan riesgos importantes y, en ocasiones, acusadas necesidades financieras, deben tomarse colectivamente. Esto es lo que afirmábamos al explicar el papel de los miembros del consejo.

La decisión sobre política de stocks de producto acabado «regresa» del consejo a la dirección general y ésta la transmite a las direcciones de marketing y finanzas que la adoptan como un dato en firme a integrar en el proceso de planificación. Así empieza una tercera fase del proceso que, sin embargo, aún no será definitiva, como veremos más adelante.

La figura 2 nos muestra cómo la decisión sobre las condiciones ofrecidas a la clientela es otro medio fundamental para garantizar la consecución del plan de ventas. Es un medio político porque ofrece claras amenazas y oportunidades.

Sin embargo, las decisiones sobre política con clientes no se reducen solamente a discutir el plazo de cobro. A toda empresa le conviene «inventariar» una serie de temas que puedan impulsar las ventas, pero que afectarán al importe de la partida de cuentas a cobrar:

- Revisión o no de los plazos de cobro con que se opera en el mercado.
- Fijación de criterios más o menos «liberales» o restrictivos en la captación y selección de nueva clientela.
- Condiciones especiales de plazo por encima de las condiciones de mercado. ¿A qué clientes?, ¿con qué fundamento?
- No sólo el plazo marca límites a la clientela. Es preciso establecer «techos» o límites de crédito en unidades monetarias a clientes importantes o a segmentos de la clientela.

- Descuentos especiales a clientes que anticipen sus pagos.
- Recargos a clientes que se demoren sobre el plazo normal o gocen de plazo especial.
- Criterios «liberales» o restrictivos sobre continuidad del suministro y refinanciación a clientes que se retrasen en sus pagos.
- Canales de cobro, más o menos «blandos» o expeditivos.

Los tópicos que acabamos de mencionar abren un debate entre la dirección de marketing y la de finanzas. Si no hay acuerdos muy rígidos en el sector sobre plazo a la clientela, la dirección comercial defenderá la extensión de plazos como arma de ventas. A la dirección financiera, esto le preocupa por varias razones:

- Necesidades financieras para cubrir esa inversión adicional en el valor de las cuentas por cobrar.
- Riesgo de que el ROA disminuya, si el aumento de la cuenta de clientes es proporcionalmente superior al aumento del BAIT generado por las nuevas ventas.
- Mayor riesgo de morosos e impagados. Con plazos más «generosos», se «animan» también a comprar clientes de los más débiles.

En materia de selección de clientes, alguien podría pensar que existen vías «técnicas» para escoger correctamente nueva clientela. Los informes y el estudio de los estados financieros que nos brinde el Registro Mercantil no son la solución definitiva. No existe solución definitiva (salvo que el cliente opere en un pueblo muy pequeño y tengamos amigos en esa plaza). Cualquier proceso de selección ofrece dudas que obligan a asumir riesgos:

- Vender poco (o no conseguir el objetivo de ventas), si nuestra selección no es un poco «valiente» o «liberal».
- Tener morosos e impagados, si tan atrevidos somos en el proceso de selección de nueva clientela.

También sustentarán opiniones contrapuestas los directivos de marketing y finanzas en materia de las condiciones especiales a ciertos clientes. ¿Qué condiciones van a ser esas? «Generosas» para la dirección de marketing, restrictivas para la dirección financiera. ¿A qué clientes se van a otorgar? ¿Dónde está la frontera entre los clientes que merecen esas condiciones especiales y los que no las merecen?

Se incline del lado que se incline la balanza, los riesgos alternativos repiten lo que hemos dicho en líneas anteriores. Pero dejar de discutir estos temas es perder oportunidades de «exprimir» todas las dimensiones de la política comercial de la empresa. Relegar a normas continuistas del pasado, tópicos de discusión como éste, es eludir uno de los «caballos de batalla» de la gestión actual de las empresas: la compleja política para la gestión de las cuentas a cobrar.

El debate entre finanzas y marketing sobre los «techos» o límites de crédito (en unidades monetarias) es una práctica muy poco frecuente en nuestro país. El tema suele discutirse a «toro pasado», cuando un cliente no paga. Es otro tema difícil, con fuerte carga política.

Cualquiera de los temas que hemos apuntado anteriormente, como los descuentos por pronto pago, intereses de demora, criterios de refinanciación y canales de cobro, también son objeto de debate entre marketing y finanzas.

El proceso que sigue es el mismo que hemos marcado anteriormente para la política de stocks de mercadería (empresas comerciales) o producto acabado (empresas industriales).

El director general es la «correa de transmisión» hacia el consejo. Cuando el consejo defina la política con clientes se inclinará hacia el lado del director financiero o del director de marketing.

El proceso de planificación respetará la inspiración política que provenga del consejo. Es evidente que al completarse el proceso de planificación y a la vista de las consecuencias económicas y también financieras que previsiblemente se alcanzan, el consejo de administración se dará a sí mismo la última oportunidad para reconfirmar sus políticas de activo circulante (o cambiarlas, si tan difíciles se presentan las cosas).

Con el acuerdo definitivo del consejo de administración, se empieza a operar en el departamento de marketing y en el de finanzas. Se debe operar disciplinadamente, siguiendo la inspiración política que dictó el consejo en materia de política con clientes. Así sabemos la normativa a aplicar a partir del día 2 de enero del año próximo[1]. Cualquiera que tenga experiencia sobre estos temas, sabe de sobra que el día 3 de enero, si no es sábado o domingo, empiezan los problemas ... clientes que se retrasan, pero compran mucho ... clientes que solicitan mayor aplazamiento ... no son grandes ... pero están estratégicamente situados en el mercado...

Habrá momentos en que el marco político, que inspiró el consejo de administración, se mostrará estrecho, ambiguo y no dará siempre respuesta plena a la lucha de intereses entre la finanza y el marketing. Es ahí donde surge la tarea de árbitro del director general. Él debe ser el intérprete de la norma política del consejo y derivar la balanza hacia los intereses comerciales o financieros. Si surgen demasiado frecuentemente problemas de refinanciación a clientes que se retrasan en sus pagos y el marco político dictado por el consejo se revela insuficiente, entonces será preciso que el director general reúna de nuevo al consejo de administración y se profundice en la normativa sobre refinanciaciones. Ahí jugará con fuerza y efectividad la frecuencia de reuniones de la más alta instancia de gestión. Es en estos casos difíciles cuando más se agradece la labor de los cargos que a modo de «bisagra» enlacen el consejo con las más altas instancias ejecutivas.

En el título de este capítulo hemos situado al director de marketing y al de finanzas en las antípodas del proceso de planificación. ¿Qué quiere ello decir?

Entenderlo constituirá una buena forma de aproximarnos a una visión más detallada del papel del marketing y la finanza en el proceso de planificación.

El compromiso principal del director de marketing es proporcionar el plan de ventas con expresión de los medios para alcanzarlo.

El compromiso del director financiero es confeccionar o instrumentar tres documentos básicos y un documento «bisagra». Éstos son:

- El estado previsional de resultados.
- El cuadro de movimientos previsionales de activo y pasivo circulante (éste es el documento «bisagra»).
- El presupuesto financiero o presupuesto de tesorería.
- El balance previsional.

La instrumentación del plan de ventas supone un enorme esfuerzo de concreción de las directrices estratégico-políticas dimanantes del consejo de administración.

El desafío profesional para la dirección de marketing es importante. Es la persona que, entre los directores de departamento, asume mayor riesgo profesional en el proceso de planificación.

El director financiero tiene durante el proceso de planificación una faceta cómoda y otra incómoda o difícil.

La comodidad le viene de que tanto el estado previsional de resultados como el presupuesto de tesorería y el balance previsional son documentos que se limitan a ir recogiendo lo que otros departamentos empresariales han planificado. Debe hacerlo de acuerdo con una normativa técnica rigurosa. Si durante el desarrollo del ejercicio se introdujeran cambios en la planificación inicial, el director financiero volverá a limitarse a recogerlos sin más.

El director de marketing puede cometer errores en la estimación del crecimiento dictado por el consejo, cuando él lo ha de concretar por áreas o delegaciones de venta, por productos, por canales de ventas, ... por vendedor. Su experiencia se pone a prueba, su capacidad profesional está en juego en el momento de estimar expectativas más concretas que las de amplio espectro que dictó el consejo de administración.

Cuando el director financiero debe instrumentar el estado previsional de resultados lo hace siguiendo la pauta de estructuración que vimos en el capítulo 4. La cifra de ventas netas le viene estimada por el plan de ventas. Los costos variables de materia prima le vienen condicionados por las expectativas de precios de compra que le indica el departamento de producción. No añade ni quita nada, se limita a recoger y estructurar debidamente la información que le va llegando.

Los costos de personal son facilitados por el departamento de recursos humanos a partir de las necesidades que les han expresado otros departamentos.

Las amortizaciones son función de dos fuentes de información distintas. Por un lado, las fichas en donde figura la vida útil de los elementos existentes. Por otro lado, las especificidades de los *nuevos* elementos de activo fijo amortizable sugeridos por todos los departamentos.

El director de marketing nutre unos cuantos epígrafes del estado previsional de resultados:

- Ventas netas.
- Comisiones sobre ventas.
- «Royalties».
- Promociones.
- Personal.
- Publicidad.
- Amortización de: estudios de mercado, patentes, derechos, diseños, *software* informático, campañas de lanzamiento, etc.

Descrito como documento «bisagra», hemos enunciado el cuadro de movimientos previsionales de circulante. Este cuadro es crucial, complejo en la realidad de las empresas, no por su aproximación técnica, sino por la variedad y versatilidad de información que contiene. Este cuadro ha de ser el fiel reflejo de las dos políticas clave sobre activo circulante que han debatido finanzas y marketing.

La decisión sobre la política de stocks de producto acabado condiciona el plan de producción. Veámoslo:

Producción > Ventas, cuando la política comercial es expansiva en materia de stocks de producto acabado.

Producción < Ventas, cuando la política comercial debe optar por la vía de la austeridad en los niveles de stock de producto acabado.

Producción = Ventas (a precio de coste)
– Stock inicial de producto acabado
+ Stock final de producto acabado

El debate previo entre marketing y finanzas ilustra el posterior debate en el consejo de administración. La decisión política del consejo condiciona y marca definitivamente el plan de producción.

La planificación se ordena así:

- Primero, la venta.
- Segundo, una «herramienta» comercial llamada stock de producto acabado.
- Tercero, el plan de producción.

Cuando el plan de producción está preparado, surgirán diversidad de medios necesarios para realizar este plan. Uno de ellos es lógicamente la utilización de materias primas.

Si la empresa fuera comercial, se hablaría directamente de un plan de necesidades de mercadería.

En la empresa industrial, el plan de necesidades de materia prima no es sinónimo del plan de compras de materia prima.

Es preciso conocer previamente la política, liberal o restrictiva, sobre niveles de existencia de materia prima para determinar el plan de compras.

Conocido el plan de compras y conocidas las condiciones de pago a los proveedores de materias primas, puede prepararse el plan de pagos a proveedores, que se convierte lógicamente en un epígrafe importante del presupuesto financiero o de tesorería que prepara el director financiero de la empresa.

El primer documento –responsabilidad de la dirección financiera– que inspira la dirección de marketing es el estado de resultados ya descrito. A este documento inicial –necesariamente inicial o primero– sigue el documento «bisagra» de los movimientos previsionales de circulante. Este segundo documento es fruto del «conflicto-colaboración» entre el departamento de marketing y el de finanzas. A estos dos documentos seguirán indistintamente –sin orden predeterminado– el presupuesto de tesorería y el balance previsional. Estos dos últimos documentos serán descritos a continuación. (Veremos las claves de su instrumentación de forma práctica en el caso Pronasa). Se trata de dos documentos que reflejan todas las grandes decisiones contenidas previamente en el estado previsional de resultados y en el cuadro de movimientos previsionales de circulante. El director financiero añade a estos dos cuadros un conjunto de vicisitudes y datos típicamente financieros. Se trata, pues, de dos documentos que recaen fundamentalmente dentro de su área.

El proceso de planificación, tal como lo hemos descrito hasta ahora, viene esquematizado por el contenido de la figura 3. En ella vemos el recorrido lógico desde el plan de ventas hasta el presupuesto financiero y balance previsional.

El presupuesto de tesorería, si bien es un documento de la entera responsabilidad del departamento financiero, debe presentar una estructura tal que respete todo lo que hemos explicado en los prime-

FIGURA 3

Marketing y finanzas... ¿en conflicto o en colaboración?

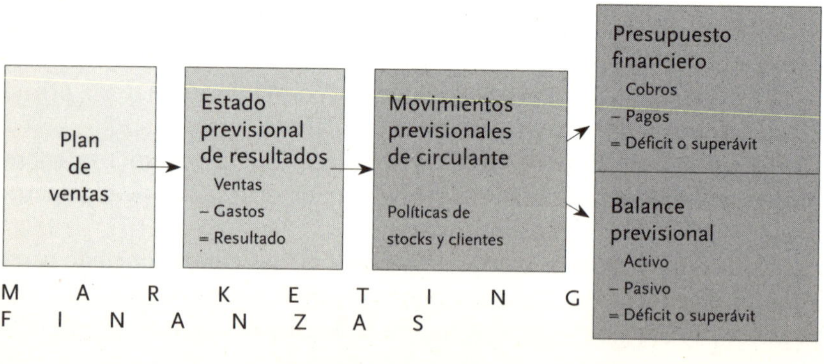

ros capítulos sobre el universo de la explotación y el de la financiación en el seno de la empresa. En este sentido, la función de marketing tiene en el presupuesto de tesorería un reflejo específico, claramente diferenciado del universo de la financiación y de la extrafuncionalidad. Veamos cómo y por qué.

Los cobros y pagos previsionales que muestra el presupuesto financiero de una empresa no pueden presentarse sin orden ni concierto, mezclando funciones de explotación (como el marketing o la producción) con funciones de financiación, como la devolución de créditos, el pago de intereses, dividendos, etc.

El presupuesto de tesorería debe constar de cuatro partes o cuatro bloques fundamentales:

1. El presupuesto de tesorería *ordinario,* corriente o de circulante.
2. El presupuesto financiero *extraordinario* (también llamado, un tanto incorrectamente, de capital o de «fijo»).
3. El efecto financiero del IVA.
4. La nueva norma sobre mínimos de efectivo.

1. Hablemos del *presupuesto financiero ordinario*. Este primer gran bloque del presupuesto de tesorería debe reseñar cobros y pagos previstos que cumplan un doble requisito:

a) Tales cobros y pagos deben tener su origen en movimientos de *explotación* exclusivamente.

b) Además de estar directísimamente conectados con movimientos de explotación, deben tener un carácter consustancial al «torrente» circulatorio esencial de la empresa.

Pongamos algunos ejemplos aclaratorios. Los cobros previstos por entregas de los clientes pertenecen al presupuesto ordinario de tesorería ya que tal cobro tiene su origen en las ventas y éstas son clarísimamente un movimiento de explotación. Por otra parte, los cobros de clientes, como las ventas que les han «dado a luz», pertenecen a lo más consustancial del torrente circulatorio de la empresa. Las actividades más esenciales y consustanciales a la vida humana son las de respirar, comer, ver, oír, ... las actividades fuera de las más corrientes son maravillosos viajes, la compra de la bicicleta de montaña de nuestros sueños, el recuerdo de las muchas veces que nos ha tocado la lotería, etc. Las actividades más esenciales y consustanciales a la empresa son: pagar a los proveedores, cobrar de los clientes, pagar al personal, etc.

2. Expliquemos ahora el contenido del presupuesto financiero *extraordinario*. Este segundo bloque del presupuesto general de tesorería consignará los cobros y pagos previstos que reúnan una de estas dos características:

a) Movimientos de dinero conectados directamente con la explotación de la empresa, pero que no ocurren habitualmente, consustancialmente, sistemáticamente...
b) Movimientos de efectivo no pertenecientes al «universo» de la explotación de la empresa.

Veamos algunos ejemplos: El pago previsto de una máquina se anotaría en el presupuesto de tesorería extraordinario, porque si bien pertenece a la explotación (función de producción) no tiene carácter habitual o consustancial. Se compran máquinas de cuando en cuando. Es más: no es absolutamente obligatorio comprarlas, si se pueden alquilar... y hay más todavía: no hace falta necesariamente alquilarlas, si podemos subcontratar contingentes de producción con talleres auxiliares. La diferencia entre el pago de la máquina y el pago de la mercadería es que la empresa no puede evitar comprar para vender; en cambio no es tan axiomático que deba invertir necesariamente en maquinaria ... porque puede alquilar, subcontratar, esperar a invertir, etc.

Otro ejemplo de un concepto que registraría el presupuesto financiero extraordinario, sería la previsión de pago de un estudio de mercado. Este pago previsto tiene su origen en una inversión de tipo funcional (de explotación) pero no en un gasto corriente o consustancial a la vida más esencial de la empresa.

Los pagos de publicidad son ambivalentes. La publicidad habitual «de mantenimiento» tiene su reflejo en el presupuesto de tesorería corriente u ordinario. En cambio, el pago de una campaña de lanzamiento a la que asignamos una vida útil o pervivencia de varios años pertenecería al presupuesto extraordinario.

¿Qué persigue en el fondo esta clasificación entre movimientos financieros ordinarios y extraordinarios? ¿Qué importancia tiene para el director de marketing?

Una forma de contestar a esta pregunta es pensar en el ejemplo de un tipo de empresa de dinámica financiera muy simplificada. Imaginemos el caso de un club de tenis. Mes tras mes de funcionamiento del club, se producen unas entradas y salidas de tipo ordinario o corriente. Los socios pagan una cuota mensual. El conjunto de cuotas reunidas ha de cubrir los pagos corrientes o habituales, como el mantenimiento de las instalaciones deportivas, la energía eléctrica, la limpieza, etc. Si el número de socios es suficiente, el club «vivirá» plácidamente cada mes. Un flujo mensual corriente de entrada y otro de salida se corresponden mutuamente... sin sobresaltos.

Supongamos ahora que este club desea expansionarse con la construcción de seis nuevas pistas de tenis, ... o la piscina, etc. Estamos ante una decisión de carácter inhabitual o extraordinario. Ciertamente que es una decisión que «conecta» con la vida del club, pero reviste un carácter excepcional o «solemne». En caso de que esa decisión no corriente se adoptara en firme, quedaría por decidir otra cuestión fundamental: ¿cómo se financian esas nuevas seis pistas de tenis o esa piscina?

La comisión gestora del club (consejo rector, junta de gobierno, comité social, etc.) podría optar entre hacerlo con una derrama por parte de los actuales y futuros socios o hacerlo con un préstamo a largo plazo otorgado por una caja de ahorros o un banco. Si la decisión de financiación recayera sobre esta segunda posibilidad, deberíamos asegurarnos de lo siguiente: las cuotas mensuales o corrientes de los socios deberán dejar un sobrante o excedente *financiero* tras cubrir los pagos mensuales o corrientes. Este excedente del flujo corriente es el que debe ir «devolviendo» o cubriendo los pagos mensuales del préstamo.

Luego, los gestores del club no pueden ni deben endeudar a su entidad más allá de lo que el *sobrante corriente* permita.

Digamos que «idealmente», «teóricamente», el presupuesto corriente ha de ser excedentario y en tanto en cuanto es excedentario, se convierte en la «plataforma» que posibilita un presupuesto extraordinario.

Un ejemplo de otro orden: la primera condición para poder realizar una sencilla caminata de veinticinco kilómetros es tener las rodillas en buen estado de salud. Una condición para abordar una caminata, de rango medio y todavía popular, de cuarenta kilómetros es un grado de entrenamiento aceptable. Por último, es condición imprescindible para abordar marchas largas como las de sesenta a cien kilómetros, un buen nivel de entrenamiento y una fuerza física fuera de lo corriente.

Si a una persona, tras un paseo de veinticinco kilómetros, le dolieran las rodillas, podría equivocadamente exclamar: «era una marcha muy larga, no se deben cometer tales barbaridades, nunca más caminaré estas distancias para atletas de elite...».

Se equivoca si culpa a la longitud de la marcha. El problema son sus rodillas. Debe ir al médico porque lo que le ocurre no es normal.

Si tras una marcha, tan popular como la de cuarenta kilómetros, una persona acusara fuerte dolor muscular, la culpa no la tiene la distancia (que no es tan larga) sino el bajo nivel de entrenamiento con el que ha acometido esta caminata.

Una marcha de veinticinco kilómetros es una nimiedad, incluso para un excursionista novato, pero es desaconsejable a una persona con una dolencia de rodillas.

Una marcha de cuarenta kilómetros es perfectamente asequible para los miles de excursionistas que todos los años realizan la de Banyoles o l'Embardissada de la Garrotxa, pero es desaconsejable para una persona que no haya alcanzado un grado medio de entrenamiento.

Un presupuesto extraordinario de seis nuevas pistas de tenis es asequible para un club que genera un saludable excedente en su presupuesto ordinario.

Si un día aciago, ese club no pudiera pagar el importe del vencimiento mensual del préstamo, no debiera culpar al volumen de la inversión sino a su endeble presupuesto ordinario.

Haga que el médico le cure las rodillas y podrá caminar veinticinco kilómetros. Entrénese y podrá caminar cuarenta kilómetros.

Vigile su presupuesto ordinario, arréglelo y luego atrévase con el extraordinario.

No es cierto que al director de marketing no puedan llegar a preocuparle o a afectarle las posibles tensiones financieras de la empresa en que él trabaja.

Cuando eso ocurra, el director de marketing debe tener la preparación suficiente para leer el presupuesto de tesorería y cuestionarse (como cualquier cargo de responsabilidad en la empresa) lo siguiente:

- ¿Falla nuestro presupuesto financiero ordinario, ya de entrada?
- ¿Tenemos un adecuado presupuesto de tesorería ordinario pero nos hemos «embarcado» en un exagerado y ambicioso presupuesto extraordinario?

Quizás el presupuesto ordinario del club de tenis era positivo y saludable, pero un tanto modesto y lo que convenía hacer era construir tres nuevas pistas en lugar de seis.

El director de marketing no puede estar al margen de esta dinámica en su empresa. Él influye —como influyen otros directivos— en la capacidad generadora de fondos del presupuesto corriente:

- El volumen de ventas.
- El plazo de cobro de esas ventas.
- La necesidad de invertir en stock de producto acabado.
- El pago de gastos publicitarios, comisionistas, etc.

Pero también el director de marketing puede incidir sobre el presupuesto financiero extraordinario a través de las inversiones comerciales. A él –como a otros directivos– le conviene discernir hasta qué punto el presupuesto de tesorería ordinario permite o no permite el pago de ciertas inversiones que afectan al presupuesto de tesorería extraordinario.

Si el presupuesto financiero de una empresa se estructura como acabamos de explicar, lo convertimos en un documento de amplio uso en el seno de la organización. Pero ese objetivo se logra si además los usuarios de ese documento entienden lo que significa presupuesto financiero ordinario y extraordinario.

Ahora que conocemos la «intención» de esta estructuración del presupuesto financiero, podemos entender la clasificación de algunas otras partidas.

¿En dónde consignaremos el pago mensual de un préstamo a diez años? Lo haremos en el presupuesto extraordinario, porque este movimiento de pago no pertenece a la explotación de la empresa sino a la financiación de la misma. Sobre la diferencia entre el universo de la explotación y el de la financiación, hemos hablado suficientemente en el capítulo 2, no hemos cambiado la línea inicial, pero ahora podemos ver toda su potencia prospectiva, su significada importancia en la estrategia y la política de la empresa.

Podríamos hacernos otra pregunta antes de dejar estas explicaciones. Esta pregunta la dirijo a usted paciente lector de este libro. (Observe que en capítulos anteriores le he llamado amable y atento. Ahora ya le llamo paciente y a partir del próximo capítulo le daré el título de «heroico»).

La pregunta que le planteo es la siguiente: usted es el director de marketing de una empresa que hasta ahora venía cobrando de su clientela a 60 días. Las condiciones del mercado se están liberalizando. Los viejos acuerdos de otros tiempos sobre mantenimiento férreo de condiciones a la clientela se están diluyendo por momentos.

En un estira y afloja entre usted y el director financiero, es finalmente usted el que le convence para que él también proponga a la dirección general una ampliación del plazo de cobro de 60 a 90 días. Es muy posible que el consejo de administración ante una propuesta consensuada entre marketing y finanzas diga que sí.

¡Por fin: boda finanzas-marketing! (¿Recuerda que se lo prometí al principio del libro?).

Pero el director financiero le avisa un poco taciturno: «Los intereses de descontar en la caja de ahorros y/o el banco, estas nuevas letras de plazo más largo, los cargaré al capítulo comercial del presupuesto financiero ordinario».

¿Puede el director financiero hacer tal cosa? Esta es la pregunta. Ahora usted, pacientísimo lector, cierre el libro y contéstela por escrito. Luego vuelva a abrir el libro y compruebe si coincidimos en la respuesta.

Si coincidimos, puede usted telefonearme e invitarme a cenar, agradecido por lo que ha aprendido.

Si no coincidimos y además no cree en mi respuesta, llámeme por teléfono e invíteme a cenar para que yo intente convencerle de mi punto de vista.

El director financiero cometería un error técnico y una «injusticia» con usted si cargara pagos de gastos financieros al presupuesto financiero corriente y ... además ... ¡a comercial! ¡Será bellaco! ¡Bonita manera de estropear una boda tan anunciada!

¿Por qué?

Es cierto que la dirección de marketing es el motor de un cambio que afecta al volumen del activo. Al prolongar el plazo a la clientela en 30 días sobre los 60 existentes, el volumen de cuentas por cobrar aumentará. Me parecería justo y adecuado que el director general espere un efecto favorable sobre las ventas (aumento o minoración de una caída en caso de recesión general) y que le apunte a usted como motor o responsable del posible éxito o fracaso de esa inversión en cuentas por cobrar.

También me parece justo y adecuado que se juzgue el efecto de esta medida sobre el presupuesto financiero corriente. Obviamente, si las ventas no suben mucho, los cobros disminuirán su valor a corto plazo porque cobramos 30 días más tarde. Si las ventas aumentaran, también subirían los costos y consiguientemente los pagos en el presupuesto ordinario. Es indudable que la medida aconsejada por usted, como director de marketing, crea tensión en el presupuesto ordinario, pero eso no es en sí mismo nada malo. Es un desafío, con su lado difícil y también su perspectiva halagüeña.

Su propuesta como director de marketing ha sido refrendada por el director financiero (a nivel de colegas) y por el director general y el consejo de administración (a nivel de superiores suyos). El refrendo es un gran apoyo, pero no quita fuerza al hecho de que a usted, valiente león del marketing, se le identifica como el motor del cambio. Se le juzgará por el éxito o el fracaso de esta medida... todos la autorizaron, pero usted la propuso.

Pero su propuesta, como director de marketing, sobre una *partida del activo,* no arrastra inexorablemente la decisión, *ajena a usted,* sobre el pasivo que se utiliza para financiarla.

El consejo es soberano para optar entre capital propio y deuda. Si el consejo de administración elige el descuento de letras como medio de financiación, eso no le concierne a usted para nada, como director de marketing. Los gastos financieros que reporte ese descuento de letras no pueden, en modo alguno, formar parte del presupuesto corriente de la entidad, puesto que no pertenecen al universo de la explotación. Si en vez de financiar la inversión en cuentas por cobrar por medio del descuento de letras, se hubiera hecho mediante una ampliación de capital (no hay ninguna ley que lo prohíba) no se producirían intereses... ¿cambiaría eso el presupuesto financiero corriente?

Al presupuesto corriente u ordinario de tesorería, no debe afectarle para nada el cómo se financia una empresa. El presupuesto financiero ordinario es el «reino» de profesionales como el director de marketing o el de producción. En ese reino de profesionales solamente se miden las expectativas financieras que presumiblemente arrojará el día a día del próximo ejercicio.

El presupuesto extraordinario recoge el pago de las inversiones en activo fijo y las devoluciones de préstamos y el pago de intereses, es decir todo aquello que debemos separar de la visión más elemental y esencial del estricto «pervivir» diario de la empresa.

Decíamos, al presentar la estructura del presupuesto financiero, que éste se dividía en cuatro bloques. Los dos primeros ya han sido descritos. Daremos una breve explicación de los otros dos... breve porque no conciernen a la función comercial en la empresa.

Los dos bloques no comentados todavía son:

3. El efecto financiero del IVA.
4. La nueva norma sobre mínimos de efectivo.

El efecto financiero del IVA se controla mediante la previsión de cobros a clientes, destacando solamente el IVA repercutido en las facturas. De los pagos previstos se separan también los importes de IVA que soporta la empresa. Por otra parte se efectúa también una previsión de las cifras que deben pagarse a Hacienda. La componente final de estos movimientos puede ser favorable o adversa. Puede y suele ser adversa para empresas que efectúan inversiones crecidas en activo fijo o que aumentan sus ventas acompañándose de un prolongado plazo de cobro a clientes.

La nueva norma sobre mínimos de efectivo es una revisión (del actual saldo de liquidez) que protagoniza el departamento financiero de la empresa. Cuando se demuestra que, históricamente, los saldos de efectivo han sido demasiado bajos y poco operativos se procede a revisar los mismos al alza. Esta decisión de futuro suele tener una componente técnica y otra política. La componente técnica viene dada por la experiencia del responsable de la sección de tesorería y la política por el consejo de administración, al fijar niveles de riesgo, de seguridad y cuestiones de imagen en el volumen mínimo de efectivo de la empresa.

El último documento que integra el proceso de planificación de la empresa es el balance previsional. El interés de la dirección de marketing sobre el balance previsional se centra exclusivamente en el volumen del activo planificado.

El activo fijo bruto previsto se instrumenta a partir del valor del balance del año anterior, añadiéndoles las inversiones comerciales, fabriles, logísticas, etc. que se han propuesto por los diversos directores de departamento.

En esta primera fase instrumental es deseable no actuar con excesivas cortapisas a las propuestas departamentales... el «recorte», si es necesario, se mostrará en el momento de discutir el origen de los problemas financieros que puedan aparecer frente al año próximo. De hecho, esta primera fase o primera «ronda» en el proceso de planificación es una prueba de «resistencia» de los diversos planes de inversión.

La planificación del activo fijo bruto se cierra teniendo en cuenta las bajas que puedan aparecer en los equipamientos, utillajes, mobiliario, vehículos, etc.

La dirección de marketing está presente en la instrumentación del valor del nuevo activo fijo bruto a través de inversiones típicamente comerciales como: mayores espacios de atención al cliente, de exposición, *hardware* y *software* informático, estudios de mercado, patentes, marcas, diseños, derechos, campañas de lanzamiento, campañas de imagen, etc.

Al activo fijo bruto siguen las previsiones sobre activo circulante. Las que afectan a la dirección de marketing son sobre mercancía, producto acabado, especificidades sobre existencias de embalajes, etiquetaje, etc... y la consabida sobre plazo a la clientela, criterios de selección, líneas de crédito a clientes, refinanciación, canal de cobro, etc...

El activo del balance previsional es el colofón del proceso de planificación. Técnicamente es sencillo, si la información comentada anteriormente ha fluido de forma adecuada. De esto volveremos a hablar más adelante.

La información o instrumentación del pasivo del balance previsional no es en términos generales un área de trabajo que involucre a la dirección de marketing. Sin embargo, vamos a hacer aquí una reflexión sobre una cuestión concreta que sí que tiene mucho interés para esta dirección departamental.

Cuando el director financiero vive la fase de instrumentación del presupuesto financiero y del pasivo del balance previsional, debe evitar la peregrina y «perversa» práctica de «entrometer» recursos financieros surgidos de su personal opinión. El hecho de que en una primera ronda instrumental del presupuesto financiero y del activo del balance, se demuestre que se necesitarán recursos financieros adicionales para el próximo ejercicio, no autoriza al director financiero a elaborar estrategias de financiación sobre la marcha.

La forma ortodoxa de tratar, en primera ronda, un presupuesto de tesorería y el pasivo del balance previsional es la de no improvisar recursos financieros –ni siquiera el descuento de letras ya existente– a fin de dejar aparecer la necesidad financiera del próximo ejercicio en toda su auténtica magnitud, sin fenómenos de financiación que la eclipsen total o parcialmente.

Ahí entra la dirección de marketing. La necesidad financiera que arroje el presupuesto de tesorería *debe ser analizada* antes de pensar en nuevos recursos financieros. En ese proceso de análisis se identificarán las responsabilidades de cada área funcional de la empresa y el marketing es una de ellas. Este es un tema que desarrollaremos en el próximo capítulo pero que hemos de anticipar ahora: no puede ni debe haber debate en el consejo de administración sobre nuevos recursos financieros, sin saber antes qué necesidad financiera va a tener la empresa y *por qué* tiene ese tipo y volumen de necesidades financieras. Lo mismo ocurriría con un excedente financiero. No puede ni debe haber debate sobre la aplicación o reinversión de excedentes sin conocer su cuantía y origen. La dirección de marketing tiene derecho a una explicación sobre el papel que ella juega en la generación de necesidades financieras frente al próximo ejercicio. Lo contrario de un análisis objetivo, será la más frívola y dañina «rumorología» sobre los «agentes provocadores» de necesidades financieras. Volveremos sobre este tema en el próximo capítulo, pero acabamos de presentar una de las más serias responsabilidades de finanzas y marketing, cuando se instrumentan presupuestos financieros y consiguientemente se afrontan problemas financieros frente al futuro.

Existe otra razón de mucho peso para defender la no administración previa de recursos financieros en la primera ronda instrumental de la planificación. Cuando se produzca un debate sobre estrategia financiera (y no una simple recomendación aislada del director financiero), defenderemos el hecho de que la estrategia financiera de una empresa tiene una vertiente de pasivo (capital o deuda) y otra de activo, así como de replanteo de objetivos. En estas dos últimas involucraremos de lleno al director de marketing... ¿le suena raro? Déjeme que defienda esa idea en el próximo capítulo. Pero es que voy a ir más lejos ... en la estrategia financiera del más puro pasivo –capital o deuda– vamos a pedir también la presencia del director de marketing. Accionistas y banqueros no deben renunciar a tener como interlocutores al director financiero..., pero lo que es nuevo... es que empiecen a pedir la presencia del director de marketing, como algo normal, cuando se hable del proyecto de construcción del futuro de cualquier empresa.

Vamos a cerrar la parte teórica de este capítulo con una última reflexión. Consiste en una vieja experiencia de enfrentamiento entre el marketing y las finanzas que espero ayudemos a disipar con un par de recomendaciones.

En páginas anteriores ya hemos dicho que el director financiero tenía, en el proceso de planificación, una faceta cómoda y otra incómoda. La vertiente cómoda de su tarea era la de no arriesgar información prospectiva (como sí que arriesga el director de marketing). La faceta incómoda proviene del calendario del proceso de planificación. Este calendario, se mire como se mire, suele ir ajustado en las fechas.

No podemos planificar, a corto plazo, en los meses de primavera distantes todavía del próximo ejercicio. Si a finales de septiembre o primeros de octubre se ha formalizado ya el plan de ventas, falta todavía mucha información por recabar. En una empresa industrial, el plan de producción debería estar listo a primeros de noviembre. Los documentos de carácter económico-financiero debieran estar listos a finales de noviembre o primeros de diciembre a fin de disponer de un mes aproximadamente para poderlos analizar primero y debatir después (entre todos) para elaborar una estrategia financiera (capítulo siguiente).

Es obvio que si el director financiero debe cerrar sus primeros datos previsionales, un mes antes del cierre del año presente, se preocupe de no llegar tarde a la cita. Él es el último del proceso, tiene la incómoda posición, el riesgo en suma, de recoger los retrasos de los demás departamentos. Marketing es uno de esos departamentos que le pueden provocar retrasos si el plan de ventas no está a punto por lo menos un par de meses antes del final de la primera ronda presupuestaria.

Además de un problema de calendario, suele haber un problema de lenguaje. Los conceptos manejados en los planes de ventas, planes de inversiones comerciales y gastos del departamento comercial deberían adaptarse a la terminología del estado previsional de resultados, cuadro de movimientos previsionales de circulante, presupuesto financiero y balance previsional. No siempre hay adaptación. Esto suele provocar una pugna entre marketing y finanzas.

Cuando el director financiero teme retrasos o los empieza a sufrir por causa de demoras por parte de la dirección de marketing... se angustia, se enerva y se moviliza presionando a su colega profesional comercial. La presión –con razón o sin ella– puede molestar a los estamentos comerciales que en todo caso pueden acabar contestando que ellos no responden ante el director financiero –su igual– sino ante el director general –su superior–.

Hemos dicho que formularíamos un par de recomendaciones sobre este conflicto marketing-finanzas (también existe naturalmente el conflicto producción-finanzas, pero esto sería objeto de otro libro... tan extenso como éste). La primera recomendación cae por su propio peso, tras el contenido del párrafo precedente.

Todo proceso de planificación necesita un coordinador o catalizador, un verdadero director de orquesta que coordine el proceso y además lo dinamice. Este coordinador debe tener autoridad delegada de gerencia. Puede ser un director adjunto, un subdirector de planificación o un asesor externo a la compañía si ésta no puede mantener cargos de este tipo o prefiere beneficiarse de la experiencia de un asesor externo que haya coordinado muchos procesos de planificación en diversidad de empresas. Esta persona ha de limar las asperezas, retrasos y problemas de lenguaje en un proceso de planificación.

La segunda recomendación va en la línea de lo que defendemos repetidamente en este libro. La cultura interdepartamental. El conocimiento conceptual y práctico de las tareas del director financiero por parte de los directivos comerciales y viceversa es un aspecto fundamental para ir disipando amargos roces en la dinámica del proceso de planificación.

Así cerramos la parte teórica de este capítulo. En estas páginas finales hemos abierto la puerta de los dos principales temas del capítulo siguiente:

- El análisis transparente y abierto de las necesidades financieras futuras de la empresa, manifestando con claridad numérica la responsabilidad del departamento comercial.
- La participación de la dirección de marketing en la estrategia financiera de la empresa.

Caso práctico: Pronasa

- ***El papel de la nueva directora de marketing y del veterano jefe contable en el proceso de planificación económico-financiero.***

Meritxell Capdargent, nuestra conocida directora general de Pronasa, ha solicitado a la directora de marketing, a la dirección de producción, al responsable de logística y al veterano jefe de contabilidad sus planteos de futuro.

El consejo de administración ha aceptado en primera instancia el contenido de los diversos informes. Desea ahora ver el resultado previsional y las necesidades financieras a fin de confirmar o cambiar el planteo previsional inicial.

Informe de la directora de marketing

En línea con la estrategia expansiva preconizada por el consejo de administración, se puede prever un aumento de ventas del 18-19%, aproximadamente, hasta llegar a un nivel anual de 16.000 (cifras en miles de euros).

El incremento de la facturación se concentrará básicamente en dos cadenas hoteleras muy solventes y acreditadas que consumirán de forma acusada durante el segundo y tercer trimestre del año (junio, julio, agosto y septiembre).

Ello haría que la distribución de ventas del año no fuese regular:

1er. trimestre	2.560
2°. «	4.000
3er. «	5.600
4°. «	3.840
Total año	16.000

Las comisiones sobre ventas tendrían que revisarse, debiéndose aumentar hasta un 1,5% sobre ventas netas (a pagar en el mes que corresponda). Puede considerarse que la mitad de estas comisiones son percibidas por representantes y la otra mitad por vendedores de plantilla.

Se ha discutido con el departamento de contabilidad la cuestión del crédito a clientes. Las condiciones para el próximo año han de ser 60 días. Esta hipótesis ha sido muy abonada por el jefe de contabilidad. La hemos aceptado después de no pocas dudas y consultas a clientes bastante significados.

También se ha debatido el tema del volumen de stocks de producto acabado y se ha acordado que, para finales de año, este stock no debía crecer más del 16% respecto al año anterior, aunque el incremento de ventas fuese del 18-19%. También aquí hemos cedido terreno. Es comprensible, si se tiene en cuenta lo que comentará más adelante la dirección de producción.

El stock de septiembre debería alcanzar como mínimo un valor de 50.000 euros a fin de que no se produzca una rotura de stocks, ya que las ventas de verano se prevén fuertes.

Este stock se dejará fluctuar durante el año, con el fin de conseguir una producción estable durante todo el ejercicio, respetando el mínimo de septiembre. En el tema de la producción estable, la jefatura de contabilidad no se mostraba demasiado favorable debido al aumento fuerte de stock de producto acabado que puede producirse en épocas de bajas ventas. Comercialmente nos interesa tener siempre el stock surtido. Finalmente, el jefe de contabilidad ha aceptado nuestra propuesta y la del departamento de producción.

El presupuesto de publicidad ascenderá a 480.000 euros, repartidos a lo largo del año y que se pagarán al contado.

Informe de la jefatura de fábrica

No se prevén inversiones en inmovilizado, debido al período de expansión de equipamientos que acaba de pasar la empresa, pero las amortizaciones del año anterior deberían aumentarse en 10.000 euros por considerarse algo insuficientes.

El coste de materia prima seguiría la línea de proporción del año anterior. Se avisará a gerencia y marketing de las alteraciones de precios de compra para poder repercutirlas de inmediato sobre los precios de venta.

Se debatió con contabilidad el nivel adecuado de stock de materia prima y se decidió que como objetivo de final de año éste debía ser aumentado en un 5%.

El stock de producto en curso se aumentaría en un 10%.

Los grupos que trabajan a destajo representarían un coste del 1,25% sobre ventas netas.

El pago a proveedores de materias primas debería continuar en 30 días.

Informe de la dirección de logística

El coste de la distribución se ha concertado con un servicio exterior. Se ha formulado un presupuesto de 320.000 euros, variable al alza o a la baja si los volúmenes transportados variasen sensiblemente respecto a la previsión de actividad que ha formulado la jefatura de marketing. Estos gastos se pagarán al contado (la red propia de vehículos sólo cubre la ciudad de Barcelona).

Informe del jefe de contabilidad

Las necesidades de personal que han formulado los diversos departamentos representan un coste de 750.000 euros con dos pagas extras (junio y diciembre).

Los gastos fijos restantes alcanzarán un nivel neto de 1.086.000 euros de los cuales hay un importe de desplazamiento de 48.000 euros que se pagará bimensualmente (empezando en febrero).

Respecto a clientes morosos se espera cobrar, con fundamento, un importe de 80.000 euros, repartidos entre marzo, abril, mayo y junio.

En una primera aproximación se mantendrá la previsión de los gastos financieros del último año, a pagar trimestralmente de forma lineal.

La cuenta de deudores varios se cobrará en su totalidad el mes de febrero.

Se prevé pagar a proveedores de equipo 42.500 euros trimestralmente hasta la total extinción de esa deuda.

El préstamo de la Caixa Comarcal se pagará de acuerdo con el pacto inicial, pero después será necesario replantear los vencimientos con el delegado de nuestra zona.

La póliza de crédito vence en abril.

Las previsiones de pagos de impuestos son de 140.000 euros en julio.

Sería necesario tener una cierta austeridad con el dividendo prometido; pueden pagarse 14.000 en junio y dejar el resto para discutir más adelante.

Convendría pagar los préstamos de accionistas (70.000 en junio y 70.000 en diciembre).

La cuenta de acreedores diversos vence en marzo (74.000).

Será necesario mantener el próximo año en la cuenta de efectivo un saldo medio sensiblemente constante de 300.000 euros.

El actual volumen de efectos descontados vence para mediados de enero y febrero.

El IVA soportado de proveedores es del 3%.

El IVA repercutido a clientes es del 6%.

El IVA soportado del resto de gastos es del 15%.

El estado previsional de resultados ha sido instrumentado con periodicidad mensual. Esta es una periodicidad de uso muy frecuente y que nos permitirá al año siguiente efectuar un contraste con la realidad contable mensual.

Sin embargo, la dirección de marketing ha facilitado unos volúmenes de ventas de carácter trimestral. Puede observarse cómo los valores trimestrales se han dividido simplemente por tres para obtener previsiones mensuales. Quizás el paciente lector se sorprenda de la osada frivolidad con que se ha hecho el cálculo mensual pero acudimos enseguida a tranquilizar sus ánimos. Si la empresa tuviera experiencias anteriores suficientemente consistentes sobre volúmenes mensuales de ventas podría haberse «afinado» la previsión mensual. Pero los datos de las páginas anteriores nos informan de que el importante crecimiento de ventas va a tener lugar con dos firmas hoteleras que consumirán de manera importante en los meses de verano. Esto nos indica que el ritmo mensual de años anteriores no se va a ajustar a la previsión que Pronasa efectúa para el año siguiente. De no hallarse un sistema efectivo para elaborar ventas previsionales mensuales, puede aceptarse una simple periodificación. En la práctica y en demasiadas ocasiones hemos visto perder tiempo tras ciertos intentos de ajustar las ventas con series observadas en el pasado. Con dispersiones interanuales exageradas y series poco consistentes, este esfuerzo puede ser una exquisita pérdida de tiempo. Los datos reales del año siguiente invalidan cifras mensuales, que únicamente se llegan a «salvar» bastante en la perspectiva trimestral o cuatrimestral.

En este caso y ante un cambio tan acusado en el comportamiento de la demanda, la directora de marketing, inmediatamente, ha for-

Estado previsional de resultados

	Enero	Febrero	Marzo	Abril	Mayo	Junio	Julio	Agosto	Septiem.	Octubre	Noviem.	Diciem.	Total
VENTAS NETAS	853,3	853,3	853,3	1.333,3	1.333,3	1.333,3	1.866,7	1.866,7	1.866,7	1.280,0	1.280,0	1.280,0	16.000,0
COSTES VAR. FAB.													
Materia prima	639,9	639,9	639,9	999,9	99,9	999,9	1.399,8	1.399,8	1.399,8	959,9	959,9	959,9	11.998,2
Mano de obra	10,7	10,7	10,7	16,7	16,7	16,7	23,3	23,3	23,3	16,0	16,0	16,0	200,0
TOTAL COSTES VAR. FAB.	650,6	650,6	650,6	1.016,5	1.016,5	1.016,5	1.423,1	1.423,1	1.423,1	975,9	975,9	975,9	12.198,2
COSTES VAR. CIALES.													
Comisiones	12,8	12,8	12,8	20,0	20,0	20,0	28,0	28,0	28,0	19,2	19,2	19,2	240,0
Distribución	17,1	17,1	17,1	26,7	26,7	26,7	37,3	37,3	37,3	25,6	25,6	25,6	320,0
TOTAL COSTES VAR. CIALES.	29,9	29,9	29,9	46,7	46,7	46,7	65,3	65,3	65,3	44,8	44,8	44,8	560,0
MARGEN BRUTO	172,9	172,9	172,9	270,1	270,1	270,1	378,2	378,2	378,2	259,3	259,3	259,3	3.241,8
COSTES FIJOS													
Gastos de personal	62,5	62,5	62,5	62,5	62,5	62,5	62,5	62,5	62,5	62,5	62,5	62,5	750,0
Amortizaciones	15,0	15,0	15,0	15,0	15,0	15,0	15,0	15,0	15,0	15,0	15,0	15,0	180,0
Gastos fijos restantes	90,5	90,5	90,5	90,5	90,5	90,5	90,5	90,5	90,5	90,5	90,5	90,5	1.086,0
TOTAL COSTES FIJOS	168,0	168,0	168,0	168,0	168,0	168,0	168,0	168,0	168,0	168,0	168,0	168,0	2.016,0
BAIT	4,9	4,9	4,9	102,1	102,1	102,1	210,2	210,2	210,2	91,3	91,3	91,3	1.225,8
GASTOS FINANCIEROS	69,0	69,0	69,0	69,0	69,0	69,0	69,0	69,0	69,0	69,0	69,0	69,0	828,0
BAT	−64,1	−64,1	−64,1	33,1	33,1	33,1	141,2	141,2	141,2	22,3	22,3	22,3	397,8
BAT ACUMULADO	−64,1	−128,2	−192,3	−15,92	−126,0	−92,9	48,3	189,5	330,8	353,1	375,4	397,8	397,8

mulado expectativas trimestrales. Se han reducido a valores mensuales por simple fragmentación, sin que ello deba preocuparnos ulteriormente, ya que en el momento de efectuar el control mensual de ventas, la dirección general de Pronasa deberá tener en cuenta esta circunstancia.

A la vista de los costes variables del estado previsional de resultados, la dirección de marketing adquiere el compromiso de una atención constante al tema de los precios de venta. Efectivamente en el capítulo 5 se dijo que se había conseguido un progreso y una ventaja formidables en materia de margen bruto. Ahora no se desea retroceder ni un milímetro en este logro, por ello la fidelidad al estado previsional de resultados obligará a repercutir de inmediato al cliente los aumentos de precios que la materia prima pudiera experimentar.

El estado previsional de resultados ilustra y anticipa muy bien el hecho de la sensibilidad del margen bruto con respecto a la cifra de ventas. El margen bruto del mes de julio es más del doble del que previsionalmente va a obtenerse en enero.

Este mismo efecto se aprecia muy claramente cuando se ha hecho el cargo de los gastos fijos. Pronasa no prevé alteraciones de estos conceptos a lo largo del año, luego en buena técnica contable, el gasto se ha periodificado a lo largo del año. Esto diferirá lógicamente del presupuesto de tesorería que recogerá la previsión de los pagos extraordinarios de junio y diciembre. Los conceptos de coste suelen no encajar con los conceptos financieros (pago). El impacto de los gastos fijos en los meses de margen bruto débil es muy acusado. Mientras que en enero y febrero estamos obteniendo un BAIT de 0,49, en julio y agosto se puede leer la cifra de 21,02.

En la óptica exclusiva de la dirección de marketing, el estado previsional de resultados podría finalizar con el BAIT ya que las expectativas sobre gastos financieros no conciernen a la directora de marketing de Pronasa.

Es más; suele darse el caso de que en una primera ronda instrumental, los artífices del estado previsional de resultados lo cierran en el BAIT. ¿Por qué? Nadie en Pronasa puede anticipar tan pronto la previsión de gastos financieros para el año próximo. Sería necesario calcular la necesidad financiera (pero no lo sabremos hasta no llegar a instrumentar el presupuesto de tesorería). Posteriormente analizar el origen de esa necesidad de financiación y ulteriormente debatir si nos procuramos recursos de capital o de deuda. Hasta que Pronasa no cierre el debate sobre estrategia financiera, no podrá formular con precisión una expectativa sobre gastos financieros. Esto hace comprensible que bastantes técnicos en planificación cierren el estado previsional de resultados a nivel del BAIT.

No obstante también es comprensible el enfoque de aquellas técnicas que consideran que seguir adelante en el proceso de planificación con coste financiero cero es un tanto utópico y prefieren «lanzar» una cifra contingente, sujeta a cambios, pero que imprima un cierto «castigo» al BAIT.

Ninguno de estos dos enfoques tiene la verdad en su mano. Ambos son vías respetables.

El jefe de contabilidad de Pronasa «lanza» *provisionalmente* (y no previsionalmente) una hipótesis de gastos financieros equivalente a la del año pasado. Esta cifra no será definitiva, ni mucho menos. Él lo sabe; no es un error, es una forma de tener una cifra contingente de soporte para variarla luego, tras el debate del consejo de administración sobre estrategia financiera.

Lo que sí que supone un error de método es la afirmación del jefe de contabilidad en virtud de la cual va a ser preciso refinanciar la deuda a largo plazo con la Caixa Comarcal. Es una afirmación prematura y carente de fundamento. Es el tipo de afirmación que puede hacer daño a Pronasa, si además de decirse temerariamente en un informe interno, se comete el desliz de decirlo a algún directivo de la Caixa Comarcal. No pueden formularse opiniones de este calibre, hasta que no se alcance la instrumentación del presupuesto de tesorería, se analice la necesidad financiera que éste muestre y se debatan las propuestas de afirmación. En el capítulo siguiente veremos que esta afirmación no es tan sólo prematura sino además errónea. Se comentará la razón de todo ello.

La primera parte del cuadro de movimientos de circulante nos permite ver las magnitudes, cuya previsión depende de la dirección de marketing. Por un lado, aparecen las ventas –aunque expresadas a precio de coste– y, por el otro, la política de stock de producto acabado.

Las cifras tomadas en consideración se resumen en la última columna de la derecha. En ella aparecen las cifras totales manejadas. Se ha partido de un volumen de stock inicial de producto acabado que conocemos a partir del balance de final de año anterior. Pero: ¿cómo conoce el contable de Pronasa el saldo final de productos terminados, si este tipo de cálculos que estamos abordando debieran producirse normalmente a principios de noviembre?

Cuadro de movimientos previsionales de circulante (1.ª parte)

MOVIM. DE STOCKS	ENERO	FEBRERO	MARZO	ABRIL	MAYO	JUNIO	JULIO	AGOSTO	SEPTIEM.	OCTUBRE	NOVIEM.	DICIEM.	TOTAL
Stock inic. prod. acabado	86,0	461,5	837,0	1.212,5	1.222,1	1.231,6	1.241,2	844,1	447,1	50,0	66,6	83,2	86,0
– Ventas a precio coste	650,6	650,6	650,6	1.016,5	1.016,5	1.016,5	1.423,1	1.423,1	1.423,1	975,9	975,9	975,9	12.198,2
+ Entradas fabricación	1.026,1	1.026,1	1.026,1	1.026,1	1.026,1	1.026,1	1.026,1	1.026,1	1.026,1	992,4	992,4	992,4	12.212,0
STOCK FINAL PROD. ACAB.	461,5	837,0	1.212,5	1.222,1	1.231,6	1.241,2	844,1	447,1	50,0	66,6	83,2	99,8	99,8
Stock inic. prod. curso	540,0	536,1	532,2	528,3	524,4	520,5	516,6	512,7	508,7	504,8	534,6	564,3	540,0
– Fabricación	1.026,1	1.026,1	1.026,1	1.026,1	1.026,1	1.026,1	1.026,1	1.026,1	1.026,1	992,4	992,4	992,4	12.212,0
+ Entradas a producción	1.022,2	1.022,2	1.022,2	1.022,2	1.022,2	1.022,2	1.022,2	1.022,2	1.022,2	1.022,2	1.022,2	1.022,2	12.266,0
STOCK FINAL PROD. CURSO	536,1	532,2	528,3	524,4	520,5	516,6	512,7	508,7	504,8	534,6	564,3	594,0	594,0
Stock inic. mat. primas	134,0	134,6	135,1	135,7	136,2	136,8	137,4	137,9	138,5	139,0	139,6	140,1	134,0
– Salidas almacén	1.005,4	1.005,4	1.005,4	1.005,4	1.005,4	1.005,4	1.005,4	1.005,4	1.005,4	1.005,4	1.005,4	1.005,4	12.064,9
+ Compras (sin IVA)	1.006	1.006,0	1.006,0	1.006,0	1.006,0	1.006,0	1.006,0	1.006,0	1.006,0	1.006,0	1.006,0	1.006,0	12.071,6
STOCK FINAL MAT. PRIMAS	134,6	135,1	135,7	136,2	136,8	137,4	137,9	138,5	139,0	139,6	140,1	140,7	140,7

Cuadro de movimientos previsionales de circulante (1.ª parte, continuación)

MOVIM. PROVEEDORES		ENERO	FEBRERO	MARZO	ABRIL	MAYO	JUNIO	JULIO	AGOSTO	SEPTIEM.	OCTUBRE	NOVIEM.	DICIEM.	TOTAL
Saldo anterior		686,0												
Compras	Enero		1.036,1											
	Febrero			1.036,1										
	Marzo				1.036,1									
	Abril					1.036,1								
	Mayo						1.036,1							
	Junio							1.036,1						
	Julio								1.036,1					
	Agosto									1.036,1				
	Septiembre										1.036,1			
	Octubre											1.036,1		
	Noviembre												1.036,1	
	Diciembre													1.036,1
Total pagos brutos		686,0	1.036,1	1.036,1	1.036,1	1.036,1	1.036,1	1.036,1	1.036,1	1.036,1	1.036,1	1.036,1	1.036,1	12.083,6
Pago de IVA soportado		20,0	30,2	30,2	30,2	30,2	30,2	30,2	30,2	30,2	30,2	30,2	30,2	351,9
TOTAL PAGOS NETOS		666,0	1.006,0	1.006,0	1.006,0	1.006,0	1.006,0	1.006,0	1.006,0	1.006,0	1.006,0	1.006,0	1.006,0	11.731,6
Saldo inicial proveedores		686,0	1.036,1	1.036,1	1.036,1	1.036,1	1.036,1	1.036,1	1.036,1	1.036,1	1.036,1	1.036,1	1.036,1	686,0
Compras netas		1.006,0	1.006,0	1.006,0	1.006,0	1.006,0	1.006,0	1.006,0	1.006,0	1.006,0	1.006,0	1.006,0	1.006,0	12.071,6
IVA soportado/compras		30,2	30,2	30,2	30,2	30,2	30,2	30,2	30,2	30,2	30,2	30,2	30,2	362,1
Pagos brutos proveed.		686,0	1.036,1	1.036,1	1.036,1	1.036,1	1.036,1	1.036,1	1.036,1	1.036,1	1.036,1	1.036,1	1.036,1	12.083,6
SALDO FINAL PROVEED.		1.036,1	1.036,1	1.036,1	1.036,1	1.036,1	1.036,1	1.036,1	1.036,1	1.036,1	1.036,1	1.036,1	1.036,1	1.036,1

Todo proceso de planificación, y el de Pronasa no es una excepción, requiere manejarse con el llamado «balance pro-forma». Este tipo de balance consiste en una estimación muy fundamentada del balance a cerrar en 31 de diciembre del año en curso. No es un balance previsional, es una apreciación de unas cifras ya muy cercanas y por tanto muy controlables.

Otro dato que conocemos es el de las salidas de almacén de producto acabado que son las ventas a precio de coste.

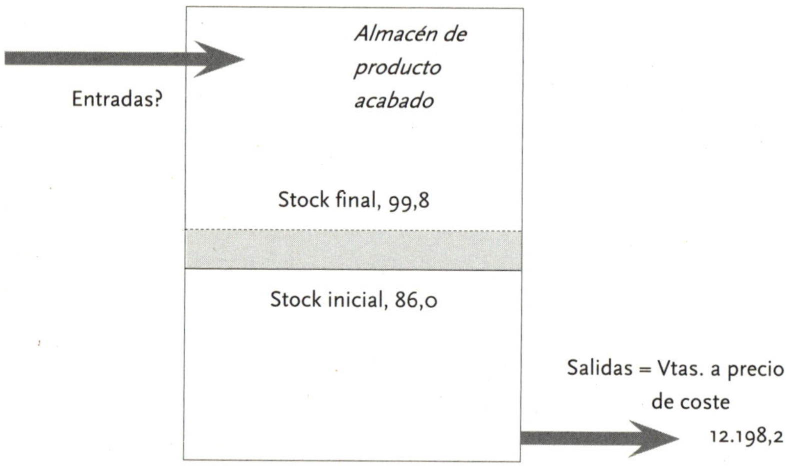

Conocidos estos tres datos, obtenemos por diferencia las entradas o lo que es lo mismo: el plan de fabricación de Pronasa. Las cifras manejadas no sólo corresponden al total del año sino al total de las dos ramas de producto de Pronasa. Una planificación más precisa nos hubiera obligado a detallar más los diversos productos de Pronasa y efectuar un cuadro de movimientos de circulante producto por producto. No lo hemos hecho en aras a no complicar el ejemplo y podernos concentrar en las ideas principales.

El cálculo que acabamos de comentar nos ha dado una expresión anual del plan de producción. Ahora es preciso presentarlo por meses. Dado que el informe de la dirección de producción, aprobado por la directora de marketing, presenta la necesidad de plantear la producción de forma estable, bastaría dividir por doce meses el total de fabricación anual.

Pero este sistema no sería válido, ya que con total seguridad Pronasa tendría rotura de stocks en verano con el consiguiente desprestigio ante su clientela. El más mínimo retraso en la entrega de un producto alimentario es un desastre para el expendedor final. Por eso, la dirección de marketing ha estado rápidamente de acuerdo con la dirección de producción en la necesidad de fabricación mensual estable. Aunque el producto deba mantenerse congelado, frigorizado o envasado al vacío durante un tiempo, ello es preferible a vivir pendientes de una producción puntual intensiva con turnos, horas extras y personal eventual al que no siempre se conoce tan bien como al personal fijo (absentismo, impuntualidad, conflictividad, etc...).

Para evitar la rotura de stocks de verano se ha creado un subobjetivo parcial. Es preciso garantizar que acabemos el mes de septiembre sin rotura de stocks; para ello se fija un mínimo de stocks de 50 que daría todavía cierta tolerancia a un aumento puntual de la venta aún mayor que el que ya se ha previsto. Esto obliga a replantear un cálculo centrado en el período enero-septiembre. El contingente de producción hasta septiembre será de 9.234,6 que al repartirse entre nueve meses marca un objetivo de producción mensual de 1.026,1. A partir de septiembre, el taller de Pronasa podrá bajar un poco el ritmo de producción:

Fabricación total del año =	12.212,0
Fabricación enero-septiembre =	−9.234,6
Fabricación último trimestre	2.977,4

Fabricación mensual último trimestre: 2.977,4 / 3 = 992,4

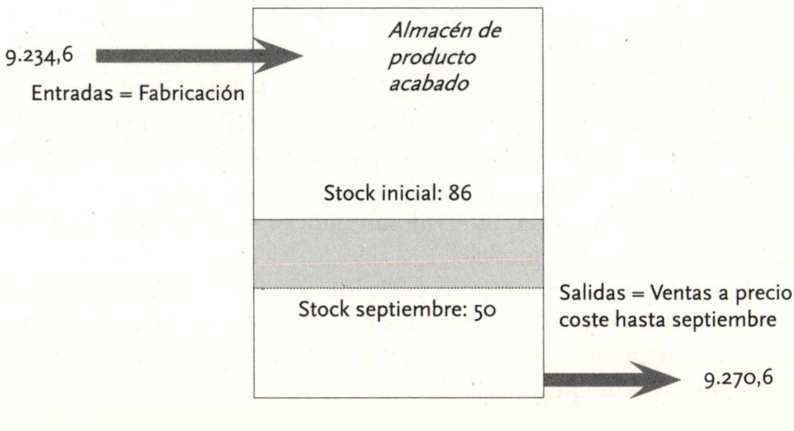

Es fácilmente comprensible que a partir del plan de producción, Pronasa puede calcular los contingentes necesarios de materia prima, las compras y el plazo de las mismas a proveedores. Obviamos algunos tecnicismos para concentrar la atención en los temas que interesan a la directora de marketing de Pronasa. La dinámica de fabricación y aprovisionamientos no es de su competencia.

La primera parte del cuadro de movimientos previsionales de circulante se cierra con la proyección de la cuenta contable de proveedores, competencia del jefe de contabilidad.

La segunda parte del cuadro de movimientos previsionales de circulante muestra el efecto de las condiciones de cobro que han pactado el director de contabilidad de Pronasa y la directora de marketing.

El primero de los cuadros nos muestra, en disposición vertical, el saldo pendiente de cobro del año en curso y las ventas brutas mensuales del año planificado. Estas cifras son trasladadas al mes en que previsiblemente tendrá lugar su cobro (60 días).

Este cuadro de cobros de clientes permite alimentar el movimiento contable de la partida de cuentas a cobrar. De acuerdo con las expectativas formuladas, el momento en que Pronasa tendrá una inversión menor en cuentas por cobrar será previsiblemente en febrero y marzo. El mayor volumen de deuda de la clientela aparecerá en agosto y septiembre. La deuda de clientes de esa época del año es bastante más del doble de la del período inicial.

Si en el debate marketing-finanzas, la directora de marketing hubiera querido mantener el plazo de cobro medio (que el lector recordará estaba en 100 días en el último año) se hubieran producido cobros más atrasados y cuantías del saldo previsto de deudas de clientes mucho mayores que los que muestra la segunda parte del cuadro de movimientos de circulante.

La previsión fiscal (no financiera) del movimiento del IVA es el último bloque dentro del cuadro previsional de circulante. Es un aspecto que afecta al departamento contable de Pronasa pero no al de marketing. El cuadro consiste sencillamente en computar los importes de IVA repercutido a clientes y soportado por las compras y gastos que ha previsto Pronasa. El resultado indica los valores que la empresa deberá pagar a Hacienda.

Los anteriores documentos permitirán elaborar el presupuesto de tesorería de Pronasa. Siguiendo las explicaciones que se han dado en la parte teórica del capítulo, el presupuesto financiero se ha estructurado en cuatro bloques.

Cuadro de movimientos previsionales de circulante (2.ª parte)

MOVIMIENTO	CLIENTES	ENERO	FEBRERO	MARZO	ABRIL	MAYO	JUNIO	JULIO	AGOSTO	SEPTIEM.	OCTUBRE	NOVIEM.	DICIEM.	TOTAL
Saldo pendiente	1.864,0	932,0	932,0											
Ventas Enero	904,5			904,5										
Febrero	904,5				904,5									
Marzo	904,5					904,5								
Abril	1.413,3						1.413,3							
Mayo	1.413,3							1.413,3						
Junio	1.413,3								1.413,3					
Julio	1.978,7									1.978,7				
Agosto	1.978,7										1.978,7			
Septiembre	1.978,7											1.978,7		
Octubre	1.356,8												1.356,8	
Noviembre	1.356,8													
Diciembre	1.356,8													
Total cobros brutos.....		932,0	932,0	904,5	904,5	904,5	1.413,3	1.413,3	1.413,3	1.978,7	1.978,7	1.978,7	1.356,8	16.110,4
IVA repercutido/cobros		52,8	52,8	51,2	51,2	51,2	80,0	80,0	80,0	112,0	112,0	112,0	76,8	911,9
TOTAL COBROS NETOS		879,2	879,2	853,3	853,3	853,3	1.333,3	1.333,3	1.333,3	1.866,7	1.866,7	1.866,7	1.280,0	15.198,5
Saldo inicial clientes		1.864,0	1.836,5	1.809,1	1.809,1	2.317,9	2.826,7	2.826,7	3.392,0	3.957,3	3.957,3	3.335,5	2.713,6	1.864,0
Ventas netas		853,3	853,3	853,3	1.333,3	1.333,3	1.333,3	1.866,7	1.866,7	1.866,7	1.280,0	1.280,0	1.280,0	16.000,0
IVA repercutido/ventas		51,2	51,2	51,2	80,0	80,0	80,0	112,0	112,0	112,0	76,8	76,8	76,8	960,0
Total cobros brutos		932,0	932,0	904,5	904,5	904,5	1.413,3	1.413,3	1.413,3	1.978,7	1.978,7	1.978,7	1.356,8	16.110,4
SALDO FINAL CLIENTES		1.836,5	1.809,1	1.809,1	2.317,9	2.826,7	2.826,7	3.392,0	3.957,3	3.957,3	3.335,5	2.713,6	2.713,6	2.713,6

Cuadro de movimientos previsionales de circulante (2.ª parte, continuación)

MOVIMIENTO IVA	ENERO	FEBRERO	MARZO	ABRIL	MAYO	JUNIO	JULIO	AGOSTO	SEPTIEM.	OCTUBRE	NOVIEM.	DICIEM.	TOTAL
Saldo inicial IVA	0,0	3,9	3,9	3,9	30,7	30,7	30,7	60,5	60,5	60,5	27,8	27,8	0,0
IVA repercutido/ventas	51,2	51,2	51,2	80,0	80,0	80,0	112,0	112,0	112,0	76,8	76,8	76,8	960,0
IVA soportado/compras	30,2	30,2	30,2	30,2	30,2	30,2	30,2	30,2	30,2	30,2	30,2	30,2	362,1
IVA soportado/gtos. grales.	13,6	13,6	13,6	13,6	13,6	13,6	13,6	13,6	13,6	13,6	13,6	13,6	162,9
IVA soportado/comisiones	1,0	1,0	1,0	1,5	1,5	1,5	2,1	2,1	2,1	1,4	1,4	1,4	18,0
IVA soportado/distribución	2,6	2,6	2,6	4,0	4,0	4,0	5,6	5,6	5,6	3,8	3,8	3,8	48,0
Saldo Hacienda	3,9	7,9	7,9	34,7	61,5	61,5	91,3	121,1	121,1	88,3	55,5	55,5	369,0
Pagos Hacienda		3,9	3,9	3,9	30,7	30,7	30,7	60,5	60,6	60,5	27,8	27,8	341,2
SALDO FINAL IVA	3,9	3,9	3,9	30,7	30,7	30,7	60,5	60,5	60,5	27,8	27,8	27,8	27,8

Vemos cómo el primero de ellos compara los cobros netos de clientes (sin considerar el cobro del IVA para mayor claridad analítica) con los pagos a proveedores de materia prima y los pagos de otros gastos que corresponden al torrente circulatorio habitual de Pronasa: cobrar parte de lo que se vende (15.198,5) pagar parte de lo que se compra (11.731,6) y pagar al personal (750) con pagas extraordinarias en junio y diciembre. Esta visión del primer bloque es la más estricta explotación en pervivencia diaria. Si se mira la penúltima línea de este bloque, se observará cómo, de febrero a mayo, Pronasa tendrá diferencias de presupuesto corriente de dureza sostenida. A partir de junio, las diferencias mensuales aisladas cambian de signo. En septiembre, octubre y noviembre son diferencias positivas y muy robustas.

Si se contempla la última línea del presupuesto financiero ordinario, se observa una acentuada punta de necesidad financiera en el mes de mayo. A partir de ese mes es decreciente, pero se «arrastra» hasta septiembre.

He aquí una lectura suficientemente ilustrativa que la directora de marketing de Pronasa ha de compartir con el director contable y la directora general. Estas cifras ya empiezan a advertir sobre el efecto de las políticas de circulante, producción estable, ventas estacionales, etc.

En el próximo capítulo desarrollaremos las técnicas de análisis de las necesidades financieras de Pronasa, ahora nos estamos simplemente situando en el desarrollo del proceso de planificación de Pronasa y primeros resultados del mismo.

El presupuesto financiero extraordinario es el segundo bloque dentro del presupuesto general de tesorería. Arroja un débil contingente de cobros ya que es preciso esperar a los resultados del debate sobre estrategia financiera para aplicar al mismo los recursos financieros pertinentes. Se suceden en cambio importantes pagos no pertenecientes a la explotación: el vencimiento de la póliza de crédito en abril, un pago importante a la Caixa Comarcal en junio, el pago de los gastos financieros previsionales, etc.

Todo ello desemboca en unas necesidades financieras acumuladas crecientes, que culminan en diciembre con una cantidad muy sustanciosa.

Tanto el efecto financiero del IVA (bloque 3) como la inyección de liquidez adicional (bloque 4) son necesidades de escasa cantidad al lado de las cifras que arrojan tanto el presupuesto financiero de circulante (u ordinario) como el extraordinario.

Presupuesto de tesorería

	ENERO	FEBRERO	MARZO	ABRIL	MAYO	JUNIO	JULIO	AGOSTO	SEPTIEM.	OCTUBRE	NOVIEM.	DICIEM.	TOTAL
Cobros netos de clientes	879,2	879,2	853,3	853,3	853,3	1.333,3	1.333,3	1.333,3	1.866,7	1.866,7	1.866,7	1.280,0	15.198,5
Pagos netos a proveedores	666,0	1.006,0	1.006,0	1.006,0	1.006,0	1.006,0	1.006,0	1.006,0	1.006,0	1.006,0	1.006,0	1.006,0	11.731,6
Pagos mano de obra var.	16,8	16,8	16,8	16,8	16,8	16,8	16,8	16,8	16,8	16,8	16,8	16,8	201,1
Pago de comisiones	12,8	12,8	12,8	20,0	20,0	20,0	28,0	28,0	28,0	19,2	19,2	19,2	240,0
Pago gtos. distribución	17,1	17,1	17,1	26,7	26,7	26,7	37,3	37,3	37,3	25,6	25,6	25,6	320,0
Pagos personal y s.s.	53,6	53,6	53,6	53,6	53,6	107,1	53,6	53,6	53,6	53,6	53,6	107,1	750,0
Pago resto gtos. fijos (mes)	86,5	86,5	86,5	86,5	86,5	86,5	86,5	86,5	86,5	86,5	86,5	86,5	1.038,0
Pago resto gtos. fijos (bimens.)		8,0		8,0		8,0		8,0		8,0		8,0	48,0
TOTAL PAGOS CIRCUL.	852,7	1.200,7	1.192,7	1.217,5	1.209,5	1.271,0	1.228,1	1.236,1	1.228,1	1.215,6	1.207,6	1.269,2	14.328,7
DIFERENCIA MES EN CURSO	26,5	−321,4	−339,3	−364,1	−356,1	62,3	105,2	97,2	638,5	651,1	659,1	10,8	869,8
DIFERENCIA ACUMULADA	26,5	−294,9	−634,2	−998,3	−1.354,5	−1.292,2	−1.187,0	−1.089,8	−451,2	199,8	858,9	869,8	869,8
Cobro de deudores varios		56,0											56,0
Cobro de morosos			20,0	20,0	20,0	20,0							80,0
TOTAL COBROS DE FIJO		56,0	20,0	20,0	20,0	20,0							136,0
Proveedores industriales			42,5			42,5			42,5			42,5	170,0
Devolución préstamo acc.						70,0						70,0	140,0
Pago acreedores varios			74,0										74,0
Pago prést. Caixa Comarcal						300,0							300,0
Póliza de crédito				494,0									494,0
Impuestos							140,0						140,0
Dividendos						14,0							14,0
Gastos financieros			207,0			207,0			207,0			207,0	828,0
TOTAL PAGOS DE FIJO			323,5	494,0		633,5	140,0		249,5			319,5	2.160,0
DIFERENCIA MENSUAL		56,0	−303,5	−474,0	20,0	−613,5	−140,0		−249,5			−319,5	−2.024,0
DIFERENCIA ACUMULADA		56,0	−247,5	−721,5	−701,5	−1.315	−1.455,0	−1.455,0	−1.704,5	−1.704,5	−1.704,5	−2.024	−2.024,0

Presupuesto de tesorería (continuación)

	Enero	Febrero	Marzo	Abril	Mayo	Junio	Julio	Agosto	Septiem.	Octubre	Noviem.	Diciem.	Total
Cobros de IVA/Ventas	52,8	52,8	51,2	51,2	51,2	80,0	80,0	80,0	112,0	112,0	112,0	76,8	911,9
Pago de IVA/compras	20,0	30,2	30,2	30,2	30,2	30,2	30,2	30,2	30,2	30,2	30,2	30,2	351,9
Pago de IVA/gtos.gen. (mes)	13,0	13,0	13,0	13,0	13,0	13,0	13,0	13,0	13,0	13,0	13,0	13,0	155,7
Pago de IVA/gtos.gen. (bimes)	0,0	1,2	0,0	1,2	0,0	1,2	0,0	1,2	0,0	1,2	0,0	1,2	7,2
Pago de IVA/comisiones	1,0	1,0	1,0	1,5	1,5	1,5	2,1	2,1	2,1	1,4	1,4	1,4	18,0
Pago de IVA/distribución	2,6	2,6	2,6	4,0	4,0	4,0	5,6	5,6	5,6	3,8	3,8	3,8	48,0
Pago Hacienda por IVA		3,9	3,9	3,9	30,7	30,7	30,7	60,5	60,5	60,5	27,8	27,8	341,2
TOTAL PAGOS IVA	36,5	51,8	50,6	53,8	79,4	80,6	81,6	112,6	111,4	110,2	76,2	77,4	922,0
DIFERENCIA MENSUAL	16,3	1,0	0,6	−2,6	−28,2	−0,6	−1,6	−32,6	0,6	1,8	35,8	−0,6	−10,1
DIFERENCIA ACUMULADA	16,3	17,2	17,8	15,3	−12,9	−13,5	−15,1	−47,7	−47,1	−45,3	−9,5	−10,1	−10,1
DIFER. TOTAL MENSUAL	42,8	−264,5	−642,2	−840,7	−364,3	−551,8	−36,4	64,6	389,6	652,9	694,9	−309,3	−1.164,4
DIFER. TOTAL ACUMULADA	42,8	−221,7	−863,9	−1.704,6	−2.068,9	−2.620,7	−2.657,1	−2.592,5	−2.202,9	−1.550,0	−855,1	−1.164,4	−1.164,4
Liquidez adicional	126,0												126,0
NECESIDAD FINANCIERA													
TOTAL MENSUAL	−83,2	−264,5	−642,2	−840,7	−364,3	−551,8	−36,4	64,6	389,6	652,9	694,9	−309,3	−1.290,4
TOTAL ACUMULADA	−83,2	−347,7	−989,9	−1.830,6	−2.194,9	−2.746,7	−2.783,1	−2.718,5	−2.328,9	−1.676	−981,1	−1.290,4	−1.290,4

La última línea del presupuesto de tesorería nos indica una acentuada punta de necesidades financieras, en el mes de junio.

Es decir, Pronasa deberá gestionar a tiempo saludables recursos financieros, puesto que de lo contrario el mes de julio del año próximo puede no sólo resultar caluroso sino además realmente emocionante.

Finalmente, el balance previsional de Pronasa cierra el proceso de planificación. Este documento se ha instrumentado consignando como primera columna por la izquierda el balance pro-forma del año anterior (balance año 5).

Como puede observarse, el inmovilizado bruto no altera su valor ya que todos los departamentos de Pronasa han sido fieles a la consigna de evitar inversiones en inmovilizado a fin de dar la mayor rotación, es decir, el mejor aprovechamiento al gran volumen de inversión que tuvo lugar en el histórico período analizado en capítulos anteriores.

Las cifras correspondientes a los stocks no son más que el fiel reflejo del resultado de las propuestas y contrastes de opinión habidos entre los diversos departamentos y expresados previamente en el cuadro de movimientos previsionales de circulante (primera parte).

El valor de la cuenta llamada «clientes» es la transcripción de la que consta al inicio de la segunda parte del cuadro de movimientos previsionales de circulante. Los valores de esta cuenta han venido fuertemente influidos no solamente por el ritmo al que se producen las ventas mensuales (intensidad estival) sino también por las condiciones de cobro que se han propuesto conjuntamente por parte del jefe de contabilidad y la directora de marketing.

Por último –y a nivel todavía del activo previsional–, el contable de Pronasa refleja en la previsión de la cuenta de efectivo lo mismo que ha hecho en el presupuesto de tesorería. Es preciso una inyección de liquidez adicional para alcanzar un mínimo operativo de saldos líquidos de 300.000 euros.

El total del activo, tanto a nivel mensual como en la cifra global del mes de diciembre, refleja el montante total de inversiones con que Pronasa desea operar el año próximo. Este importe es válido en una primera ronda instrumental. No sabremos hasta el próximo capítulo si los gestores de Pronasa «bendecirán» finalmente este montante de inversiones o deberá procederse a determinados recortes.

En cuanto al pasivo del balance de Pronasa y tal como se ha dicho en la parte teórica de este capítulo, la instrumentación en esta primera ronda del proceso de planificación es muy poco viva.

Balances año 5 y previsional

ACTIVO	AÑO 5	ENERO	FEBR.	MARZO	ABRIL	MAYO	JUNIO	JULIO	AGOSTO	SEPTIEM.	OCTUBRE	NOVIEM.	DICIEM.
TOTAL INMOVILI. BRUTO	3.754,0	3.754,0	3.754,0	3.754,0	3.754,0	3.754,0	3.754,0	3.754,0	3.754,0	3.754,0	3.754,0	3.754,0	3.754,0
Stocks	760,0	1.132,2	1.504,3	1.676,5	1.882,7	1.888,9	1.895,1	1.494,7	1.094,3	693,9	740,7	787,6	834,5
Materias primas	134,0	134,6	135,1	135,7	136,2	136,8	137,4	137,9	138,5	139,0	139,6	140,1	140,7
Productos en curso	540,0	536,1	532,2	528,3	524,4	520,5	516,6	512,7	508,7	504,8	534,6	564,3	594,0
Producto acabado	86,0	461,5	837,0	1.212,5	1.222,1	1.231,6	1.241,2	844,1	447,1	50,0	66,6	83,2	99,8
Realizable funcional	3.954,0	1.926,5	1.899,1	1.879,1	2.367,9	2.656,7	2.836,7	3.402,0	3.967,3	3.967,3	3.345,5	2.723,6	2.723,6
Clientes	3.864,0	1.836,5	1.809,1	1.809,1	2.317,9	2.826,7	2.826,7	3.392,0	3.957,3	3.957,3	3.335,5	2.713,6	2.713,6
Morosos	90,0	90,0	90,0	70,0	50,0	30,0	10,0	10,0	10,0	10,0	10,0	10,0	10,0
Realizable extrafuncional	56,0	56,0											
Deudores varios	56,0	56,0											
Hacienda deudora por IVA													
Disponible	174,0	300,0	300,0	300,0	300,0	300,0	300,0	300,0	300,0	300,0	300,0	300,0	300,0
TOTAL ACT. CIRCULANTE	4.944,0	3.414,7	3.703,4	4.055,5	4.550,5	5.045,5	5.031,7	5.196,7	5.361,6	4.961,2	4.386,2	3.811,2	3.858,1
TOTAL ACTIVO BRUTO	8.698,0	7.168,7	7.457,4	7.809,5	8.304,5	8.799,5	8.785,7	8.950,7	9.115,6	8.715,2	8.140,2	7.565,2	7.612,1

Balances año 5 y previsional (continuación)

Pasivo	Año 5	Enero	Febr.	Marzo	Abril	Mayo	Junio	Julio	Agosto	Septiem.	Octubre	Noviem.	Diciem.
Capital social	1.300	1.300	1.300	1.300	1.300	1.300	1.300	1.300	1.300	1.300	1.300	1.300	1.300
Reservas	1.032	1.032	1.032	1.032	1.032	1.032	1.032	1.032	1.032	1.032	1.032	1.032	1.032
Reserva social y legal	260	300	300	300	300	300	300	300	300	300	300	300	300
Reserva actualiz. activo	108	108	108	108	108	108	108	108	108	108	108	108	108
Reserva voluntaria	664	624	624	624	624	624	624	624	624	624	624	624	624
TOTAL CAPITAL PROPIO	2.332	2.332	2.332	2.332	2.332	2.332	2.332	2.332	2.332	2.332	2.332	2.332	2.332
Proveedores industriales LP	406	406	406	363,5	363,5	363,5	32,10	321	321	278,5	278,5	278,5	236
Préstamo Caixa Comarcal LP	1.200	1.200	1200	1.200	1.200	1.200	900	900	900	900	900	900	900
Préstamo accionistas LP	140	140	140	140	140	140	70	70	70	70	70	70	
TOTAL EXIGIBLE LP	1.746	1.746	1.746	1.703,5	1.703,5	1.703,5	1.291	1.291	1.291	1.248,5	1.248,5	1.248,5	1.136
Proveedores comerciales	686	1.036,1	1.036,1	1.036,1	1.036,1	1.036,1	1.036,1	1.036,1	1.036,1	1.036,1	1.036,1	1.036,1	1.036,1
Proveedores industriales (cp)	170	170	170	170	170	170	170	170	170	170	170	170	170
Póliza de crédito	494	494	494	494									
Préstamo Caixa Comercial (cp)	300	300	300	300	300	300	300	300	300	300	300	300	300
Préstamos accionistas	140	140	140	140	140	140	140	140	140	140	140	140	140
Dividendos a pagar	54	54	54	54	54	54	40	40	40	40	40	40	40
Bcos. dto. de letras	2.000												
Acreedores diversos	74	74	74										
Hacienda pública	140	140	140	140	140	140	140						
Hacienda acreedora IVA		3,9	3,9	3,9	30,7	30,7	30,7	60,5	60,5	60,5	27,8	27,8	27,8
TOTAL EXIGIBLE CP	4.058	2.412,1	2.412,1	2.338,1	1.870,9	1870,9	1.856,9	1.746,7	1.746,7	1.746,7	1.713,9	1.713,9	1.713,9
Fondo de amortización	562	577	592	607	622	637	652	667	682	697	712	727	742
TOTAL CTAS. CONTRAP.	562	577	592	607	622	637	652	667	682	697	712	727	742
RESULTADO PREVISIONAL		−64,1	−128,2	−192,3	−159,2	−126	−92,9	48,3	189,5	330,8	353,1	375,4	397,8
NECESIDAD FINANCIERA		83,2	347,7	989,9	1.830,6	2.194,9	2.746,7	2.783,1	2.718,5	2.328,9	1.676	981,1	1.290,4
Cuenta de ajuste		82,5	155,9	31,4	104,7	187,2		82,5	155,9	31,4	104,7	187,2	
TOTAL PASIVO	8.698	7.168,7	7.457,4	7.809,5	8.304,5	8.799,5	8.785,7	8.950,7	9.115,6	8.715,2	8.140,2	7.565,2	7.612,1

Las cifras de capital social (1.300) y reservas (1.032) se mantienen en su nivel actual hasta que el debate sobre estrategia financiera permita saber si se aumentarán o no y en cuánto, si de aumentos se trata.

Las operaciones de préstamo a largo plazo que acredita Pronasa en el siguiente grupo del pasivo (como proveedores industriales, el préstamo de la Caixa Comarcal y el de accionistas) experimentan las lógicas reducciones por pagos previstos en el presupuesto de tesorería extraordinario (segundo bloque).

En el concierto de deudas a corto plazo que exhibe Pronasa, destaquemos el tratamiento de la cuenta de proveedores comerciales, fiel reflejo del cuadro de movimientos previsionales de circulante (primera parte). Mención aparte merece la cuenta de «Bancos por descuento de letras» que se deja a cero como recurso puramente metodológico para no «enturbiar» la visión de la planificación de cuentas por cobrar («clientes») instrumentada en el activo. Recordemos a este respecto lo dicho en la parte teórica de este mismo capítulo.

El balance previsional de Pronasa se cierra con la expresión de la necesidad financiera. Este valor ha de ser, y es, idéntico al que muestra el presupuesto de tesorería.

Al pie del balance puede leerse un último concepto: «Cuentas de ajuste». Esto tiene un interés mínimo para la dirección de marketing ya que se trata de una vicisitud contable. Son ajustes por periodificación. Ejemplo de uno de ellos: el coste mensual del personal es el total del año dividido por doce pero el *pago* es el total dividido por catorce con dos pagas dobles en junio y diciembre. Este desajuste mensual se autocompensa lógicamente en junio y diciembre.

Cerramos ya la parte práctica de este capítulo. El mismo nos ha permitido observar cómo el proceso de planificación tiene un fortísimo condicionante en la actuación previsional de la dirección de marketing. También hemos visto cómo los documentos –típicamente financieros– no deben ser un coto cerrado para contables, sino que aportan elementos previsionales cruciales para la dirección de marketing.

El próximo capítulo efectuará la última contribución teórica de este libro. En él veremos el papel de la dirección de marketing en la responsabilidad compartida sobre las futuras necesidades de financiación de la empresa. Veremos asimismo el papel que otorgamos a la dirección de marketing en el debate e implementación de la estrategia financiera de la empresa.

Capítulo 8

Los intentos de crucifixión del director de marketing y su ascensión al cielo de la estrategia financiera

Éste es el último capítulo en que tendremos oportunidad de brindarle, heroico lector, todavía algunos elementos conceptuales, puesto que los tres capítulos siguientes versan solamente sobre casos prácticos. En ellos trabajaremos situaciones reales de la interrelación marketing-finanzas en la empresa.

En el capítulo anterior hemos prometido que ahora hablaríamos sobre la segunda «ronda» en el proceso de planificación económico-financiera, es decir:

- El análisis del origen de las necesidades financieras previstas.
- La estrategia financiera conducente a obtener los recursos precisos que permitan subvenir las necesidades de tesorería.

Decíamos también en el capítulo anterior que sin una metodología de instrumentación y análisis del presupuesto financiero y del balance previsional, corríamos un riesgo importante de entrar en una dinámica de «rumorología» muy perjudicial para la empresa.

Veamos lo que queremos decir con ello. Si en las fechas de instrumentación del presupuesto de tesorería y del pasivo del balance previsional, el director financiero o sus inmediatos colaboradores empiezan a hacer comentarios, anticipando que el año siguiente puede haber necesidades financieras importantes... conseguirán crear cierto ambiente de pánico o como mínimo de inquietud.

A renglón seguido, más de uno de los «enterados» de estos anuncios de dificultades financieras empezará a preguntarse cuál es su causa. De no procederse a un análisis objetivo y abierto del tema, podemos entrar en una espiral de comentarios, donde personas (algunas de buena fe, otras... no tanto) elaborarán suposiciones, expresarán en voz alta viejas inquietudes, etc.

Es en esta situación de campo abierto al subjetivismo, cuando alguien puede intentar «crucificar» al departamento de marketing. Se producen los típicos y desafortunados comentarios de «derroche»... «suntuosidad», etc.

El subjetivismo tiene el doble inconveniente de cargar culpas o crucificar a quien quizás no sea el principal generador de necesidades financieras y de «dejar escapar» propósitos de futuro que sí que pueden tener una significación acentuada en el origen de las futuras necesidades financieras de una empresa.

El análisis de la problemática financiera futura de una empresa es un proceso:

- abierto,
- instrumentado objetivamente.

Abierto significa que es un proceso de análisis que no debe quedar exclusivamente cerrado al ámbito del departamento financiero de la empresa, sino que debe ser mostrado a la dirección de marketing, a otras direcciones departamentales, a la dirección general, consejo de administración y cajas o bancos (que colaboran prestando dinero a la empresa).

Instrumentado objetivamente quiere decir que sigue una metodología basada en los documentos usados en el proceso de planificación y que resumen por tanto las aportaciones de todos y cada uno de los directores departamentales que han intervenido en dicho proceso. Es justamente lo contrario de cualquier intento de «crucifixión» de la dirección de marketing a partir de impresiones y comentarios sin fundamento. El resultado del análisis identificará los principales focos de la necesidad financiera, asignará a cada departamento su responsabilidad y abrirá la puerta a una reflexión estratégica para decidir qué departamento o departamentos deberán ceder terreno en sus pretensiones de inversión y/o gasto frente al futuro. Es lo opuesto a la «rumorología» sobre «fastuosas» campañas de publicidad... «mimo» exagerado a los comerciales de la empresa, etc.

La metodología adecuada para una instrumentación objetiva del proceso de análisis del origen de la necesidad financiera, se desarrolla en tres fases:

1. Otorgar límites a la importancia del problema financiero que plantea el futuro de la compañía.
2. Desarrollar el soporte numérico que razone el origen de la problemática financiera futura.
3. Exponer el fundamento tanto técnico, como político y estratégico de las necesidades de financiación, con expresión del área departamental a la que ha correspondido ser motor de esa necesidad financiera.

La primera aproximación a la importancia de ese problema, se hace mediante la cifra de la necesidad financiera que arroja el presupuesto de tesorería. Decimos primera aproximación porque no es todavía una medida precisa de la exacta dimensión del problema financiero futuro de la empresa.

La lectura del presupuesto de tesorería debe centrarse sobre su última línea: la necesidad financiera *acumulada* período tras período. La lectura de la penúltima línea, correspondiente a la necesidad financiera aislada mensualmente, resulta un dato interesante para ver qué meses —por sí mismos— reportan mayor necesidad financiera o crean excedentes de tesorería. Pero la necesidad financiera mensual aislada no representa fielmente el problema financiero global que previsiblemente se le va a plantear a la empresa en el próximo período. Es mejor medida, como hemos dicho, la necesidad financiera acumulada.

Por supuesto que una primera lectura del presupuesto financiero, debe llevarnos a captar la necesidad financiera máxima acumulada, aun cuando esa cifra no corresponda precisamente al mes de diciembre del próximo ejercicio.

Una segunda lectura debe conducirnos a registrar la necesidad financiera acumulada en diciembre.

Se trata de dos lecturas distintas. La primera nos indica todo el rigor o magnitud del problema al que se enfrentará la empresa en el próximo ejercicio y la segunda a las perspectivas finales en el límite establecido de un año. La primera lectura nos interesa, puesto que el problema a solucionar en el próximo ejercicio es siempre el máximo que se pueda producir. La segunda nos interesa también, puesto que hemos diseñado el futuro a un año vista y nos conviene saber qué problema financiero (aunque no sea el máximo) nos depara ese horizonte de vencimiento.

La necesidad financiera acumulada marcará de momento cuatro orígenes borrosos que empiezan a dar una primera idea analítica. Estos cuatro orígenes son:

- La diferencia financiera (superávit o déficit) arrojada por el presupuesto de tesorería corriente u ordinario.
- El déficit o superávit (normalmente déficit) que se prevé en el presupuesto financiero extraordinario.
- El efecto –favorable o adverso– de los cobros y pagos del IVA.
- La necesidad creada por la nueva norma de la empresa sobre niveles mínimos de efectivo.

Ya se dijo en el capítulo anterior que, idealmente, el presupuesto financiero ordinario o corriente debiera saldarse con un superávit a fin de tener una «sólida plataforma» con la que acometer las lógicas vicisitudes y dificultades del presupuesto extraordinario.

No siempre la empresa conseguirá plantear un presupuesto financiero ordinario con superávit o con una generosa diferencia favorable que le dé alas para financiar cómodamente el presupuesto de tesorería extraordinario. Es evidente que cuando el presupuesto corriente y el extraordinario son deficitarios, los problemas financieros de la empresa son mucho mayores.

Sin embargo, hemos querido dejar claro que esta es una primera aproximación, un tanto borrosa, porque de hecho es preciso trabajar analíticamente una magnitud algo más compleja, pero incomparablemente más orientativa.

Se trata de una medida que he llamado *desfase financiero profundo*[I] y que se calcula mediante la suma de la necesidad financiera y del *cash flow* previsto:

$$DFP = NF + CF$$

El sentido de esta suma no es demasiado evidente a primera vista. Es sin embargo un concepto de mucha importancia para los estamentos comerciales de la empresa, si quieren participar en un proceso de análisis de la problemática financiera futura de su departamento con garantías de objetividad respecto a la mayor o menor responsabilidad (o protagonismo) de la función comercial en la generación de necesidades financieras para el año siguiente.

Para captar el sentido del concepto de desfase financiero profundo y su enorme alcance práctico, hemos de volver a revisar las explicaciones que en su momento hemos dado sobre el concepto de *cash flow* (véase capítulo 4).

Conceptuábamos el *cash flow* como la suma del resultado y la amortización. Para ser más precisos cabe decir que además de la amortización debieran sumarse otros gastos que se pueda «autoimponer» la empresa, pero que no desemboquen en un pago. Por ejemplo: todos los fondos de previsión destinados a su seguridad económico-financiera: previsión por posibles impagados, autoseguros, depreciación de moneda extranjera, depreciación de materia prima, depreciación de producto acabado, etc. La fiscalidad española no admite este tipo de previsiones a futuro. Sólo las admite «a toro pasado» como provisiones o pérdidas consagradas. No obstante, la empresa es libre de autoimponerse los gastos precautorios que estime oportunos con independencia de que desgraven fiscalmente o no.

En suma, el concepto de *cash flow* sería:

Resultados (beneficio o pérdida)
+ Amortizaciones
+ Previsiones
+ Provisiones

Sin embargo y para simplificar –dada la frecuente mayor entidad del resultado y la amortización– manejaremos habitualmente las dos primeras magnitudes del concepto de *cash flow*.

A menudo y a título de lenguaje coloquial, se utiliza la expresión *cash flow* como sinónimo de excedente de tesorería. A veces se habla también de *cash flow* negativo como falta de liquidez. Es evidente que esta forma de entender el *cash flow* no es la misma que acabamos de enunciar y que hemos explicado en el capítulo 4.

Normalmente, la bibliografía financiera usa el concepto de *cash flow* como suma del resultado y la amortización. En algún texto se ha ido «colando» el apócrifo término que confunde el *cash flow* con la liquidez existente, tanto en sentido positivo como negativo.

El concepto «académico» (resultado + amortizaciones) y el «coloquial» no dicen la misma cosa. Precisamente por ello, vamos a utilizar su comparación como un vehículo explicativo del concepto del desfase financiero profundo.

El *cash flow* en su sentido ortodoxo es fundamentalmente un concepto *económico* y no financiero como el concepto vulgarizado. Decimos que es un concepto económico porque el beneficio o la pérdida es la expresión más diáfana del éxito o fracaso económico de la empresa... es la magnitud económica por excelencia. La amortización es un costo, que en ocasiones puede ser un costo importante para alguna empresa.

El concepto tradicional de *cash flow* es además una magnitud intangible. El beneficio o pérdida no es más que una resta entre una cifra llamada facturación y otras llamadas gastos, pero ese resultado no tiene respaldo material alguno. Del *cash flow* se habla mucho, pero... verlo y tocarlo... eso nadie lo ha hecho.

Sin embargo la idea coloquial o vulgarizada del *cash flow* es, como hemos dicho, un concepto *financiero,* se refiere a dinero contante y sonante. No se trata de una magnitud intangible o abstracta, se trata de una cifra material que se podría contar billete a billete, si no nos bastase la simple anotación en cuenta.

Son dos conceptos diferentes, pero cuya comparación tiene un interés analítico indudable.

Por ejemplo: Imaginémonos reunidos al director de marketing con el director general y otros directores departamentales. El director financiero informa a los reunidos sobre las expectativas frente al año que viene.

En primer lugar presenta el estado previsional de resultados y procede a calcular el *cash flow* previsto o esperado para el año próximo. Lo hace (de forma ortodoxa) con un enfoque plenamente económico:

Beneficio antes de impuestos (BAT)	800
Amortizaciones planificadas	200
Cash flow (económico) previsto	1.000

Evidentemente, el momento de esta reunión es todavía prematuro para decir cuál será la rentabilidad del capital propio. Será al final de este capítulo cuando explicaremos los medios para que los directivos reunidos pudieran calcular el ROE, pero ello es imposible sin cumplir el requisito previo de analizar el origen de la necesidad financiera y los recursos precisos para subvenirla.

Lo que sí que sería posible es facilitar el dato del BAIT previsto, puesto que consta en el estado previsional de resultados. También podemos conocer a través del balance previsional el valor del activo neto con el que la empresa piensa operar el año que viene. Eso nos permitiría, si quisiéramos, calcular el ROA previsto. Bien. No era el objetivo del ejemplo, pero supongamos que el ROA previsto se situara alrededor del 25%. Nadie tendría la menor duda de que las expectativas económicas de esa empresa son muy buenas. Luego en caso de que esta empresa tuviera necesidades financieras muy importantes, no podríamos decir que se deben a problemas económicos, puesto que no estamos precisamente ante una empresa con pobres y maltrechas previsiones económicas, sino ante una expectativa absolutamente envidiable.

Pues bien, siguiendo con el ejemplo, supongamos que el director financiero informa a los asistentes a la reunión de que el presupuesto total de tesorería, en lugar de cerrarse con una determinada necesidad financiera o déficit, se salda contrariamente con un «*cash flow* positivo» de 1.000. El director financiero ha utilizado la expresión *cash flow* de manera incorrecta, pero vamos a perdonarle puesto que ya hemos dicho que es una expresión coloquial que, aunque inadecuada, se ha ido popularizando. Sin embargo esto sirve a nuestro ejemplo, porque ahora podemos poner los dos diferentes conceptos de *cash flow* de lado, compararlos y ver qué sentido profundo tiene esa comparación:

Cash flow (económico, inmaterial) = 1.000 (en lenguaje académico)
Cash flow (financiero, tangible) = 1.000 (en lenguaje vulgar)

A la vista de estas cifras podemos preguntarnos cómo reaccionarán los directivos reunidos. La reacción debiera ser de alegría exultante, ya que a la magnífica perspectiva económica se ha unido la planificación de generar un elevado excedente de tesorería.

Ese excedente de tesorería confiere enorme tranquilidad, puede permitir combatir endeudamiento si se desea (aunque no es quizás la opción más rentable), podemos adquirir tecnología, plantearnos quizás una expansión mayor, etc.

Dejemos volar nuestra imaginación un poco más allá. En medio de tan exultante clima de alegría, uno de los directivos reunidos exclama: «No sé por qué os alegráis tanto. Aparte de las buenas perspectivas económicas, yo no veo nada de especial o relevante en las expectativas planteadas. Observo una situación de estricto paralelismo: las perspectivas económicas ascienden a 1.000, las perspectivas financieras igualmente a 1.000. Yo califico este planteo de pleno equilibrio. Normalidad. Estricta igualdad. Nada especial. Puro equilibrio. Puro paralelismo. Pura correspondencia de cifras».

En el clima de alegría de la reunión, este comentario dejaría silenciosos y perplejos a todos los reunidos. En la tormenta del estupor, alguien podría preguntarse: ¿Por qué ha dicho esto? ¿Cómo razona esta persona? ¿Cómo piensa? ¿Por qué compara ambas cifras? ¿Qué esquema mental de razonamiento le ha llevado a esta conclusión?

Tal como hemos dicho, las expectativas *económicas* medidas por el *cash flow* teórico son una cosa y las expectativas *financieras* medidas por el *cash flow* tangible (en lenguaje coloquial) son otra.

Sin embargo, la persona que habla de estricto paralelismo entre ambas es porque en su esquema mental no cabe diferencia alguna. ¿Cómo razona esta persona?, nos hemos preguntado. Pues bien esta persona razona en términos de que lo que es económicamente positivo y vale 1.000 debe quedar igualmente reflejado en las disponibilidades líquidas de la empresa. Esta persona cree que lo económico es igual a lo financiero. Su esquema de razonamiento le lleva a pensar algo así: «Si se plantea una ganancia de 800 y además las amortizaciones (200) no deben pagarse a nadie en concreto... lo natural será que la empresa se encuentre 1.000 en efectivo».

Esta forma de razonar hace sonreír, cuando se tiene cierta experiencia en la gestión empresarial y se sabe de sobra que los fenómenos económicos van por un lado y los fenómenos financieros van por el otro.

La experiencia ya nos ha acostumbrado al hecho de que empresas que son muy buenas desde el punto de vista económico, se ven sin embargo acosadas por importantes necesidades de financiación. Si bien es cierto que nos hemos acostumbrado a este «divorcio» o a esta «brecha» entre lo económico y lo financiero, sin embargo en la práctica hay personas que en el fondo de su corazón, no acaban de entender por qué lo económico y lo financiero no caminan en paralelo.

Para gente con experiencia empresarial, las personas que igualan lo económico con lo financiero tienen una mentalidad naíf propiciada por una inexperiencia en el mundo de la economía de la empresa.

En nuestra experiencia profesional hemos encontrado abundantemente personas con esta mentalidad naíf o, si se quiere, inmediatista (entre lo económico y lo financiero) en departamentos técnicos, incluso de marketing y muy frecuentemente entre los cuadros sindicales. En este último caso, la ignorancia sobre lo divergente entre lo económico y lo financiero es tanto más dolorosa cuanto que el cuadro sindical que no lo entiende, cree que le engañan o pretenden engañarle con «divorcios económico-financieros» que le resultan incomprensibles.

Esta inmediatez de respuesta, o este equilibrio imaginado entre lo económico y lo monetario es también la mentalidad del niño. En la cabecita infantil o incluso tiernamente juvenil, el éxito económico o la riqueza están asociados a la tenencia de dinero. Un niño calificará a otro de «rico» si este último tiene siempre dinero a punto en el bolsillo para comprarse lo que le apetezca.

¿A qué tan largo discurso sobre la cándida mentalidad económico-financiera de niños, técnicos y cuadros sindicales? Digamos que hoy me gustaría volver por unos instantes a mi lejana infancia y recordar el caso de los niños que disponían cómodamente de efectivo para comprarse una naranjada o barritas de regaliz. Volviendo a mi infancia me gustaría decir que pese a que la experiencia nos ha llevado a asumir como un hecho natural, naturalísimo, que lo económico y lo financiero no se parezcan, sin embargo vamos a intentar romper esa inercia de la experiencia y preguntarnos: ¿es imposible que en algún caso, o algunos casos, lo económico y lo financiero no coincidan?

De nuevo un coro de abiertas sonrisas acogería esta pregunta, y el coro de expertos me contestaría: no es imposible, pero eso ocurre raramente.

En ese mismo coro de expertos sonrientes (por mi inocente pregunta), alguno alzaría su mano, pediría la palabra y me diría: «Preséntame al dueño de esa empresa en que lo económico y lo financiero coinciden, me encantaría trabajar para él, me encantaría ser su amigo».

Algunas manos más se alzarían en el divertido coro de expertos que ahora se carcajean con el chiste anterior. Daríamos la palabra a una pareja joven que me diría: «Estamos dispuestos a divorciarnos para tener una nueva oportunidad. Nos encantaría casarnos con los herederos de una empresa en donde lo económico (pero que sea positivo) y lo financiero coincidan».

Fíjese usted, heroico lector, lo inhabitual que suele ser que coincidan lo económico y lo financiero. Era más fácil que esos dos fenómenos coincidieran en la época medieval donde el trueque y el pago con monedas de oro y plata era lo corriente. En el mundo más moderno, nos hemos ocupado de establecer un «divorcio» o una «brecha» cada vez más acentuada entre lo que se gana y lo que se percibe monetariamente.

¿Qué debería estar pasando en una empresa, para que lo económico y lo financiero coincidieran?

Entre sonrisas, los coros de expertos me dirían: debería esa empresa cobrar al contado, pagar al contado, no invertir, no endeudarse, no tener que cancelar deuda, etc., o visto de una forma más sofisticada: ajustar el ritmo de cobro de los clientes al ritmo de pago al personal y a los proveedores, acompasar las inversiones con los recursos que las financien, renovar sistemáticamente los créditos con la cadencia con que los mismos van venciendo... ¡qué filigrana financiera!

El encaje entre lo económico y lo financiero es teóricamente posible. Raramente se da en la práctica. Sin embargo, no nos resignemos a captar ciegamente lo que suele darse en la práctica y preguntémonos: si ello es teóricamente posible, ¿por qué ocurre en la práctica justo lo contrario?

La respuesta amplia y teórica también es muy clara: porque no cobramos al contado, porque invertimos en activo fijo y circulante, porque devolvemos préstamos contraídos en el pasado, etc.

La respuesta que nos interesa es de forma especial la que concierne a nuestra empresa. ¿Por qué en nuestra entidad no coinciden lo económico y lo financiero? ¿Influye especialmente en ese divorcio económico-financiero lo que el departamento de marketing ha planificado? ¿Por qué estamos utilizando continuamente la palabra divorcio o brecha? ¿Por qué estamos utilizando la expectativa económica de la empresa como referente para lo financiero?

Un ejemplo nos servirá de respuesta. Si un muchacho de 15 años consigue correr la prueba de 400 metros lisos en 50 segundos, no hay duda de que posee una buena marca para su edad. Tiene grandes posibilidades de ser un destacado atleta dentro de unos años. Si este muchacho se propone correr un día la prueba en 44 segundos como los más significados campeones de la especialidad, se está comparando con algo que le va a estimular a mejorar. El deseo de rebajar 6 segundos de su marca actual le llevará a entrenar asiduamente, a mejorar su técnica, etc. No es «malo» que ahora no corra en 44 segundos, como no es «malo» que una empresa tenga una brecha financiera respecto a lo económico. Pero es bueno que el muchacho se compare con los grandes atletas, no para correr ahora en 44 segundos. Es bueno que la empresa se compare con el ideal económico, aunque no sea para conseguirlo ahora mismo.

Si algo es teóricamente posible (como traducir en dinero la expectativa económica o llegar a correr como un gran campeón), hay que apuntar hacia ello aunque no se consiga ... nunca.

Para saber si la generación de liquidez de una empresa o, contrariamente, su necesidad financiera es grande, necesitamos un patrón de referencia, necesitamos una cifra ideal o teórica para establecer una comparación y poder opinar. Nadie «obliga» a una empresa a acabar generando en efectivo lo mismo que gana, pero es evidente que si no se prevé en efectivo la misma cifra que se va a ganar, existen elementos que desvían o distorsionan a la economía empresarial en su capacidad de traducirse en resultado monetario.

Volvamos al ejemplo de la empresa que preveía generar un *cash flow* económico de 1.000 y planificaba asimismo un excedente de tesorería, precisamente de 1.000. Alguien en la reunión dijo que le parecía una situación normal por su estricto paralelismo. Normal no lo es, pero establecer la comparación es algo no sólo correcto sino enormemente útil.

¿Qué pasaría si ahora alteramos algo el ejemplo y en lugar de las cifras anteriormente expuestas, presentáramos las siguientes?

Cash flow económico = BAT + Amortización

1.000 = 800 + 200

Cash flow financiero = Diferencia del presupuesto de tesorería = 600

Hemos cambiado las expectativas sobre el excedente financiero. Antes hablábamos de 1.000 y ahora decimos que será 600. ¿Existen ahora necesidades financieras en esta empresa? Por supuesto que no. La única diferencia con el ejemplo anterior es que el excedente es menor. Sin embargo, si ahora nos dirigiéramos a la persona que antes ha dicho que existía un absoluto paralelismo entre lo económico y lo financiero, ¿qué nos dirá ahora?

El heroico lector de este libro debiera cerrarlo ahora, contestar esta pregunta y después consultarlo para saber si coincidimos o no. Sin embargo como usted ya ha llegado al último capítulo que contiene teoría, se le puede otorgar un merecido voto de confianza y dispensarle de cerrar el libro.

El interpelado en nuestro ejemplo contestará que le «faltan» 400. ¿Por qué? Porque razonando como él suele hacerlo, sabe que por la vía económica se pueden generar 1.000, luego por la vía financiera debieran aparecer esos 1.000. Si solamente aparecen 600 es que «faltan» 400.

De nuevo se crearía un clima de estupor entre los reunidos. Habría sonrisas, risas y carcajadas. Es comprensible. De hecho, en esa previsión no «falta» nada. La expresión de quien ha dicho que «falta» algo es desafortunada, pero el hilo conductor del razonamiento tiene sentido. Es cierto que en una óptica teórica la empresa podría hipotéticamente generar una tesorería de 1.000. No es teóricamente imposible aunque prácticamente no ocurra así. Luego sí que es planteable la pregunta: ¿Por qué una empresa que podría llegar a generar una tesorería de 1.000 (tal como marca la expectativa económica), sólo genera 600? La pregunta es perfectamente válida. Es más: es necesaria, absolutamente necesaria para quien diga conocer las finanzas de una empresa. Una cosa es que sea algo utópico conseguir una liquidez de 1.000 y otra preguntarse por qué no se consigue.

La cifra que se cuestiona (400) no es una cifra necesaria para la empresa, no está creando en realidad ningún problema, pero es una «brecha» que nos conviene analizar.

¿Por qué? No dejaremos de explicarlo y para entenderlo cómodamente proseguiremos jugando con el mismo ejemplo.

Cambiemos de nuevo las cifras. Ahora presentamos las siguientes:

Cash flow económico = 1.000
Cash flow financiero = −200

Preguntemos de nuevo a nuestro naíf interlocutor. Ahora abrirá unos ojos como espléndidas naranjas de Valencia, palidecerá ligeramente y con voz trémula por la emoción nos dirá: «Faltan 1.200».

No le aceptaremos la palabra «faltan» pero entenderemos su forma de razonar: la empresa no sólo no ha generado los 1.000 que eran *teóricamente* generables, sino que además necesita otros 200. En definitiva, es perfectamente válido decir que la «brecha» abierta entre el ideal teórico económico y la expectativa tangible financiera es de 1.200.

Esta brecha es para nosotros un desfase financiero profundo. Recordemos:

$$DFP = CF + NF$$

La suma algebraica de las dos anteriores cifras nos hubiese llevado a un resultado que no tiene ningún sentido (800). No es preciso hacer esa clase de suma. Nos ha de bastar pensar que la palabra necesidad conlleva en sí misma el sentido negativo de falta o carencia. La expresión de una necesidad con signo negativo sería una redundancia que significaría valor positivo. La partícula latina «nec» ya es negativa en sí misma. Nunca expresaremos la necesidad financiera con un signo negativo sino positivo, afirmando así la existencia de esa necesidad. Respetando el signo correcto para el término, la suma algebraica es perfectamente válida.

La empresa del ejemplo sabe que, pese a la maravillosa expectativa económica que está planteando (1.000), va a tener una necesidad financiera de 200, luego la separación o desfase total entre lo teóricamente generable y lo que financieramente va a generarse es 1.200.

La empresa deberá conseguir financiación (en argot decimos «levantar dinero», por traducción literal del inglés *funds raising*) por un valor de 200. Luego esa cifra es la magnitud a *gestionar*. Pero la magnitud a *analizar* es 1.200.

Tampoco es necesario recurrir indefectiblemente a la relación caricaturesca entre lo económico y lo financiero que establecen los niños o los inexpertos en finanzas. Considero evidente que en una empresa que planificase una expectativa económica de 1.000 con un déficit financiero de 200, más de una persona (experta o no) se podría hacer una pregunta cargada de lógica y razón. ¿Cómo es posible que en una empresa con tan elevadas expectativas económicas pueda llegar a faltar dinero?

Caben diversidad de explicaciones a esa pregunta, pero todas apuntarían a agresivas acciones de futuro: cobrar muy tarde de los clientes, para intentar vender más, pagar rápidamente a los proveedores para conseguir buenos descuentos, invertir fuertemente en capacidad productiva, etc.

Me parecería un tremendo despropósito que alguien en la empresa del ejemplo dijera algo así: «Bueno, bueno, una necesidad financiera de 200, no es demasiado para una buena empresa como la nuestra, aquí no va a pasar nada especial».

En la más ortodoxa gestión de una empresa, tan importante es la necesidad que se va a crear (200) como lo que se deja de generar (1.000), puesto que lo que no se genera indica la existencia de planes agresivos o fuertes que absorben muchos fondos. Ante accionistas y banqueros habrá que razonar y defender tan agresivas políticas, pero *nunca* tendremos conciencia de su importancia si no nos preocupamos de poner sobre el tapete la gran cifra 1.200 y no la pequeña cifra 200.

Esta explicación ha ido dirigida a conocer el significado del desfase financiero profundo y puede completarse pensando que puede jugar también en sentido inverso. La empresa que planifica generar una expectativa económica de 1.000 también podría hallarse ante una expectativa financiera de 1.300. ¿Es posible este caso? Sí, siempre y cuando esta empresa creciera, cobrando al contado sus ventas y pagando las compras muy tarde o vendiendo activos innecesarios, etc. ¿Existe desfase financiero profundo en tal circunstancia? Sí. El desfase es de 300. La necesidad financiera es en realidad un excedente, luego es positivo como expectativa de tesorería pero es negativo como tal necesidad. (El excedente es la negación de la necesidad).

$$DFP = CF + NF$$
$$DFP = 1.000 - 1.300 = -300$$

El signo de esta última cifra es lo de menos. La fórmula enunciada permite calcular desfases que actúan en contra de la empresa. Este es un desfase a favor, por eso el signo está invertido.

También es conveniente analizar este desfase ya que es preciso conocer y controlar cuáles son las especiales condiciones que preparan un futuro tan abundante en excedentes de tesorería. Habrá que pensar cómo reinvertirlos.

El interés de la dirección de marketing en este tema jamás debe ni puede centrarse de forma específica sobre la necesidad financiera, puesto que ésta es una cantidad que el director financiero gestionará de acuerdo con el director general y el consejo de administración.

Pero la dirección de marketing tiene interés en el análisis del desfase financiero profundo para saber en qué medida la planificación de su departamento es o no es uno de los causantes básicos de ese desfase en profundidad.

Recordemos que la planificación del departamento de marketing influye en la planificación general de la empresa a través de:

1. Gastos comerciales.
2. Inversiones en stock de producto acabado (si es empresa industrial).
3. Inversiones en stock de mercadería (si se trata de una empresa comercial).
4. Inversiones en la partida de cuentas a cobrar.
5. Inversiones en activos fijos materiales e inmateriales de tipo comercial.

Nos conviene discriminar el impacto de cada uno de estos cinco capítulos en el desfase financiero profundo de la empresa. La forma de hacerlo es la siguiente:

a) La información prospectiva contenida en el estado previsional de resultados nos dirá si los gastos comerciales influyen mucho o no en la consecución del BAT previsto. Es decir, en cuánto afectan a la previsión del *cash flow* en sentido económico.
b) El presupuesto financiero ordinario o corriente nos ha de servir para medir el impacto de las inversiones en activo circulante (puntos 2 y 3).
c) El presupuesto extraordinario de tesorería nos informará sobre el impacto del departamento de marketing en materia de inversiones en activo fijo (punto 5).

Vamos a seguir con el ejemplo que hemos presentado anteriormente. Es preciso que tengamos una visión separada de los problemas específicos de la pura y mínima pervivencia de la empresa (visión ordinaria o corriente) y de los problemas de carácter extraordinario que pueda presentar el futuro de la misma.

En lugar de presentar el *cash flow* futuro global que hemos mostrado en las anteriores simulaciones, ahora presentaremos el *cash flow* de explotación:

Beneficio de explotación (o BAIT)	850
Amortizaciones de explotación	200
Total	1.050

En este BAIT de 850, los gastos comerciales han tenido un peso determinado. Ésta sería nuestra primera exploración interesante.

La pregunta que nos planteamos a continuación es: ¿Generará esta empresa por la vía financiera este importe de 1.050?

Acudimos a consultar el presupuesto de tesorería. Nos centramos en el primer bloque de ese presupuesto. Miramos la diferencia (superavit o déficit) que arroja el presupuesto financiero ordinario. Vamos a suponerla en una necesidad financiera de 100, de modo que las cifras dispuestas hasta aquí, son:

Cash flow de explotación	1.050
Diferencia del presupuesto financiero corriente	100

¿Cuál es el desfase financiero profundo a nivel de presupuesto ordinario de tesorería?

La empresa de nuestro ejemplo no solamente no generará en líquido los 1.050 que serían teóricamente esperables por la vía económica, sino que se sitúa en una necesidad de 100. Luego el desfase financiero profundo a nivel ordinario es de 1.150.

Digámoslo en palabras más llanas. Se trata de interrogarnos, no sin cierta sorpresa, cómo es posible que una empresa que a nivel económico (en su más pura y esencial explotación) pueda ganar tanto, sin embargo, a nivel financiero no sólo no aflore ni un solo céntimo, sino que además necesite financiación.

Es evidente que ha planificado para el año que viene una estrategia y/o política muy fuerte o agresiva para que semejante fenómeno se produzca.

¿A qué causas puede obedecer tan agresivo plan de acción futuro? ¿Cómo se involucra la planificación del marketing en todo ello?

Las causas se comprenden cuando se compara el balance histórico de la empresa (o mejor dicho: el balance proforma correspondiente al ya cercano 31 de diciembre) con el balance previsional. Pero no hace falta ir muy lejos en esta comparación de balances. Nos bastará con leer simplemente tres epígrafes:

a) ¿Cómo evolucionan las cuentas de stocks entre el año presente y el año planificado?
b) ¿Cómo evoluciona la partida (o grupo) de las cuentas por cobrar del año presente al año próximo?
c) ¿Qué cambio experimenta la cuenta de proveedores comerciales entre el año actual y el que viene?

a) Dentro del grupo de los stocks, sólo nos interesa comentar –a efectos del análisis adecuado para la dirección de marketing– las existencias de producto acabado (industria) o de mercadería (comercio). Esto contesta los puntos 2 y 3. En el ejemplo que hemos puesto, nos estamos cuestionando el origen de un desfase financiero profundo ordinario por valor de 1.150. Parte de ese desfase puede venir originado por la diferencia entre los valores de balance del stock de producto acabado o mercadería. Esa diferencia mide la inversión adicional planificada para el próximo ejercicio y fue objeto de sugerencia por parte del departamento comercial. Se debatió con el director financiero. Finalmente, el consejo de administración sentenció una solución política. La responsabilidad del director de marketing es compartida, pero el peso de su opinión en la decisión final aparecerá ahora presente de una forma u otra.

b) Lo mismo ocurrirá con el grupo de cuentas que representan las deudas de los clientes. La comparación entre un balance histórico y un balance previsional indica la cifra que la empresa planifica como inversión adicional. Observemos que la posible ayuda financiera (en forma de descuento de letras) que pudiera venir por parte de un banco o una caja no ha sido todavía tenida en cuenta. De esta forma se destaca la más genuina inversión que planifica la empresa. La responsabilidad de los estamentos comerciales en esta inversión merece los mismos comentarios que hemos efectuado en el apartado *a)*.

c) La cuenta de proveedores comerciales es tratada como las cuentas anteriores, pero lógicamente su disminución es una inversión. Su crecimiento, si la empresa planifica aumento de sus ventas o prolongación del plazo de pago, es una fuente de financiación. No sólo no produce desfase en este caso, sino que lo aminora. No es éste un tema que afecte a la dirección comercial, salvo el caso de aquellas empresas en que la dirección comercial interviene en la homologación de proveedores por la apariencia física de la materia prima en el producto final (industria) o por las características de la mercancía (comercio). Sin embargo, las condiciones de pago al proveedor no son tema específico de marketing, pero son objeto de roce o componenda entre marketing y finanzas (el mejor proveedor no siempre otorga las más cómodas condiciones de pago).

Estas tres razones explican en su totalidad el desfase ordinario y dentro de ellas podemos ver el peso de las opiniones prospectivas de la dirección de marketing. El desarrollo más completo de este proceso será presentado en el caso práctico Pronasa que cerraremos en este capítulo. Sin embargo debemos decir que la dirección de marketing ha alimentado el proceso de planificación de la forma que hemos explicado en el capítulo anterior. Los documentos económico-financieros previsionales pueden «alimentar» al director de marketing si los maneja como muestra la figura 1.

Tanto el estado previsional de resultados como el presupuesto financiero ordinario son «documentos-testimonio» puesto que se limitan a dar dos datos que sirven de referencia para crear la mag-

FIGURA 1

Análisis del desfase financiero profundo ordinario

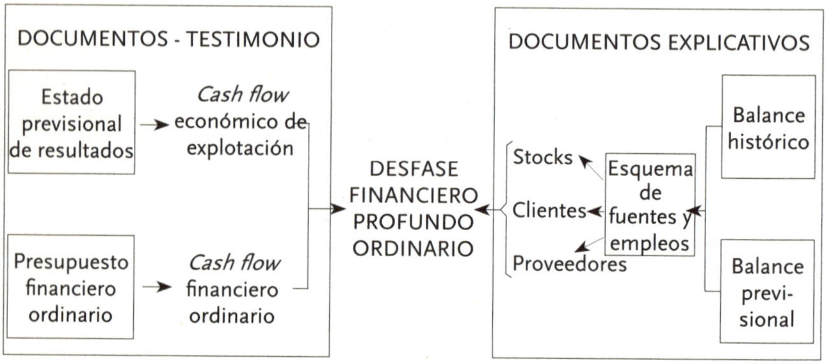

nitud a analizar. El estado de resultados nos «sirve en bandeja» el *cash flow* económico. El presupuesto ordinario nos facilita el *cash flow* financiero o diferencia financiera del presupuesto de tesorería ordinario o corriente. Cada una de estas dos magnitudes en aislado dice mucho menos que cuando se unen para compararlas. Su comparación nos da el dato clave de análisis: el desfase profundo.

El verdadero documento explicativo es el esquema de fuentes y empleos previsional que tiene su origen lógicamente en la comparación entre el balance histórico y el balance planificado.

El balance previsional como «padre» del esquema de fuentes y empleos es el verdadero documento explicativo porque nos habla de inversiones, de políticas y no simplemente de cobros y pagos. Al director de marketing le interesa conocer su impacto en la profunda problemática financiera de su empresa pero a accionistas y banqueros les interesa saber a qué estrategias y políticas se han de adherir o no en el futuro.

Nos falta hablar del desfase financiero profundo extraordinario para contestar totalmente a la forma de analizar la intervención del marketing en la planificación económico-financiera de la empresa.

La visión presentada por los últimos párrafos se ha circunscrito exclusivamente a los movimientos corrientes u ordinarios de la explotación. Nos falta pues contemplar los movimientos de carácter extraordinario (recordemos que éstos adquieren tal carácter tanto por no ser rutinarios o habituales como por ser ajenos a la explotación).

Partiremos de la siguiente igualdad:

Cash flow total = *Cash flow* de explotación + Cash flow extraordinario

Desarrollada esta igualdad, quedaría de la forma siguiente:

Cash flow de explotación = BAIT + Amortizaciones de explotación
Cash flow extraordinario = – Intereses ± Atípicos + Amortizaciones extrafuncionales
Cash flow total = BAT + Amortizaciones totales

Puesto que:
BAIT – Intereses ± Atípicos = BAT
Amortizaciones de explotación + Amortizaciones extrafuncionales = Amortizaciones totales

Este desarrollo puede simplificarse si se piensa que no necesariamente los atípicos (ingresos o gastos) deben estar presentes en todas las empresas. Tampoco es «obligatoria» la presencia de las amortizaciones extrafuncionales. En definitiva puede y suele decirse que el *cash flow* extraordinario acaba siendo los gastos financieros y que por tanto es negativo. Ello es lo más normal del mundo. Tener gastos financieros no es ninguna especial «deshonra»... es lo habitual.

Si ahora damos cifras a estas últimas magnitudes, remataremos el ejemplo de constante referencia.

Cash flow extraordinario = Gastos financieros = –50

¿Con qué magnitud de orden financiero debemos comparar este *cash flow* de orden económico? Lógicamente con la diferencia financiera del presupuesto extraordinario de tesorería. Démosle un valor. Por ejemplo, 100. ¿Qué desfase existe?

La empresa ha planificado una expectativa económica, naturalmente negativa a este nivel, puesto que anticipa cierto nivel de gastos financieros (que aún no conoce plenamente).

Si el presupuesto de tesorería arrojase también una diferencia negativa de 50, no debiera sorprendernos puesto que encaja perfectamente con la expectativa anunciada. Es igual que la cifra planificada sea negativa... está económicamente controlada. El desfase solamente busca captar hechos que sean financieros, con identidad propia, sin tener su origen en una magnitud económica previamente predeterminada. Luego una necesidad financiera de 50 en el presupuesto extraordinario nos hubiera hecho decir simplemente que no hay ningún desfase profundo extraordinario porque hay plena acomodación entre la cifra esperada en el plano económico y en el plano financiero.

Para la dirección de marketing, esto tiene pleno sentido. El efecto económico-financiero de los intereses no es de su incumbencia. Lo que rebase el valor de los intereses sí que le interesa, porque puede ser inducido en parte por el departamento de marketing.

En nuestro ejemplo sí que existe un desfase financiero profundo extraordinario, ya que la expectativa económica situada en 50 se ve ampliamente rebasada por un déficit financiero de 100. El desfase financiero profundo es de 50.

$$DFP = CF + NF$$
$$DFP = -50 + 100 = 50$$

Este desfase financiero profundo vendrá explicado por la diferencia entre el balance histórico y el balance previsional, pero remitiéndonos a todas aquellas partidas que no sean stocks, clientes y proveedores. Uno de los grupos a contemplar en el balance es obviamente el activo fijo. En ese grupo pueden haber incidido los estamentos comerciales de la empresa con mayor o menor fuerza sobre la cifra de desfase de 50. Imaginemos que ese valor de 50 fuera la única inversión en activo fijo que hubiera planificado la empresa para el año que viene y que consistiera en un estudio de mercado y dos patentes nuevas.

Supongamos que alguien en el conjunto de directivos de la empresa dijera algo del estilo siguiente: «El presupuesto financiero extraordinario plantea para el año que viene una necesidad de tesorería de 100. La razón de ello se debe en un 50% a fuertes inversiones lideradas por el departamento de marketing. Por suerte, el presupuesto financiero ordinario solamente arroja un pequeño déficit de 50, que es la mitad del enorme problema que nos plantea el presupuesto extraordinario... en el que el departamento de marketing tan gravosamente influye».

¿Qué opina heroico lector de este comentario? Seguro que tiene una robusta opinión formada, que impedirá que a usted pudieran «crucificarlo» con este comentario.

Aparte del primer argumento fácil que consistiría en decir simplemente que las inversiones comerciales en activo fijo ascienden al mismo importe (50) que el déficit del presupuesto financiero ordinario... aparte, decía, de este argumento fácil hay que decir, y esto es lo importante para no «crucificar» a nadie, que el problema financiero de una empresa no se juzga por el déficit presupuestario sino por el desfase financiero profundo.

En el presupuesto extraordinario de tesorería, el déficit es de 100 pero el desfase es de 50. En el presupuesto financiero ordinario es donde aparecen los grandes problemas y las grandes oportunidades. El desfase es de 1.150 y ello significa decisiones mucho más enormes que las tristes 50 de inversiones en activo fijo comercial. Solamente entre la política de stocks, clientes y proveedores se absorben 1.150, es decir 23 veces la cifra ridícula del presupuesto extraordinario. Lo que esta empresa debe hacer es emplear el escaso tiempo de que disponen sus directivos en concentrarse en el estudio (y revisión si cabe) de las políticas de stocks, clientes y proveedores, porque hay posibilidades de tomar decisiones de cambio o de financiación que afecten a elevadas cifras de absorción de recursos.

Bastaría con que se llegara a la conclusión de que la política de stocks o de cuentas a cobrar es atenuable en 50 para poder cubrir cómodamente las inversiones en activo fijo comercial. Pero si *nunca* se revisa el presupuesto ordinario... porque su déficit se considera «inocente»... nunca se hallarían recursos para cubrir otras necesidades que en el fondo son necesidades de mucha menor entidad y posiblemente más útiles que otras de más envergadura.

Deseo ahora dedicar el resto del capítulo a explicar el *papel que juega la dirección de marketing en la estrategia financiera de la empresa*. Será la última contribución teórica de este texto. En ella me gustaría poner de relieve que el planteo de una estrategia financiera frente al futuro no es una tarea que se circunscriba al ámbito cerrado por una cadena como ésta: director financiero-director general-consejo de administración; sino que puede y debe abrirse a la dirección de marketing en los términos que iremos viendo en este «remate» conceptual del libro.

Tras el análisis del origen de los desfases financieros, la empresa debe apresurarse a encontrar la forma de superar la necesidad financiera.

Recordemos lo dicho anteriormente. Los desfases financieros son magnitudes para *analizar* y la necesidad financiera es magnitud a *gestionar*. Es preciso gestionar los recursos o vías que solucionen esa necesidad financiera.

De hecho, la empresa se halla ante cuatro posibilidades:

1. Recurrir al capital propio.
2. Endeudarse.

3. Reducir los niveles de activo.
4. Replantearse los objetivos iniciales.

Los dos primeros caminos tienen una fuerte componente financiera. La influencia del departamento de marketing sobre ellos es bastante indirecta. A posteriori del debate sobre estrategia financiera y una vez decididos los recursos financieros que se consideran interesantes, la dirección de marketing tendrá la intervención que destacaremos al final de esta exposición teórica.

La tercera y cuarta posibilidades pueden ser mucho más mediatizadas e influidas por la dirección de marketing. Veremos cómo.

La decisión sobre el recurso al capital propio o al endeudamiento tiene, como hemos dicho, un fuerte acento financiero. Las cuestiones que pueden inclinar la balanza hacia el lado del capital propio o de la deuda son variadas y complejas. Aquí daremos una visión resumida, que complementaremos en la parte práctica de este capítulo con el caso Pronasa.

¿Qué ventaja fundamental tiene para una empresa el recurso al capital propio? La ventaja fundamental es la de evitar lo que es el principal inconveniente del endeudamiento: el riesgo de incumplir en la devolución del principal de los préstamos. El capital propio no obliga a devolución.

¿Qué ventaja fundamental tiene el endeudamiento para el empresario? Esa ventaja es económica. El soporte teórico-práctico de esta afirmación está contenido en el capítulo 6.

Cuando el ROA es afortunadamente superior al tipo de interés, que la empresa paga por sus deudas, le conviene más tomar deuda que ampliar el capital. Esta situación es la normal para una empresa que funciona correctamente desde un punto de vista económico. También es la normal para una mayoría de empresas cuando un país no atraviesa una recesión económica. Lo normal por tanto es que la financiación con deuda sea lo más rentable para una empresa.

En definitiva, la opción del capital propio que es la de menor riesgo, porque no obliga a devolver nada, es la menos rentable, porque obliga al actual accionista a compartir el beneficio futuro entre una cifra mayor de capital.

Los ejemplos desarrollados en el capítulo 6 son suficientemente ilustrativos de este principio.

Luego el precio del menor riesgo (o la seguridad) es la menor rentabilidad.

El riesgo del exigible se «compensa» con una mayor rentabilidad para el propietario de la empresa. El riesgo de la deuda es doble. Por un lado, el riesgo patrimonial que entraña el impago (posible liquidación de la compañía) y el riesgo económico, ya que cuando una empresa se halla altamente endeudada (porque ha ido aprovechando al máximo su FAF amplificador) lo peor que le puede pasar es que, por razones de peso, el rendimiento de activo baje mucho (fracaso de un lanzamiento comercial, irrupción de fuertes competidores, recesión económica, etc.) y la empresa se encuentre con FAF reductor simultáneo con elevado endeudamiento. Bastará recordar alguno de los ejemplos del capítulo 6 para darnos cuenta del desastroso efecto que sobre el ROE tiene una situación como la que acabamos de describir.

En resumen, lo que queda claro es que la opción entre capital propio y deuda presenta pros y contras en torno al dilema riesgo-rentabilidad.

Sería estupendo que alguien inventara una fórmula infalible que combinara a la perfección el capital propio y la deuda. En algún manual se dan recetas, estableciendo proporciones revestidas de infalibilidad. Nada de todo esto funciona realmente. Las decisiones en torno a opciones en que se pone en juego la rentabilidad y el riesgo presentan incertidumbres importantes que no se pueden resolver en pura técnica.

No hay respuesta concreta a la pregunta sobre cuánto de capital y cuánto de deuda «conviene» a una empresa frente al futuro. Se mezclan muchos factores en esa decisión y todos ellos marcados por la más densa incertidumbre.

Jugará, por ejemplo, la mayor o menor aversión al riesgo de los gestores de la empresa. Jugará también, ¿por qué no?, la curva de vida de la gama de productos de la empresa... ¿estamos en la cresta de la ola?... ¿o en un vertiginoso descenso hacia la rompiente?

Sería exhaustivo enumerar todos los factores que se entremezclan, condicionando una decisión sobre este complejo dilema: ¿capital o deuda?... ¿seguridad o rentabilidad?

Ya hemos dicho que no estamos ante una decisión técnica. No sería correcto hablar de «técnica financiera» cuando se debate tan compleja alternativa. Estamos ante una decisión *estratégica* muy comprometida para el futuro de la entidad. Por los factores de incertidumbre y riesgo que acompañan a esta decisión, podemos hablar de *estrategia* financiera.

La dirección de marketing no va a estar ausente de tan grave dilema. Es cierto que el contenido esencial del mismo tiene un fuerte acento financiero que no incumbe al departamento de marketing. Sin embargo existen aportaciones orientativas o complementarias que sí que corresponden a los estamentos comerciales. Veremos cuáles son y cómo se relacionan con la tarea de la dirección financiera.

El dilema deuda contra capital no se resuelve técnicamente; se decide estratégicamente. Sin embargo, cuanto más complejo es un dilema estratégico más necesitados estamos de elementos técnicos que, si bien jamás resolverán el dilema, sí podrán ayudar a orientar una decisión. La técnica puede intentar acotar el ancho campo del dilema, puede teñir mejor de blanco o de negro los aspectos grisáceos que caracterizan toda decisión compleja.

No hay debate sobre estrategia financiera que tenga sentido, si antes no se procede a un cálculo y reflexión sobre tres parámetros clave. Son tres magnitudes fundamentales cuya exposición pertenece al director financiero de la empresa, pero en dos de las cuales la opinión de la dirección de marketing juega un relevante papel ... antes del debate sobre estrategia financiera... y ... tras el debate a la hora de recabar los recursos financieros necesarios.

El papel del director de marketing y del director financiero en el proceso de debate e implementación de la estrategia financiera de la empresa se resume en la figura 2.

FIGURA 2

Acotación técnica del dilema capital-deuda e interrelación marketing-finanzas

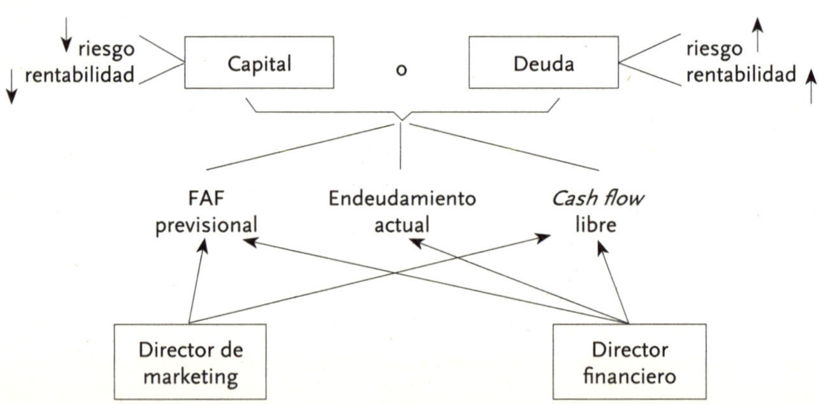

Podemos explicar esta figura de la forma siguiente: los tres parámetros clave que informan el debate sobre estrategia financiera son en síntesis:

- El FAF previsional.
- El endeudamiento actual.
- El *cash-flow* libre.

1. *El FAF previsional.* Es preciso que el director financiero de la firma presente al director general y consejo de administración el cálculo del rendimiento previsional de activo:

$$\text{ROA previsional} = \frac{\text{BAIT} \pm \text{Atípicos previsibles}}{\text{Activo total neto planificado}}$$

El resultado de este ratio se pondrá en contraste con las expectativas sobre tipos de interés.

Si afortunadamente el ROA previsional es fiable y más alto que las expectativas sobre tipo de interés, la empresa operará el año que viene con FAF previsional amplificador. Este es un parámetro técnico cuyo cálculo puede *invitar* al consejo de administración a endeudarse o no, según sea el FAF amplificador o reductor. Este cálculo orienta pero no es plenamente decisorio por dos razones:

- porque puede ser incompatible con los otros factores que orientan la estrategia financiera, como el ratio de endeudamiento y el *cash flow* libre;
- porque el ROA depende de dos magnitudes (BAIT y activo) sujetas a incertidumbre en su previsión.

Es en esta segunda razón en la que puede intervenir la dirección de marketing. Se trata de recurrir a su experiencia comercial para que «calibre» lo mejor posible ante la dirección general y el consejo de administración, la fiabilidad de las ventas y costos comerciales que están condicionando en buena parte el BAIT y los niveles de ciertos activos comerciales. Los intentos de disipar la incertidumbre... la lucha del consejo de administración por intentar ver claro el futuro son a menudo esfuerzos dramáticos ante el porvenir complejo e incierto. Estas son cuestiones en las que la dirección de marketing y la financiera advierten más que nunca que el conflicto de intereses de ambos departamentos es de rango inferior a lo mucho que los une cuando se trata de colaborar en decisiones estratégicas de acusado relieve.

El apoyo de la dirección de marketing a financieros y altos gestores en las decisiones estratégicas es el «cielo» de su función. Es la vía natural por la cual bastantes directores de marketing pasan a la dirección general y a puestos de consejero.

La defensa estricta de los principios de marketing ha de ser compatible con una voluntad integradora, con un instinto hacia el consenso y con una cultura multidisciplinar (en la que se inscribe este libro). Esta es la vía por la cual un director de marketing asciende al «cielo» de su función y puede dar lo mejor de sí a su empresa. El conflicto de intereses entre marketing y finanzas debe quedar limitado a la tarea de colocar peso alternativamente a un lado y otro de la balanza, sin olvido de ninguna pieza de las que deben estar en los platillos. Tras el debate se descubren muchos puntos en común.

En la interrelación marketing-finanzas hay que buscar más motivos para una boda que para un combate. La colaboración en el quehacer estratégico es un buen motivo para el enlace marketing-finanzas.

2. La cota de endeudamiento existente actualmente puede actuar como un freno a la consecución de nueva deuda. Pero éste no es un tema que incumba a la dirección de marketing.

3. *El cash flow libre* es un concepto en el que también se involucra la dirección de marketing y lo hace en términos prácticamente idénticos a los de la cuestión ya comentada del ROA previsional. El *cash flow* libre se expresa así:

$$CFL = BPT + A - VE - D$$

en donde: BPT = resultados postimpuestos

A = amortizaciones

VE = vencimientos anuales

D = dividendos previstos para los próximos ejercicios.

Este cálculo lo realiza el director financiero y mide el *cash flow* que quedaría disponible en el futuro en el caso de que tras detener durante un tiempo las inversiones en fijo y circulante la empresa se dedicara a ir cancelando sus obligaciones a largo plazo.

Éste es un razonamiento eminentemente financiero y en el que se asumen una serie de condiciones tal como la ya mencionada de parálisis de las inversiones en activo fijo y circulante y la de simple extrapolación del resultado postimpuestos hacia un futuro de un número indeterminado de años.

El *cash flow* libre se usa como un indicativo en los *límites*, pero nunca como un afinado calibrador. Por ejemplo, una empresa planifica las magnitudes siguientes:

RPT =	200
A =	100
VE =	−130
D =	−70
CFL =	100

Está claro que esta empresa no puede tomar, por ejemplo, nueva deuda por valor de 1.000 a devolver en 5 años. Los vencimientos del principal ascenderían a 200 anualmente, lo cual rebasa enormemente el *cash flow* libre previsto. Un gestor optimista podría pensar que el año próximo, el resultado será mucho mayor, pero se queda el tema reducido a una impresión que no avala el dato del resultado previsto.

Tampoco puede esta empresa aceptar deuda por valor de 1.000 vencedera a 10 años. Aunque el vencimiento del principal se ciñe al valor del *cash flow* libre, es poco pensable que en los próximos 10 años no surjan necesidades de fijo o de circulante o bien que el riesgo de no generar un BPT de 200 nos llevará a incumplimientos en el pago de la nueva deuda.

El *cash flow* libre nos orienta o nos ayuda a descartar límites acentuados. Pero ya hemos dicho que el *cash flow* libre no es un afinado calibrador. No es una magnitud que permita decir si un préstamo de 500 a 10 años u otro de 550 o de 450... son opciones idóneas. Nos dice que razonablemente estas operaciones son adecuadas puesto que dejan un margen de seguridad contra el error, ante contratiempos futuros o abren la posibilidad de invertir en activo fijo o circulante.

El papel del director de marketing estará en su capacidad de delimitar el riesgo de las ventas y costes comerciales como elementos definitorios del BAIT... otros factores como los gastos financieros, los impuestos, los vencimientos de préstamos a largo plazo y los dividendos caen lejos de su función.

A la vista del FAF previsional, del ratio actual de endeudamiento y del *cash flow* libre, el director financiero informa al director general sobre los pros y los contras de las opciones vía capital propio y vía endeudamiento.

La dirección financiera tiene en cuenta aquí toda una serie de cuestiones que hacen referencia a la amplitud del espectro accionarial, política histórica de dividendos, recientes emisiones de acciones, horizonte de los préstamos a largo plazo, intereses, garantías, etc. Son muchas las modalidades de crédito a largo plazo y a corto plazo. No es el objeto de este libro el describirlos. Existen instrumentos diferentes de los préstamos: *leasing, renting*... Otros instrumentos combinan facetas diversas: descuento de letras, *factoring, confirming,* etc.

Hasta aquí hemos hecho referencia a las dos primeras posibilidades, de las cuatro que hemos enunciado, al empezar a hablar de estrategia financiera. Las dos que hemos de contemplar ahora son:

3. Reducir los niveles de activo.
4. Replantearse los objetivos iniciales.

La reducción de activos debe plantearse en tres órdenes diferentes:

3.1. *Realización de activos extrafuncionales.* Consiste en tomar una decisión estratégica sobre si es conveniente mantener una política de sostenimiento de inversiones extrafuncionales o vale la pena realizarlas para obtener liquidez. La dirección financiera pondrá en contraste posibles minusvalías de cesión y el cese de rendimientos extrafuncionales con el coste de alguna alternativa de endeudamiento. No es tema en que participe la dirección de marketing.

3.2. *Realización de activos fijos funcionales.* La realización de activos fijos funcionales supondría pasar la empresa de ser propietaria a arrendataria (en régimen de alquiler tradicional, *leasing* o *renting*). Cabe plantearse en ocasiones si no podemos subcontratar tareas de producción, servicios, etc. que nos permitan desinvertir en activo fijo. Aquí la intervención de la dirección de marketing puede ser importante. ¿Locales para delegaciones de ventas en régimen de propiedad o de alquiler? ¿Distribución propia o subcontratada? ¿Despachos y oficinas para nuestros vendedores o agentes externos? ¿Pago de royalties o compra en firme de patentes? Luego no es cierto que la estrategia financiera de una empresa se reduzca simplemente a decidir entre deuda y capital. La política de activos fijos tiene trascendencia estratégica en las finanzas de la empresa. El director de marketing puede estar también en el «cielo» de estas decisiones trascendentales.

3.3. *Reducción de activos circulantes de carácter funcional.* La reducción de los niveles actuales o los planificados en las cuentas de activo circulante da otra importante opción de participación estratégica al director de marketing.

Cuando se trataba de plantear una política de stocks de producto acabado, se partía de un debate con la dirección financiera que se saldaba con la decisión final del consejo de administración. Pero esa decisión se sometía a prueba mediante el proceso de planificación económico-financiero.

Realizado ese proceso y analizado el origen de la necesidad financiera, la empresa se halla ante una tarea diferente que es encontrar los recursos financieros para cubrir las necesidades de tesorería. Una cosa es «levantar» dinero «nuevo» y otra es reducir las inversiones que absorben recursos; de eso precisamente estamos hablando. El director de marketing siempre tiene el derecho y el deber de defender su «parcela» de intereses en la empresa, pero posiblemente las necesidades financieras ahora conocidas y analizadas, le proporcionen una perspectiva nueva que le hagan armonizar mejor las políticas de stocks –comercialmente óptimas– con aquellas que sean financieramente viables.

Ojalá el análisis del origen de la necesidad financiera proporcione al director de marketing la satisfacción de poder saber que las mejores políticas comerciales son rentables y además financieramente viables. Ojalá otros recursos financieros que no sean la dura renuncia a los niveles planificados de stock, se demuestren suficientes para acometer las inversiones preconizadas desde el área comercial.

Todos los pasos seguidos hasta aquí han representado un esfuerzo para intentar objetivar la interrelación marketing-finanzas.

La oportunidad en materia de estrategia financiera es evidente; o la dirección de marketing «cede terreno» y se convierte en un ingrediente más de la estrategia financiera o bien en el desarrollo de esta última surgen posibilidades que le dan la razón y demuestran la plena viabilidad de las políticas de stock.

El director de marketing en el «cielo» de la estrategia financiera. La «boda» entre finanzas y marketing.

Las mismas reflexiones que hemos hecho para el stock de producto acabado son perfectamente válidas para las partidas de cuentas a cobrar. Los plazos que se planificaron para favorecer a la clientela deben experimentar quizás un recorte si no hallamos un contingente suficiente de recursos financieros para poder cubrir la inversión hecha en esta cuenta. Aquí la dirección de marketing deberá posiblemente ceder terreno. Quizás sea lo contrario; quizás pueda fluir el capital o el aumento de líneas de descuento de letras otorgadas por cajas y bancos.

A veces el sacrificio en el departamento de marketing está al servicio de la estrategia financiera. Otras veces la estrategia financiera sirve perfectamente a los medios preconizados por los estamentos comerciales.

El *replanteo de objetivos* en una empresa es una de la cuestiones más difíciles y dramáticas que se le pueden poner por delante.

Se pueden llegar a tomar decisiones muy duras y a veces incomprensibles para las personas que trabajan en el departamento comercial de la empresa.

Los cambios de objetivos suelen ceñirse siempre al tema del crecimiento. Si uno de los objetivos propuestos fue, por ejemplo, la ampliación del ámbito de mercado y nos planteamos renunciar a él de momento, estamos afectando a un objetivo de crecimiento.

Son muchas las empresas en las cuales sus gestores y también sus directivos aceptan incuestionablemente el crecimiento como un claro exponente de éxito. Sin embargo cuando una empresa vive las intensas semanas de debate de la estrategia financiera y observa que no consigue atraer suficiente capital propio, no alcanza el deseado volumen de deuda y no puede reducir sus inversiones en activo, es obvio que esta empresa debe replantearse sus objetivos que –como hemos dicho– suelen representar un sacrificio del crecimiento.

Ese sacrificio suele parecer contraproducente a muchos gestores y directivos, pero de forma especial resulta doloroso para los grandes «luchadores» del departamento comercial-marketing. Por esta razón vale la pena conocer su contrapunto de carácter económico-financiero. Es al menos una manera de entender el sacrificio que vamos a efectuar.

Las estrategias de crecimiento suelen ir acompañadas de fenómenos de sobreinversión en activo circulante: descentralizamos stocks, nos acercamos más al cliente, aceptamos pedidos menores pero más frecuentes, alargamos plazos de cobro, refinanciamos a clientes en dificultades, etc. Estos hechos en sí mismos ya son portadores de necesidades financieras, pero si además fomentan el crecimiento de las ventas, tenemos dos razones de peso para crear necesidades financieras y entrar en un fenómeno de sobreinversión en activo circulante.

El crecimiento de la actividad a partir de ciertos niveles puede obligar a inversiones en activo fijo de cierta cuantía.

Surgirá como «ayuda espontánea» el crédito cíclico de proveedores al ser también las compras de mayor volumen, pero raramente este último recurso podrá subvenir cómodamente las necesidades de financiación creadas por el propio crecimiento y las políticas tendentes a su logro.

Cuestionarse la cota de crecimiento tiene un magnífico e inmediato efecto financiero: pueden reducirse de forma importante las necesidades financieras creadas por el activo fijo y el circulante, en contrapartida disminuye la financiación de proveedores comerciales y sobre todo se reducen las expectativas de beneficio (si el crecimiento no sacrificaba ya el precio).

Esta es otra de las cuestiones en que la dirección de marketing debe tener un significado grado de participación. ¿Qué políticas de activo circulante entrañan mayores necesidades financieras? ¿Qué facetas del crecimiento por productos y/o zonas podemos sacrificar primero?

Dejar a la dirección de marketing de lado en el complejo debate sobre el crecimiento es muy contraproducente, puesto que se pueden perder oportunidades de salvar las facetas salvables y porque produce especial desmotivación en la fuerza de ventas de la empresa.

Acaba aquí la última contribución teórica de este texto. Finalizaremos el capítulo con una revisión práctica del análisis del origen de la necesidad de tesorería de Pronasa así como el planteo de su estrategia financiera frente al futuro.

¿Acabará bien el caso Pronasa? ¿Hallaremos clara viabilidad económico-financiera para el relevo generacional? ¿Seguirá triunfando la directora de marketing de Pronasa?

Tras finalizar el caso Pronasa, el libro presenta, como hemos dicho en la introducción, tres casos prácticos más.

Lo visto hasta aquí debe servir para que el heroico lector los resuelva... no sin esfuerzo... no sin sacrificio.

Recordemos algunas cosas desde el principio:

Empezamos el texto familiarizándonos con la técnica, lenguaje y objetivos de la contabilidad.

Vimos después las grandes líneas del análisis del balance y los centros de interés para la dirección de marketing.

Siguió el análisis económico con el papel del marketing en la rentabilidad de la empresa y hemos finalizado el camino, juntos, con el papel de la dirección de marketing en la planificación y estrategia financiera de la empresa.

No dejaré solo al heroico lector ante los casos, pero cerraré aquí, como acabo de anunciar, las contribuciones teóricas.

Caso práctico: Pronasa

- *¿Qué tuvo que ver la dirección de marketing con las importantes necesidades financieras de Pronasa?*
- *¿Apoyó la estrategia financiera la nueva cultura de marketing?*
- *¿Eran fundamentados los temores del veterano contable de Pronasa?*

CUADRO 1

El desfase financiero profundo (cifras en miles de euros)

1. CÁLCULO		
Beneficio previsional	397,8	
Amortizaciones	180,0	
Cash flow esperado	577,8	
Necesidad financiera	1.290,4	
DESFASE FINANCIERO PROFUNDO	1.868,2	(D)

2. DESGLOSE		
Beneficio explotación previsto	1.225,8	
Amortizaciones explotación	180,0	
Cash flow explotación esperado	1.405,8	
Diferencia presupuesto ordinario	869,8	(F)
DESFASE FINANCIERO ORDINARIO	536,0	(D)
Cash flow extraordinario	828,0	
Diferencia presupuesto extraordinario	2.024,0	(D)
DESFASE FINANCIERO DE PPT° EXTRAORDINARIO	1.196,0	
Efecto financiero IVA	10,1	(D)
Liquidez adicional	126,0	(D)
DESFASE FINANCIERO PROFUNDO TOTAL	1.868,2	(D)
D = desfavorable; F = favorable		

Tal como hemos podido ver en el contenido teórico de este capítulo, el primer paso es determinar qué causas o qué origen tiene la necesidad financiera de Pronasa y si la dirección de marketing a través de sus propuestas de futuro ha incidido en ellas... mucho o poco.

El presupuesto de tesorería nos muestra la necesidad financiera acumulada de Pronasa. Observamos que en la perspectiva de un año esa necesidad financiera asciende a 1.290,4 pero la máxima del año se produce en el mes de julio por un importe de 2.783,1.

Primero analizaremos la necesidad financiera que se va consolidando a lo largo del año.

En segundo lugar analizaremos el origen o causa de la enorme punta de necesidad financiera que se produce en el mes de julio (calor y tensiones financieras... ¡qué duro!).

El cuadro 1 nos muestra las magnitudes que intervienen en el análisis del desfase financiero profundo.

Consultamos el estado previsional de resultados y observamos que el BAT se ha previsto en 397,8, si a este valor sumamos las amortizaciones previstas obtenemos el *cash flow* esperado o planificado.

El movimiento de cifras que se produce a continuación va siguiendo el contenido teórico del capítulo.

En Pronasa han previsto una expectativa económica positiva por valor de 577,8 para todo el año próximo, pero la expectativa financiera marcada por el presupuesto de tesorería se sitúa en una «temperatura» tan gélida como 1.290,4 «grados bajo cero».

El desfase financiero profundo total es importante. Pronasa no sólo no genera lo esperado económicamente (577,8) sino que además tiene necesidades importantes de financiación (1.290,4). Decimos importantes ya que para una empresa del tamaño de Pronasa, esta cifra tiene cierto relieve, sobre todo cuando se piensa en la elevada necesidad financiera (aunque transitoria) del mes de julio.

Las cifras nos muestran también, cómo a pesar de que la diferencia del presupuesto financiero ordinario es un superávit de 86,98, sin embargo no llega a colmar la expectativa que era mucho más «generosa». Esto quiere decir que se producirá un desfase financiero profundo a nivel de presupuesto ordinario, bastante menor que el desfase total (536).

El *cash flow* extraordinario –que coincide con los gastos financieros, como se ha visto en la parte teórica del capítulo– asciende a 828. El déficit de presupuesto extraordinario está justificado económicamente hasta esta cifra. Luego la diferencia entre 828 y 2.024 es el desfase financiero profundo de presupuesto extraordinario.

Está claro que en Pronasa y en la perspectiva de un año, lo que más afecta es el presupuesto financiero extraordinario por ser un desfase mucho mayor que el ordinario.

Para conocer el origen de estos dos desfases y particularmente el extraordinario (por su mayor entidad) debemos poner en comparación el balance del año que acabamos de cerrar y el balance previsional tal como muestra el cuadro 2.

Los dos balances arrojarán tres clases de diferencias. Las diferencias de stocks, clientes y proveedores comerciales van a la primera columna encabezada con el título de presupuesto ordinario. Las diferencias en el activo fijo y capital exigible van a la columna encabezada con el título de presupuesto extraordinario.

La diferencia en el volumen de disponible no se computaba ni en el presupuesto ordinario ni en el extraordinario, por esta razón pasa a la última columna. El fondo de amortización y el resultado no pasan por presupuesto ordinario ni extraordinario ya que no son por sí mismos ni movimientos de cobro ni de pago. Finalmente la necesidad financiera es el resultado del presupuesto de tesorería; por lo tanto no es ni cobro ni pago.

Los datos de las dos columnas correspondientes al presupuesto financiero ordinario y el extraordinario permiten constituir el cuadro 3, que es el que tiene interés para la dirección de marketing, puesto que da una visión clara y general de la problemática financiera de Pronasa a un año vista.

Al analizar los movimientos previsionales correspondientes al presupuesto ordinario, entendemos rápidamente la escasa entidad del desfase de presupuesto corriente.

A la izquierda podemos leer los conceptos que han supuesto absorción de fondos. Los incrementos de stocks son muy pequeños y el hecho de «no utilizar» de momento por simples motivos analíticos (pero no reales) el recurso del descuento de letras no tiene tampoco ninguna relevancia, ya que en el proceso de debate sobre estrategia financiera, este recurso aparecerá en todo su valor, si se estima necesario.

Luego lo que se ha planificado a la izquierda de este cuadro no plantea ningún problema realmente digno de ser tenido en cuenta. Se entiende el escaso desfase ordinario si se lee a la derecha del cuadro, donde aparece una notable «generosidad» y afluencia de recursos. La notable disminución de la deuda de clientes aportará 1.150,4, que es un valor muy importante; con ello la directora de marketing y el responsable de la contabilidad han adoptado un importante compromiso: hacer realidad, a lo largo del año que viene, que los clientes paguen

CUADRO 2

Esquema previsional de fuentes y empleos (cifras en miles de euros)

	AÑO PASADO	AÑO PREVISTO	PRESUP. ORDINARIO	PRESUP. EXTRAORD.	CAMBIOS QUE NO AFECTAN
Activo fijo bruto	3.754	3.754,0			
Stock materia prima	134	140,7	6,7		
Stock producto en curso	540	594,0	54,0		
Stock producto acabado	86	99,8	13,8		
Clientes	3.864	2.713,6	–1.150,4		
Morosos	90	10,0		–80,0	
Deudores varios	56			–56,0	
Hacienda deudora IVA					
Disponible	174	300,0			126,0
ACTIVO TOTAL	8.698	7.612,1	–1.075,9	–136,0	126,0
Capital propio	2.332	2.332,0			
Proveed.indus. LP	406	236,0		–170,0	
Crédito Caixa Comarcal LP	1.200	900,0		–300,0	
Prétamo accionistas LP	140			–140,0	
Proveedores comerciales	686	1.036,1	350,1		
Proveedores industriales CP	170	170,0			
Póliza de crédito	494			–494,0	
Crédito Caixa Comarcal CP	300	300,0			
Préstamos accionistas	140	140,0			
Dividendos a pagar	54	40,0		–14,0	
Bcos.dto.bancario	2.000		–2.000,0		
Acreedores diversos	74			–74,0	
Hacienda Pública	140			–140,0	
Hacienda acreedora IVA		27,8	27,8		
Fondo amortización	562	742,0			180,0
Resultado		397,8			397,8
Necesidad financiera		1.290,4			1.290,4
Cta. ajuste					
PASIVO TOTAL	8.698	7.612,1	–1.622,1	–1.332,0	1.868,2

CUADRO 3

Causas del desfase financiero profundo (cifras en miles de euros)

MOVIMIENTOS DE PRESUPUESTO ORDINARIO

Absorción de fondos		**Liberación de fondos**	
Δ Stock materias primas	6,7	δ Clientes	1.150,4
Δ Stock productos en curso	54,0	Δ Proveedores comerciales	350,0
Δ Stock productos acabados	13,8	Δ Hacienda Pública IVA	27,8
δ Descuento bancario	2.000,0		
		Efecto financiero IVA	10,1
		Desfase ordinario	536,0
Total	2.074,5	**Total**	2.074,3

MOVIMIENTOS DE PRESUPUESTO EXTRAORDINARIO

Absorción de fondos		**Liberación de fondos**	
δ Exigible a LP	610	δ Morosos	80
δ Exigible a CP	722	Δ Deudores varios	56
		Desfase extraordinario	1.196
Total	1.332	**Total**	1.332

realmente a 60 días; de lo contrario, las expectativas financieras tendrían un importante revés.

La clave de las necesidades financieras a un año vista radica en los movimientos del presupuesto extraordinario. La parte derecha del cuadro tiene muy poco interés; es la parte izquierda la que resulta más reveladora. La clave de las necesidades financieras de Pronasa se centra en el importante volumen de devolución de deuda al que debe hacer frente en el año próximo. ¿Algo que ver con la directora de marketing? Nada por supuesto. La elevada carga que supone la ingente devolución de deuda tiene su causa en haber elegido financiación a largo plazo con horizontes poco prolongados. Este tema empezó a denunciarse en el capítulo 3 y ahora vemos plenamente sus consecuencias.

La razón de la problemática financiera futura no está en las importantes inversiones que se hicieron recientemente sino en el desacierto en las fuentes elegidas.

Pronasa tiene problemas, no a causa de su crecimiento, nuevas políticas, etc., sino en razón de una «mala herencia» del pasado. Falló el consejo de administración al aceptar un conjunto de recursos financieros planteados con horizontes de vencimiento demasiado «apretados».

Pero, ¿a qué se debe la enorme punta de necesidad financiera del mes de julio? La respuesta a esta pregunta no la hallaremos ni en el estado de resultados, ni en el presupuesto de tesorería sino –como se ha dicho en el apartado teórico de este capítulo– en el balance previsional.

Efectivamente bastará con que el heroico lector sitúe su vista sobre el balance previsional de Pronasa y efectúe sencillamente, por lectura directa, una comparación entre las cuentas del año 5 y las del año planificado.

Se deben leer directamente las cuentas del activo circulante, puesto que las partidas del activo fijo crean necesidades permanentes o consolidadas y nunca puntuales.

Leyendo entre diciembre del año recién cerrado y los meses cercanos a julio, observaremos cómo los stocks de materia prima y producto en curso crean necesidades permanentes y no estacionales. En cambio, el stock de producto acabado es el gran protagonista de las necesidades financieras puntuales, como revela claramente el balance previsional. La partida de clientes tiene una influencia mucho menor.

En esta necesidad puntual tienen una incidencia directa la dirección de producción y la de marketing de Pronasa.

Para el departamento de producción, resulta óptima una organización de la fabricación de forma prácticamente estable a lo largo de todos los meses del año. Para la dirección de marketing de Pronasa, el sistema de producción estable también tiene evidentes ventajas, puesto que asegura mucho mejor el suministro a la clientela que un sistema de producción estacional, es decir, «sobre la marcha», en el último momento.

La nueva clientela captada por la directora de marketing de Pronasa efectúa su fuerte demanda en los meses estivales. El suministro de productos alimentarios no admite retrasos de ningún tipo. Es obvio pues que para la directora de marketing tener el género «listo en casa» con antelación suficiente representa una enorme tranquilidad. Esta misma tranquilidad es transferible al cliente ya que el tema es comunicable.

Pero estamos hablando de productos perecederos. El stock de esos productos obliga a una tecnología poderosa. Congelación y envasado al vacío, así como espacios suficientes. Ése fue el desafío que aceptaron Meritxell Capdargent y la directora de marketing. Por esa razón se reforzaron los mecanismos de producción. Ya tenemos pues claramente identificados los dos grandes orígenes de la importante necesidad financiera de Pronasa.

Por un lado, las necesidades permanentes vienen provocadas por un error en el planteo de los recursos financieros en la época de la gran inversión en activo fijo y circulante.

Por otro lado, la necesidad transitoria proviene del hecho de programar producción estable con demanda parcialmente estacional pero acusada.

La etapa siguiente es discutir la viabilidad financiera de los objetivos planteados por Pronasa. Sabemos que es preciso «levantar dinero» por valor de 2.783,1; es decir por el importe de la necesidad financiera acumulada máxima, localizada en el mes de julio.

Nos conviene conocer las expectativas de Pronasa en materia de rendimiento previsional del activo, para ver si le puede convenir o no el endeudamiento bajo un punto de vista económico.

$$\text{ROA previsional} = \frac{\text{BAIT previsional} \pm \text{Atípicos}}{\text{Activo total neto previsto}}$$

$$\text{ROA previsional} = \frac{1.225{,}8}{7.612{,}1 - 742} = 17{,}8\%$$

El cálculo del rendimiento previsional de activo de Pronasa debiera hacerse con toda propiedad, tomando el activo medio neto utilizado a lo largo del año, que es mayor que el activo neto en diciembre (debido a la punta de activos en los meses de verano). En aras a simplificar el desarrollo de este caso, hemos tomado el activo de diciembre. Pese a ello obtenemos una generosa cota de rendimiento técnico que superará la que Pronasa obtuvo en el año anterior.

¿Por qué se ha previsto este progreso en el ROA de Pronasa?

Efectuemos el desglose entre margen y rotación previsional a fin de indagar la causa:

$$\frac{BAIT}{ATN} = \frac{BAIT}{V} \times \frac{V}{ATN}$$

$$\frac{1.225,8}{6.870,1} = \frac{1.225,8}{160} \times \frac{160}{6.870,1}$$

$$17,8\% = 7,66 \times 2,33\ R$$

Como podemos observar, el margen de explotación planificado, respecto al margen histórico es moderadamente menor pero en cambio la rotación del activo experimentará previsiblemente un impulso el año que viene.

La mejora de la rotación del activo es muy interesante. Se producirá si se consigue el formidable aumento de ventas planteado por la directora de marketing de Pronasa; también influye la contención en las inversiones que se han planteado:

- Inversión cero en activo fijo.
- Inversiones moderadísimas en stocks.
- Desinversión en cuentas a cobrar.

Este tercer aspecto supone para la directora de marketing y el director de contabilidad, un desafío permanente. De no respetarse este aspecto, no se conseguirá el objetivo de rendimiento del activo ni de contención de la necesidad financiera.

El parámetro de referencia siguiente es el ratio de endeudamiento actual de Pronasa. Vimos ese dato en el capítulo 3 y dijimos que era de valor medio-alto, pero no es todavía una barrera a mayores valores de endeudamiento.

Finalmente nos interesa conocer las expectativas sobre el *cash flow* libre. Recordemos su planteamiento:

$$CFL = BPT + A - VE - D$$
$$CFL = 397,8 \times 0,65 + 180 - 170 - 300 - 140^{*} = -171,43$$

El valor obtenido es negativo y no precisamente bajo. Sin embargo: ¿podemos decir que este valor es representativo para los próximos años? Obviamente no, puesto que se produce la circunstancia especial de que el préstamo de los accionistas se acaba de amortizar en el año 7 y el de proveedores industriales en el año 9; ello nos obliga a calcular el *cash flow* libre de los años 8 y 9:

$$CFL_8 = 397,8 \times 0,65 + 180 - 170 - 300 = -31,43$$
$$CFL_9 = 397,8 \times 0,65 + 180 - 66 - 300 = 72,57$$

En el año 9 el *cash flow* libre ya es ligeramente positivo. Pese a la acusada mejora anual del *cash flow* libre de Pronasa, él mismo no es base de nuevo endeudamiento a largo plazo; o bien se reconvierte el término de la deuda actual a largo plazo o bien se gestionan recursos financieros de otro tipo.

Llegados aquí, el abanico de posibilidades de financiación que es posible discutir en Pronasa es el siguiente:

- Ampliación del capital social.
- Crédito industrial.
- Refinanciación de los proveedores industriales.
- Refinanciación de la Caixa Comarcal.
- *Leasing.*
- *Renting.*
- Crédito adicional de proveedores comerciales.
- Descuento de letras contra clientes.
- *Factoring.*
- *Confirming.*
- Póliza de crédito.
- Letra financiera.
- Realización de activos extrafuncionales.
- Realización de activos fijos.
- Reducción de los niveles de stocks.
- Reducción de las cuentas a cobrar.
- Afectación de la política de crecimiento.

La posibilidad de una *ampliación de capital* en Pronasa es argumentable a favor y en contra; pero hay en estos momentos más argumentos en contra que a favor. La política de dividendos (observable en las primeras páginas del caso) ha sido decreciente y eso no es un factor que «anime» al accionista a suscribir acciones en una posible emisión.

Es un hecho a tener en cuenta que el accionista tiene todavía en la memoria una reciente ampliación de capital efectuada en la época de la fuerte expansión de activos de Pronasa que hemos presentado en el capítulo 3.

Un argumento a favor de una ampliación de capital es la existencia de *cash flow* libre negativo que cierra las posibilidades de nuevo crédito a largo plazo. Asimismo, si el consejo de administración manifestara que, por prudencia, no desea aumentar el ratio de endeudamiento (2,45), entonces la ampliación de capital se hace aconsejable.

Pero existen más argumentos en contra. La obtención de un rendimiento de activo superior (afortunadamente) al tipo de interés desaconseja el capital propio porque será la fuente de financiación más cara (capítulo 6). Finalmente, existe un hecho muy sintomático. El pasivo del balance presenta un préstamo debido a los accionistas y que data de la época de las grandes inversiones (capítulo 3). La actitud del accionariado al prestar dinero, en lugar de aportarlo, puede indicar una cierta saturación en su capacidad de contribuir con capital. No han negado una ayuda a la empresa... han «arrimado el hombro» pero dejando claro: «esta ayuda me la habéis de reintegrar cuanto antes». No es éste el mejor ambiente, no es el mejor «caldo de cultivo» para un intento de ampliación del capital.

Una operación de *préstamo industrial,* ahora no tendría demasiado sentido, puesto que no existe una inversión futura en activo fijo industrial que Pronasa pudiera exponer como objeto del nuevo préstamo. Tampoco es aconsejable esta vía por ser negativas las expectativas de generación de *cash flow* libre.

Acudir al recurso de los *proveedores de equipo* o *proveedores industriales* no tendría en este momento mayor sentido que intentar refinanciar la deuda actualmente existente. En el hipotético caso en que se solicitara el doble de tiempo para pagar la deuda (solicitud un tanto fuerte), se daría la circunstancia de que en lugar de devolver 170 cada año, se retornarían 85... lo cual sería un triste alivio en el conjunto de la necesidad financiera (2.783,1) que se plantea Pronasa. Es pedir demasiado (doble plazo) para avanzar muy poco. Conseguiría Pronasa sobresaltar a sus proveedores industriales sin ningún efecto notable sobre la necesaria obtención de recursos financieros.

Sobre la ayuda que la *Caixa Comarcal* pudiera propiciar hemos de decir otro tanto. Un intento de refinanciar la deuda para pagar cada año algo menos durante más años es crear una preocupación en el acreedor sin un provecho visible para Pronasa. El presupuesto de tesorería (capítulo 7) mostraba cómo Pronasa debía devolver cada año 300 a la Caixa Comarcal. Una refinanciación de la deuda al doble de plazo reportaría pagar 150 en lugar de 300. La débil ventaja que esto proporciona no justifica la importancia de la solicitud que se formularía.

El *leasing* es un alquiler de tipo financiero. En lugar de actuar como en el alquiler tradicional en que el arrendatario puede finalizar el contrato en cualquier momento, en el *leasing* se comprometen las mensualidades en firme por un número determinado de años. Se fija un valor residual del bien al término de estos años y una opción de compra sobre este valor residual.

Esta modalidad de financiación no cabe en Pronasa ya que no plantea nuevas necesidades de activo fijo. En todo caso, la fórmula que se podría plantear es el llamado *lease-back,* que consiste en vender un bien de activo fijo a una compañía que lo adquiere para alquilarlo al vendedor y usuario de ese bien.

Si Pronasa quisiera utilizar este recurso debería vender su edificio a una compañía de *leasing* para pasar de la condición de propietario a la de arrendatario. ¿Qué opinarían de esta maniobra los acreedores de Pronasa? ¿Qué opinarían los accionistas, orgullosos propietarios de un nuevo edificio?

El *renting* es una modalidad que recoge algunas de las características del *leasing* pero que admite más agilidad en el paso de un bien a otro y que puede incluir contratos de mantenimiento y mejora.

Las observaciones que haríamos son similares a las que hemos efectuado para el *leasing.*

El crédito de los *proveedores comerciales* está actualmente establecido en 30 días. ¿Podría Pronasa intentar ampliarlo? No es fácil. El proveedor medio de Pronasa suele ser el ganadero local que no suele acordar plazos más prolongados que el que ya disfruta Pronasa.

El *descuento de letras* es una buena opción para Pronasa. En el pasado ha venido utilizando un valor de 2.000. Pero estas líneas de descuento de letras son aumentables. Los argumentos para ello son muy sólidos: aumenta el volumen de las ventas y ese aumento se concentra en cadenas hoteleras solventes... tienen nombre y apellidos, luego son letras de cambio que la banca puede descontar con fundamento de causa. Por otra parte, cuando se analizó la evolución del plazo de cobro de los clientes de Pronasa (capítulo 4) se observó que no había una fuerte incidencia de la morosidad. Para cualquier banco, las letras de cambio que Pronasa puede presentar son un valor plenamente aceptable para su descuento.

Esto da pie a pensar que se puede solicitar una ampliación de las líneas de descuento comercial actual del orden de un 10% o 15%. Ello significaría recabar recursos por valor de 2.200 o 2.300, cifras que suponen una muy sustanciosa combinación para paliar la necesidad financiera total planificada por Pronasa.

El *factoring* es una modalidad de crédito que además de anticipar el importe de una factura (no necesariamente una letra de cambio) puede asegurar el cobro si el girado hiciera suspensión de pagos o cayera en la insolvencia más manifiesta. Los factores solamente aceptan efectos con los que pueden asegurar esta condición. El caso Pronasa, tal como lo hemos trabajado en este texto, no nos brinda información suficiente sobre la clientela para conocer con fundamento de causa el grado de aplicabilidad del *factoring*.

El *confirming* es otra modalidad de crédito a corto plazo por la cual un banco o caja puede ocuparse de pagar directamente a algunos proveedores de Pronasa. A su vez Pronasa pagará al banco en un plazo más cómodo que el que ofrecen los proveedores. De hecho esta es una buena opción para Pronasa. No aventuraremos su importe y plazo, pero sí podemos decir que complementaría cómodamente el crédito captable por descuento de letras ya que la compra mensual a proveedores que efectúa Pronasa es de elevado valor. Una simple suposición de 30 días más de plazo por el 50% de las compras mensuales supondría un crédito adicional en torno a 500.

La *póliza de crédito* –en su más estricta ortodoxia– debe cubrir puntas de tesorería.

Se hace mal uso de ella cuando se renueva crónica y sistemáticamente, puesto que ese hecho nos muestra que la póliza de crédito está financiando necesidades permanentes y no puramente transitorias.

Pronasa tiene ya una experiencia a favor suyo puesto que tiene una póliza de crédito concedida. Sin embargo el momento del vencimiento de esa póliza de crédito (abril) es muy inoportuno. Los nuevos planes de ventas, los cambios en la tipología de la clientela, han influido sobre la temporalidad de las ventas, de manera que –en las condiciones planificadas para el próximo año– cuando más falta hace que la póliza de crédito esté «viva» es en el mes de julio.

Esto nos muestra una de las utilidades importantes de la planificación. Si los cambios futuros que la nueva cultura de marketing de Pronasa preconiza no son «puestos a prueba» bajo el prisma financiero, Pronasa se arriesga a caer en impagos importantes.

Sin embargo ahora, a finales del año 5, es posible negociar con la entidad crediticia que haya otorgado esa póliza de crédito una renovación fundamentada con instrumentos financieros objetivos y claros.

El nuevo vencimiento de la póliza de crédito debiera situarse en el mes de septiembre-octubre, cuando la necesidad financiera decae claramente. En esa época, la financiación obtenida por descuento de letras y *confirming* es suficiente para no necesitar la póliza de crédito.

Cabe también decir que si el *confirming* pudiera ascender a una cifra del orden de 500, podría sustituir a la póliza de crédito.

De hecho, una combinación de recursos basada en descuento de letras, póliza de crédito y *confirming* cubre sobradamente la necesidad punta de Pronasa del período enero-julio.

No obstante cabe plantearse otras formas de financiación por si pudieran resultar más convenientes que las anteriormente apuntadas.

¿Puede y le conviene a Pronasa *realizar activos extrafuncionales*?

Las viviendas sociales en curso de construcción tienen una finalidad que, pactada o no con las fuerzas sindicales, pueden haber creado expectativas en los trabajadores que no es justo romper, máxime si se tiene en cuenta que la empresa ya ha podido financiar sus necesidades y ahora nos cuestionamos otra posible mejor opción.

Se ha planificado que el pequeño volumen que Pronasa posee de activo circulante extrafuncional se vaya realizando a lo largo del año que viene. Luego la realización de activos extrafuncionales ya ha sido contemplada.

La *venta de activos fijos* supone pasar al régimen de alquiler o *leasing*. Ya hemos hecho comentarios sobre esta última posibilidad que son perfectamente aplicables también al régimen de alquiler tradicional. La venta de activos deja en una posición difícil a los acreedores actuales y sorprendería sin duda al accionariado. Huelga insistir en que habiendo encontrado ya una solución a las necesidades financieras de Pronasa, cualquier otra posibilidad que no mejore netamente la que ya se ha expuesto, lógicamente no interesa.

La discusión en torno a reducción de los niveles de stock en Pronasa abarcaría tres órdenes diferentes. El stock de materia prima era de rotación muy rápida según demostró el análisis histórico. El crecimiento que se ha planificado es inferior al de la actividad, luego su rotación va a mejorar. Lo mismo ocurre con el stock de producto en curso. Luego no cabe actuar sobre estos recursos.

El stock de producto acabado es harina de otro costal. La elevada punta del verano crea necesidades financieras muy importantes. Esto se detectó claramente al analizar el origen de la necesidad financiera. ¿Va a cambiar Pronasa de sistema de producción para evitar estas necesidades financieras?

Esto causaría perjuicios en la óptica de producción y también en la de marketing... por otra parte si hemos hallado un camino financiero adecuado, no es preciso renunciar a objetivos que en la nueva cultura de marketing de Pronasa juegan un papel clave. Poder garantizar a la clientela, que demanda fuertemente, que su suministro está firmemente asegurado tiene un gran valor.

Un intento de *reducción* de la partida o grupo contable de *cuentas a cobrar* es poco factible. Pronasa ha planificado una fuerte reducción de plazos (desde 100 días que era el valor histórico a 60 que es el valor planificado)... aunque bienvenidos sean los clientes que deseen pagar al contado con un buen descuento.

El último debate (antes de cerrar el caso Pronasa) sobre estrategia financiera corresponde a la *política de crecimiento*. Ese debate cuestionaría la validez del esfuerzo de la nueva generación en Pronasa y sería el cierre idóneo del caso si recordamos las primeras líneas de su lectura. El debate sobre el crecimiento debe empezar con una primera pregunta:

¿Mostró acaso el análisis del origen de las necesidades financieras de Pronasa que el vencimiento era «motor» de esas necesidades? La respuesta es un no rotundo.

La gran necesidad financiera puntual de julio tendría su origen no tanto en el crecimiento como en el comportamiento de la demanda (atendida a partir de producción regular o estable).

Las necesidades financieras de todo el año se deben como causa principal, al «duro» retorno de los préstamos que se tomaron con un horizonte de vencimiento demasiado apretado en la época de la expansión de activos de Pronasa.

Cambiar, pues, la política de crecimiento no arreglaría nada. Antes al contrario: si el crecimiento fuera menor, lo sería también la rotación del activo. Debido a ello se perjudicaría el rendimiento previsional.

Añadamos un razonamiento final: ¿Perjudicarán a la economía de Pronasa los nuevos gastos financieros que induzca la póliza de crédito renovada, la línea ampliada de descuento de letras o el *confirming*?

Obviamente no. El ROA planificado (17,8%) superará el tipo de interés. Lo más barato para Pronasa será financiarse con estos créditos. Lo más caro hubiera sido tomar nuevo capital propio.

«Y... colorín... colorado, este caso se ha acabado». «Vet aquí un gos, vet aquí un gat, vet aquí que aquest cas s'ha acabat».[2]

¿Ha acabado bien este caso?

Sí, claro que sí. No le quepa, heroico lector, el menor asomo de duda.

¿Se casará la directora de marketing con el veterano jefe de contabilidad?

No lo sabemos todavía. No se pierda mi próximo libro. Es posible que acabe casando a esta pareja.

Una cosa sí que sabemos. El relevo generacional ha «sentado» muy bien a Pronasa. La interrelación marketing-finanzas ha sido buena y debe seguir siendo buena.

Al principio del caso dijimos el nombre de la directora general (Meritxell) pero no dimos el nombre de la directora de marketing... ¿Quiere saberlo?

Compre mi próximo libro.

Capítulo 9

Caso práctico: Multiesport, S.A.

Juli Sau, de 34 años de edad, es el consejero delegado de Multiesport, S.A. Es antiguo alumno mío y a pesar de eso un buen amigo. Inició su actividad en Multiesport como director de marketing para ser promocionado años más tarde. El día en que me vino a ver apareció con la sonrisa que proporciona el reencuentro... y con el reencuentro hubo los viejos recuerdos de los años de escuela. Pero después del preámbulo, la sonrisa se heló y apareció el gesto tenso de la preocupación. Me explicó una larga historia, para concluir diciéndome: «Tengo una auténtica empanada mental».

Sonreí para darle confianza y luego comenté: «Quizás las cosas no sean tan complicadas si vamos ordenando los elementos del problema».

Dejadme que os cuente la larga historia que el amigo Juli Sau trajo a mi despacho.

Multiesport, S.A. era una empresa con una antigüedad de unos siete años. Tenía dos áreas de actividad:

1. Fábrica de confección de prendas deportivas.
2. Comercialización de otros artículos deportivos adquiridos a fabricantes.

El grupo accionarial constaba de 20 personas entre los que destacaban dos participantes particularmente relevantes:

- Andreu Casamada, que poseía un 40% del capital. Sumando a su participación la de sus amigos y conocidos alcanzaba un poder real del 58% aproximadamente.
- Nila Jóncols, que ostentaba un 25% de participación y que entre familiares y amigos podría aglutinar un 40% de participación efectiva. Juli Sau era accionista con un 2%.

De hecho, Nila Jóncols –ex campeona de Europa en la disciplina deportiva de orientación subacuática– había sido la fundadora de la empresa. Arriesgada en sus logros deportivos era –paradójicamente– adversa al riesgo en el planteamiento del negocio. Había arrancado la empresa Multiesport con tan poco capital que se había visto obligada a utilizar continuamente y al máximo el crédito de proveedores y de bancos para conseguir unas ciertas cotas de crecimiento, pero las tensiones financieras y el recurso sistemático al crédito era un estilo de gestión que no le gustaba. Las participaciones de capital de su familia y de amigos habían aliviado algo estas tensiones financieras.

Andreu Casamada fue no sólo un inversor importante para Multiesport, S.A., sino que era y es viejo conocido mío por ser el accionista más significado de un grupo inmobiliario al que yo asesoro periódicamente. En el principio de su carrera, Casamada fue constructor para convertirse más tarde en promotor inmobiliario. En la actualidad se dedica exclusivamente a la administración de su cartera de inversiones. Sin el ánimo y empuje de Andreu Casamada, la acentuada expansión del grupo inmobiliario no hubiera sido posible. En cada nuevo proyecto no faltaban las palabras de aliento y las aportaciones numerarias de Casamada y sus allegados.

Hace dos años Nila Jóncols empezó a tomar mayor conciencia de sus limitaciones para el cargo de directora general de Multiesport, S.A. Fue entonces cuando, se escogió a Juli Sau –director de marketing– como nuevo director general.

El organigrama en ese momento era el que presentamos en la página siguiente.

Ahora, dos años más tarde, Juli Sau acaba de obtener su segundo ascenso pasando a ser consejero delegado y doña Nila pasa a ocuparse solamente de la agenda del consejo de administración. A Juli Sau se le ha regalado un 1% del capital y ha adquirido el 1% restante.

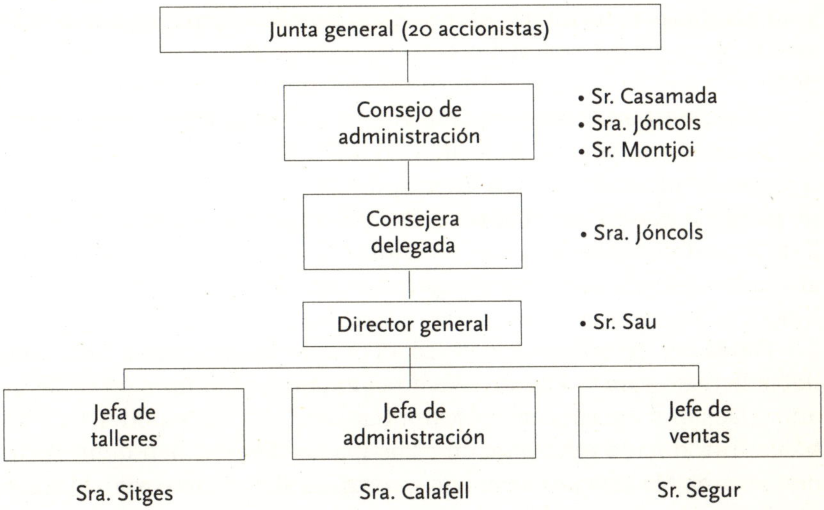

No se le cierra en absoluto la posibilidad de ir adquiriendo más acciones en el futuro pero en estos momentos buena parte de su sueldo se destina a ayudar a su enfermo padre y a costear los estudios de un hermano más joven.

En los dos años en que Nila Jóncols había sido consejera delegada no se había dado opción a Juli Sau a acentuar el crecimiento de Multiesport, S.A., pese a que Juli introdujo con mucho esfuerzo una «cultura» de marketing de la que doña Nila participa poco y que el Sr. Casamada ignora o bloquea en ocasiones.

¿Por qué abogaba Juli por el crecimiento?

La razón era que cuando, desde hace años, fue recorriendo todas las plazas españolas en compañía del jefe de ventas, Sr. Segur, captó un problema importante. La mayoría de los vendedores eran chicos o chicas muy jóvenes, con buena capacidad de trabajo pero con escasa experiencia y sin historial suficiente para haberse acreditado en la ciudad y provincia. Los propietarios de tiendas de deportes y confección tardaban meses incluso años en darles importancia y dirigirles pedidos significativos.

Cuando eso ocurría y el vendedor empezaba a progresar, se encontraba con que Multiesport, S.A. le daba poco volumen de ventas para ganarse la vida y se buscaba otra empresa mayor o bien le ofrecían a Multiesport que los utilizara como distribuidores (con un margen del 15% para ellos) en lugar de vendedores (a simple comisión del 7%), pero Multiesport no quería hacerlo para no perder margen o haber de encarecer el precio final del producto. (Esta política fue inspirada por doña Nila y el Sr. Casamada en contra del parecer de Juli Sau).

Si Multiesport hubiera optado por crecer, no hubiera perdido a los vendedores «maduros». Si hubiera optado por renunciar a parte del margen, tendría ahora unos buenos distribuidores con la posibilidad de paliar la pérdida de margen gracias a una mayor rotación ya que habría posibilidades de crecer y mejorar el giro del stock de producto acabado y mercaderías puesto que el vendedor convertido en distribuidor se hacía nuevo empresario y tenedor del stock.

Había un ejemplo bien curioso: el primer vendedor que doña Nila había fichado para el área de Oviedo-Gijón era un hombre joven de 23 años. Dos años más tarde, el joven había adquirido experiencia y se había introducido muy bien en estas plazas. El volumen de negocio que le daba Multiesport se le hacía corto. La firma industrial ADECA (Artículos Deportivos Carranza) le propuso que renunciara a la exclusiva de Multiesport y que tomara la exclusiva de ADECA, no como vendedor sino como distribuidor.

A sus 25 años, el hombre encontró socios y crédito bancario para adquirir almacenes y comprar mercadería en firme. Cobraba de sus clientes a 60 días y pagaba a ADECA a 120 días con lo cual financiaba cómodamente su stock y generaba excedentes de tesorería que le permitían crecer. La firma ADECA evidentemente crecía con él.

Doña Nila no ignoraba todo esto pero temía el crecimiento por lo que conllevaba de riesgo y por las dificultades financieras que entrañaba. Por otra parte, Nila Jóncols conocía el mundillo del deporte pero no tenía confianza en sus escasos conocimientos sobre ciencias empresariales, por eso después de unos años incómodos fichó a Juli Sau.

En los dos últimos años el que ha estado incómodo ha sido Juli. Con doña Nila Jóncols de consejera delegada, Juli estaba muy supeditado y sin acceso directo a los debates del consejo de administración. Por otra parte, las tensiones financieras con bancos no se han resuelto bien.

El problema de Juli Sau... la «empanada mental» a la que se refería, era que sin voluntad o posibilidades de crecimiento sólo se dispondría de vendedores jóvenes que no alentarían las ventas, lo cual a su vez tampoco permitiría crecer. Por otra parte, el tema financiero para el crecimiento aparecía muy complejo por las tensiones financieras habidas con bancos y proveedores.

La renovación continua de vendedores suponía mucho trabajo: contactos, viajes, selección de la persona, etc. Por otra parte, en muchos casos solía pasar que cuando el vendedor Sr. X de Pamplona introducía los productos de Multiesport, S.A. en la tienda del Sr. Z, el cliente era ganado por el vendedor Sr. X pero en el fondo no por Multiesport. Cuando el Sr. X se separaba de Multiesport solía llevarse al cliente hacia otra empresa competidora de Multiesport. Esto no pasaba siempre pero sí en la mayoría de casos, y casi sin excepción en cualquier plaza que no fuera Barcelona y Madrid donde la acción personal de Juli Sau podía ser más directa.

Véanse algunos datos sobre distribución de ventas en algunas de las 50 plazas españolas cubiertas por Multiesport, S.A. (en miles de euros):

	Año 1	**Año 2**	**Año 3**	**Año 4**	**Año 5**
1. Barcelona	1.000	1.100	1.210	1.350	1.500
2. Madrid	900	1.100	1.150	1.180	1.200
3. Bilbao	150	200	150	200	250
4. Pamplona	100	80	120	220	200
5. Zaragoza	150	170	180	160	180
6. Palma de M.	250	250	280	270	250
7. Valencia	160	180	140	220	200
8. Sevilla	150	160	140	150	150
9. Vitoria	200	160	200	160	180
10. La Coruña	80	100	70	110	100
11. Santander	120	120	80	90	100
Etc. (así hasta un total de 50 plazas)					

Bien, ya os he explicado la historia y los motivos de preocupación de Juli Sau.

En los días siguientes a nuestra entrevista le ayudé en la preparación de la planificación del año próximo, desarrollando dos hipótesis distintas: una era la de no crecer, otra la de crecer manteniendo muchos vendedores como comisionistas y reconvirtiendo algunos vendedores en distribuidores por cuenta propia.

Mientras avanzaban los trabajos de instrumentación de la planificación aproveché la circunstancia de que debía reunirme con Andreu

Balances

	Año 1	Año 5
Activo fijo	2.700	4.100
Stock de materias primas	70	90
Stock de producto en curso	100	100
Stock de prendas confeccionadas	20	10
Mercaderías	10	10
Total existencias	200	210
Clientes saldos en c/c.	30	20
Efectos descontados	1.600	2.400
Morosos	20	10
Préstamos a accionistas		1.400
Total realizable	1.650	3.830
Disponible	20	30
Total activo circulante	1.870	4.070
Total activo	4.570	8.170
Capital social	300	300
Reservas	60	60
Fondos propios	360	360
Proveedores	430	860
Crédito bancario	150	250
Bancos, descuento bancario	1.600	2.400
Hacienda	50	870
Dividendos	930	1.630
Exigible a corto plazo	3.610	6.010
Fondo de amortización	600	1.800
Total pasivo	4.570	8.170

Estados de resultados

	Año 1						Año 5					
	Fábrica confección		Comercial		Total		Fábrica confección		Comercial		Total	
	V.A.	%	V.A.	%	V.A.	%	V.A.	%	V.A.	%	V.A.	%
Ventas netas	4.500	100	2.000	100	6.500	100	7.000	100	3.000	100	10.000	100
Materias primas	850	18,9	-	-	850	13,1	1.650	23,6	-	-	1.650	16,5
Mercaderías	-	-	825	41,2	825	12,6	-	-	1.800	60	1.800	18
Comisiones ventas	225	5	100	5	325	5	490	7	210	7	700	7
TOTAL COSTOS VARIABLES	1.075	23,9	925	46,2	2.000	30,7	2.140	30,6	2.010	67	4.150	41,5
MARGEN BRUTO	3.425	76,1	1.075	53,8	4.500	69,3	4.860	69,4	990	33	5.850	58,5
Personal y S.S. imputables	1.900	42,2	70	3,5	1.970	30,3	1.900	27,1	100	3,3	2.000	20
Amortizaciones imputables	180	4	-	-	180	2,8	200	2,8	-	-	200	2
Otros gtos. fijos imputables	50	1,1	-	-	50	0,7	50	0,7	-	-	50	0,5
TOTAL GASTOS FI. IMPUT.	2.130	47,3	70	3,5	2.200	33,8	2.150	30,7	100	3,3	2.250	22,5
RESULTADO DE CONTRIBU.	1.295	28,8	1.005	50,13	2.300	35,5	2.710	38,7	890	29,7	3.600	36
Personal y S.S. comunes					150	2,3					200	2
Amortizaciones comunes					100	1,5					100	1
Otros gastos fijos comunes					400	6,2					500	5,0
TOTAL GASTOS FIJOS					650	10,0					800	8
RESULTADO DE EXPLOTACIÓN					1.650	25,4					2.800	28
Ingresos financieros											(140)	(1,4)
Gastos financieros					220	3,4					440	4,4
RESULTADO NETO TOTAL					1.430	22					2.500	25
a Impuestos					500						870	
a Dividendos					930						1.630	

Casamada para discutir sobre la financiación de un nuevo proyecto del grupo inmobiliario para plantear, al término de la sesión, el caso de Multiesport.

«¡Ah, sí!... el Sr. Juli Sau, tu antiguo alumno... un poco rebelde nos ha salido el caballero», comentó.

«¿Con la rebeldía de la razón o de la sinrazón?», contesté yo.

Andreu Casamada no respondió.

En días siguientes Juli Sau y yo visitamos a los banqueros de la empresa; se interesaban por operaciones de descuento bancario pero se mostraban reticentes en cuanto a operaciones de crédito puro.

Después de las visitas, varios banqueros me telefonearon, esperando quizás de mí alguna opinión-argumento que diera pie a renovar o ampliar créditos. Mi respuesta fue siempre:

«No se trata ahora de que yo apoye incondicionalmente a la empresa para que cambiéis de criterio. Creo que hay cuestiones previas a determinar antes de contemplar operaciones crediticias».

Las dudas más importantes de Juli Sau radicaban en cómo plantear el futuro de la compañía. Los miembros del consejo de administración estaban dispuestos a escuchar una propuesta. La actitud de Nila Jóncols era la de no anular la iniciativa de Juli pero tenía un poco de temor a la posibilidad del crecimiento. Por parte de Casamada, el crecimiento era una posibilidad estudiable siempre y cuando no se abusara del socio recortándole el dividendo o se incumpliera el acuerdo de ampliar el préstamo a los accionistas (Sres. Casamada, Oliveras, Fageda y Roureda) hasta el límite prometido para el año 6 de 4 millones de euros a un interés del 15% (4.000.000 – 1.400.000 [nivel de crédito existente actualmente] = 2.600.000 [valor del nuevo préstamo a realizar a los accionistas]). Casamada acusaba a Juli Sau de cierta frivolidad con los compromisos financieros de la empresa.

Pero la mayor preocupación de Juli Sau... el componente más alto de su «empanada mental» era el actual estado de desánimo de la red de vendedores. En años pasados y con pocas plazas abiertas, cuando un vendedor se quejaba de falta de capacidad de producción y compra de Multiesport, S.A. se le sustituía por otro, se pasaba un pequeño bache momentáneo y así hasta la siguiente dimisión, pero ahora con 50 plazas en marcha la situación de estancamiento había creado un cierto ambiente de caos.

Reunidos Sau, Segur y yo miramos los 50 casos uno por uno elaborando una triple clasificación:

a) Plazas con vendedor satisfecho y sin problemas.
b) Plazas con vendedor al borde de la dimisión porque reclama crecimiento de Multiesport.
c) Plazas cuyo vendedor pide evolucionar a distribuidor o donde un maduro ex vendedor ofrece su empresa de distribución –si

hay crecimiento– en posible sustitución de vendedor joven frustrado.

a) Este grupo lo dejamos de momento porque por ahora no ofrece problemas (ya veremos lo que puede pasar en el año 6). Este grupo reunía 10 plazas y un actual volumen de ventas de 1,5 millones de euros.
b) Este grupo reunía 25 plazas entre ellas Barcelona y Palma de Mallorca y sumaba un volumen de ventas de 6 millones de euros.
c) Este grupo reunía 15 plazas entre ellas Madrid y sumaba un volumen de ventas de 2,5 millones de euros.

Si no se atacaba este problema, prolongando el «letargo» de la empresa podían producirse dimisiones en cadena que obligarían a sustituciones lentas y poco efectivas a corto plazo. Era muy difícil estimar el posible retroceso que eso provocaría en las ventas, pero finalmente nos íbamos orientando hacia unas primeras previsiones que podrían suponer acabar fatalmente decreciendo en 3 millones de euros y otras más pesimistas de una caída de 4,25.

Al llevar el tema al consejo de administración, Casamada dijo no conocer suficientemente la red comercial como para estimar la posible caída de las ventas, pero Nila Jóncols situaba sus previsiones en una caída cercana a los 4 millones de euros a causa del terrible impacto de Barcelona y Madrid.

Esto nos llevó a tener nuevas conversaciones con el vendedor-jefe de Barcelona y el de Madrid. Tanto Segur como Sau conocían bien a estas personas y después de la segunda ronda de conversaciones tuvimos que tomar como base de previsión una caída de las ventas de 4 millones de euros, ya que estas dos personas no planteaban una negociación sino un «ultimatum» y su influjo sobre las plazas cercanas era incuestionable.

Con una caída de las ventas de 4 millones de euros, el estado previsional de resultados quedaría así (en miles de euros):

Ventas	6.000
Materias primas	990
Mercaderías	1.080

Comisiones ventas	420
TOTAL COSTOS VARIABLES	2.490
MARGEN BRUTO	3.510
Personal y seg. soc. imputable	1.200
Indemnizaciones por despidos	800
Amortizaciones imputables	200
Otros gastos fijos imputables	50
TOTAL GASTOS FIJOS IMPUTABLES	2.250
MARGEN DE CONTRIBUCIÓN	1.260
Personal y seg. soc. comunes	200
Amortizaciones comunes	100
Otros gastos fijos comunes	500
TOTAL GASTOS FIJOS COMUNES	800
RESULTADO DE EXPLOTACIÓN	460
Ingresos financieros	(40,5) (*)
Gastos financ. (históricos - 40%)	26,4 = 44 x 0,60
RESULTADO NETO TOTAL	60,1

$* \ 1.400 \times 0{,}15 + \frac{2.600}{2} \times 0{,}15 = 405$ (intereses de préstamos a socios).

El resultado caería mucho respecto al año anterior, incluso suponiendo la ampliación de crédito a los accionistas y la cómoda perspectiva de que no habiendo necesidades financieras, los gastos financieros fueran un 40% más bajos que el año pasado. La cuenta de clientes bajaría en 1 millón de euros, pero esto no proveería fondos para cubrir los 2,60 millones de euros de crédito adicional a los accionistas, el *cash flow* tampoco sería suficiente, sobre todo teniendo en cuenta el reparto de dividendos y el pago de impuestos.

A la vista de este estado de resultados, Casamada dijo que se intentara convencer a los vendedores «rebeldes» por las buenas con un punto de aumento de la comisión; si éstos no aceptaban era partidario de mantener la postura fuerte de la empresa especulando con que acabarían cediendo los vendedores «rebeldes». Su argumentación fue la siguiente: «Os quieren asustar. Es impensable que nos dimitan en poco tiempo 40 vendedores. Ofrecedles una mejora, pero luego si no aceptan portaos como hombres». «¿Yo también debo portarme como un hombre?» inquirió Nila Jóncols.

Antes de dar este paso Sau y Segur quisieron conocer el impacto de un cambio radical en la red de vendedores. Para ello se elaboraron unas previsiones basadas en los siguientes supuestos:

Dar una respuesta a los vendedores del grupo b) planteándose como objetivo un crecimiento comercial del 30% monetario que llevaría implícito un aumento de precios del 5%.

Aceptar el nuevo papel de distribuidores de los vendedores del grupo c) así como recuperar ex vendedores maduros como nuevos distribuidores. Esta reforma ligaba también con el crecimiento comercial del 30%. Estos nuevos distribuidores absorberían stock de producto acabado y mercadería. Las ventas a distribuidores se cobrarían a 90 días. Obviamente los vendedores del grupo a) también debían intentar cumplir el objetivo de crecimiento comercial del 30%, ya que éste era objetivo para toda la empresa.

La expectativa de aumento de precios de materias primas, mercaderías y cualquier otro gasto era del 5%.

Debían renovarse herramientas en la sección de corte y ampliar el número de máquinas de la sección de costura. El presupuesto de inversión era de 1,3 millones de euros con una vida útil media de 5 años. (El nuevo personal de la sección de costura más los seguros sociales supondría un costo de 300.000 euros).

La política de stocks de producto en curso y materia prima suponía que éstos no crecieran más allá del crecimiento comercial. El stock de producto acabado y mercadería mantendría su valor inicial gracias a la absorción de los mismos efectuada por los ex vendedores que pasan a distribuidores. La política sobre saldos de efectivo era la de hacerlos crecer en un 30%.

Esta alternativa desagradó al Sr. Casamada: «En el fondo estáis en manos de ellos. Tú, Sau, eres un blando. Estamos hablando de cambiar de política, pero no porque sea bueno para la empresa sino porque os han asustado».

Estado previsional de resultados (hipótesis: crecimiento del 30%)

	Año 6		
	Fábrica confección	Otros artículos deportivos	Total
Ventas netas	9.100	3.900	13.000
Materias primas	2.148	-	2.148
Mercaderías	-	2.340	2.340
Comisiones ventas (1)	819	351	1.170
TOTAL COSTES VARIABLES	2.967	2.691	5.658
MARGEN BRUTO	6.133	1.209	7.342
Personal y seg. social imputable	1.295	105	2.400
Amortizaciones imputables	460	-	460
Otros gastos fijos imputables	52	-	52
TOTAL GTOS. FIJOS IMPUTABLES	1.807	105	2.912
MARGEN DE CONTRIBUCIÓN	3.326	1.104	4.430
Personal y seg. social común			210
Amortizaciones comunes			105
Otros gastos fijos comunes			525
TOTAL GASTOS FIJOS COMUNES			840
RESULTADO DE EXPLOTACION			3.590
Ingresos financieros (140x0,15+260/2x0,15)			405
Gastos financieros (provisionales=históricos)			440
RESULTADO NETO TOTAL			3.555

(1) Comisiones ventas: Grupos a) y b) representan un 75% de las ventas que se seguirán retribuyendo al 7%. El grupo c) pasa a ser distribuidor con un margen del 15%. Si bien lo correcto sería computar la venta neta menos el 15%, vamos a contabilizar como si fueran comisiones a fin de comparar con las cifras del año 5.

13.000 x 0,75 x 0,07 + 13.000 x 0,25 x 0,15 = 1.170

El nuevo tipo medio de retribución a comerciales se sitúa en 1.170/13.000 = 9%.

Movimientos previsionales de circulante

Producto acabado, stock inicial	10
Ventas a precio de coste	2.148
Fabricación necesaria	2.148
Producto acabado, stock final	10
Producto en curso, stock inicial	100
Fabricación necesaria	2.148
Entrada de factores	2.178
Producto en curso, stock final	130
Materias primas, stock inicial	90
Entregas a taller	2.178
Compras (a valor neto)	2.205
Materias primas, stock final	117
Mercaderías, stock inicial	10
Ventas a precio de coste	2.340
Compras (a valor neto)	2.340
Mercaderías, stock final	10
Proveedores saldo inicial	860
Compras a valor neto (2.205 + 2.340)	4.545
IVA soportado (12%)	545
Pagos sobre valor neto (768 + $\frac{4.545}{4}$ x 3)	4.177
Pagos sobre IVA soportado (92 + $\frac{545}{4}$ x 3)	501
PROVEEDORES SALDO FINAL	1.272

		DEVENGO DEL IVA:	
Clientes saldo inicial (-ef. desc.)	30	IVA repercutido	1.560
Ventas a valor neto	13.000	IVA s/compras	–545
IVA repercutido (12%)	1.560	IVA s/inversiones	–156
		IVA s/otros gtos.	–69
Cobros sobre valor neto (2,7+ $\frac{13.000}{4}$ x 3)	9.777		
Cobros sobre IVA repercutido (0,3+ $\frac{1.560}{4}$ x 3)	1.173	Pago a Hacienda	790
CLIENTES SALDO FINAL	3.640		

Presupuesto de tesorería	
Cobros ventas netas	9.777
Pagos netos a proveedores	4.177
Pagos comisiones ventas	1.170
Pagos personal y Seguridad Social	2.610
Pagos otros gastos fijos	577
Total pagos corrientes	8.534
Diferencia corriente	+1.243
Cobros de presupuesto extraordinario	405
Pagos por inversiones de activo fijo	1.300
Devoluciones de créditos	250
Ampliación crédito a accionistas	2.600
Pago impuestos	870
Pago dividendos	1.630
Pago gastos financieros previsionales	440
Total pagos presupuesto extraordinario	7.090
Diferencia de presupuesto extraordinario	−6.685
IVA cobrado s/clientes	1.173
IVA pagado s/proveedores	501
IVA pagado s/inversiones	156
IVA pagado s/otros gastos	69
IVA pagado a Hacienda	790
Efecto financiero del IVA	−343
Necesidad de liquidez adicional	9
Necesidad financiera total	5.794

Balance previsional

ACTIVO FIJO BRUTO	(4.100 + 1.300 =)	5.400
Stock de materias primas	117	
Stock de producto en curso	130	
Stock de prendas confeccionadas	10	
Mercaderías	10	
TOTAL EXISTENCIAS		267
Clientes		3.640
Préstamos a accionistas		4.000
Disponible		39
TOTAL ACTIVO CIRCULANTE		7.946
TOTAL ACTIVO		13.346

FONDOS PROPIOS	360
Proveedores	1.272
Fondo de amortización (1.800 + 565)	2.365
Resultado previsional	3.555
Necesidad financiera	5.794
TOTAL PASIVO	13.346

Origen de la necesidad financiera

Resultado de explotación	3.590	4.155 = *cash flow* de explotación
+ Amortización	565	
Diferencia de circulante	1.243 (superávit)	
1) Desfase financ. ordinario	2.912	
Resultados fuera explotación		− 35 (+ 405 − 440)
+ Amortizaciones extrafuncionales		
Diferencia de fijo		6.685 (déficit)
2) Desfase financiero de fijo		6.650

Comparación de balances

	Año 5	Año 6	Presup. ordin.	Presup. extr.	No afecta
Activo fijo bruto	4.100	5.400	-	1.300	-
Stock de materias primas	90	117	27	-	-
Stock de producto en curso	100	130	30	-	-
Stock de producto acabado	10	10	-	-	-
Stock de mercaderías	10	10	-	-	-
Clientes	20				
Eectos descontados	2.400	3.640	1.210	-	-
Morosos	10				
Préstamos a accionistas	1.400	4.000	-	2.600	-
Disponible	30	39	-	-	9
TOTAL ACTIVO	8.170	13.346	1.267	3.900	9
Fondos propios	360	360	-	-	-
Proveedores	860	1.272	412	-	-
Crédito bancario	250	-	-	−250	-
Bancos, dto. bancario	2.400	-	−2.400	-	-
Hacienda	870	-	-	−870	-
Dividendos	1.630	-	-	−1.630	-
Fondo de amortización	1.800	2.365	-	-	565
Resultado previsional	(asignado)	3.555	-	-	3.555
Necesidad financiera	-	5.794	-	-	5.794
TOTAL PASIVO	8.170	13.346	−1.988	−2.750	9.914

Movimientos de fondos previstos

MOVIMIENTOS DE PRESUPUESTO ORDINARIO

ABSORCIÓN DE FONDOS		LIBERACIÓN DE FONDOS	
Δ Stock de materia prima	27	Δ de proveedores	412
Δ Stock de producto en curso	30	Efecto financ. del IVA	343
Δ Cuenta de clientes	1.210	Desfase financiero ordinario	2.912
Renuncia metod. al dto. banc.	2.400		
	3.667		3.667

MOVIMIENTOS DE PRESUPUESTO EXTRAORDINARIO

ABSORCIÓN DE FONDOS		LIBERACIÓN DE FONDOS	
Δ Activo fijo bruto	1.300	Desfase de fijo	6.650
Préstamos a accionistas	2.600		
Devolución créd. bancario	250		
Pago a Hacienda	870		
Pago del dividendo	1.630		
	6.650		6.650

Cuestionario sobre el caso

1) ¿Qué opina usted del nivel de endeudamiento de esta empresa? ¿Cree que es un nivel adecuado para pedir nuevos créditos a los bancos? ¿Por qué?
2) ¿Qué opina de la solvencia de funcionamiento o solvencia corriente?
3) ¿Qué opina del rendimiento del activo? ¿Y de su evolución? ¿Es favorable el factor de apalancamiento financiero? ¿Por qué?
4) ¿Está bien consolidada comercialmente la empresa en el mercado? ¿Cree usted que este rendimiento de activo es fiable y estable de cara al futuro? ¿Por qué?
5) ¿Qué opina de la política de dividendos de esta empresa en los últimos años?
6) ¿Qué efecto comercial y cuál económico reportará el año que viene no cambiar la política con vendedores, desoyendo a Juli Sau?

7) ¿Qué le parece este comentario del Sr. Casamada?
«Las geniales ideas del Sr. Sau van a representar para la empresa unas necesidades financieras de casi 6 millones de euros, debido a que se van a congelar en manos de clientes más de 1,2 millones de euros y la Sra. Sitges se ha envalentonado y pide para sus talleres (de corte y costura) utillaje y maquinaria por una "burrada" de dinero».
8) De seguirse el año próximo la política de Juli Sau el rendimiento de activo (del año que viene) será del 32,7%. ¿Qué le parece?
9) ¿Cree usted que el Sr. Casamada accederá a ampliar el capital el año que viene?
10) El banco se interesa en apoyar a la empresa otorgándole descuento bancario puesto que se fían de los buenos clientes de Multiesport, pero no quieren darle otra clase de crédito. ¿Por qué? Responda esta pregunta teniendo en cuenta que:

    El *cash flow* libre de Multiesport será:

    3.555–(0,35x3.555)+460+105 = 3.555–1.244+565 = 2.876

    (El único crédito bancario de 250.000 euros finaliza el año que viene).
11) Yo, como asesor financiero de esta firma, me niego a ir a un banco a implorar un crédito. Esto lo sabe ya el Sr. Casamada. ¿Acaso no es razonable el plan de Sau? ¿Qué cree usted que es lo que queda «un poco feo» en el contenido del cuadro de movimientos de fondos previstos? ¿Va a oponerse el banco a la inversión en activo fijo de 1,3 millones de euros? ¿Le va a parecer escandaloso un aumento de la cuenta de clientes de 1,21 millones de euros? ¿Qué es lo que no gustará demasiado al banco?
12) Suponiendo que el banco nos prestara 3 millones de euros en forma de descuento bancario, cosa que es muy plausible, ¿cree usted que podríamos llegar a cubrir la necesidad financiera de 5.794.000 si Casamada y sus fieles amigos –Sres. Oliveras, Fageda y Roureda– (pág. 355) cambiaran su actitud?

DESARROLLO DEL CASO «MULTIESPORT, S.A.»

El cuestionario planteado sobre este caso es una buena guía para poderlo desarrollar siguiendo un hilo conductor claro y coherente.

Sería imposible contestar estas preguntas y llegar a esclarecer los problemas de carácter económico-financiero que pueden conllevar las decisiones comerciales debatidas entre el Sr. Casamada por un lado y el Sr. Sau por el otro sin un cierto soporte instrumental de carácter económico-financiero.

Las posibilidades comerciales de la empresa están claras... ¿cómo defender la posición comercial del Sr. Sau, ex director de marketing y actual consejero delegado?

El soporte instrumental de carácter económico-financiero está representado en el cuadro de la página siguiente. Ello nos permitirá ir contestando las preguntas:

1. *¿Qué opina usted del nivel de endeudamiento de esta empresa?*

Los valores que arroja el cuadro de la página siguiente son: 10 para el año 1 y 16,7 para el año 5. Si el lector recuerda las líneas de teoría dedicadas a este ratio no dudará en contestar que estos valores son elevadísimos. Para un responsable comercial esto debe significar que las acciones de futuro que Multiesport necesita realizar, difícilmente podrán ser financiadas con nuevos créditos, puesto que ya ahora el riesgo por endeudamiento es muy alto para los propietarios de la empresa y para sus acreedores.

Vale la pena también al plantearse esta pregunta, que la dirección comercial profundice algo más para saber con más detalle a quién o quiénes se debe una proporción tan alta de dinero sobre el capital propio. Consultamos pues los balances de Multiesport, S.A.

Al hacerlo aparecerán cuestiones que un director comercial debe tener en cuenta y que a Juli Sau no pueden pasarle inadvertidas como antiguo responsable de marketing y actual consejero delegado.

Las deudas de la empresa se reparten así:

Crédito bancario por letras descontadas	2.400	
Dividendos a pagar en breve a socios	1.630	
	4.030	67%
Impuestos a pagar a Hacienda	870	
Saldo de proveedores comerciales	860	
Crédito bancario	250	
	1.980	33%

Éste es un tipo de análisis en donde la dirección comercial tiene bastante que decir puesto que el crédito principal viene de los bancos,

Datos de apoyo para el análisis histórico

	Año 1	Año 5
Endeudamiento	$\frac{3.610}{360} = 10$	$\frac{6.010}{360} = 16,7$
Solvencia de funcionamiento	$\frac{1.870}{3.610} = 0,52$	$\frac{4.070}{6.010} = 0,68$
Tesorería	$\frac{1.670}{3.610} = 0,46$	$\frac{3.860}{6.010} = 0,64$
Rendimiento del activo	$\frac{1.650}{4.570 - 600} = 41,56\%$	$\frac{2.800 + 140}{8.170 - 1.800} = 46,15\%$
Rendimiento específico	$\frac{1.650}{4.570 - 600} = 41,56\%$	$\frac{2.800}{8.170\text{-}1.800\text{-}1.400} = 56,33\%$
Margen de explotación	$\frac{1.650}{6.500} = 25,4\%$	$\frac{2.800}{10.000} = 28\%$
Rotación de activo	$\frac{6.500}{3.970} = 1,637$ R	$\frac{10.000}{4.970} = 2,01$ R
Rentabilidad de fondos propios	$\frac{1.430 - 500}{360} = 258\%$	$\frac{2.500 - 870}{360} = 452,8\%$
Margen postimpuestos	$\frac{930}{6.500} = 14,3\%$	$\frac{1.630}{10.000} = 16,3\%$
Rotación financiera	$\frac{6.500}{360} = 18$ R	$\frac{10.000}{360} = 27,8$ R

pero su «final feliz» o «feliz desenlace» depende de que los clientes paguen puntualmente sus letras. Este es un tema que concierne perfectamente al director comercial y que debe conocer para calibrar si éste es o no un crédito «duro» para la empresa.

Por fortuna para todos, en Multiesport, S.A. no hay noticia de «malos pagadores» (o «lentos» pagadores) entre la clientela.

De cuando en cuando el director comercial puede consultar la cuenta de morosos en el balance... de hacerlo así en Multiesport se observa cómo la morosidad de la clientela es bajísima (año 5: 10.000 euros respecto a 2.430.000 euros entre clientes, efectos y morosos).

Luego el «crédito rey» de 2.400.000 no es un crédito preocupante, pero sí que lo registra la banca como si dijera para sus adentros: «tengo bien atendida a esta empresa puesto que le descuento prácticamente el 100% de su saldo de clientes».

Existe otro «crédito» muy importante y que al director comercial y a Juli Sau no debe pasar inadvertido: se han de pagar dividendos a los accionistas por un volumen muy importante de dinero y... ¿qué tienen que decir el director comercial y Juli Sau de la retribución a los accionistas?

En un orden de puro poder nada. En un orden de gestión sí que hemos de ser conscientes de que el pago de elevados dividendos –en una empresa como Multiesport, S.A. que no cotiza en Bolsa– coarta posibilidades de inversiones dirigidas a un posible desarrollo comercial de la firma. (Pasamos de momento por alto el hecho de que la compañía ha otorgado un crédito a sus accionistas. Lo comentaremos más tarde).

En cualquier caso con un accionariado reducido, Multiesport, S.A. puede «perdonarse» este importante crédito, cosa que no podría hacer una compañía de mayor envergadura y con un espectro accionarial más amplio.

El volumen de crédito «más vivo» para Multiesport asciende a 1.980.000 euros que sobre los fondos propios significa:

$$\frac{1.980.000}{360.000} = 5{,}5$$

Éste es todavía un valor alto aunque presenta el atenuante de dos recursos cíclicos como el crédito de proveedores y los impuestos pendientes de pago a Hacienda. El concepto de recurso cíclico ya ha dado pie a comentarios en este texto puesto que es un tema de gran interés para un profesional comercial.

En suma: ¿qué aprenden con esta primera cuestión el director comercial y Juli Sau?

Han aprendido que sin el decidido apoyo de los socios es difícil que prosperen actuaciones de tipo comercial que requieran dinero puesto que la capacidad crediticia de la empresa puede darse por agotada.

2. *¿Qué opina de la solvencia de funcionamiento o solvencia corriente?*

El cuadro que ilustra estas explicaciones nos muestra cómo el ratio de solvencia de funcionamiento está muy por debajo de la unidad.

De este ratio se ha hablado anteriormente, puesto que la dirección comercial-marketing lo ha de tener en cuenta a la hora de evaluar un cliente. En este momento se trata de autoevaluarnos... nuestros acreedores no pueden tener ninguna confianza en nuestra capacidad de cubrir «en especie» los impagos que puedan producirse sobre deuda a corto plazo. El caso ha advertido sobre la existencia de tensiones de tesorería.

La lectura que Juli Sau puede hacer de este ratio ha de ir en la línea de lo que hemos visto en la cuestión anterior: hay que leer el balance en busca de una información que nos haga «aterrizar» sobre el exacto sentido del ratio.

Las deudas a corto plazo de esta empresa se han comentado anteriormente. Si partiéramos de la base de que los efectos descontados por nuestros bancos tienen su garantía natural en la cuenta de efectos que se encuentra en el activo, el ratio quedaría modificado así:

$$\frac{\text{Activo circulante} - \text{Efectos descontados}}{\text{Exigible a corto plazo} - \text{Bancos por descuento letras}}$$

$$\frac{4.070 - 2.400}{6.010 - 2.400} = \frac{1.670}{3.610} = 0{,}46$$

Esta cifra nos da, de momento, una imagen más «dramática» que la que obteníamos anteriormente pero... pero:

La garantía «natural» para los accionistas acreedores por dividendos es el préstamo que la compañía les ha otorgado. Juli Sau y el director de marketing pueden preguntarse: «La empresa les debe 1.630 por dividendos y ellos deben a la empresa 1.400... ¿de compensarse esto, no tiene la compañía las manos libres para financiar acciones comerciales en el futuro?».

En cualquier caso, el «accionista-acreedor» en una empresa pequeña no tiene el mismo talante de exigibilidad que tendría en una empresa grande.

En suma, la situación neta ante terceros vendría a ser esta:

$$\frac{\text{Existencias} + \text{Disponible}}{\text{Proveedores} + \text{Crédito bancario} + \text{Hacienda}}$$

$$\frac{240}{860 + 250 + 870} = \frac{240}{1.980} = 0{,}12$$

El valor obtenido así es bajísimo y refuerza, por desgracia, la primera afirmación de esta segunda pregunta.

En definitiva, el director de marketing de Multiesport, S.A. no hace más que reconfirmar y «cargarse de razón» con este nuevo argumento: o hay una voluntad de los socios de «arrimar el hombro» o será difícil financiar actuaciones de futuro.

3. ¿Qué opina del rendimiento del activo? ¿Y de su evolución? ¿Es favorable el factor de apalancamiento financiero? ¿Por qué?

Este es un dato clave para la dirección de marketing y para Juli Sau por todas las razones que aportamos en su momento. Es evidente que Juli Sau es «más» responsable de este ratio que el director de marketing pero las componentes de ventas y rotación en el desarrollo del rendimiento del activo afectan al juicio que se hace sobre la labor de los comerciales en la empresa.

El rendimiento del activo en los dos años estudiados es de valores fabulosamente altos... ¿por qué?... porque se obtiene un porcentaje que supera el tipo de interés al que Multiesport, S.A. se endeuda. Es decir, que la contribución del director de marketing y la de Juli Sau obteniendo este excelente rendimiento es el que da pie y posibilidades a que hasta ahora la empresa haya satisfecho intereses a sus banqueros sin ningún detrimento económico.

Al contrario: el efecto de apalancamiento financiero es positivo (amplificador) ya que en Multiesport se cumple que ROE>ROA ya que ROA>i.

Observemos el desglose y evolución del rendimiento del activo.

El margen de explotación (concepto que hemos definido con precisión por estar calculado antes de intereses), mejora ostensiblemente. El director de marketing sabe que se trata de un margen holgado y en alza que resistiría por tanto algún recorte en aras de una política de precios más agresiva si ello fuera necesario.

La rotación de activo ha mejorado; en ello tiene bastante que ver el director comercial-marketing de Multiesport, S.A. por el impulso que ha sabido propinar a las ventas. Las ventas han crecido más allá del crecimiento del activo (previa deducción del préstamo a accionistas que constituye una tremenda inversión extrafuncional).

La multiplicación de un margen y una rotación mejorados explican la formidable trayectoria positiva del rendimiento del activo.

4. *¿Está bien consolidada comercialmente la empresa en el mercado? ¿Cree usted que este rendimiento de activo es fiable y estable de cara al futuro? ¿Por qué?*

Esta es una interesante cuestión que vincula aspectos que inciden de forma muy directa en la gestión comercial de la empresa.

Si repasamos la historia de esta compañía y centramos nuestra atención en su política con vendedores observaremos cuestiones como:

«Si Multiesport hubiera optado por crecer, no hubiera perdido a los vendedores "maduros"».

«... sin voluntad o posibilidades de crecimiento sólo se dispondría de vendedores jóvenes que no alentarían las ventas, lo cual a su vez tampoco permitiría crecer».

Aunque la respuesta a la pregunta anterior nos haya mostrado que el ROA es muy alto, hemos de admitir que la empresa «juega con fuego»... existe un riesgo claro frente al futuro como se ha puesto de manifiesto en las amenazadoras previsiones de ventas para el año que viene.

De no alentarse una política comercial diferente, el ROA de la empresa peligra seriamente.

5. *¿Qué opina de la política de dividendos de esta empresa en los últimos años?*

La respuesta a esta pregunta enlaza parcialmente con la primera y la segunda puesto que en ellas se comentaba algo de dividendos. ¿Qué opinión pueden dar el director comercial y Juli Sau?

Suele pensarse que el tema de los dividendos es algo que concierne exclusivamente al área financiera o a los propietarios. En las empresas que cotizan en bolsa, el dividendo es un tema ineludible, pero este no es el caso de Multiesport, S.A.

En el año 1 se han repartido dividendos que representan el 65% de los beneficios.

En el año 5, los dividendos representan de nuevo el 65% de los beneficios pero su valor absoluto es mucho mayor que el de los dividendos repartidos anteriormente.

Se trata de cifras muy importantes y que sin duda erosionan la capacidad de autofinanciación de la empresa. La cuestión que interesa a los estamentos ejecutivos es que la colaboración del capital propio para nuevos proyectos de expansión comercial no sólo lo es en la forma de ampliaciones de capital, cuando el endeudamiento es muy alto, sino que cabe la vía de la moderación del dividendo para apoyar el desarrollo comercial.

La política de dividendos de Multiesport, S.A. es muy fuerte para una empresa pequeña y no es corresponsable con la necesidad de asentar comercialmente a la empresa a la par que combatir su endeudamiento.

6. *¿Qué efecto comercial y cuál económico reportará el año que viene no cambiar la política con vendedores, desoyendo a Juli Sau?*

Esta pregunta enlaza perfectamente con la número 4. En una reunión de lo señores Sau y Segur se enfrenta el futuro comercial de la empresa y se observa cómo se va a romper la línea de crecimiento de las ventas para prever una caída de las mismas del orden de 3 o de 4,25 millones en el peor de los casos. Existe una influencia muy fuerte en la posible evolución de las ventas por la amenaza de dimisión de dos puntales de la venta como son los delegados-jefe de Barcelona y Madrid.

El paso del año 5 al año 6 representa un momento dramáticamente clave en la historia de esta empresa. Al Sr. Segur, hombre comercial, a Juli Sau, persona de gerencia y ex comercial, les interesa ver el impacto que el descenso de las ventas puede llegar a tener sobre el resultado económico del año que viene. Eso viene reflejado en el estado previsional de resultados –bajo la hipótesis de unas ventas de 6 millones– que muestra una acentuada caída del resultado.

Se suele criticar que los responsables comerciales sólo piensan en términos de volumen de ventas. Cuando los directivos de marketing utilizan el estado de resultados extienden su visión a la parte alta de ese documento: las ventas y también a una de sus últimas líneas: el BAIT o resultado de explotación.

Afirmar en el caso Multiesport, S.A. que la empresa debe reaccionar ante un grave problema de ventas no es solamente una preocupación del Sr. Segur por una cuestión de «volumen». La caída del resultado en boca del Sr. Segur es un argumento de una obviedad y contundencia manifiestas.

7. *¿Qué le parece este comentario del Sr. Casamada?*

«Las geniales ideas del Sr. Sau van a representar para la empresa unas necesidades financieras de casi 6 millones de euros, debido a que se van a congelar en manos de clientes más de 1,2 millones de euros y la Sra. Sitges se ha envalentonado y pide para sus talleres (de corte y costura) utillaje y maquinaria por una "burrada" de dinero».

El tono del comentario entre irónico y despectivo (...«geniales ideas»...) (...« la Sra. Sitges se ha envalentonado»...) indica una presión del accionista mayoritario contra ciertos procesos de inversión y un enfrentamiento con el Sr. Sau. Quizás no pretenda pasar de un juego dialéctico, de un burlesco test de resistencia de los argumentos del equipo ejecutivo, pero en cualquier caso el comentario desafortunado y desenfocado requiere ser sometido al prisma de un enfoque técnico. El comentario alude al consejero delegado y a la directora de talleres pero obviamente concierne también al Sr. Segur, como miembro del equipo ejecutivo. Entender las finanzas de la empresa en sus límites precisos es una necesidad para participar más activamente en la construcción del futuro.

El caso muestra (antecediendo al cuestionario y como última aportación numérica) un cuadro –movimiento de fondos previstos– que pretende evitar comentarios tan «interesados» y carentes de objetividad como el del Sr. Casamada o... producido el comentario, salir al paso de él con el máximo de objetividad posible.

Si leemos el cuadro detenidamente –Sau y Segur pueden hacerlo– observaremos que en la lista de empleos (o absorción) de fondos, el epígrafe más cuantioso es el de «Préstamos a accionistas» que ascenderá el año próximo a 2,6 millones.

Es evidente que los accionistas serán más o menos libres de otorgarse préstamos, pero ello resta juego a otras posibilidades más operativas. Para el Sr. Casamada el «autopréstamo» debe resultar, por lo visto, un mecanismo automático o una condición tan vital como el respirar, puesto que ni siquiera lo ha mencionado en sus comentarios.

Siguiendo la lectura de los mecanismos previstos de absorción de fondos y por orden de importancia económica, aparece en segundo lugar la «Renuncia metodológica al descuento de letras» por un importe de 2,4 millones. Ello no tiene ninguna trascendencia real puesto que ya se ha explicado en su momento que esa «renuncia» consiste en una forma de calcular, por la cual la política financiera con clientes (en la formulación de la cual juega un rol muy importante la dirección comercial-marketing) queda mucho más patente si no se la financia «simultáneamente» descontando efectos.

Descartada pues la «Renuncia metodológica al descuento de letras» como segunda causa, podemos dirigir nuestra vista hacia el pago del dividendo para incidir por tercera vez en el mismo comentario: la disposición de liquidez y resultados para el accionista ha de ser compatible con las necesidades expresadas por las direcciones ejecutivas.

La tercera y cuarta causas corresponden, respectivamente, al aumento del activo fijo bruto y del saldo de clientes (no mediatizado por la «ayuda» del descuento de letras).

Luego las necesidades financieras que inducirán en el futuro los Sres. Sau, Segur y Sitges son causas menores al lado del «mimo» exagerado que van a recibir los accionistas y que por lo visto para el Sr. Casamada no merece ni mención.

Los dueños de la empresa tendrán la última palabra, pero profesionales como Sitges, Segur y Sau tienen que saber exactamente lo que se está planteando frente al futuro. La ignorancia o la incapacidad de leer documentos como los «Movimientos de fondos previstos» no hace ningún bien al director comercial que quedará a merced de comentarios más o menos desafortunados cuando no al albur de la información que quiera destilar el departamento financiero.

8. *De seguirse el año próximo la política de Juli Sau, el rendimiento del activo será del 32,7%. ¿Qué le parece?*

La hipótesis de «desarrollar» el tema de vendedores y representantes está representada en el estado previsional de resultados, el cual nos muestra unas expectativas de generar un BAIT de 3.590 y resultados atípicos (en miles de euros).

El cálculo del ROA previsional es:

$$\frac{3.590 + 405}{13.346 - 2.365} = \frac{3.995}{10.981} = 36,38\%$$

Este cálculo está influido por la presencia en el activo del elevado monto de los préstamos a accionistas.

De limitarnos a contemplar el rendimiento de activo previsto pero estrictamente funcional u operacional, la cifra sería otra:

$$\frac{3.590}{10.981 - 4.000} = \frac{3.590}{6.981} = 51,4\%$$

Esta cifra es muy elevada, no tan alta (aunque casi) como la del año anterior pero evita que la empresa caiga en la espiral de rendimiento decreciente que se va a provocar si no se define una nueva política como la que defienden Sau y Segur.

9. *¿Cree usted que el Sr. Casamada accederá a ampliar el capital el año que viene?*

Una cosa es lo que el Sr. Casamada quiera o decida hacer y otra cosa distinta es lo que a la entidad empresarial le convenga realmente hacer.

Tal como están las cosas, el Sr. Casamada no va a defender un aumento de capital. Nos basamos en los datos siguientes:

1) Se desea otorgar préstamos crecientes a los socios (¿a todos ellos?, ¿a algunos privilegiados en detrimento de otros socios?).
2) Se van a satisfacer dividendos cuantiosos en lugar de favorecer la autofinanciación vía reservas.
3) Se opone a la política del Sr. Sau, cree que se prima la necesidad de inversión de la jefa de talleres, Sra. Sitges, etc.

Pero como hemos dicho, otra cosa es lo que le conviene a la empresa: invertir para «desencallar» el «motín» comercial que se avecina y propiciar el crecimiento de las ventas.

Difícilmente recabaremos nuevos créditos cuando el endeudamiento es tan alto y la solvencia corriente es tan baja.

Pero ¿la contención en los dividendos y la renuncia a otorgar nuevos créditos a los accionistas... no serían factores suficientes para evitar una ampliación de capital? Volveremos sobre esta cuestión más adelante.

10. *El banco se interesa en apoyar a la empresa otorgándole descuento de letras puesto que se fían de los buenos clientes de Multiesport, pero no quieren darle otra clase de crédito. ¿Por qué?*

La página 366 presenta un cálculo del *cash flow* libre que nos muestra cómo es posible para la empresa devolver nuevos préstamos si controla los dividendos y los préstamos a accionistas. Pese a ello, los bancos no otorgarán préstamos más allá del descuento de letras debido al elevado ratio de endeudamiento, bajísima solvencia corriente y... la respuesta a la pregunta siguiente.

11. *Yo, como asesor financiero de esta firma, me niego a ir a un banco a implorar un crédito. Esto lo sabe ya el Sr. Casamada. ¿Acaso no es*

razonable el plan de Sau? ¿Qué cree usted que es lo que queda «un poco feo» en el contenido del cuadro de movimientos de fondos previstos? ¿Va a oponerse el banco a la inversión en activo fijo de 1,3 millones de euros? ¿Le va a parecer escandaloso un aumento de la cuenta de clientes de 1,21 millones de euros? ¿Qué es lo que no gustará demasiado al banco?

La respuesta a esta pregunta conecta con la que hemos dado a la pregunta número 7.

Al banco o bancos a los que pueda dirigirse Multiesport, S.A. les llamará negativamente la atención observar que toda ayuda que ellos puedan proporcionar a la empresa irá dirigida fundamentalmente a beneficiar a los accionistas más allá de lo necesario en forma de préstamos y cuantiosos dividendos.

Sau como consejero delegado, Segur como director comercial-marketing y los bancos no se sentirán «conectados» con una actitud de los socios que conceptúa la empresa fundamentalmente como una «vaca lechera».

Los bancos entienden y colaboran con actitudes como las de Sau y Segur que, aunque provoquen necesidades financieras (como el aumento del saldo de clientes), colaboran en el desarrollo de la actividad empresarial.

Las necesidades financieras inducidas por el crecimiento son perfectamente argumentables por parte de Segur y Sau. Los bancos agradecen la visita de los directivos de la empresa y cada vez más los propios directores de marketing van a ser interlocutores corrientes de los directivos bancarios, puesto que tienen mucho que decir sobre las acciones que han de conducir el futuro de la empresa.

12. *Suponiendo que el banco nos prestara 3 millones de euros en forma de descuento de letras, cosa que es muy plausible, ¿cree usted que podríamos llegar a cubrir la necesidad financiera de 5.794.000 euros si Casamada y sus fieles amigos, Sres. Oliveras, Fageda y Roureda, cambiaran de actitud?*

Como puede observarse, esta pregunta es en cierto modo la conclusión de todo.

La respuesta a la misma participa de todas las contestaciones a las anteriores preguntas. La actitud de los accionistas condicionará la posibilidad de desarrollo profesional del Sr. Segur en el campo comercial-marketing.

La respuesta a la primera pregunta ya daba a entender lo que va a ser el comentario a esta última cuestión.

La necesidad financiera que Multiesport, S.A. debe plantear a sus banqueros y accionistas es la que nos ha mostrado el presupuesto financiero o de tesorería: 5.794.000 euros.

Si el banco ampliara las actuales líneas de descuento de letras pasando de los 2,4 presentes a 3 millones faltarían por cubrir 5.794.000–3.000.000 = 2.794.000.

La contención –anual, de momento– de los dividendos y la retrocesión de la promesa o anuncio de aumentar el préstamo a los socios totalizaría:

Dividendos	1.630
Ampliación del préstamo a socios	2.600
	4.230

Esta última cifra unida a los 3 millones correspondientes al descuento de letras totaliza 7,23 millones, cifra que cubre con creces el monto de la necesidad financiera.

Capítulo 10

Caso práctico: Aislamientos, S.A.

La empresa inició sus actividades hace treinta años, comercializando elementos aislantes como juntas de culata para motores, juntas tóricas para equipos sumergibles, etc.

De unos años para aquí comercializa también elementos rodantes y de transmisión como cojinetes y ejes.

El director de marketing es responsable de las 55 delegaciones de ventas que la empresa posee en toda la geografía española. Cada delegación de ventas consta de un pequeño equipo compuesto por el delegado-jefe, los vendedores, un administrativo y un responsable de almacén. Este equipo solía ser de unas seis u ocho personas como término medio.

De antiguo, la dirección de marketing y la de finanzas están en conflicto por causa del grado de autonomía de decisión de estas delegaciones de ventas.

La dirección de marketing ha pensado que un grado de autonomía importante es un buen estímulo para el progreso en los volúmenes de ventas de las delegaciones. El baremo del éxito de una delegación ha sido el volumen de ventas y su crecimiento.

La dirección financiera identifica la autonomía con el «desmadre». Los plazos de cobro de la clientela no se respetan por igual en todas las delegaciones. El grado de morosidad es distinto de una delegación a otra. Los criterios de refinanciación de clientes con retrasos en el pago son distintos para un delegado-jefe u otro. Cada delegación tiene su propio stock de producto, algunas piden género continuamente a la central y sirven tarde a la clientela. Otras sirven puntualmente. Otras acumulan stock que tardan en vender.

Lo cierto es que el propio director de marketing se ha cuestionado en más de un momento el grado de autonomía de las delegaciones de ventas cuando han ocurrido cosas que han actuado negativamente sobre la imagen de la empresa.

Así por ejemplo, el reparto o distribución de ciertos complementos salariales a los vendedores se hacía con criterios diferentes y de ello se tenía noticia cuando dos vendedores de diferente zona se hacían amigos y ponían sobre el tapete molestos agravios comparativos.

Los diferentes plazos de suministro, la permisividad con las devoluciones de género, etc., eran diferentes por delegación y ello era comentado por clientes de provincias distintas lamentándose de las diferencias de trato. Los clientes situados en poblaciones limítrofes eran los más crispados, sobre todo cuando, además, estaban a mayor distancia de su capital de provincia que de la capital de la provincia vecina.

Cuando fui llamado a consulta pregunté a mis interlocutores si la empresa siempre había tenido 55 delegaciones o en el pasado se había funcionado con muchas menos delegaciones y áreas territoriales más extensas. La respuesta no me ayudó mucho. La red comercial fue adquirida ya con 45 delegaciones y lo que se sabía de la empresa anterior es que incluso en las épocas de pocas delegaciones se habían producido también problemas de carácter diverso y sobre todo un contacto más indirecto y mucho menos ágil con la clientela.

En ciertos momentos se pusieron en marcha dos tipos de medidas para intentar romper esta diversidad de políticas:

a) Concentrar a título experimental algunas delegaciones en unas jefaturas de zona.
b) Crear el «Plan estándar o normativo de operaciones». Esta medida consistía en la confección –tras largas consultas y debates– de un manual que regulaba las relaciones de la delegación con sus vendedores y clientes.

El experimento de las jefaturas de zona no dio buen resultado ya que se constataron bajadas de ventas en las provincias aglutinadas y ello fue debido a pérdidas de agilidad en la relación con clientes.

La idea del «Plan estándar de operaciones» ayudó algo más a unificar políticas con vendedores y clientes, pero la excesiva fidelidad al plan reportó inconvenientes que aconsejaron a la empresa seguir otorgando ciertos márgenes de tolerabilidad.

Del problema se hizo eco la dirección general, cuando los directores de marketing y finanzas lo pusieron sobre su mesa.

Había un cierto sentimiento en la dirección general a favor de continuar con la descentralización, pero acompañada de la intención de minimizar o reducir en lo posible sus inconvenientes.

Es evidente que la consulta que se me formuló tenía clarísimas connotaciones de tipo comercial, humano y logístico pero para mí existía un primer paso ineludible que era intentar objetivar la cuestión al máximo, cuantificando resultados y creando el sistema que nos permitiera identificar las situaciones que pudiéramos considerar anómalas.

Pensé en líneas generales que el sostenimiento de una gestión descentralizada podía ser un hecho diferencial importante para la empresa ante la competencia, siempre y cuando lo hiciéramos compatible con un sistema de control que fuera profundo, extenso y suficientemente ágil o versátil. Pensé que el trabajo debía llevarlo a cabo en colaboración con una empresa de *software* de confianza, puesto que ellos podían llegar a elaborar e implantar un *software* hecho a medida, que nos garantizara profundidad y versatilidad.

A partir de aquí podemos formularnos algunas preguntas:

1. ¿Qué nos interesa controlar realmente de cada delegación de ventas?
2. ¿Está usted de acuerdo en que el sistema de valorar las delegaciones por su volumen de ventas o por su progreso comercial es el mejor sistema?
3. ¿Es una buena medida el margen de contribución de las delegaciones?
4. ¿Es la delegación de ventas el único centro de beneficio que afecta a la gestión del director de marketing?
5. ¿Cómo podríamos calcular el margen de contribución o resultado contributivo de cada delegación de ventas? ¿Y por otros centros de beneficio?

Pregunta 1. ¿Qué nos interesa controlar?

En términos generales, el «éxito» de cada una de las 55 delegaciones de ventas.

Sí, claro.

Para algunos, la cifra de ventas... para otros, el crecimiento de la cifra de ventas. También hay quien lo centra en el margen que dejan las ventas. Existen partidarios de conceptuar el éxito en margen porcentual sobre ventas, otros prefieren el valor absoluto como contribución marginal más o menos relevante para absorber gastos de estructura centralizados.

Ninguna de estas medidas es desdeñable, pero si pudiéramos calcular el rendimiento de los activos utilizados en cada delegación, tendríamos una visión más completa, ya que sería más definitiva e involucraría automáticamente las ya citadas.

Así pues, el instrumento de control para cada delegación sería:

$$\frac{\text{Resultado contributivo}}{\text{Activo específico}} = \frac{\text{Resultado contributivo}}{\text{Ventas específicas}} \times \frac{\text{Ventas específicas}}{\text{Activo específico}}$$

Pregunta 2. ¿Volumen como buena medida de éxito de la delegación?

Si usted hubiera contestado afirmativamente a esta pregunta le hubiera dicho que se arrepintiera de inmediato y me telefoneara para pedir perdón. La respuesta a la pregunta anterior significa que el control del éxito no es sólo el volumen sino:

- Margen de contribución.
- Nivel de activo manejado.

Pregunta 3. ¿Es una buena medida el margen?

La respuesta está contenida en la contestación a la pregunta anterior. El margen de contribución (capítulo 5) es mejor medida que el volumen de ventas pero es todavía insuficiente. ¿Es lo que obtiene una delegación, proporcional al activo que administra?

Pregunta 4. ¿La delegación de ventas es el único centro de beneficio?

Evidentemente no es el único. Disponiendo de un sistema informático potente, el resultado contributivo se puede controlar por:

- delegaciones,
- vendedores,
- productos,
- clientes.

Pregunta 5. ¿Cálculo del margen de contribución?

A) *Resultado contributivo por delegación:*

Ventas netas
– Coste mercadería
– Comisiones vendedores

= Margen bruto
– Publicidad
– Transporte
– Sueldos y Seguridad Social
– Alquileres
– Amortizaciones
– Impagados
– Varios

= Resultado de contribución

B) *Contribución por vendedor*

Ventas netas
– Coste mercadería
– Comisiones

= Margen bruto
– Transporte
– Sueldos y Seguridad Social
– Impagados
– Varios

= Contribución por vendedor

C) *Margen de contribución por producto:*

Ventas netas
– Coste mercaderías
– Comisión vendedores

= Margen bruto
– Publicidad

= Margen de contribución

D) *Margen de contribución por cliente:*

Ventas netas
– Coste mercaderías
– Comisión vendedor

= Margen bruto
– Impagados
– Varios

= Margen de contribución

¿Qué aportaba este nuevo sistema sobre el que existía anteriormente?

- ROA por delegación: no existía, no se había planteado nunca.
- Resultado contributivo por delegación: existía algo remotamente parecido. Cada delegación «a su aire» enviaba su contabilidad. Lo que enviaba cada delegación tenía formato diferente. Bastantes de ellas mezclaban las comisiones con las retribuciones fijas al personal. Ninguna presentaba el margen bruto. Muchas confundían el coste de ventas con los envíos efectuados por la central. Eran poquísimas las que calculaban una amortización de su activo fijo... un desastre.
- Resultado contributivo por vendedor: sólo se controlaban ventas por vendedor, las comisiones también (¡faltaría más!) pero en cuenta aparte mezclada con el salario fijo. Había verdaderos líos con anticipos sobre comisiones y permisividades exageradas que se sabían demasiado tarde. Los gastos de traslados y viajes solían ir a un «cesto común», pero no se controlaban vendedor por vendedor.
- Resultado contributivo por producto: no existía, no se había planteado nunca.
- Resultado contributivo por cliente: era inexistente.

Implantar el nuevo sistema suponía un manejo de un millón de registros aproximadamente. La firma de *software* cumplió su misión. A partir de ahí fue posible compatibilizar la deseada descentralización de la gestión con un control suficientemente profundo que evitara divergencias de actuación y que asegurara el objetivo de rentabilidad de la empresa.

Presentar ahora todas las incongruencias y errores de gestión que se detectaron sería una tarea muy amplia, pero vamos a recoger una muestra de algunas de ellas para poner de manifiesto las capacidades del nuevo sistema.

Para no dificultar excesivamente el caso, hemos seleccionado 11 de las 55 delegaciones de ventas de la empresa. La selección se ha hecho sobre la base de algunas particularidades interesantes de esas 11 delegaciones.

Los datos se han manejado para los últimos cinco años. No obstante, y tal como se ha dicho, la herramienta informática utilizada (High Spins[I]) maneja del orden de un millón de registros. El análisis financiero de esta faceta de la comercialización de la empresa es posible gracias a herramientas informáticas de alto rendimiento.

CUADRO 1

Ventas por año y delegación de ventas (en euros) (clasificación alfabética)

DELEGACIÓN	AÑO 1	AÑO 2	AÑO 3	AÑO 4	AÑO 5
Albacete	1.639.744,78	1.655.916,86	1.713.801,57	1.804.013,18	2.016.670,41
Burgos	1.088.389,59	1.103.374,44	1.126.862,93	1.205.664,78	1.360.834,67
Cáceres	855.920,64	1.096.556,50	1.149.664,94	1.193.285,13	1.367.470,77
Granada	3.138.723,96	3.014.274,52	2.925.668,99	2.899.939,63	2.869.960,28
Lérida	1.994.600,61	2.026.525,43	2.089.732,77	2.160.529,33	2.376.994,20
Málaga	2.930.838,82	2.941.127,93	3.056.846,52	3.106.547,95	3.422.354,25
Oviedo	1.975.115,78	1.832.885,52	1.793.168,45	1.751.233,98	1.714.965,54
Palencia	1.054.514,40	1.072.748,95	1.116.282,83	1.120.427,71	1.211.374,01
Santander	3.451.962,62	3.517.987,09	3.572.431,73	3.760.325,85	4.410.814,71
Sevilla	3.501.268,15	3.583.770,82	3.814.870,59	4.183.245,88	4.889.436,23
Toledo	2.503.739,54	2.518.930,95	2.801.122,00	3.224.840,28	3.957.192,79
TOTAL	24.134.818,91	24.364.099,00	25.160.453,32	26.410.053,69	29.598.067,85

El cuadro 1 nos muestra las 11 delegaciones escogidas clasificadas por orden alfabético.

El cuadro se limita a recoger los volúmenes vendidos en euros, criterio que en otros tiempos era el único para medir el éxito de la delegación de ventas.

La herramienta informática recogerá estos datos (útiles solamente cuando nos interesa seguir una delegación en concreto) y los traducirá al contenido del cuadro 2. En ese cuadro aparece la clasificación de las delegaciones (podrían ser los 55 centros de ventas) según su cifra de ventas. Es evidente que no compartimos el criterio de la empresa de catalogar el éxito por la cifra de ventas, pero es útil un seguimiento de la importancia comercial de cada delegación de ventas. Así pues podemos observar cómo la delegación de Sevilla, que encabeza la clasificación, vende cuatro veces más que la delegación de Palencia. Los motivos de ello pueden ser muy diversos: desde la capacidad de los vendedores de una delegación hasta la riqueza industrial de ciertas zonas. Barcelona, Madrid, Bilbao, etc. no han sido recogidas en la muestra por obvias razones de «gigantismo» relativo. A partir de este cuadro, la herramienta informática resolvería rápidamente cuestiones como la media de ventas obtenida por la muestra escogida, etc.

CUADRO 2

Clasificación de las delegaciones por su volumen de ventas (en euros)

Delegación	Año 1	Año 2	Año 3	Año 4	Año 5
Sevilla	3.501.268,15	3.583.770,82	3.814.870,59	4.183.245,88	4.889.436,23
Santander	3.451.962,62	3.517.987,09	3.572.431,73	3.760.325,85	4.410.814,71
Toledo	2.503.739,54	2.518.930,95	2.801.122,00	3.224.840,28	3.957.192,79
Málaga	2.930.838,82	2.941.127,93	3.056.846,52	3.106.547,95	3.422.354,25
Granada	3.138.723,96	3.014.274,52	2.925.668,99	2.899.939,63	2.869.960,28
Lérida	1.994.600,61	2.026.525,43	2.089.732,77	2.160.529,33	2.376.994,20
Albacete	1.639.744,78	1.655.916,86	1.713.801,57	1.804.013,18	2.016.670,41
Oviedo	1.975.115,78	1.832.885,52	1.793.168,45	1.751.233,98	1.714.965,54
Cáceres	855.920,64	1.096.556,50	1.149.664,94	1.193.285,13	1.367.470,77
Burgos	1.088.389,59	1.103.374,44	1.126.862,93	1.205.664,78	1.360.834,67
Palencia	1.054.514,40	1.072.748,95	1.116.282,83	1.120.427,71	1.211.374,01
TOTAL	24.134.818,91	24.364.099,00	25.160.453,32	26.410.053,69	29.598.067,85

Este cuadro es susceptible de ser representado gráficamente como nos muestra la figura 1.

El gráfico nos muestra la evolución de las ventas para cada delegación. En él podemos contemplar cómo Sevilla no es solamente el líder de ventas en la actualidad sino que ha experimentado una progresión meteórica en los últimos años. En el año 1, la delegación de Sevilla estaba muy cerca de las ventas de Santander pero ahora se ha distanciado claramente. En el año 1, la delegación de Toledo estaba por debajo de Málaga y Granada. En los últimos años las ha aventajado en crecimiento comercial. Granada era en el año 1 la tercera delegación, pero en los años considerados, sus ventas han decrecido en valor absoluto. A este paso, Lérida la «atrapará» pronto. El gráfico nos muestra cómo, en términos generales, las delegaciones de ventas líderes en volumen han crecido más vertiginosamente que los «farolillos rojos» de la clasificación.

También se observa que el crecimiento del año 5 ha sido el más «generoso» de estos últimos tiempos.

FIGURA 1

Ventas por delegación

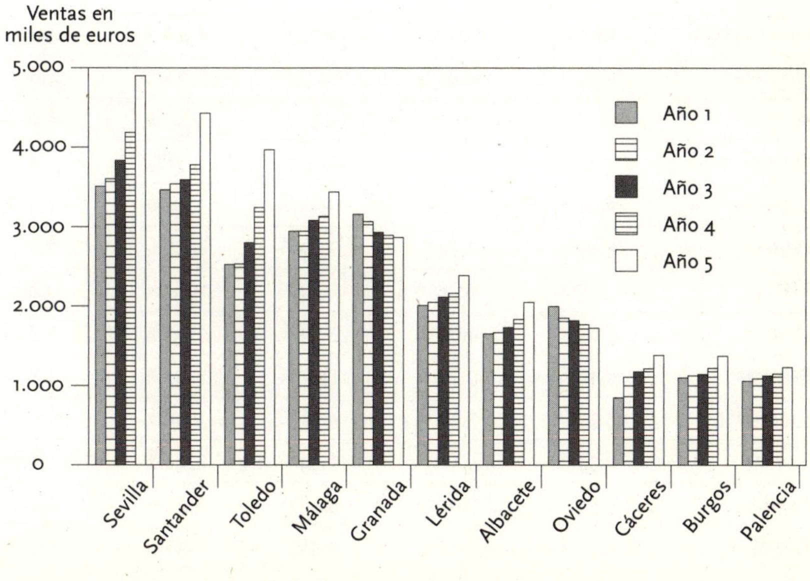

Ciertamente, esta clase de constataciones son interesantes, pero son muy parciales y no significarían ningún progreso sobre lo que la empresa ya venía haciendo tradicionalmente.

Demos un paso hacia adelante. Veamos el margen de contribución que aportan las diversas delegaciones de ventas. Recordemos que este margen de contribución es el que permite cubrir los gastos comunes de toda la empresa y debe arrojar el BAIT o resultado de explotación.

Esto podemos verlo en el cuadro 3. El cuadro ha sido construido en primera instancia por orden alfabético por si lo que queremos hacer es el seguimiento concreto de una o varias delegaciones en especial. Quizás pudiera interesarnos ver de forma específica la delegación de Sevilla porque era la «campeona» de ventas. Si así lo hiciéramos observaríamos que esa delegación obtiene en el año 5 un margen de contribución del 4,63%, inferior al total (que es la media de todos) en 1,24 puntos porcentuales (5,87% – 4,63%). Una constatación sorprendente sería observar cómo Toledo, que era la delegación número 3 en la clasificación de ventas, es el «farolillo rojo» en cuanto a margen y muy cercana al resultado nulo.

CUADRO 3

Margen porcentual de contribución por delegación

DELEGACIÓN	AÑO 1	AÑO 2	AÑO 3	AÑO 4	AÑO 5
Albacete	5,84%	4,83%	6,71%	8,28%	4,66%
Burgos	4,38%	6,12%	6,37%	6,52%	6,03%
Cáceres	0,58%	3,54%	2,05%	2,71%	4,13%
Granada	6,07%	5,59%	4,83%	1,74%	2,91%
Lérida	4,93%	3,39%	5,50%	9,51%	8,83%
Málaga	13,20%	11,30%	11,34%	11,62%	11,88%
Oviedo	4,69%	4,06%	3,91%	7,60%	2,97%
Palencia	5,42%	9,70%	13,15%	11,57%	9,06%
Santander	5,35%	7,46%	4,98%	7,51%	9,04%
Sevilla	6,54%	5,88%	6,54%	4,69%	4,63%
Toledo	9,56%	7,64%	5,98%	2,27%	0,52%
TOTAL	6,74%	6,57%	6,46%	6,41%	5,87%

Este cuadro sería fácilmente traducido a una clasificación por importancia del margen de contribución en el año 5:

1.– Málaga 11,88% 4° en ventas
2.– Palencia 9,06% ¡Última en ventas!
3.– Santander 9,04% 2° en ventas (campeona de casi todo)
...
11.– Toledo 0,52% 3° en ventas (¡espejismos!)

Esto corrobora lo dicho sobre que la cifra de ventas por sí sola no dice gran cosa cuando pueden ocurrir cosas tan dispares con el margen.

A partir de aquí nos interesaría contestarnos tres preguntas:

- ¿Qué hace que Toledo tenga tan débil margen de contribución?
- ¿Por qué Málaga es «líder» en margen de contribución?
- ¿Por qué ambas delegaciones son polos tan opuestos?

CUADRO 4

Estado específico de resultados de Toledo

	Año 1	Año 2	Año 3	Año 4	Año 5	Totales	Margen porcentual
Ventas netas	2.503.739,54	2.518.930,95	2.801.122,00	3.224.840,28	3.957.192,79	15.005.825,56	
Coste mercadería	1.565.837,36	1.577.957,51	1.757.031,82	2.116.197,38	2.548.043,73	9.565.067,80	63,74%
Comisiones vend.	125.624,85	127.005,69	139.530,68	162.365,34	199.667,79	754.194,08	
Costes variables	1.691.461,94	1.704.963,21	1.896.562,50	2.278.562.71	2.747.711,51	10.319.261,87	
Margen bruto	812.277,60	813.967,74	904.559,50	946.277,57	1.209.481,27	4.686.563,68	
Publicidad y R.P.	37.660,59	36.266,90	42.521,83	47.833,03	60.780,19	225.062,55	1,50%
Transporte vended.	18.588,00	19.509,59	20.536;36	24.931,48	32.981,03	116.546,46	
Sueldos y Seg. Soc.	239.422,55	246.944,79	270.715,89	284.664,16	297.382,41	1.339.129,79	8,92%
Alquileres	60.658,20	61.224,47	61.162,01	59.224,24	61.322,15	303.591,07	
Amortizaciones	24.255,58	24.342,57	23.872,50	23.880,21	23.960,27	120.311,13	
Impagados	127.550,72	154.676,38	231.581,63	342.006,58	593.445,92	1.449.261,23	9,66%
Trans. mercad. varios	64.694,93	78.589,87	86.597,40	90.467,72	119.098,41	439.448,33	2,93%
Gastos fijos imput.	572.830.57	621.554,56	736.987,63	873.007,42	1.188.970,38	3.993.350,56	
Result. contributivo	239.447,03	192.413,18	167.571,87	73.270,15	20.510,90	693.213,12	
% Contribución	9,56%	7,64%	5,98%	2,27%	0,52%	4,62%	

Para ello podemos consultar el cuadro 4, que nos muestra el estado de resultados específico de la delegación de ventas de Toledo.

La construcción del cuadro sigue la pauta que ya habíamos presentado en páginas anteriores. A la derecha del mismo se ha hecho un pequeño artificio analítico. Se han sumado los valores de los 5 años considerados para obtener –más a la derecha– una media ponderada que nos indica la incidencia de algunos de los costos que nos resultan más indicativos. Esto mismo podía haberse hecho fácilmente año por año.

La lectura del margen de contribución de la delegación de Toledo nos indica que en el año 1 era tan «atractivo» como un 9,56%. A partir de ese año cae en picado hasta el «repulsivo» 0,52% actual.

¿Qué costes han podido influir en todo ello? Para saber qué costos de la delegación de Toledo pueden estar realmente «disparados» necesitamos algún patrón de referencia. Ese marco de referencia va a ser el cuadro 5, que nos muestra incidencias medias de costos en el período considerado para el *conjunto* de delegaciones.

Ahora podemos ir contrastando algunos de los datos de la delegación de Toledo con los del conjunto para la media de los años considerados.

	Conjunto	Toledo	Diferencia (en puntos porcentuales)
Coste mercadería	62,07%	63,74%	+1,67
Publicidad y R.P.	3,12%	1,50%	–1,62
Sueldos y Seg. Soc.	11,96%	8,92%	–3,04
Impagados	4,96%	9,66%	+4,70
Trans. mercad. varios	2,76%	2,93%	+0,17
Margen de contribución	6,39%	4,62%	–1,77

Se observa, en primer lugar, cómo el costo de mercadería resulta bastante más alto que la media de las delegaciones.

Dado que el precio de compra no depende de las delegaciones, hay que concluir que Toledo concentra sus ventas en los artículos de menor margen, quizás las ventas más fáciles. Podría darse la circunstancia de que se arbitren descuentos a clientes que no estén debidamente normalizados desde la central. He aquí un tema a investigar en mayor profundidad.

En cambio, esta delegación es enormemente moderada con el gasto de publicidad. ¿Por qué utilizar tan poco esta arma?... de hecho ¡venden más que otras delegaciones con menor publicidad! ¿Para qué hacerla? ¿Cómo consiguen vender más con menor publicidad? Creo que lo sabremos enseguida.

CUADRO 5

Resultados contributivos para el conjunto de delegaciones de ventas

	Año 1	Año 2	Año 3	Año 4	Año 5	Totales	Margen porcentual
Ventas netas	24.134.818,91	24.364.099,00	25.160.453,32	26.410.053,69	29.598.067,85	129.667.492,76	
Coste mercadería	14.865.714,78	15.037.678,44	15.556.143,23	16.494.161,88	18.534.612,80	80.488.311,13	62,07%
Comisiones vend.	1.208.763,95	1.218.892,44	1.261.552,22	1.328.555,73	1.483.309,56	6.501.073,90	
Costes variables	16.074.478,73	16.256.570,88	16.817.695,45	17.822.717,61	20.017.922,36	86.989.385,03	
Margen bruto	8.060.340,17	8.107.528,12	8.342.757,86	8.587.336,08	9.580.145,50	42.678.107,73	
Publicidad y R.P.	810.441,13	775.914,44	768.692,11	812.129,41	884.129,25	4.051.306,34	3,12%
Transporte vended.	334.151,33	346.591,37	365.580,51	399.342,52	406.187,75	1.851.853,49	
Sueldos y Seg. Soc.	2.908.674,21	2.921.990,60	3.072.502,27	3.178.872,51	3.425.147,38	15.507.186,95	11,96%
Alquileres	284.492,61	294.905,17	311.748,26	327.275,98	328.299,86	1.546.721,88	
Amortizaciones	241.051,46	262.601,39	283.674,89	301.379,80	340.670,38	1.429.377,92	
Impagados	1.225.202,58	1.263.182,07	1.183.658,93	1.126.674,28	1.628.006,40	6.426.724,26	4,96%
Trans. mercad. varios	629.763,52	642.442,40	731.739,67	749.479,80	828.921,32	3.582.346,71	2,76%
Gastos fijos imput.	6.4337.76,85	6.507.627,43	6.717.596,64	6.895.154,29	7.841.362,34	34.395.517,55	
Result. contributivo	1.626.563,33	1.599.900,69	1.625.161,22	1.692.181,79	1.738.783,16	8.282.590,18	
% Contribución	6,74%	6,57%	6,46%	6,41%	5,87%	6,39%	

Notable moderación salarial. ¿Vendedores baratos que venden los productos de menor margen?

¡Impagados!... la debacle. La media de estos cinco años es muy alta y la cifra del año 5 es lógicamente más alta que la media del período. Es fácil vender mucho sin seleccionar demasiado a la clientela... luego afloran enormes cifras de impagados. Así se entiende que no haga falta hacer mucha publicidad.

¿Dónde radica el éxito de la delegación de Málaga? Comparemos esta delegación con el conjunto de delegaciones de ventas:

	Conjunto	Málaga	Diferencia
Coste mercadería	62,07%	61,25%	–0,82%
Publicidad y R.P.	3,12%	1,96%	–1,16%
Sueldos y Seg. Soc.	11,96%	11,40%	–0,56%
Impagados	4,96%	3,61%	–1,35%
Trans. mercad. varios	2,76%	0,48%	–2,28%
Margen de contribución	6,39%	11,86%	+5,47%

CUADRO 6

Estado específico de resultados de Málaga

	Año 1	Año 2	Año 3	Año 4	Año 5	Totales	Margen porcentual
Ventas netas	2.930.838,82	2.941.127,93	3.056.846,52	3.106.547,95	3.422.354,25	15.457.715,47	
Coste mercadería	1.758.617,30	1.782.870,13	1.845.325,24	1.870.305,26	2.211.481,28	9.468.599,22	61,25%
Comisiones vend.	149.410,32	150.502,05	155.635,17	158.758,04	172.893,16	787.198,74	
Costes variables	1.908.027.63	1.933.372,17	2.000.960,41	2.029.063,31	2.384.374,43	10.255.797,95	
Margen bruto	1.022.811,19	1.007.755,76	1.055.886,11	1.077.484,64	1.037.979,81	5.201.917,51	
Publicidad y R.P.	84.763,39	52.897,94	60.751,94	57.727,25	46.424,45	302.564,99	1,96%
Transporte vended.	55.609,81	72.456,24	75.545,92	81.248,15	62.739,74	347.599,87	
Sueldos y Seg. Soc.	304.604.24	357.223,60	372.565,72	403.369,80	325.132,71	1.762.896,06	11,40%
Alquileres	49.960,05	55.005,58	58.243,22	60.118,48	62.686,97	286.014,30	
Amortizaciones	8.795,30	5.945,77	6.025,14	9.282,48	6.816,43	36.865,11	
Impagados	117.270,05	117.172,71	120.914,05	90.581,81	112.481,14	558.419,76	3,61%
Trans. mercad. varios	14.981,07	14.765,14	15.206,93	14.112,75	15.142,30	74.208,19	0,48%
Gastos fijos imput.	635.983,91	675.466,98	709.252,91	716.440,72	631.423,75	3.368.568,28	
Result. contributivo	386.827,28	332.288,78	346.633,20	361.043,92	406.556,06	1.833.349,24	
% Contribución	13,20%	11,30%	11,34%	11,62%	11,88%	11,86%	

CUADRO 7

Márgenes de contribución por año y vendedor

Vendedor	Año 1	Año 2	Año 3	Año 4	Año 5
Vendedor A	24,55%	23,13%	23,12%	24,07%	21,04%
Vendedor B	8,31%	9,63%	9,69%	9,34%	
Vendedor C	26,14%	24,71%	25,21%	25,78%	
Vendedor D	20,63%	20,10%	19,66%	20,72%	28,35%
Vendedor E	26,48%	16,77%	17,31%	15,67%	15,51%
Vendedor F				21,16%	29,62%
Vendedor G					–8,41%
Total	21,93%	19,10%	19,38%	19,83%	19,26%

En todos, absolutamente en todos los costos analizados, esta delegación se sitúa por debajo de la media. No hace tanto uso de la publicidad como otras delegaciones, pero elige bien a su clientela, que le provoca muchos menos impagados que al conjunto de zonas de venta. Un ejemplo a seguir.

¿Podemos parar aquí el análisis de una delegación que funciona tan bien?

Hay más cosas a mirar. Hemos dicho en páginas anteriores que también el vendedor es un centro de beneficio a contemplar. La vieja informática no nos brinda tantas posibilidades como la actual. Esta idea nos permite extractar el cuadro 7.

El vendedor E era el «campeón» de margen en el año 1, pero ha ido contribuyendo peor hasta ser un modesto «contribuyente» en el año 5.

El vendedor C era fantástico y muy regular, pero se ha ido de la empresa o se ha jubilado en el año 5.

Diferente es el caso del discreto vendedor B, que tampoco está en el año 5.

El consistente y sólido vendedor D se beneficia seguramente en el año 5 de la marcha de B y C.

En el año 4 han fichado a F: un «crack», un vendedor «estrella» que arranca con un 21,16% y al año siguiente aprovecha la «tajada» de B y C para ser el «campeón».

¿Qué pasa con el nuevo vendedor G? Da margen de contribución *negativo*. Dicho crudamente: ojalá la delegación de Málaga no lo hubiera tenido en el año 5 porque le ha traído pérdidas. ¿Por qué? Veamos el cuadro número 8.

Lo que le pasa a G es:

- Sus ventas son las menores (menos de la mitad del campeón y dos tercios de F).
- Su coste de mercadería es más alto que la media de sus compañeros. Vende los productos de batalla.
- Viaja más que todos los demás pero con menos éxito. Su sueldo es incomprensible al lado de F.
- La cifra de impagados es alucinante. Lo poco que vende lo coloca desesperadamente a cualquiera... y el delegado-jefe ha tolerado demasiado.

O este vendedor endereza el rumbo o no puede continuar en la empresa.

CUADRO 8

Detalle del margen de contribución por vendedor en el año 5 (Málaga)

	Vendedor A	Vendedor D	Vendedor E	Vendedor F	Vendedor G	Totales	Margen porcentual
Ventas netas	784.894,98	732.118,39	866.111,19	630.190,63	409.039,05	3.422.354,25	
Coste mercadería	513.022,43	435.418,83	587.365,89	363.076,23	312.597,91	2.211.481,28	64,62%
Comisiones vend.	39.438,87	36.706,33	44.306,71	31.949,65	20.491,59	172.893,16	
Margen bruto	232.433,68	259.993,24	234.438,59	235.164,75	75.949,54	1.037.979,81	
Transporte vended.	6.319,32	12.448,19	8.743,35	14.568,13	20.660,74	62.739,74	
Sueldos y Seg. Soc.	42.495,21	38.569,06	46.224,36	28.297,42	32.758,37	188.344,43	5,50%
Impagados	16.497,48	0	39.853,25	2.495,00	53.635,41	112.481,14	3,29%
Trans. mercad. varios	2.014,96	1.452,15	5.276,47	3.116,85	3.281,86	15.142,30	
Result. contributivo	165.106,71	207.523,83	134.341,15	186.687,34	−34.386,84	659.272,19	
% Contribución	21,04%	28,35%	15,51%	29,62%	−8,41%	19,26%	

CUADRO 9

Rendimiento del activo en el año 5

Delegación	Rendimientos	Rotación activos	Margen	Rotación stocks	Plazo de cobro
Albacete	19,37%	4,16	4,66%	35	46
Burgos	12,03%	1,99	6,03%	35	36
Cáceres	8,42%	2,04	4,13%	31	34
Granada	15,38%	5,28	2,91%	26	43
Lérida	19,99%	2,26	8,83%	32	37
Málaga	62,98%	5,3	11,88%	26	38
Oviedo	15,23%	5,14	2,97%	28	39
Palencia	16,64%	1,84	9,06%	47	39
Santander	26,50%	2,93	9,04%	18	44
Sevilla	8,15%	1,76	4,63%	48	124
Toledo	1,97%	3,8	0,52%	32	51
TOTAL	16,73%	2,85	5,87%	32	55

No podemos acabar el desarrollo de este caso sin recordar lo dicho al principio del mismo: la verdadera y más definitiva medida del éxito de una delegación, tampoco es el margen de contribución, sino el rendimiento específico del activo de la misma.

El «campeón» de ROA en el año 5 es Málaga, pero no podíamos decirlo antes, cuando solamente contemplábamos el margen de contribución. Ahora se confirma. Le sigue Santander, tras él va el área de Lérida... ¡que era la sexta en ventas!... y la cuarta en margen.

Las peores son Toledo, Sevilla y Cáceres que están dando rendimientos que sin computar los gastos fijos comunes de la empresa ya están por debajo del tipo de interés del mercado.

Veamos qué ocurre con el doble efecto de rotación y margen.

Las delegaciones de Granada y Oviedo son las que presentan la rotación más alta, son las que han adecuado mejor el volumen de sus activos a las ventas que han conseguido, pero son precisamente las dos zonas cuyas ventas han bajado. Eso nos indica que no siempre es una virtud la ágil rotación. Posiblemente (podremos comprobarlo) Granada y Oviedo son muy «severas» con sus plazos de clientes o con la abundancia de stocks para suministro rápido y eso hace que su clientela se haya retraído y elija a competidores más ágiles. Queda pendiente esta comprobación. Los márgenes de Granada y Oviedo son muy bajos y el efecto final sobre el ROA es muy discreto.

Sevilla, Burgos y Cáceres presentan rendimientos bajos por su lenta rotación. También será preciso saber por qué razón ocurre este hecho adverso.

La delegación de Málaga es campeona de margen y rotación a mucha distancia de la subcampeona que es Santander. Esta delegación presenta una rotación muy distante de la que es capaz de obtener Málaga.

Al notable «farolillo rojo» que es Toledo le perjudica mucho más el bajo margen que la rotación, que es más alta que la media del conjunto.

Volvamos ahora al caso de Granada y Oviedo para ver qué ocurre con la rotación de stocks y cuentas a cobrar. Granada rota su stock en 26 días... ¿indica esto un stock excesivamente bajo? Está claro que es una de las delegaciones con más ágil rotación de stocks:

1. Santander	18 días
2. Málaga	26 días
3. Granada	26 días
4. Oviedo	28 días

La rotación media de stocks está en 32 días. Es pues evidente que las demás delegaciones utilizan más el arma de un stock abundante y variado para servir más rápidamente a la clientela. Sin embargo, Santander y Málaga son campeonas de ventas con stocks proporcionalmente reducidos ¿Por qué? Sólo una constatación sobre el terreno nos llevaría a ilustrar este punto y procurar que Málaga y Santander fueran ejemplo para las demás delegaciones.

En cuanto al plazo de cobro (figura 2):

1. Cáceres	34 días
2. Burgos	36 días
3. Lérida	37 días
4. Málaga	38 días
5. Oviedo	39 días
6. Palencia	39 días
7. Granada	43 días

Hay cuatro delegaciones más «severas» que Oviedo y seis que aventajan a Granada en cuanto a control del plazo de cobro. Luego esta explicación no es válida. La última explicación que cabe sobre la

FIGURA 2

Plazo de cobro por delegaciones

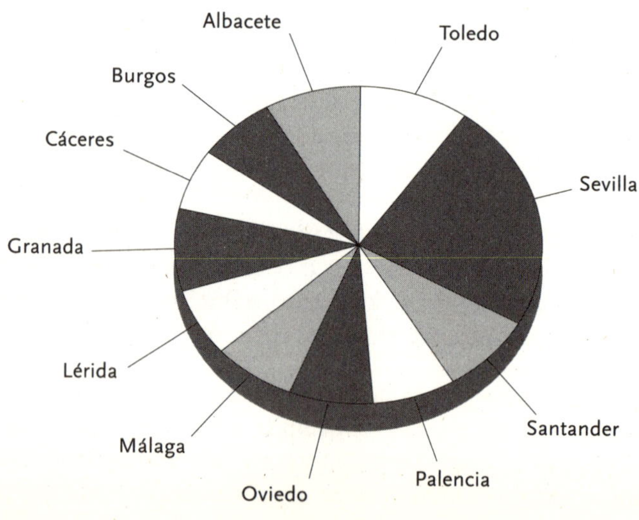

CUADRO 10

Rendimiento del activo (sin datos Sevilla) en el año 5

Delegación	Rendimientos	Rotación activos	Margen	Rotación stocks	Plazo de cobro
Albacete	19,37%	4,16	4,66%	35	46
Burgos	12,03%	1,99	6,03%	35	36
Cáceres	8,42%	2,04	4,13%	31	34
Granada	15,38%	5,28	2,91%	26	43
Lérida	19,99%	2,26	8,83%	32	37
Málaga	62,98%	5,30	11,88%	26	38
Oviedo	15,23%	5,14	2,97%	28	39
Palencia	16,64%	1,84	9,06%	47	39
Santander	26,50%	2,93	9,04%	18	44
Toledo	1,97%	3,80	0,52%	32	51
TOTAL	19,86%	3,24	6,12%	29	42

más ágil rotación de Granada y Oviedo es que sus edificios de almacén y oficinas lo sean en régimen de alquiler. Ello no es motor de ventas, pero obliga a un estudio detallado de la relación «rotación x margen». ¿Compensa económicamente que las delegaciones de ventas alquilen los edificios en lugar de tenerlos en régimen de propiedad?

Ya conocemos la operativa económica para contestar a estas preguntas. El capítulo 6 la puso de manifiesto.

Observemos cómo en materia de rotación de stocks, la dispersión de datos es mucho menor que en el caso del plazo de cobro. No obstante, los casos de Sevilla y Palencia merecen estudio aparte puesto que su lenta rotación de stocks se separa mucho de la permanencia media calculada en 32 días. Pero el caso flagrante es el del plazo de cobro. Obtenemos una media de 55 días... con una única delegación de ventas que se separa de ella: Sevilla de nuevo. Estas situaciones anómalas hacen que los valores medios pierdan su sentido como guías. Se daría la curiosa circunstancia de que todas las delegaciones, menos Sevilla, rotan por debajo de la media.

Una manera más objetiva de analizar el tema sería poner Sevilla «en cesto aparte» y recalcular de nuevo la media. La herramienta informática de constante referencia efectúa este tipo de salvedades con enorme rapidez.

El cuadro 9 quedaría modificado, obteniéndose el cuadro 10. Este nuevo cuadro nos muestra que tanto la rotación de stocks como el plazo de cobro de clientes se hacen ahora más exigentes y representativos del comportamiento de las delegaciones de ventas. El sesgo que imprimía la zona de Sevilla era muy fuerte. La rotación de stocks de la delegación de Palencia es ahora más cuestionable que antes.

En definitiva, este caso ha querido mostrarnos cómo los instrumentos financieros no solamente sitúan la responsabilidad de la dirección de marketing en la consecución del ROA de la empresa, sino cómo también representan herramientas que en sí mismas ayuden a entender la propia gestión.

En el caso que acabamos de ver, la gestión de las delegaciones de ventas estaba encomendada al director de marketing de la compañía. Existía una gran dificultad en atribuir a estas delegaciones de ventas un cierto grado de autonomía.

La carta de la libertad autonómica solamente puede jugarse cuando hay un grado ágil de información y además planteado con el máximo de objetividad posible.

Deben emprenderse acciones rápidas y urgentes con Toledo y Sevilla. Es cierto que la delegación de Málaga es un éxito, pero tiene un problema pendiente con un nuevo vendedor cuyo sueldo es más alto que el de otro que es más eficiente que él.

En resumen: el patrón del «volumen» hubiera hecho que la atención del director de marketing hubiera «pasado de largo» posiblemente sobre Sevilla y Toledo. Pero el patrón del ROA encaminará de otra forma su labor de gestión. Hay instrumentos financieros que sin lugar a dudas deben formar parte de la cultura empresarial del director de marketing. Hemos pretendido que este caso sea un buen ejemplo de ello.

Capítulo 11

Caso práctico: Magicus, S.A.

Jaume Cosí es un tío muy simpático. Cuando le pedí permiso para hacer un caso explicando su historia en un libro, se quedó muy sorprendido y me dijo:

«Por supuesto que me parece muy «requetebien» que cuentes todo esto en un libro; pero... ¿de verdad mi historia es interesante? ¿Es mi caso digno de ser presentado en libros en los que se estudian casos tan importantes?».

Y yo le contesté, pestañeando intermitentemente cada seis segundos:

«"Tranqui", Jaume. Los lectores de este libro tienen la sencillez de los héroes. Sufren su lectura en silencio y las personas que sufren o han sufrido, resultan ser enormemente receptivas».

«Pero los casos que se publican en los libros supongo que deben ser de grandes empresas, de aquellas que poseen tecnología compleja, productos sofisticados y mercados muy amplios... yo en cambio soy un pigmeo empresarialmente hablando».

«No olvides aquello de "*Al pot petit hi ha la bona confitura*" y piensa también que se trata de ilustrar situaciones empresariales. De la empresa grande o de la pequeña puede desprenderse en cualquier caso el principio conceptual que se quiere resaltar».

Y vamos a contar su historia:

Jaume era propietario de una pequeña tienda de juguetes. De esto hace 22 años. Cuando empezó sus actividades, con escaso capital, recibió particular ayuda financiera y comprensión de uno de sus proveedores, el Sr. Tendret. Este señor era director y propietario junto con su mujer y su cuñado de una fábrica de artículos de magia y juguetería que operaba con el nombre de Magicus, S.A.

En esa época el propio Sr. Tendret visitaba la tienda de Jaume y le presentaba el catálogo de sus productos. Se había creado una buena amistad entre proveedor y cliente, pese a la diferencia de edad. El hecho no dejaba de ser curioso, puesto que el Sr. Tendret no tenía muchos amigos. Sus criterios de gestión eran un tanto conservadores. Sus clientes le pagaban a 30 días, pero eso era excepcional ya que las tiendas de juguetes solían pagar a los fabricantes a 90 días. De hecho Magicus, S.A. sólo había roto esta norma años atrás, cuando el joven Jaume Cosí inició sus actividades, ya que entonces se le facilitaron plazos de 90 días y en ocasiones se le renovaron efectos a 90 días adicionales.

El Sr. Tendret sufrió un duro golpe, cuando murió su hijo de 18 años en accidente. Entonces solía decirle a Jaume que perdida la esperanza de sucesión en el negocio, le gustaría que él le comprara la mitad de las acciones para regentar juntos la empresa y traspasársela por herencia a su fallecimiento, con un vitalicio para su viuda, si tal era el caso.

Jaume siempre agradeció esta excelente predisposición de su proveedor, pero sabía que eso era imposible para sus escasísimos medios económicos. Solía bromear: «Yo seré su socio, Sr. Tendret, el día que me toque la lotería».

Lo más impresionante de este caso –y por eso me decidí a publicarlo– es que un día le tocó la lotería. Fue favorecido con 45 millones de pesetas.

Entonces conocí a los Sres. Cosí y Tendret. Fue una tarde del mes de octubre de 1995. Me pidieron que valorara la empresa, ya que era un hecho que Tendret cedía el 50% del capital a Jaume Cosí.

Valoré la empresa en 140 millones de pesetas y Tendret vendió el 50% a Cosí por 55 millones; es decir todo lo que éste había percibido de la lotería y del traspaso de su tienda de juguetes. No quiso ni un ápice más. Luego supe que otros dos expertos habían valorado la empresa en 150 y 160 millones, respectivamente. Mi valoración había sido la más baja, pero el Sr. Tendret no sólo la aceptó sino que la rebajó sin pedirle a Jaume más de lo que éste tenía. Por otra parte, Jaume había puesto todo su patrimonio en Magicus, S.A.

El 15 de noviembre nos reunimos en el despacho del agente de cambio y bolsa. Éramos bastantes los presentes. Junto a ambos contratantes estaban la Sra. Tendret y su hermano, así como la esposa, padres y suegros de Jaume. Esa noche cenamos todos en un típico restaurante barcelonés.

Al día siguiente, el Sr. Tendret reunió a todo el personal de Magicus, S.A. y presentó a Jaume Cosí.

«A partir del lunes, el señor Jaume abrirá la empresa en mi lugar a las 7:30 de la mañana, como de costumbre. En caso de ausencia de mi socio, será la encargada de abrirla, la Sra. Amelia, jefa del taller».

Las funciones directivas fueron repartidas de la forma siguiente: Los clientes mas importantes de Barcelona serían contactados por el Sr. Tendret. Los restantes clientes significativos de fuera de Barcelona serían visitados por Jaume. En cuanto a gestiones bancarias, el Sr. Tendret despacharía sólo con los tres bancos de la misma calle donde estaba ubicada la empresa, para evitar desplazamientos. Jaume, que era más joven, visitaría a los bancos con oficinas más alejadas. El contable y la jefa del taller despacharían con ambos simultáneamente. Todos los lunes, de mayo a octubre, el Sr. Tendret estaría ausente de la empresa.

El sector del juguete, como es de sobra conocido, está sujeto a una fuerte competencia entre fabricantes. Es un sector que ha conocido fracasos, pero también aparecen cada año nuevos competidores (y a veces no tanto del propio sector como de otros). La electrónica-informática es un ejemplo. El «factor diferencial», que es clave en cualquier sector, aquí tiene una relevancia enorme. La cuestión de la copia y «piratería» hace que a veces el éxito de un juguete de novedad pueda ser relativamente transitorio. Así, por ejemplo, el beneficio de Magicus, S.A. del año 1992 se explica por la invención del «Robotito Sabelotodo» del que se vendieron 250.000 unidades. Pues bien, en 1993 fue «pirateado», apareciendo: «Archivo electrónico», el «Supercerebro», «Mecano-sabio», «Enciclopedia digital», etc. de cuatro importantes competidores.

Los sistemas de producción de Magicus, S.A. eran muy simples. La mayor parte de los juguetes de plástico eran de fabricación propia con máquinas inyectoras. Los componentes que no eran fabricados internamente, se adquirían de otras industrias del plástico, pero el montaje se hacía en el taller de Magicus. De hecho, el peso fundamental de la producción recaía en los procesos de montaje que se habían automatizado muchísimo en los últimos tres años y que hacían de Magicus, S.A. una de las dos firmas con producción más automatizada en el mercado español. Lo que no se podía automatizar de forma inmediata, era el juguete de diseño muy reciente. Pero justamente este juguete «novedoso» era el que tenía mejor salida comercial.

La empresa trabajaba bajo pedido. La mayor parte de los pedidos llegaban entre agosto y setiembre para servir antes de las fiestas de Navidad y Reyes. Entre agosto y diciembre tenían lugar los meses de mayor actividad en la empresa. Durante el resto del año se aprovechaba el tiempo haciendo nuevos diseños y prototipos, preparando máquinas, ensayando nuevos montajes y efectuando pequeñas producciones de los cortos pedidos que llegaban entre enero y julio.

Los bancos con que operaba Magicus, S.A. le habían acordado descuento bancario por un importe de 90 millones de pesetas. Nos referimos a la suma de la cifra otorgada por todos esos bancos, no a la media concedida por cada unidad. Por otra parte operaban también con póliza de crédito. En el año 1995 se utilizaron unos 70 millones de pesetas y para el año 1996 los bancos estaban de acuerdo en un importe de 80 millones de pesetas El Sr. Tendret pensaba, no obstante, que se podía negociar un exceso sobre póliza de 10 millones de pesetas. Estas pólizas se concedían con plazos de 6 a 9 meses y se renovaban con la condición de tenerlas 2 o 3 meses libres de disposición.

Las compras se pagaban a 30 días y se efectuaban pedidos a proveedores dos veces a la semana.

La jornada laboral era de 7:30 a.m. a 5 p.m., con una hora y media para comer. A las cuatro de la tarde el Sr. Tendret accionaba una sirena que indicaba la necesidad de rematar trabajos y dejar las bancadas limpias, de forma que no quedara ningún producto en curso de fabricación.

Aparte del personal directivo, comercial y administrativo, sólo había fijas en fábrica unas pocas personas, como la Sra. Amelia, y un reducido equipo para producciones cortas y mantenimiento de máquinas y herramientas. El resto del personal trabajaba puramente a destajo de agosto a diciembre.

La gama de productos de Magicus y los porcentajes de ventas por renglón son los indicados en el cuadro de la página siguiente.

A los pocos días de su nuevo trabajo, Jaume Cosí echó de menos algo importante: los presupuestos del año 1996. En un cursillo llamado: «Disfruta dirigiendo tu negocio» le habían explicado la importancia de la planificación. Habló con Tendret del tema, el cual consideró el hecho como una innovación interesante: «Sí, sí. Tendremos ideas más claras sobre el personal necesario en agosto, también será posible preparar mejor las compras. Claro está, planificando hay riesgo de equivocarse, pero es mejor tener alguna idea que nada. De hecho, yo tengo en la cabeza muchos números e ideas para el año próximo y casi no necesitaría hacer presupuestos por escrito, pero todo esto a ti que eres nuevo en la empresa te irá muy bien. Creo que te orientará sobre nuestra forma de trabajar y nuestras expectativas. Habla con el contable, haced los números juntos y luego presentádmelo».

Distribución de las ventas por productos

	1989	1990	1991	1992	1993	1994	1995
1 Magia elemental	20%	25%	10%	5%	1%		
2 Naipes fantásticos	10%	20%	9%	1%	2%	1%	
3 Chispas mágicas	5%	5%	5%	4%	4%	5%	5%
4 El alquimista brujo			8%	12%	16%	14%	13%
5 Espejos mágicos				2%	11%	5%	4%
6 Robotito sabelotodo				40%	20%	5%	
7 Jeeps exploradores	18%	15%	18%		7%		
8 Mini-trailers	16%	10%	19%		2%		
9 Titelles	3%	4%	5%	6%	7%	9%	10%
10 Bebé meón	2%	2%	2%	1%	1%	2%	2%
11 Muñecos ciclistas	15%	8%	15%	18%	6%		
12 Muñecos alpinistas	5%	5%	4%	4%	3%	2%	8%
13 Muñecos esquiadores	6%	6%	5%	7%	9%	12%	15%
14 Muñecos submarinistas					2%	2%	1%
15 Payasos listos					4%	2%	
16 Payasitos tontos					5%	10%	15%
17 Lobito sexi						31%	20%
18 Caperucita feroz							7%
	100%	100%	100%	100%	100%	100%	100%

Jaume se reunió con el jefe de contabilidad, pero éste se mostró incapaz de hacer tal tipo de trabajo. Por otra parte se sentía desbordado con la tarea del día a día.

Así fue como volví a reunirme con Cosí y Tendret. Les eché una mano; el nivel de información de la empresa no era excelente, pero suficiente para que juntos reflexionáramos sobre el año siguiente, y preparáramos cuatro números (véase cuadros de las páginas 407 a 413).

A la vista de estas previsiones y con el conocimiento que iba adquiriendo de la empresa, Jaume Cosí pensó en una innovación importante.

Consultó con la Sra. Amelia sobre la posibilidad de llevar adelante la producción del año, de forma estable a lo largo de todos los meses (con personal fijo). Ella acogió la idea con entusiasmo, comentando los inconvenientes de la producción estacional:

Estados de resultados históricos de Magicus, S.A. (en millones de pesetas)

	1990	1991	1992	1993	1994	PROFORMA 1995
VENTAS NETAS	310,0	320,0	569,0	350,0	380,0	420,0
– Materias primas	134,0	137,0	307,0	150,0	163,0	180,0
– Destajos	56,0	57,0	102,5	63,0	68,0	75,0
Costos variables	190,0	194,0	409,5	213,0	231,0	255,0
Margen bruto	120,0	126,0	159,5	137,0	149,0	165,0
– Personal y Seguridad Social	32,0	35,0	40,0	38,0	40,0	45,0
– Amortizaciones	7,0	7,0	7,0	8,0	10,0	10,0
– Gastos fijos restantes	70,0	71,0	85,0	76,5	86,2	92,8
Gastos fijos	109,0	113,0	132,0	122,5	136,2	147,8
RESULTADO DE EXPLOTACIÓN	11,0	13,0	27,5	14,5	12,8	17,2
Gastos financieros	5,0	6,0	7,5	6,5	3,8	7,2
RESULTADO NETO TOTAL	6,0	7,0	20,0	8,0	9,0	10,0
A impuestos	1,8	2,0	6,0	2,5	3,0	3,0
A dividendos	1,2	1,0	8,0	1,5	1,0	2,0
A reservas	3,0	4,0	6,0	4,0	5,0	5,0

Balances históricos de Magicus, S.A. (en millones de pesetas)

	1990	1991	1992	1993	1994	PROFORMA 1995
ACTIVO FIJO BRUTO	153,5	156,0	176,0	176,5	198,0	205,0
Materias primas	1,5	2,0	3,0	1,5	2,0	2,0
Productos acabados	7,0	8,0	12,0	11,0	12,0	13,0
Clientes c/c	6,0	7,0	15,0	6,0	7,0	5,0
Efectos descontados	19,0	20,0	25,0	23,0	25,0	30,0
Caja y bancos	10,0	14,0	23,0	15,0	16,0	16,0
ACTIVO CIRCULANTE	43,5	51,0	78,0	56,5	62,0	66,0
TOTAL ACTIVO	197,0	207,0	254,0	233,0	260,0	271,0
Capital social	50,0	50,0	50,0	50,0	50,0	50,0
Reservas	86,0	90,0	96,0	100,0	105,0	110,0
CAPITAL PROPIO	136,0	140,0	146,0	150,0	155,0	160,0
Proveedores	13,0	13,0	31,0	12,0	25,0	15,0
Efectos descontados	19,0	20,0	25,0	23,0	25,0	30,0
Hacienda	1,8	2,0	6,0	2,5	3,0	3,0
Dividendos	1,2	1,0	8,0	1,5	1,0	2,0
Varios	1,0	1,0	3,0	2,0	1,0	1,0
EXIGIBLE A CORTO PLAZO	36,0	37,0	73,0	41,0	55,0	51,0
Fondo de amortización	25,0	30,0	35,0	42,0	50,0	60,0
TOTAL PASIVO	197,0	207,0	254,0	233,0	260,0	271,0

1) Reclutamiento apresurado del personal en julio, para empezar el trabajo fuerte en agosto, con tensiones, prisas, incumplimientos, etc.
2) Gran rotación del personal. Demasiados cambios de año a año, sin poder responder de haber contratado realmente personas conocidas, hábiles y cumplidoras.
3) Desentrenamiento del personal en los procesos de montaje, clasificación, almacenamiento y envío.
4) Estos inconvenientes suponían utilizar más mano de obra de la que sería necesaria si se tratara de gente conocida, cumplidora y entrenada.

Ventas mensuales 1993, 1994 y proforma 1995 (en millones de pesetas)

	1993	1994	Proforma 1995	Previsión 1996
Enero	2	3	4	5
Febrero	3	4	4	6
Marzo	4	5	6	7
Abril	4	4	5	6
Mayo	4	4	5	6
Junio	3	4	5	6
Julio	4	5	6	7
Agosto	51	53	59	65
Septiembre	62	65	72	80
Octubre	74	81	90	100
Noviembre	104	110	124	137
Diciembre	35	38	40	40
TOTAL	350	376	420	465

Movimientos detallados de stocks

	1990	1992	1995
Stock inicial de productos acabados	6,0	8,0	12,0
– Ventas a precio de coste	190,0	409,5	255,0
+ Fabricación acabada	191,0	413,5	256,0
= Stock final de productos acabados	7,0	12,0	13,0
Stock inicial de materia prima	1,3	2,0	2,0
– Entregas a taller	134,7	310,0	180,7
+ Compras	134,9	311,0	180,7
= Stock final de materia prima	1,5	3,0	2,0

Estados económico-financieros previsionales (en millones de pesetas)

ESTADOS DE RESULTADOS PREVISIONALES	ENERO	FEBRERO	MARZO	ABRIL	MAYO	JUNIO	JULIO	AGOSTO	SEPTIEM.	OCTUBRE	NOVIEM.	DICIEM.	TOTAL
VENTAS NETAS	5,0	6,0	7,0	6,0	6,0	6,0	7,0	65,0	80,0	100,0	137,0	40,0	465,0
Materias primas	2,1	2,6	3,0	2,6	2,6	2,5	3,0	27,8	34,3	42,8	58,7	17,2	199,2
Destajos	0,9	1,1	1,2	1,1	1,1	1,0	1,3	11,6	14,3	17,9	24,5	7,1	83,1
Total costes variables	3,0	3,7	4,2	3,7	3,7	3,5	4,3	39,4	48,6	60,7	83,2	24,3	282,3
Margen bruto	2,0	2,3	2,8	2,3	2,3	2,5	2,7	25,6	31,4	39,3	53,8	15,7	182,7
Personal y Seg. Social	4,4	4,4	4,4	4,4	4,4	4,3	4,4	4,4	4,4	4,4	4,3	4,3	52,5
Amortizaciones	1,0	1,0	1,0	1,0	1,0	1,0	1,0	1,0	1,0	1,0	1,0	1,0	12,0
Gastos fijos restantes	8,3	8,4	8,3	8,4	8,3	8,4	8,3	8,4	8,3	8,4	8,3	8,4	100,2
Total gastos fijos	13,7	13,8	13,7	13,8	13,7	13,7	13,7	13,8	13,7	13,8	13,7	13,7	164,8
Resultado explotación	-11,7	-11,5	-10,9	-11,5	-11,4	-11,2	-11,0	11,8	17,7	25,5	40,1	2,0	17,9
Gastos financieros (1)	0,1	0,2	0,2	0,5	0,5	0,8	0,8	1,5	1,6	0,6	0,2	0,2	7,2
RES. NETO TOTAL	-11,8	-11,7	-11,1	-12,0	-11,9	-12,0	-11,8	10,3	16,1	24,9	39,9	1,8	10,7
RES. ACUMULADO	-11,8	-23,5	-34,6	-46,6	-58,5	-70,5	-82,3	-72,0	-55,9	-31,0	8,9	10,7	10,7

MOVIMIENTOS DE CIRCULANTE	ENERO	FEBRERO	MARZO	ABRIL	MAYO	JUNIO	JULIO	AGOSTO	SEPTIEM.	OCTUBRE	NOVIEM.	DICIEM.	TOTAL
Stock inic. productos acabados	13,0	13,0	13,0	13,0	13,0	13,0	13,0	13,0	13,0	13,0	13,0	13,0	13,0
Ventas a precio coste	3,0	3,7	4,2	3,7	3,7	3,5	4,3	39,4	48,6	60,7	83,2	24,3	282,3
Fabricación necesaria	3,0	3,7	4,2	3,7	3,7	3,5	4,3	39,4	48,6	60,7	83,2	24,3	282,3
Stock final productos acabados	13,0	13,0	13,0	13,0	13,0	13,0	13,0	13,0	13,0	13,0	13,0	13,0	13,0
Stock inic. materias primas	2,0	2,0	2,0	2,0	2,0	2,0	2,0	2,0	2,0	2,0	2,0	2,0	2,0
Entregas a taller	2,1	2,6	3,0	2,6	2,6	2,5	3,0	27,8	34,3	42,8	58,7	17,2	199,2
Compras	2,1	2,6	3,0	2,6	2,6	2,5	3,0	27,8	34,3	42,8	58,7	17,2	199,2
Stock final materias primas	2,0	2,0	2,0	2,0	2,0	2,0	2,0	2,0	2,0	2,0	2,0	2,0	2,0

(1) Se han puesto los gastos financieros históricos. Recordemos que esto solamente es válido a título provisional.

Cobros clientes (en millones de pesetas)

			Enero	Febrero	Marzo	Abril	Mayo	Junio	Julio	Agosto	Septiem.	Octubre	Noviem.	Diciem.	Total
Saldo	Diciembre	no desc.	5,00												5,0
Ventas*	Enero	5,00		5,8											5,80
	Febrero	6,00			6,96										6,96
	Marzo	7,00				8,12									8,12
	Abril	6,00					6,96								6,96
	Mayo	6,00						6,96							6,96
	Junio	6,00							6,96						6,96
	Julio	7,00								8,12					8,12
	Agosto	65,00									75,40				75,40
	Setiembre	80,00										92,80			92,80
	Octubre	100,00											116,00		116,00
	Noviembre	137,00												158,92	158,92
	Diciembre	40,00													
TOTAL COBROS		465,00	5,00	5,80	6,96	8,12	6,96	6,96	6,96	8,12	75,40	92,80	116,00	158,92	498,00
Cobros IVA repercutido s/ventas			0,69	0,80	0,96	1,12	0,96	0,96	0,96	1,12	10,40	12,80	16,00	21,92	68,69
TOTAL COBROS NETOS			4,31	5,00	6,00	7,00	6,00	6,00	6,00	7,00	65,00	80,00	100,00	137,00	429,31
Clientes saldo inicial			5,00	5,80	6,96	8,12	6,96	6,96	6,96	8,12	75,40	92,80	116,00	158,92	5,00
Ventas mes en curso			5,80	6,96	8,12	6,96	6,96	6,96	8,12	75,40	92,80	116,00	158,92	46,40	539,40
Cobros mes en curso			5,00	5,80	6,96	8,12	6,96	6,96	6,96	8,12	75,40	92,80	116,00	158,92	498,00
Clientes saldo final			5,80	6,96	8,12	6,96	6,96	6,96	8,12	75,40	92,80	116,00	158,92	46,40	46,40

*Están computadas a valor neto. Los cobros, en cambio, se han computado a valor bruto.

Pagos a proveedores (en millones de pesetas)

			ENERO	FEBRERO	MARZO	ABRIL	MAYO	JUNIO	JULIO	AGOSTO	SEPTIEM.	OCTUBRE	NOVIEM.	DICIEM.	TOTAL
Saldo	Diciem.	15,00	15,00												15,00
Compras*	Enero	2,10		2,44											2,44
	Febrero	2,60			3,02										3,02
	Marzo	3,00				3,48									3,48
	Abril	2,60					3,02								3,02
	Mayo	2,60						3,02							3,02
	Junio	2,50							2,90						2,90
	Julio	3,00								3,48					3,48
	Agosto	27,80									32,25				32,25
	Septiem.	34,30										39,79			39,79
	Octubre	42,80											49,65		49,65
	Noviem.	58,70												68,09	68,09
	Diciem.	17,20													
TOTAL		214,20	15,00	2,44	3,02	3,48	3,02	3,02	2,90	3,48	32,25	39,79	49,65	68,09	226,12
Pago IVA soportado s/compras			2,07	0,34	0,42	0,48	0,42	0,42	0,40	0,48	4,45	5,49	6,85	9,39	31,19
TOTAL PAGOS NETOS			12,93	2,10	2,60	3,00	2,60	2,60	2,50	3,00	27,80	34,30	42,80	58,70	194,93
Proveedores saldo inicial			15,00	2,44	3,02	3,48	3,02	3,02	2,90	3,48	32,25	39,79	49,65	68,09	15,00
Compras mes en curso			2,44	3,02	3,48	3,02	3,02	2,90	3,48	32,25	39,79	49,65	68,09	19,95	231,07
Pagos mes en curso			15,00	2,44	3,02	3,48	3,02	3,02	2,90	3,48	32,25	39,79	49,65	68,09	226,12
Proveedores saldo final			2,44	3,02	3,48	3,02	3,02	2,90	3,48	32,25	39,79	49,65	68,09	19,95	19,95

*Computadas a valor neto. Los pagos a proveedores se han computado a valor bruto

Movimientos de IVA (en millones de pesetas)

	Enero	Febrero	Marzo	Abril	Mayo	Junio	Julio	Agosto	Septiem.	Octubre	Noviem.	Diciem.	Total
Saldo inicial IVA	0,00	-2,47	-3,26	-3,96	-4,75	-5,54	-6,32	-7,02	-2,40	3,58	7,82	11,19	0,00
IVA repercutido s/ventas	0,80	0,96	1,12	0,96	0,96	0,96	1,12	10,40	12,80	16,00	21,92	6,40	74,40
IVA soportado s/compras	0,34	0,42	0,48	0,42	0,42	0,40	0,48	4,45	5,49	6,85	9,39	2,75	31,87
IVA soportado s/gastos fijos	1,34	1,34	1,34	1,34	1,34	1,34	1,34	1,34	1,34	1,34	1,34	1,34	16,03
IVA soportado s/ampliac. prensas	1,60												1,60
Total IVA soportado	3,27	1,75	1,82	1,75	1,75	1,74	1,82	5,78	6,82	8,18	10,73	4,09	49,50
Pagos a Hacienda	0,00	0,00	0,00	0,00	0,00	0,00	0,00	0,00	0,00	3,58	7,82	11,19	22,58
HACIENDA (DEUD.) / ACR. IVA	-2,47	-3,26	-3,96	-4,75	-5,54	-6,32	-7,02	-2,40	3,58	7,82	11,19	2,31	2,31

Presupuesto de tesorería (en millones de pesetas)

	Enero	Febrero	Marzo	Abril	Mayo	Junio	Julio	Agosto	Septiem.	Octubre	Noviem.	Diciem.	Total
Cobros netos de clientes	4,31	5,00	6,00	7,00	6,00	6,00	6,00	7,00	65,00	80,00	100,00	137,00	429,31
Pagos netos a proveedores	12,93	2,10	2,60	3,00	2,60	2,60	2,50	3,00	27,80	34,30	42,80	58,70	194,93
Pagos destajos	0,90	1,10	1,20	1,10	1,10	1,00	1,30	11,60	14,30	17,90	24,50	7,10	83,10
Pagos personal fijo	3,76	3,76	3,76	3,76	3,76	3,76	7,51	3,76	3,76	3,76	3,76	7,51	52,60
Otros gastos fijos	8,35	8,35	8,35	8,35	8,35	8,35	8,35	8,35	8,35	8,35	8,35	8,35	100,20
TOTAL PAGOS ORDINARIOS	25,94	15,31	15,91	16,21	15,81	15,71	19,66	26,71	54,21	64,31	79,41	81,66	430,83
DIF. MENSUAL ORDINARIA	-21,63	-10,31	-9,91	-9,21	-9,81	-9,71	-13,66	-19,71	10,79	15,69	20,59	55,34	-1,52
DIF. ACUMULADA ORDINARIA	-21,63	-31,93	-41,84	-51,05	-60,86	-70,56	-84,23	-103,93	-93,14	-77,45	-56,86	-1,52	-1,52
Ampliación prensas	10,00												10,00
Pago a Hacienda imp. socied.						3,00							3,00
Pago dividendos			2,00										2,00
Pago gastos financieros	0,10	0,20	0,20	0,50	0,50	0,80	0,80	1,50	1,60	0,60	0,20	0,20	7,20
DIF. MENSUAL EXTRAORD.	-10,10	-0,20	-2,20	-0,50	-0,50	-3,80	-0,80	-1,50	-1,60	-0,60	-0,20	-0,20	-22,20
DIF. ACUMULADA EXTRAORD.	-10,10	-10,30	-12,50	-13,00	-13,50	-17,30	-18,10	-19,60	-21,20	-21,80	-22,00	-22,20	-22,20
Cobros IVA s/ventas	0,69	0,80	0,96	1,12	0,96	0,96	0,96	1,12	10,40	12,80	16,00	21,92	68,69
Pagos IVA s/compras	2,07	0,34	0,42	0,48	0,42	0,42	0,40	0,48	4,45	5,49	6,85	9,39	31,19
Pagos IVA s/otros gastos fijos	1,34	1,34	1,34	1,34	1,34	1,34	1,34	1,34	1,34	1,34	1,34	1,34	16,03
Pagos IVA s/ampliación prensas	1,60	0,00	0,00	0,00	0,00	0,00	0,00	0,00	0,00	0,00	0,00	0,00	1,60
Pagos a Hacienda	0,00	0,00	0,00	0,00	0,00	0,00	0,00	0,00	0,00	3,58	7,82	11,19	22,58
TOTAL PAGOS IVA	5,00	1,67	1,75	1,82	1,75	1,75	1,74	1,82	5,78	10,40	16,00	21,92	71,40

Presupuesto de tesorería (en millones de pesetas) (continuación)

	Enero	Febrero	Marzo	Abril	Mayo	Junio	Julio	Agosto	Septiem.	Octubre	Noviem.	Diciem.	Total
DIF. MENSUAL IVA	-4,32	-0,87	-0,79	-0,70	-0,79	-0,79	-0,78	-0,70	4,62	2,40	0,00	0,00	-2,72
DIF. ACUMULADA IVA	-4,32	-5,19	-5,98	-6,68	-7,47	-8,26	-9,04	-9,73	-5,12	-2,72	-2,72	-2,72	-2,72
DIF. MENSUAL TOTAL	-36,04	-11,38	-12,90	-10,40	-11,10	-14,30	-15,24	-21,90	13,81	17,49	20,39	55,14	-26,44
DIF. ACUMULADA TOTAL	-36,04	-47,42	-60,32	-70,72	-81,82	-96,12	-111,36	-133,27	-119,46	-101,96	-81,57	-26,44	-26,44
Saldo inicial de caja y bancos	16,00	15,00	15,00	15,00	15,00	15,00	15,00	15,00	15,00	15,00	15,00	15,00	16,00
Saldo mínimo de caja y ban.	15,00	15,00	15,00	15,00	15,00	15,00	15,00	15,00	15,00	15,00	15,00	15,00	15,00
DIFERENCIA DE LIQUIDEZ	1,00	0,00	0,00	0,00	0,00	0,00	0,00	0,00	0,00	0,00	0,00	0,00	1,00
NECESIDAD FINANCIERA TOTAL MENSUAL	-35,04	-11,38	-12,90	-10,40	-11,10	-14,30	-15,24	-21,90	13,81	17,49	20,39	55,14	-25,44
TOTAL ACUMULADA	-35,04	-46,42	-59,32	-69,72	-80,82	-95,12	-110,36	-132,27	-118,46	-100,96	-80,57	-25,44	-25,44

Balance previsional (sistema tradicional) (en millones de pesetas)

	ENERO	FEBR.	MARZO	ABRIL	MAYO	JUNIO	JULIO	AGOSTO	SEPTIEM.	OCTUB.	NOVIEM.	DICIEM.
ACTIVO												
Activo fijo	215,00	215,00	215,00	215,00	215,00	215,00	215,00	215,00	215,00	215,00	215,00	215,00
Materia prima	2,00	2,00	2,00	2,00	2,00	2,00	2,00	2,00	2,00	2,00	2,00	2,00
Producto acabado	13,00	13,00	13,00	13,00	13,00	13,00	13,00	13,00	13,00	13,00	13,00	13,00
Total stocks	15,00	15,00	15,00	15,00	15,00	15,00	15,00	15,00	15,00	15,00	15,00	15,00
Hacienda deudora por IVA	2,47	3,26	3,96	4,75	5,54	6,32	7,02	2,40	0,00	0,00	0,00	0,00
Clientes	5,80	6,96	8,12	6,96	6,96	6,96	8,12	75,40	92,80	116,00	158,92	46,40
Disponible	15,00	15,00	15,00	15,00	15,00	15,00	15,00	15,00	15,00	15,00	15,00	15,00
Activo circulante	38,27	40,22	42,08	41,71	42,50	43,28	45,14	107,80	122,80	146,00	188,92	76,40
TOTAL ACTIVO	253,27	255,22	257,08	256,71	257,50	258,28	260,14	322,80	337,80	361,00	403,92	291,40
PASIVO												
Capitales propios	160,00	160,00	160,00	160,00	160,00	160,00	160,00	160,00	160,00	160,00	160,00	160,00
Proveedores	2,44	3,02	3,48	3,02	3,02	2,90	3,48	32,25	39,79	49,65	68,09	19,95
Hacienda imp. sociedades	3,00	3,00	3,00	3,00	3,00	0,00	0,00	0,00	0,00	0,00	0,00	0,00
Dividendos	2,00	2,00	0,00	0,00	0,00	0,00	0,00	0,00	0,00	0,00	0,00	0,00
Hacienda acreedora por IVA	0,00	0,00	0,00	0,00	0,00	0,00	0,00	0,00	3,58	7,82	11,19	2,31
Varios	1,00	1,00	1,00	1,00	1,00	1,00	1,00	1,00	1,00	1,00	1,00	1,00
Exigible a corto plazo	8,44	9,02	7,48	7,02	7,02	3,90	4,48	33,25	44,36	58,46	80,28	23,26
Fondo de amortización	61,00	62,00	63,00	64,00	65,00	66,00	67,00	68,00	69,00	70,00	71,00	72,00
Resultado	-11,80	-23,50	-34,60	-46,60	-58,50	-70,50	-82,30	-72,00	-55,90	-31,00	8,90	10,70
Necesidad financiera	35,04	46,42	59,32	69,72	80,82	95,12	110,36	132,27	118,46	100,96	80,57	25,44
Cuenta de ajuste	0,59	1,28	1,88	2,57	3,16	3,76	0,60	1,28	1,88	2,57	3,16	0,00
TOTAL PASIVO	253,27	255,22	257,08	256,71	257,50	258,28	260,14	322,80	337,80	361,50	403,92	291,40

5) Los procesos de producción resultaban más caros, porque a la gente se le aseguraba trabajo por sólo cuatro o cinco meses.

En contraposición a estos inconvenientes, Jaume creía ilusionadamente ver las siguientes ventajas en el sistema de producción mensual estable:

1) Mayor fiabilidad en las entregas y calidad del producto.
2) Abaratamiento del costo de mano de obra al contratar todo el personal fijo durante el año.
3) Menores necesidades financieras por:

- Beneficio más alto (mayor *cash flow*).
- Evitar puntas de tesorería, bajando la necesidad financiera de la empresa.
- Evitar la ampliación de la capacidad de prensas (valorada en 10 millones).

Expuso sus ideas al Sr. Tendret. Éste permanecía en silencio, sin querer decir nada. Al acabar la entrevista se limitó a decir: «No sé, no sé ...».

Jaume Cosí vino a visitarme algo nervioso. Pedía mi opinión. Yo le contesté: «Es difícil opinar así, "a bote pronto", pero creo que hay aspectos positivos y otros también negativos en tu idea. ¿Qué te parece si estudiamos ambas alternativas? De entrada te diré que veo aventurado el tema de contratar personal fijo. Quitas agilidad a la empresa de golpe y porrazo. Por esta vía no convencerás al Sr. Tendret».

Jaume Cosí reconoció que no era prudente pasar, tan inmediatamente, a una incorporación masiva de personal en plantilla y me dijo que en un par de días me traería datos para desarrollar su alternativa.

En la siguiente entrevista me manifestó que había desestimado la idea de contratar nuevo personal en firme. Que era posible obtener personal que trabajara exclusivamente a destajo todo el año. Me mostró los datos que había elaborado con la Sra. Amelia y el contable: el costo de mano de obra variable bajaría de 83,1 a 70 millones, si se ofrecía al personal externo trabajo estable durante todo el año, sin necesidad de incorporarlos a la empresa y haciendo la misma producción que ya se había planificado para 1996. Sin embargo, confirmaba la necesidad de invertir 10 millones en las prensas de inyección, ya que no era tanto un aumento de capacidad, como se había dicho al principio, sino una modernización necesaria para mejorar la presentación y resistencia de ciertos tipos de juguetes.

Presentamos a continuación los estados económico-financieros que recogían las ideas del ilusionado Jaume Cosí.

Estado previsional de resultados (sistema nuevo) (cifras en millones de pesetas)

	Enero	Febrero	Marzo	Abril	Mayo	Junio	Julio	Agosto	Septiem.	Octubre	Noviem.	Diciem.	Total
Ventas netas	5,0	6,0	7,0	6,0	6,0	6,0	7,0	65,0	80,0	100,0	137,00	40,00	465,0
Materias primas	2,1	2,6	3,0	2,6	2,6	2,5	3,0	27,8	34,3	42,8	58,7	17,2	199,2
Destajos	0,7	0,9	1,1	0,9	0,9	0,9	1,1	9,8	12,0	15,1	20,6	6,0	70,0
Total costo variable	2,8	3,5	4,1	3,5	3,4	4,1	37,6	46,3	57,9	79,3	23,2	25,2	269,2
Margen bruto	2,2	2,5	2,9	2,5	2,5	2,6	2,9	27,4	33,7	42,1	57,7	16,8	195,8
Total gastos fijos	13,7	13,8	13,7	13,8	13,7	13,7	13,7	13,8	13,7	13,8	13,7	13,7	164,8
Resultado explotación	-11,5	-11,3	-10,8	-11,3	-11,2	-11,1	-10,8	13,6	20,0	28,3	44,0	3,1	31,0
Gastos finan. históricos	0,1	0,2	0,2	0,5	0,5	0,8	0,8	1,5	1,6	0,6	0,2	0,2	7,2
Resultado neto total	-11,6	-11,5	-11,0	-11,8	-11,7	-11,9	-11,6	12,1	18,4	27,7	43,8	2,9	23,8
Resultado acumulado	-11,6	-23,1	-34,1	-45,9	-57,6	-69,5	-81,1	-69,0	-50,6	-22,9	20,9	23,8	23,8

Movimiento de circulante (producción estable)

MOVIMIENTO DE STOCKS	Enero	Febrero	Marzo	Abril	Mayo	Junio	Julio	Agosto	Septiem.	Octubre	Noviem.	Diciem.	Total
Stock inicial pr. acabado	13,0	32,6	51,5	69,8	88,8	107,7	126,7	145,0	129,9	106,0	70,5	13,7	13,0
Ventas a precio coste	2,8	3,5	4,1	3,5	3,5	3,4	4,1	37,6	46,3	57,9	79,3	23,2	269,2
Frabricación necesaria	22,4	22,4	22,4	22,5	22,4	22,4	22,4	22,5	22,4	22,4	22,5	22,5	269,2
Stock final pr. acabado	32,6	51,5	69,8	88,8	107,7	126,7	145,0	129,9	106,0	70,5	13,7	13,0	13,0
Stock inicial materias primas	2,0	2,0	2,0	2,0	2,0	2,0	2,0	2,0	2,0	2,0	2,0	2,0	2,0
Entregas a taller (0,7399)	16,6	16,6	16,6	16,6	16,6	16,6	16,6	16,6	16,6	16,6	16,6	16,6	199,2
Compras	16,6	16,6	16,6	16,6	16,6	16,6	16,6	16,6	16,6	16,6	16,6	16,6	199,2
Stock final materias primas	2,0	2,0	2,0	2,0	2,0	2,0	2,0	2,0	2,0	2,0	2,0	2,0	2,0

Cobros clientes (producción estable)

			Enero	Febrero	Marzo	Abril	Mayo	Junio	Julio	Agosto	Septiem.	Octubre	Noviem.	Diciem.	Total
Saldo	Diciembre	no desc.	5,00												5,00
Ventas	Enero	5,00		5,80											5,80
	Febrero	6,00			6,96										6,96
	Marzo	7,00				8,12									8,12
	Abril	6,00					6,96								6,96
	Mayo	6,00						6,96							6,96
	Junio	6,00							6,96						6,96
	Julio	7,00								8,12					8,12
	Agosto	65,00									75,40				75,40
	Septiem.	80,00										92,80			92,80
	Octubre	100,00											116,00		116,00
	Noviembre	137,00												158,92	158,92
	Diciembre	40,00													
TOTAL COBROS		465,00	5,00	5,80	6,96	8,12	6,96	6,96	6,96	8,12	75,40	92,80	116,00	158,92	498,00
Cobros IVA repercutido s/ventas			0,69	0,80	0,96	1,12	0,96	0,96	0,96	1,12	10,40	12,80	16,00	21,92	68,69
TOTAL COBROS NETOS			4,31	5,00	6,00	7,00	6,00	6,00	6,00	7,00	65,00	80,00	100,00	137,00	429,31
Clientes saldo inicial			5,00	5,80	6,96	8,12	6,96	6,96	6,96	8,12	75,40	92,80	116,00	158,92	5,00
Ventas mes en curso			5,80	6,96	8,12	6,96	6,96	6,96	8,12	75,40	92,80	116,00	158,92	46,40	539,40
Cobros mes en curso			5,00	5,80	6,96	8,12	6,96	6,96	6,96	8,12	75,40	92,80	116,00	158,92	498,00
Clientes saldo final			5,80	6,96	8,12	6,96	6,96	6,96	8,12	75,40	92,80	116,00	158,92	46,40	46,40

Pago a proveedores (producción estable)

			ENERO	FEBRERO	MARZO	ABRIL	MAYO	JUNIO	JULIO	AGOSTO	SEPTIEM.	OCTUBRE	NOVIEM.	DICIEM.	TOTAL
Saldo	Diciem.	15,00	15,00												15,00
Compras	Enero	16,60		19,26											19,26
	Febrero	16,60			19,26										19,26
	Marzo	16,60				19,26									19,26
	Abril	16,60					19,26								19,26
	Mayo	16,60						19,26							19,26
	Junio	16,60							19,26						19,26
	Julio	16,60								19,26					19,26
	Agosto	16,60									19,26				19,26
	Septiem.	16,60										19,26			19,26
	Octubre	16,60											19,26		19,26
	Noviem.	16,60												19,26	19,26
	Diciem.	16,60													
TOTAL		214,20	15,00	19,26	19,26	19,26	19,26	19,26	19,26	19,26	19,26	19,26	19,26	19,26	226,82
Pago IVA soportado s/compras			2,07	2,66	2,66	2,66	2,66	2,66	2,66	2,66	2,66	2,66	2,66	2,66	31,28
TOTAL PAGOS NETOS			12,93	16,60	16,10	16,60	16,60	16,60	16,60	16,60	16,60	16,60	16,60	16,60	195,53
Proveedores saldo inicial			15,00	19,26	19,26	19,26	19,26	19,26	19,26	19,26	19,26	19,26	19,26	19,26	15,00
Compras mes en curso			19,26	19,26	19,26	19,26	19,26	19,26	19,26	19,26	19,26	19,26	19,26	19,26	231,07
Pagos mes en curso			15,00	19,26	19,26	19,26	19,26	19,26	19,26	19,26	19,26	19,26	19,26	19,26	226,82
Proveedores saldo final			19,26	19,26	19,26	19,26	19,26	19,26	19,26	19,26	19,26	19,26	19,26	19,26	19,26

Movimientos de IVA (producción estable)

	Enero	Febrero	Marzo	Abril	Mayo	Junio	Julio	Agosto	Septiem.	Octubre	Noviem.	Diciem.	Total
Saldo inicial IVA	0,00	-4,79	-7,82	-10,70	-13,73	-16,76	-19,79	-22,66	-16,26	-7,45	4,56	17,93	0,00
IVA repercutido s/ventas	0,80	0,96	1,12	0,96	0,96	0,96	1,12	10,40	12,80	16,00	21,92	6,40	74,40
IVA soportado s/compras	2,66	2,66	2,66	2,66	2,66	2,66	2,66	2,66	2,66	2,66	2,66	2,66	31,87
IVA soportado s/gastos fijos	1,34	1,34	1,34	1,34	1,34	1,34	1,34	1,34	1,34	1,34	1,34	1,34	16,03
IVA sop. s/ampliac. prensas	1,60												1,60
Total IVA soportado	5,59	3,99	3,99	3,99	3,99	3,99	3,99	3,99	3,99	3,99	3,99	3,99	49,50
Pagos a Hacienda	0,00	0,00	0,00	0,00	0,00	0,00	0,00	0,00	0,00	0,00	4,56	17,93	22,49
Hacienda (deud.)/ acr. IVA	-4,79	-7,82	-10,70	-13,73	-16,76	-19,79	-22,66	-16,26	-7,45	4,56	17,93	2,41	2,41

Presupuesto de tesorería (producción estable)

	Enero	Febrero	Marzo	Abril	Mayo	Junio	Julio	Agosto	Septiem.	Octubre	Noviem.	Diciem.	Total
Cobros netos de clientes	4,31	5,00	6,00	7,00	6,00	6,00	6,00	7,00	65,00	80,00	100,00	137,00	429,31
Pagos netos a proveedores	12,93	16,60	16,60	16,60	16,60	16,60	16,60	16,60	16,60	16,60	16,60	16,60	195,53
Pagos destajos	5,83	5,83	5,83	5,83	5,83	5,83	5,83	5,83	5,83	5,83	5,83	5,83	70,00
Pagos personal fijo	3,76	3,76	3,76	3,76	3,76	3,76	7,51	3,76	3,76	3,76	3,76	7,51	52,60
Otros gastos fijos	8,35	8,35	8,35	8,35	8,35	8,35	8,35	8,35	8,35	8,35	8,35	8,35	100,20
TOTAL PAGOS ORDINARIOS	30,87	34,54	34,54	34,54	34,54	34,54	38,30	34,54	34,54	34,54	34,54	38,30	418,33
DIF. MENSUAL ORDINARIA	(26,56)	(29,54)	(28,54)	(27,54)	(28,54)	(28,54)	(32,30)	(27,54)	30,46	45,46	65,46	98,70	10,98
DIF. ACUM. ORDINARIA	(26,56)	(56,10)	(84,64)	(112,18)	(140,72)	(169,26)	(201,56)	(229,10)	(198,64)	(153,18)	(87,72)	10,98	10,98
Ampliación prensas	10,00												10,00
Pago a Hacienda Imp. Sociedades						3,00							3,00
Pago dividendos			2,00										2,00
Pago gastos financieros	0,10	0,20	0,20	0,50	0,50	0,80	0,80	1,50	1,60	0,60	0,20	0,20	7,20
DIF. MENSUAL EXTRAORDIN.	(10,10)	(0,20)	(2,20)	(0,50)	(0,50)	(3,80)	(0,80)	(1,50)	(1,60)	(0,60)	(0,20)	(0,20)	(22,20)
DIF. ACUMULADA EXTRAORDIN.	(10,10)	(10,30)	(12,50)	(13,00)	(13,50)	(17,30)	(18,10)	(19,60)	(21,20)	(21,80)	(22,00)	(22,20)	(22,20)
Cobros IVA s/ventas	0,69	0,80	0,96	1,12	0,96	0,96	0,96	1,12	10,40	12,80	16,00	21,92	68,69
Pagos IVA s/compras	2,07	2,66	2,66	2,66	2,66	2,66	2,66	2,66	2,66	2,66	2,66	2,66	31,28
Pagos IVA s/ otros gastos fijos	1,34	1,34	1,34	1,34	1,34	1,34	1,34	1,34	1,34	1,34	1,34	1,34	16,03
Pagos IVA s/ ampliación prensas	1,60	0,00	0,00	0,00	0,00	0,00	0,00	0,00	0,00	0,00	0,00	0,00	1,60
Pagos a Hacienda	0,00	0,00	0,00	0,00	0,00	0,00	0,00	0,00	0,00	0,00	4,56	17,93	22,49
TOTAL PAGOS IVA	5,00	3,99	3,99	3,99	3,99	3,99	3,99	3,99	3,99	3,99	8,55	21,92	71,40

Presupuesto de tesorería (producción estable) (continuación)

	Enero	Febrero	Marzo	Abril	Mayo	Junio	Julio	Agosto	Septiem.	Octubre	Noviem.	Diciem.	Total
DIF. MENSUAL IVA	(4,32)	(3,19)	(3,03)	(2,87)	(3,03)	(3,03)	(3,03)	(2,87)	6,41	8,81	7,45	0,00	(2,72)
DIF. ACUMULADA IVA	(4,32)	(7,51)	(10,54)	(13,41)	(16,44)	(19,48)	(22,51)	(25,38)	(18,97)	(10,16)	(2,72)	(2,72)	(2,72)
DIF. MENSUAL TOTAL	(40,98)	(32,93)	(33,77)	(30,91)	(32,07)	(35,37)	(36,13)	(31,91)	35,27	53,67	72,71	98,50	(13,94)
DIF ACUMULADA TOTAL	(40,98)	(73,91)	(107,68)	(138,59)	(170,67)	(206,04)	(242,17)	(274,08)	(238,81)	(185,15)	(112,44)	(13,94)	(13,94)
Saldo inicial de caja y bancos	16,00	15,00	15,00	15,00	15,00	15,00	15,00	15,00	15,00	15,00	15,00	15,00	16,00
Saldo mín. de caja y bancos	15,00	15,00	15,00	15,00	15,00	15,00	15,00	15,00	15,00	15,00	15,00	15,00	15,00
DIFERENCIA DE LIQUIDEZ	1,00	0,00	0,00	0,00	0,00	0,00	0,00	0,00	0,00	0,00	0,00	0,00	1,00
NECESIDAD FINANCIERA													
TOTAL MENSUAL	(39,98)	(32,93)	(33,77)	(30,91)	(32,07)	(35,37)	(36,13)	(31,91)	35,27	53,67	72,71	98,50	(12,94)
TOTAL ACUMULADA	(39,98)	(72,91)	(106,68)	(137,59)	(169,67)	(205,04)	(241,17)	(273,08)	(237,81)	(184,15)	(11,44)	(12,94)	(12,94)

Balance previsional (producción estable)

	ENERO	FEBR.	MARZO	ABRIL	MAYO	JUNIO	JULIO	AGOSTO	SEPTIEM.	OCTUB.	NOVIEM.	DICIEM.
ACTIVO												
Activo fijo	215,00	215,00	215,00	215,00	215,00	215,00	215,00	215,00	215,00	215,00	215,00	215,00
Materia prima	2,00	2,00	2,00	2,00	2,00	2,00	2,00	2,00	2,00	2,00	2,00	2,00
Producto acabado	32,60	51,50	69,80	88,80	107,70	126,70	145,00	129,90	106,00	70,50	13,70	13,00
Total stocks	34,60	53,50	71,80	90,80	109,70	128,70	147,00	131,90	108,00	72,50	15,70	15,00
Hacienda deudora por IVA	4,79	7,82	10,70	13,73	16,76	19,79	22,66	16,26	7,45	0,00	0,00	0,00
Clientes	5,80	6,96	8,12	6,96	6,96	6,96	8,12	75,40	92,80	116,00	158,92	46,40
Disponible	15,00	15,00	15,00	15,00	15,00	15,00	15,00	15,00	15,00	15,00	15,00	15,00
Activo circulante	60,19	83,28	105,62	126,49	148,42	170,45	192,78	238,56	223,25	203,50	189,62	76,40
TOTAL ACTIVO	275,19	298,28	320,62	341,49	363,42	385,45	407,78	453,56	438,25	418,50	404,62	291,40
PASIVO												
Capitales propios	160,00	160,00	160,00	160,00	160,00	160,00	160,00	160,00	160,00	160,00	160,00	160,00
Proveedores	19,26	19,26	19,26	19,26	19,26	19,26	19,26	19,26	19,26	19,26	19,26	19,26
Hacienda Imp. Sociedades	3,00	3,00	3,00	3,00	3,00	0,00	0,00	0,00	0,00	0,00	0,00	0,00
Dividendos	2,00	2,00	0,00	0,00	0,00	0,00	0,00	0,00	0,00	0,00	0,00	0,00
Hacienda acreedora por IVA	0,00	0,00	0,00	0,00	0,00	0,00	0,00	0,00	0,00	4,56	17,93	2,41
Varios	1,00	1,00	1,00	1,00	1,00	1,00	1,00	1,00	1,00	1,00	1,00	1,00
Exigible a corto plazo	25,26	25,26	23,26	23,26	23,26	20,26	20,26	20,26	20,26	24,82	38,18	22,66
Fondo de amortización	61,00	62,00	63,00	64,00	65,00	66,00	67,00	68,00	69,00	70,00	71,00	72,00
Resultado	(11,60)	(26,10)	(34,10)	(45,90)	(57,60)	(69,50)	(81,10)	(69,00)	(50,60)	(22,90)	20,90	23,80
Necesidad financiera	39,98	72,91	106,68	137,59	169,67	205,04	241,17	273,08	237,81	184,15	111,44	12,94
Cuenta de ajuste	0,56	1,22	1,78	2,54	3,10	3,66	0,46	1,22	1,78	2,44	3,10	(0,00)
TOTAL PASIVO	274,63	297,06	318,84	338,95	360,32	381,79	407,32	452,34	436,47	416,06	401,52	291,40

A la vista de los cuadros anteriores, le dije a Jaume Cosí: «¿Entiendes ahora el silencio del señor Tendret?».

Jaume abrió un poco más sus expresivos ojos, esperando algunas palabras mías.

Fue entonces el momento de decirle: «¿No crees que podrías necesitar el asesoramiento de un experto en marketing?».

¿Por qué un asesor en marketing?

¿Por qué ... el silencio del señor Tendret?

El señor Tendret fue muy rápido en aceptar el concurso de un asesor en marketing.

¿Por qué?

Así constituimos un pequeño equipo en el que podríamos aunar la visión del marketing con la de las finanzas. Los señores Cosí y Tendret aportarían su visión de propietarios a quienes correspondía la decisión final sobre el dilema en que Jaume –ilusionadamente– había colocado a ambos.

El dilema no era fácil. Anticipé a priori que la banca no nos pondría las cosas fáciles. ¿Por qué?

Pese a los temores del Sr. Tendret, era preciso no abandonar la propuesta de Jaume Cosí y trabajarla convenientemente.

Desarrollo del caso Magicus, S.A.

El primer paso consiste en identificar el problema que se plantea. A primera vista parece producirse un choque entre la visión de cambio que defiende Jaume Cosí y una posible resistencia al mismo, interpretable aparentemente a partir del silencio escéptico del Sr. Tendret.

El Sr. Tendret es un personaje que ha presentado rasgos claros de desinterés material en aras a sentirse «acompañado» en el negocio, por alguien netamente más joven. Por otra parte, hay también una intención de herencia a favor de esa misma persona a quien sin duda aprecia mucho. No es el primer caso que en mi larga experiencia como consultor empresarial he hallado muestra de desinterés material en aras a una pervivencia de vinculación afectiva y negocio. He visto en más de una ocasión rechazar alguna oferta millonaria de compra de acciones por mantener identidades empresariales y vínculos de afecto.

El Sr. Tendret no se ha jubilado totalmente. Es también una persona costumbrista. Hace una renuncia que aparentemente pudiera parecer banal, pero que para él tiene un hondo significado. Abrir la empresa por la mañana es para él un ejemplo de autoridad y de entrega: el amo madruga como los demás y abre la marcha en calidad de líder abanderado a lomos de un blanco corcel. Ha cedido las llaves de la empresa y la apertura matinal a su joven socio.

Sigue visitando a clientes y banqueros... los más cercanos al despacho para no cansarse demasiado.

Durante toda la vida empresarial, el Sr. Tendret ha trabajado de la misma forma: bajo pedido.

Cuando Jaume sueña con el cambio, encuentra eco favorable por parte de la señora Amelia, jefa de talleres. Para ella, la producción organizada representa muchas ventajas respecto a los esfuerzos puntuales realizados al filo de tan concentrada demanda.

No ha habido nunca dirección de marketing en la empresa. Parece que todo el resorte comercial gira en torno a ambos propietarios. Es muy posible que una empresa de modesto tamaño como ésta no pueda «permitirse» un alto cargo como éste. El problema de que tal puesto no exista es la falta de una reflexión empresarial en términos de marketing. No estamos diciendo que este puesto deba crearse y cubrirse a la fuerza, estamos diciendo que de una forma u otra la empresa debiera dejarse impregnar por una metodología de marketing. La empresa, por un sistema adecuado a su tamaño, debe darse la oportunidad de «vivir» el marketing ortodoxo.

Por otra parte, el Sr. Tendret que se muestra metódico y costumbrista, no se ha mostrado autoritario. Es un hecho seguro que él no ve claro el cambio de sistema preconizado por su joven socio, pero debe resultarle doloroso oponerse frontalmente, ya que es consciente de que Jaume Cosí debe encontrar en la empresa un claro proyecto de futuro y debe sentirla suya como heredero y continuador de la misma.

Lo que la empresa Magicus, S.A. pueda y deba hacer en el futuro, vendrá condicionado por el análisis económico-financiero de su pasado reciente y de su presente.

¿Es una empresa rentable tal como la ha gestionado el Sr. Tendret?

$$\text{ROE año 90} = \text{AT} \quad \frac{6}{136} = \frac{6}{310} \times \frac{310}{136}$$

$$4{,}4\% = 1{,}93\% \times 2{,}28\ \text{R}$$

$$\text{ROE año 95} = \text{AT} \quad \frac{10}{160} = \frac{10}{420} \times \frac{420}{160}$$

$$6{,}25\% = 2{,}38\% \times 2{,}62\ \text{R}$$

El mismo cálculo, efectuado después de impuestos nos daría los resultados siguientes:

$$\frac{6 - 1{,}8}{136} = 3{,}09\%$$

$$\frac{10 - 3}{160} = 4{,}37\%$$

Como puede observarse, estos resultados son muy bajos. El margen con el que opera Magicus, S.A. es realmente escaso. Supuesto que los precios de sus juguetes no son más bajos que los de la competencia (...y no tendrían por qué serlo) existe entonces un problema de costos. Las materias primas tienen el mismo precio para todos los fabricantes, luego el costo elevado está en el personal, porque quizás se producen series muy cortas o porque los inconvenientes expuestos por la jefa de talleres, Sra. Amelia, constituyen un factor importante de costo.

$$\text{ROA año 90} = \frac{11}{197-25} = \frac{11}{310} \times \frac{310}{172}$$

$$6{,}39\% = 3{,}55\% \times 1{,}8\text{R}$$

$$\text{ROA año 95} = \frac{17{,}2}{271-60} = \frac{17{,}2}{420} \times \frac{420}{211}$$

$$8{,}15\% = 4{,}09\% \times 1{,}99\text{R}$$

Estos cálculos corroboran lo visto anteriormente. Se opera con márgenes muy escasos.

Por otra parte, estas cotas de rendimiento de activo no permiten pagar intereses sin perjudicar la rentabilidad del propietario, ya que el efecto de apalancamiento financiero es reductor.

No obstante ha habido algún año netamente mejor que otros:

$$\text{ROE año 92} = \frac{20}{146} = \frac{20}{569} \times \frac{569}{146}$$

$$13{,}7\% = 3{,}5\% \times 3{,}89\ \text{R}$$

El año 1992 fue un año excepcionalmente bueno. Se dobló la rentabilidad de 1995. El margen fue un 47% más alto que en ese último año y la rotación un 48,47% superior a la de 1995.

Evolución de las ventas

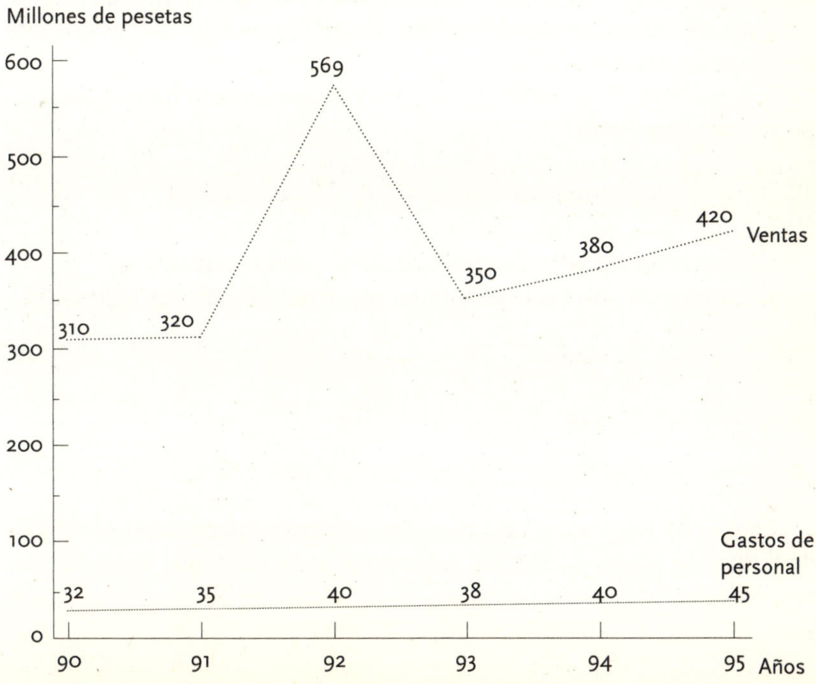

Se produjo un récord histórico de ventas (que cayeron abruptamente en 1993). Desde entonces hasta aquí ha habido un ligero repunte, pero ya no se ha recuperado el nivel de actividad de 1992.

La evolución de las ventas, representada gráficamente, en contraste con el gasto de personal sería la indicada en la página anterior.

Hemos de ver ahora si la escasa rentabilidad de este negocio va acompañada o no de debilidad patrimonial:

$$\text{Endeudamiento año 90} = \frac{36}{136} = 0{,}26$$

$$\text{Endeudamiento año 95} = \frac{51}{160} = 0{,}32$$

Como puede observarse, el endeudamiento está a niveles ultraconservadores. Es la mejor estructura de pasivo, cuando el ROA se muestra inferior al tipo de interés.

No obstante, este mismo ratio calculado en el mes de agosto (cuando la empresa tiene su punta de trabajo) daría un valor algo más alto ya que –como dice el enunciado del caso– los bancos le habían otorgado descuento de letras y póliza de crédito por un valor conjunto de 160 millones de pesetas.

Adoptemos ahora esta última cifra y veamos cómo ha podido afectar al endeudamiento:

$$\text{Endeudamiento año 95} = \frac{160 + 15^{*}}{160} = 1{,}093$$

Obtenemos un ratio de endeudamiento todavía muy bajo.

Los ratios de solvencia corriente muestran los valores siguientes:

1990	1995
$\frac{43{,}5}{36} = 1{,}21$	$\frac{66}{51} = 1{,}29$

Estos valores serían en principio correctos, pero dado el tipo de stock que se posee serían un poco justos, salvo lo que diga el ratio de tesorería:

$$\frac{43{,}5-8{,}5}{36} = 0{,}97 \qquad \frac{66-15}{51} = 1$$

Los resultados que se obtienen indican valores muy altos y disipan cualquier asomo de duda que pudiera haber sobre la solvencia corriente de esta empresa.

La masa de liquidez ha sido siempre alta, pero no olvidemos las observaciones que hemos hecho en el apartado teórico del capítulo 4.

En definitiva, la posición patrimonial de esta empresa es sólida y la economía débil.

Las rotaciones de stocks y cuentas por cobrar, no indican en esta empresa ningún hábito o norma concreta ya que la empresa es claramente estacional. Hacer esos ratios no tendría mayor sentido que observar si, netamente pasada la época de ventas de Magicus, S.A. (y en plena efervescencia de la temporada de sus clientes), se produce alguna alteración importante en el valor de esos ratios.

	1990	1992	1995
Rotación de stocks	$\frac{8,5}{190} \times 365 = 16,3d$	$\frac{15}{409,5} \times 365 = 13,4d$	$\frac{15}{225} \times 365 = 24,3d$

Se advierte cómo el año 1992 (que fue muy fuerte en ventas), presenta a su término una rotación más ágil que en 1990 o 1995. En este último año, Magicus, S.A. tiene un nivel de stock más alto de lo habitual en estas fechas... quizás ha tenido devoluciones de la clientela... o ha querido preparar una política más agresiva de reposiciones de pedido para con sus clientes. Se trata de razones que averiguaríamos en contacto directo con la realidad.

El plazo medio de cobro de clientes no es calculable por la razón antedicha de estacionalidad de las ventas. No obstante, puede explorarse la existencia o no de una anomalía en los valores a final de ejercicio:

	1990	1992	1995
Rotación de saldos de clientes	$\frac{25}{310 \times 1,12} \times 365 = 26,3d$	$\frac{15}{569 \times 1,15} \times 365 = 22,3d$	$\frac{15}{420 \times 1,16} \times 365 = 26,2d$

No se producen alteraciones dignas de mención en este ratio. Quizás en 1992, los clientes debían proporcionalmente menos dinero, puesto que formularon pedidos iniciales consistentes (que evitaron reposiciones acusadas en pleno mes de diciembre).

Esto es algo que, en todo caso, podríamos contrastar sobre la realidad.

El cálculo de la rotación del saldo de proveedores no es indicativo del plazo medio de pago de Magicus, S.A. a sus proveedores, ya que la compra de materia prima también se produce estacionalmente.

	1990	1992	1995
Rotación de la cuenta de proveedores	$\frac{13}{134,9 \times 1,12} \times 365 = 31,4d$	$\frac{31}{311 \times 1,15} \times 365 = 31,6d$	$\frac{15}{180,7 \times 1,16} \times 365 = 26,1d$

No se produce ninguna alteración en estos valores que no confirme que Magicus, S.A. es puntual en el pago a sus proveedores.

A la vista de este análisis histórico, resulta comprensible que Jaume Cosí pretenda encontrar un sistema de producción que pueda abaratar la misma.

Esto nos lleva a tener que emitir un juicio prospectivo sobre las características de ambas opciones:

- Seguir con el sistema que durante toda la vida ha practicado el Sr. Tendret (producción estacional).
- Adoptar el nuevo sistema de producción estable que preconiza Jaume Cosí.

Ambos sistemas se habrán de someter a la mirada a través de un doble prisma:

- Viabilidad financiera.
- Interés económico.

El primer paso es conocer el montante y origen de las necesidades financieras de cada uno de los dos sistemas.

Analicemos en primer lugar el sistema tradicional basado sobre la producción efectuada «sobre la marcha», es decir, *estacionalmente.*

El presupuesto de tesorería indica una punta de necesidad financiera por valor de 132,27 millones de pesetas y localizada en el mes de agosto. La necesidad financiera al término del ejercicio es mucho menor: 25,44.

El elevado valor que presenta agosto, en comparación con diciembre, obliga a polarizar el análisis del origen de la necesidad financiera al período enero-agosto:

Resultado enero hasta agosto	–72	
Amortización del período	8	
Cash flow planificado	–64	
Necesidad financiera	–132,27	
Desfase financiero profundo	68,27	(desfavorable)

Hasta el mes de agosto, las necesidades financieras, como ya hemos comentado, se han planificado en 132,27 millones de pesetas. Tienen sobre todo un origen económico. Hasta agosto, no empieza la facturación importante y se producen pérdidas (aunque significativas, son transitorias). Además de la gran componente económica de las necesidades financieras existe una componente casi equivalente de origen puramente financiero cuyo valor es 68,27... es decir el desfase entre lo previsto económicamente (–64) y lo previsto financieramente (–132,27).

Veamos este desfase financiero profundo con mayor detalle:

Resultado de explotación (BAIT) enero-agosto	–67,40	
Amortizaciones de explotación, mismo período	8,00	
Cash flow de explotación	–59,4	
Diferencia financiera de presupuesto ordinario de tesorería	–103,94	
Desfase financiero ordinario profundo	44,53	(desfav.)

Desde un punto de vista específico de explotación, el contenido esencial de la necesidad financiera hasta agosto es de tipo económico. Las causas propiamente financieras son de orden menor y medidas por el desfase: 44,53. Esta causa financiera solamente puede obedecer a tres posibles causas: clientes, stocks o proveedores. Más adelante veremos cuál de las tres tiene mayor peso.

Veamos ahora qué datos nos aporta el presupuesto extraordinario:

Cash flow extraordinario (= gastos financieros)	– 4,6	
Diferencia de presupuesto financiero extraordinario	–19,6	
Desfase financiero extraordinario profundo	15,0	(desfav.)

Habida cuenta de un efecto económico de –4,6 provocado por los gastos financieros planificados, el resto hasta una diferencia de 19,6 tiene un origen puramente financiero y se deberá a las partidas de activo o pasivo no mencionadas anteriormente.

Comparemos ahora el balance pro-forma cerrado en 31 de diciembre de 1995 con el balance planificado para 1996 ...¡hasta agosto!... que es el momento de la punta de necesidad financiera:

	1995	Previsión 1996	Presupuesto ordinario	Presupuesto extraordinario	Movimientos que no afectan
Activo fijo bruto	205	215,00	–	10	–
Stock de materia prima	2	2,00	–	–	–
Stock de producto acabado	13	13,00	–	–	–
Clientes	35	75,40	+ 40,40	–	–
Hacienda deudora por IVA	–	2,40	+2,40	–	–
Disponible	16	15,00	–	–	–1,00
TOTAL ACTIVO BRUTO	271	322,80	42,80	10	–1,00
Capitales propios	160	160,00	–	–	–
Proveedores comerciales	15	32,25	+17,25	–	–
Hacienda acreedora por IVA	–	–	–	–	–
Otros exigibles a c.p.	36	1,00	–30,00	–5	–
Fondo de amortización	60	68,00	–	–	8,00
Resultado	(asig.)	–72,00	–	–	–72,00
Necesidad financiera	–	132,27	–	–	132,27
Cuenta de ajuste	–	1,28	1,28	–	
TOTAL PASIVO	271	322,80	–11,47	–5	68,27

Movimientos de circulante

Δ Stocks	—	Δ Proveedores comerciales	17,25
Δ Clientes	40,40	Desfase financiero ordinario profundo	44,53
Hacienda deudora por IVA	2,40	Cuenta de ajuste	1,28
δ Dto° de letras	30,00	Efecto financiero del IVA	9,73
		(Centésima no impresa)	0,01
TOTAL	72,80	**TOTAL**	72,80

Movimientos presupuesto extraordinario

Δ Activo fijo bruto	10		
δ Otro exigible a c.p.	5		
TOTAL	15	Desfase financiero extraordinario profundo	15

Los movimientos de circulante nos indican que la causa del desfase financiero profundo ordinario es la cuenta de clientes... con una pequeña ayuda del crédito de proveedores. La razón de todo ello es muy evidente: al inicio de la época de ventas fuertes, todavía no se ha producido el correspondiente cobro de clientes. Esto no es nada especial, ni nada diferente de lo que otros años ya ha ocurrido.

La necesidad financiera planificada, hasta final de año, es mucho menor y se debe en buena parte a las inversiones previstas en activo fijo (10) y disminución de exigible a corto plazo como dividendos, Hacienda, etc. (5).

Ahora podemos efectuar los mismos pasos, para el nuevo sistema de producción estable. Procederemos al cálculo del desfase financiero profundo. Para ello hemos preparado el cuadro 1.

CUADRO 1

Cálculo del desfase financiero profundo

Resultado previsto de enero a agosto	–69,00	
Amortización para el mismo período	8,00	
Cash flow total enero-agosto	–61,00	
Necesidad financiera enero-agosto	273,08	
Desfase financiero profundo total	212,08	
Resultado de explotación, enero-agosto	–64,40	
Amortización de explotación	8,00	
Cash-flow de explotación enero-agosto	–56,40	
Diferencia de presupuesto ordinario	–229,10	D
Desfase financiero profundo ordinario	–172,70	
Cash flow extraordinario enero-agosto	–4,60	
Diferencia de presupuesto extraordinario	– 19,60	
Desfase financiero profundo extraordinario	15,00	D

En resumen:

Desfase ordinario	172,70	(D)
Desfase extraordinario	15,00	(D)
Efecto financiero IVA	25,38	(D)
Nueva norma de liquidez	1,00	(F)
	212,08	(F)

Este cuadro nos permite ver cómo la componente económica negativa en la necesidad financiera es mucho menor que en el sistema tradicional. Aparecen, por tanto, factores de tipo financiero con entidad propia, mucho más importantes que en el caso de la producción estacional.

El sistema antiguo le creaba a Magicus, S.A. una necesidad financiera de 132,27 en agosto. El nuevo sistema crea una necesidad financiera de 273,08 en la misma fecha. Estamos hablando de más del doble.

Veamos las diferencias de balances:

	1995	Previsión 1996	Presupuesto ordinario	Presupuesto extraordinario	Movimientos que no afectan
Activo fijo bruto	205	215,00	–	10	
Stock de materia prima	2	2,00	–	–	
Stock de producto acabado	13	129,90	116,90	–	
Clientes	35	75,40	40,40	–	
Hacienda deudora por IVA	–	16,26	16,26	–	
Disponible	16	15,00	–	–	–1,00
TOTAL ACTIVO BRUTO	271	453,56	173,56	10	–1,00
Capitales propios	160	160,00	–	–	
Proveedores comerciales	15	19,26	4,26	–	
Hacienda acreedora por IVA	–	–	–	–	
Otros exigibles a c.p.	36	1,00	–30,00	–5	
Fondo de amortización	60	68,00	–	–	8,00
Resultado	(asig.)	–69,00	–	–	–69,00
Necesidad financiera	–	273,08	–	–	273,08
Cuenta de ajuste	–	1,22	1,22	–	
TOTAL PASIVO	271	453,56	–24,52	–5	68,27

Movimientos de circulante

Δ Stocks de producto acabado	116,90	Δ Proveedores	4,26
Δ Clientes	40,40	Cuenta de ajuste	1,22
Hacienda deudora por IVA	16,26	Efecto financiero del IVA	25,38
δ Dto° de letras	30,00	Desfase financiero profundo ordinario	172,70
TOTAL	203,56	**TOTAL**	203,56

Movimientos presupuesto extraordinario			
Δ Activo fijo bruto	10		
δ Otro exigible a c.p.	5		
TOTAL	15	Desfase financiero extraordinario profundo	15

La diferencia esencial entre los dos sistemas, en lo que a necesidades financieras se refiere, radica en el importante aumento del stock de producto acabado, que se origina al preparar previamente la producción para el momento más fuerte de la venta.

La etapa siguiente es ver el aspecto económico de ambos sistemas, lo cual nos permitirá no solamente compararlos sino además vislumbrar la oportunidad para financiarlos con capital exigible.

	Sistema antiguo	Sistema nuevo
ROA previsional =	$\frac{17{,}9}{291{,}40 - 72} = 8{,}16\%$	$\frac{31}{291{,}40 - 72} = 14{,}13\%$

Este ratio es evidentemente muy revelador, pero inexacto.

Observamos que el activo neto es el mismo para ambos sistemas. Sin embargo, durante el año, los activos difieren, ya que el sistema nuevo obliga a importantes inversiones en stock de producto acabado.

Los ratios más correctos serían:

$$\text{ROA previsional} = \frac{\text{BAIT anual previsto}}{\text{Activo neto medio}}$$

	Sistema antiguo	Sistema nuevo
ROA previsional =	$\frac{17{,}9}{226{,}4} = 7{,}9\%$	$\frac{31}{300} = 10{,}3\%$

Este planteo es mucho más objetivo que el anterior. La diferencia entre los dos sistemas no es tan grande como antes y sólo el sistema nuevo roza la frontera del coste del capital exigible.

El cálculo que interesa a continuación es el del *cash flow* libre, aunque más adelante pondremos reparos a la consecución de un préstamo a largo plazo.

Cash flow libre = BPT + A – VE – D

Sistema tradicional = 10,7 x 0,65 + 12 – 0 – 0 = 18,95

Sistema nuevo = 23,8 x 0,65 + 12 – 0 – 0 = 27,47

El bajísimo ratio de endeudamiento visto en el análisis histórico es otro de los elementos a tener en cuenta para la reflexión sobre la estrategia financiera que pueda solucionar las necesidades de financiación originadas en cualquiera de los dos sistemas a confrontar. El actual ratio de endeudamiento permite todavía cotas adicionales de capital exigible.

A partir de estos datos es posible discutir los elementos que conformen la estrategia financiera de Magicus, S.A. para el año próximo.

Financiar el sistema tradicional de producción, no tiene ningún secreto especial. Todos los años se ha hecho. En el año 1992, la mayor actividad en ventas indujo sin lugar a dudas mayores necesidades financieras que también pudieron superarse (al menos, el enunciado del caso no cita ningún problema especial en ese período).

Las necesidades financieras originadas en el sistema tradicional de producción ascienden a 132,27 millones de pesetas.

La utilización de las líneas de descuento bancario por el valor del saldo de clientes del mes de agosto representaría un importe de: 75,4, cifra que no saturaría las nuevas líneas acordadas (por valor de 90).

Hasta los 132,27 necesarios, faltan 56,87 que se pueden cubrir cómodamente con pólizas de crédito, puesto que los bancos están de acuerdo en otorgar hasta 80 millones de pesetas.

El plan tradicional es financieramente viable, como lo ha sido todos los años, si bien la financiación por capital exigible es, económicamente hablando, perjudicial por el bajo rendimiento de activo que se obtiene.

La discusión siguiente es si el sistema de producción nuevo –más rentable– es financieramente viable o no.

A este fin vamos a inventariar una serie de recursos, para discutir su oportunidad de aplicación:

- Ampliación de capital.
- Crédito industrial.

- Financiación de proveedores de equipo.
- *Leasing.*
- *Renting.*
- Proveedores comerciales.
- Descuento de letras.
- Póliza de crédito.
- Letra financiera.
- Realización de activos.
- Replanteamiento de objetivos.

La vía de la *ampliación de capital* tropieza con diversos inconvenientes. En primer lugar, el Sr. Tendret parece no ver clara la alternativa del nuevo sistema. Dado que ambos socios han planteado estar al 50% y *obligarse a entenderse;* si uno no quiere, el otro socio no podrá mover un solo dedo. Las sociedades al 50% en ocasiones se condenan al inmovilismo; basta que uno de los dos socios diga que no a todo o casi todo para que la entidad se quede paralizada. Por otra parte, siendo la necesidad financiera fundamentalmente temporal o transitoria, la ampliación de capital arrojaría excedentes de tesorería, pasada la punta de necesidad financiera, que quedarían un tanto ociosos.

¿Por qué el Sr. Tendret no ve claro el camino que preconiza su joven socio? Ya hemos dicho que podríamos caer en la tentación de pensar que se trata de un hombre costumbrista... pero no nos dejemos arrastrar por la vía fácil de la intuición.

Al Sr. Tendret no se le escapa... y lo habrá calculado mentalmente, el gran stock que es preciso financiar justo antes de la época de ventas altas. Habrá pensado si conseguirán o no unos recursos financieros sin precedente en la historia de esta pequeña empresa. Habrá pensado también si los intereses de estos recursos exigibles no les van a ahogar. Una cosa es que el FAF de Magicus, S.A. haya sido reductor siempre... con poca deuda... «resistible» y otra un volumen de deuda cuyo costo pudiera malbaratar todo el resultado de explotación por el nuevo sistema.

Pero esto no es todo. El otro temor que habrá asaltado a este gran veterano que es el Sr. Tendret es el riesgo... no sólo financiero, como acabamos de explicar sino *comercial.* Efectivamente, una cosa es vender bajo pedido, arriesgando vender o no, un disminuido contingente en stock y otra muy distinta es empezar a producir en enero, algo que se tiene que vender en agosto y que son productos influenciables por moda, gustos, tendencias y acciones de la competencia.

De ahí que fuera interesante la presencia de un asesor en marketing. Habrá que dar forma a este «fantasma» del riesgo.

Quisiera que se entendiera bien el contenido de las líneas anteriores. No estamos diciendo que una empresa juguetera no pueda anticipar su producción durante los siete meses previos a la demanda fuerte. Estamos simplemente diciendo que el nuevo sistema es mucho más arriesgado que el otro... y que este sistema de mayor riesgo *jamás* se había implantado en Magicus, S.A.

Vistos los inconvenientes que reportaría la posibilidad de intentar una ampliación de capital hablemos de *crédito a largo plazo.*

Lo que no tendría sentido es tomar una operación a largo plazo, para suplir necesidades transitorias. Sobraría dinero durante unos cuantos meses al año, por el cual, Magicus estaría pagando intereses improductivos.

Un *préstamo industrial* para la pequeña inversión de 10 millones de pesetas en activo fijo o bien la financiación por medio de *proveedores de equipo* parecen razonables a primera vista. Lo que ocurre es que, pasada la punta de necesidad financiera, existirán letras de clientes en cantidad sobrada y entonces será posible «propinar» liquidez a la cartera de clientes mediante su descuento. La empresa podrá derivar esta liquidez a financiar activo fijo. Esta medida es más flexible que la rigidez de una operación a largo plazo y no absorbe *cash flow* libre.

Algo muy similar puede decirse para el *leasing* y el *renting* que ya describimos someramente al final del capítulo 8 (caso Pronasa).

La financiación por parte de los *proveedores comerciales* es un recurso a utilizar, cuando hay una contrapartida clara que ofrecer (en cuanto a volúmenes de compra o fechas). No es evidente en este caso que exista nada especial en este sentido.

El descuento de letras es obviamente una posibilidad a emplear y previamente cuantificada al discutir la hipótesis de producción tradicional. Esto es igual en el sistema de producción tradicional y en el nuevo. Este tipo de recurso solucionaría en agosto un importe de 75,4, cuando la necesidad total que nos crearía el nuevo sistema es de 273,08; es muy poco lo que cubre el descuento de letras y mucho lo que quedaría por solucionar mediante la *póliza de crédito*... y aquí hemos topado con un inconveniente serio. Estas pólizas de crédito se harían necesarias en fechas anteriores a las que requería el viejo sistema del Sr. Tendret.

Ahora o más adelante... pero mejor ahora, será preciso explicar a los bancos que precisamos *mayores* importes de póliza de crédito y por más tiempo. Cuando los bancos nos pregunten la razón, deberemos explicar el nuevo sistema. Igual que el Sr. Tendret ha percibido mayor riesgo comercial, también lo percibirán los bancos. La empresa pasará a ser catalogada de forma diferente. Es además razonable que sea así. La sana reacción de cualquier banco, bien gestionado, es la de percibir un cambio de riesgo en la empresa cliente. Es más que probable que el volumen de pólizas de crédito que solía otorgarse a la empresa se reduzca.

Que nadie entienda que estamos acusando a la banca o cajas de ahorro de cobardía o falta de visión. Es lógico que Magicus, S.A. busque la manera de mejorar su rentabilidad... pero ya se sabe que la R de riesgo y la R de rentabilidad van siempre aparejadas. El banco no abandona a Magicus; simplemente lo conceptúa como lo que es: un cliente que antes corría poco riesgo y ahora correrá de golpe bastante más.

Pensar en todo esto es casi la puntilla final a las ilusiones de Jaume Cosí... es dejar a la empresa en el seguro, pero torpe, sistema antiguo.

Poco se puede decir de la *letra financiera* que es un recurso puntual de importe fijo, al contrario de la póliza de crédito, que es de disposiciones flexibles. Surgirán los mismos inconvenientes sobre el riesgo, que hemos apuntado al hablar de la póliza de crédito.

Realizar activos; escaso sentido tiene en Magicus, S.A. No hay activos extrafuncionales. Los activos fijos *netos* no son excesivamente altos... ¿todos ellos vendibles? Por otra parte... y ya lo hemos dicho antes en un par de ocasiones... si Magicus tiene necesidades transitorias debe solucionarlas con recursos adecuados, como descuento de letras, póliza o letra financiera, pero no con recursos estables que pueden dejar dinero excedente durante varios meses al año.

Será preciso pues reflexionar sobre un *cambio de objetivos.*

¿Renuncia de Jaume Cosí? ¿Seguimos con el viejo sistema del Sr. Tendret?

¿Damos juego al experto en marketing?

Necesitábamos en primer lugar al experto en marketing para que aquilatase el riesgo de producir un producto en los siete meses previos a las fechas de la demanda. Vamos a pedirle algo más pero antes hagamos algunas reflexiones.

La finanza ha dicho todo lo que tenía que decir a los Sres. Tendret y Cosí.

«Resta ahora una dura decisión estratégica», estará pensando usted, maratoniano lector de este libro.

Claro; hay pros y contras en cada sistema y sólo nos faltaba esta ducha fría del riesgo comercial.

Pesa también esta nobleza del Sr. Tendret para con Jaume... este deseo de que haga la empresa más suya cada día... pero sin imprudencias, sin errores.

Una solución intuitiva sería la componenda: ni blanco, ni negro, ni tú, ni yo... un poco de cada, «ni fu, ni fa».

Caben también los viejos cantos de la prudencia: empecemos despacio, hagámoslo poco a poco.

Todo esto no está mal pero dejemos que el experto en marketing opine.

Qué duda cabe que él puede darnos una respuesta al dilema. Sin él no va a haber estrategia financiera más allá de la que se agota en dos vías difíciles: la más rentable y arriesgada, la menos rentable y segura.

El experto en marketing analizará los productos de la empresa: tipología, segmento, rentabilidad, imagen... e irá calibrando el riesgo comercial de cada uno de ellos, en función de sus características y de la historia pasada.

Es así como a la vista de la lista de productos de la empresa que aporta el enunciado del caso podrá perfilar todavía más el alcance de esta reflexión de principio:

- *Magia elemental.* Fue un gran éxito en los años 89 y 90. Empezó a extinguirse alarmantemente hasta desaparecer en 1994. ¿Resucitable?... quizás sí, pero producto arriesgado para lanzarse a una producción anticipada.
- *Naipes fantásticos.* Subcampeón en el año 90, rápido declive hasta su desaparición en 1995.
- *Chispas mágicas**. Modesto pero estable. He aquí un producto cuya producción anticipada es pensable. Suele absorber entre el 4% y el 5% de las ventas totales. (Hemos señalado este producto con un asterisco, por su estabilidad).
- *El alquimista brujo.* Arrancó en 1991 con éxito creciente hasta 1993. Ahora va de baja. O anticipamos un pequeño porcentaje o nos esperamos al momento de alta demanda.
- *Espejos mágicos.* En declive.
- *Robotito sabelotodo.* Fulgurante, espectacular... pero efímero.
- *Jeeps exploradores.* Fuerte en ventas entre el 89 y el 91. Brusca desaparición e intento de resurrección en 1993. Definitivo abandono desde 1994.
- *Mini-trailers.* Trayectoria casi idéntica.

- *Titelles (marionetas)**. Trayectoria ascendente y segura. Artículo anticipable.
- *Bebé meón**. Es un producto discreto, pero muy estable.
- *Muñecos ciclistas*. Fuerte en ventas durante algunos años, pero muy errático, hasta su desaparición en 1994.
- *Muñecos alpinistas*. En declive hasta 1994. En el último año da un sorpresivo paso adelante. No es un producto seguro.
- *Muñecos esquiadores**. Seguro y en auge creciente. Producto claramente anticipable.
- *Muñecos submarinistas*. Muy modesto, muy reciente.
- *Payasitos listos*. Muy modesto. Vida corta. Finalmente eliminado.
- *Payasitos tontos**. Gran éxito. Producto seguro y en franco crecimiento. Producto anticipable.
- *Lobito sexi*. Es un best-seller. Parece que ahora declina.
- *Caperucita feroz*. Lanzamiento reciente.

La participación en ventas de los productos marcados con un asterisco sumaría:

Chispas mágicas	5%
Titelles	10%
Bebé meón	2%
Muñecos esquiadores	15%
Payasitos tontos	15%
TOTAL	47%

Esto permitiría –con el asesoramiento de un experto consultor en marketing– abordar en una primera fase alrededor de un 47% de la venta, en régimen de producción estable hasta ir incorporando otros productos.

Sería un camino *gradual* hacia un sistema más rentable, calibrando el riesgo de la mano de la función del marketing... acostumbrando al riesgo al Sr. Tendret y a los bancos.

He aquí el final de un ejemplo –como caben otros– que nos muestra los límites de las finanzas y nos ensancha el campo de las posibilidades del marketing, cuando se concibe la estrategia financiera como algo abierto y no cerrado.

He aquí el final de un libro.

No ha querido ser una historia de comerciales y financieros enfrentados. Han salido a relucir viejos vicios de todos estos trabajadores esforzados en la empresa, pero también las posibilidades de dar lo mejor de sí mismos.

Ha querido ser una historia de personas en la empresa, en el perpetuo rolar de la interrelación del marketing y las finanzas.

A través de mi experiencia y de mis reflexiones he querido aportar los medios para objetivar la compleja relación... en conflicto, en armonía... entre lo financiero y lo comercial.

La tinta de todas estas páginas ha sido la condensación en el aire de horas muy tempranas y fines de semana de trabajo de la renunciada primavera plácida de 1996.

Glosario

Acid test: Ratio que compara la partida de clientes más efectivo con el pasivo circulante.

Activo circulante: Son aquellas partidas del activo cuya duración media es inferior a un ciclo de maduración. Es decir, existe en él un claro proceso de tendencia a la «liquidez» (stocks, clientes y tesorería).

Activo extrafuncional: Activos que no son necesarios para la explotación de la empresa y que pueden ser más o menos realizables según sus posibilidades de venta.

Activo fijo: Inversiones de larga vida técnica o de prolongada permanencia en la empresa; sinónimo de inmovilizado.

Activo funcional: Activo afecto a la explotación propia de la empresa.

Activo inmaterial: Activos incorpóreos, intangibles, con valor implícito y no explícito. No son fácilmente transmisibles y tienen poca consistencia valorativa.

Activo interino: Bienes que en el momento presente no son necesarios a la explotación, pero que dentro de un tiempo determinado sí podrán serlo.

Activo material: Activos tangibles o corpóreos que pueden ser peritados directamente (maquinaria, utillaje, edificios, etc.).

Amortización: En sentido técnico: periodificar o repartir en el tiempo la pérdida del valor final de un bien. Coste periodificado en el tiempo que refleja el desgaste gradual sufrido por el inmovilizado. En sentido financiero: devolver una deuda.

Amortización directa: Depreciación practicada sobre bienes que ya no se han de volver a reponer. El valor del bien se va depreciando en el activo gradualmente hasta su total extinción, sin haberse creado fondo de amortización al efecto.

Apalancamiento financiero: Efecto potenciador o reductor sobre el ROA que permite conseguir un mejor o peor ROE.

Aplicaciones: Movimientos de incremento de activo así como cancelaciones o disminuciones de pasivo.

Asiento: Anotación en el libro diario que refleja un hecho económico o financiero acaecido en la empresa.

Autofinanciación: Generación interna de recursos. En sentido estricto: creación de reservas a través de beneficios. En sentido amplio: la amortización se considera también un elemento integrante de la autofinanciación.

BAIT: Diferencia entre el margen bruto y los gastos fijos.

Balance de gestión: Es el balance ordenado bajo el principio de funcionalidad. Las cuentas del activo se ordenan según su función en la empresa (venta, producción, dirección).

Balance previsional: Es el balance futuro que refleja los objetivos a alcanzar por la empresa. Para ello es preciso coordinar los diferentes presupuestos departamentales. Su finalidad es conocer a priori los límites en que deben situarse las variables económicas para asegurar el logro de los objetivos fijados.

Balance proforma: Estimación muy fundamentada y cercana al balance a cerrar al 31 de diciembre del año en curso.

BAT: Diferencia entre el BAIT y los gastos financieros y atípicos.

BPT: Diferencia entre el BAT y los impuestos.

Calidad del endeudamiento: El autor del libro lo define según el grado de exigibilidad, automatismo, garantías aportadas y capacidad de negociación con el acreedor.

Capital propio: Es la diferencia entre el total del activo y el pasivo exigible.

Capital social: Cifra de capitales aportados por los accionistas en forma de suscripción de acciones, y por lo tanto la diferencia entre capital propio y reservas, regularizaciones y fondos de previsión.

Cash-flow: Suma del resultado del ejercicio con las dotaciones anuales a la amortización y dotaciones de provisiones realizadas en el mismo.

***Cash-flow* de explotación:** Es el BAIT más las amortizaciones de explotación.

***Cash-flow* económico:** Término ortodoxo del *cash-flow* que consiste en la suma del resultado más las amortizaciones y todos aquellos componentes de la cuenta de resultados que en ningún momento se convierten en pago, como las dotaciones a las provisiones, etc.

***Cash-flow* extraordinario:** Consiste en el conjunto de los intereses, los atípicos y las amortizaciones extrafuncionales.

***Cash-flow* financiero:** Es un término vulgar o coloquial y consiste en la diferencia positiva o negativa que arroje el presupuesto financiero.

***Cash-flow* libre:** Resultados postimpuestos más amortizaciones, es decir, el *cash-flow* menos los vencimientos anuales y los dividendos.

***Cash-flow* total:** *Cash-flow* de explotación más *cash-flow* extraordinario.

Centro de beneficio: Unidad identificable en el seno de la empresa que es portadora de actividad o venta por sí misma, así como absorbente de unos costes claramente imputables.

Ciclo de maduración: Es el proceso de acopio, fabricación, venta (ciclo económico) y cobro (ciclo financiero) que realiza una empresa.

Circulante: Véase *activo circulante*.

Clientes impagados: Saldos de clientes que presentan retrasos importantes y cuyas gestiones de cobro realizadas han resultado infructuosas.

Clientes morosos: Saldos de clientes que empiezan a experimentar retrasos en el cobro, pero sobre los que existen aún esperanzas de recobro.

Confirming: Sistema de pago consistente en el traspaso de la gestión de la deuda que una empresa ha contraído con sus proveedores. Se trata también de un crédito puro, puesto que los proveedores, presentando facturas conformadas por el cliente, pueden canalizarlas a la entidad financiera para su anticipación. Puede realizarse con la cláusula de recurso o sin recurso. El recurso permite a la entidad que facilite este producto reclamar tanto a su cliente como a los proveedores de éste; la cláusula sin recurso exime totalmente a los proveedores, y el banco sólo puede recurrir contra su cliente.

Consolidación de un activo: El autor del libro considera que los bienes que se amortizan muy lentamente son fuertemente consolidados.

Control de gestión: Focalización de la información económica-financiera a puntos de interés clave en la gestión de la empresa.

Coste: Gasto que nace y muere en un mismo ejercicio.

Coste de ventas: Véase *costes variables.*

Costes fijos: El autor del libro los define como aquellos costes que se van sucediendo a lo largo del año sin «esperar» al preciso momento de la venta.

Costes variables: Aquellos costes que aumentan o disminuyen instantáneamente con el aumento o disminución de la venta, guardando cierta proporción sobre las mismas. Además, el coste variable se devenga en el preciso instante de la venta.

Cuadro de movimientos previsionales de activo y pasivo circulante: Previsión del detalle de las inversiones necesarias en activo circulante, así como los flujos de entrada y salida de estas magnitudes.

Cuenta de crédito: Cuenta que permite utilizarla tanto en saldos acreedores como deudores. Los saldos acreedores pueden utilizarse hasta un límite determinado y a un tipo de interés fijado. El plazo de vencimiento suele ser inferior a un año.

Cuota anual de amortización: Coeficiente entre la diferencia del valor de compra y el valor residual, y la vida útil expresada en años.

Depósito a plazo: Producto bancario destinado a la colocación de fondos con un vencimiento y tipo de interés determinado.

Descapitalizada: Adjetivo que califica a la empresa que por no reinvertir sus beneficios o por pérdidas sufre una fuerte reducción de los fondos propios.

Descuento bancario: Pasivo bancario contingente por efectos descontados que no han vencido al cerrar el ejercicio.

Desfase financiero profundo: Es la suma del *cash-flow* y la necesidad financiera.

Deuda pública: Obligaciones o bonos emitidos por el Estado para financiar el déficit público.

Efecto financiero del IVA: Consiste en computar los importes de los cobros de IVA repercutido a clientes y pagos de IVA soportado por las compras y gastos previstos. También deben computarse los pagos a Hacienda por los devengos de IVA.

Efectos descontados: Letras, recibos o pagarés contra clientes que han sido presentados al banco o caja y anticipados por éste.

Efectos en cartera: Deuda mantenida por la empresa contra sus clientes. Éstos han aceptado instrumentalizar sus créditos (letras, pagarés o recibos) y la empresa no ha presentado aún dichos efectos a ningún banco o caja para su descuento.

Empleos: Véase *aplicaciones*.

Endeudamiento: Coeficiente entre el total exigible y los fondos propios.

Entregas pendientes de facturación: Distribución de género a clientes que no se ha facturado.

Equilibrio patrimonial: Es la compensación de la fuerza interna hacia la liquidez del activo con la tendencia a la exigibilidad del pasivo.

Esquema de fuentes y empleos: Comparación de diversos balances a lo largo del tiempo que nos permite analizar la evolución de la estructura patrimonial.

Estado de resultados: Documento contable donde se registran todos los ingresos y gastos para obtener un resultado.

Estado previsional de resultados: Es la cuenta de resultados futura que refleja los objetivos a alcanzar por la empresa. Para ello es preciso coordinar los diferentes presupuestos departamentales. Su finalidad es conocer a priori los límites en que deben situarse las variables económicas para asegurar el logro de los objetivos fijados.

Estados financieros: Los conforman los siguientes documentos contables: balance y cuenta de resultados o de explotación.

Estrategia financiera: Diseño de un conjunto de recursos financieros para subvenir la necesidad financiera planificada para el ejercicio próximo.

Estructura de activo: Proporción entre las diversas masas patrimoniales dentro del activo.

Executive Information Systems **(EIS):** Combinación de *software* informático e información específica que permite a los distintos departamentos trabajar al momento, cruzando toda clase de información de gestión.

Exigibilidad: Grado de apremio que presenta una deuda.

Explotación: Actividad más esencial de la empresa: vender, producir y coordinar la venta con la producción.

Extrafuncionalidad: Bienes que no son necesarios para la explotación de la empresa y que pueden ser más o menos realizables según sus posibilidades de venta.

Factor de apalancamiento financiero: Expresión numérica del efecto de apalancamiento financiero.

Factoring: Adquisición por parte de la compañía de *factoring* (factor) de las cuentas a cobrar de otra empresa. El factor gestiona, por lo tanto, el cobro y asegura normalmente entre un 85-90% del total.

FAF: Expresión numérica del efecto de apalancamiento financiero.

FAF previsional: Factor de apalancamiento financiero que se ha planificado para el próximo ejercicio.

FAFF: Es el FAF añadiendo la repercusión de los impuestos en la rentabilidad.

Financial leverage: Véase *apalancamiento financiero.*

Fondo de amortización: Depreciación acumulada de un bien al día de la fecha.

Fondo de maniobra: Es la diferencia entre el activo circulante y el pasivo circulante.

Fondos de previsión: Cuenta que recoge el coste para hacer frente a un posible hecho incierto, es decir, son unos gastos precautorios. En España no son deducibles fiscalmente.

Fondos de provisión: Partida de coste acumulada para hacer frente a un coste incierto, aunque producida por un hecho cierto.

Fondos propios: Véase *capital propio.*

Fuentes de financiación: Todos aquellos recursos financieros que proveen de liquidez a la empresa. Pueden provenir por dos vías distintas:

- Aumentos de pasivo: concesión de un préstamo, ampliación de capital, dilatación del plazo de pago a proveedores, etc.
- Disminuciones de activo: venta de un terreno, menor plazo de cobro a nuestros clientes o una disminución de efectivo de las cuentas bancarias, etc.

Garantía hipotecaria: Garantía de una deuda con un terreno o una construcción.

Garantía patrimonial: Nos indica el activo sobrante que tiene la empresa si destina el mismo a cubrir sus obligaciones.

Gastos atípicos: Gastos generados por una actividad distinta a la propia de la empresa. Son gastos del ámbito extrafuncional.

Gastos de constitución: Gastos de tipo jurídico-fiscal necesarios para constituirse en sociedad.

Gastos de puesta en marcha: Gastos necesarios para el arranque de actividades de explotación (no confundir este hecho con la necesidad de constitución jurídica de la sociedad).

Gastos fijos comunes: Gastos fijos que no se producen en ningún centro de beneficio concreto.

Gastos fijos imputables: Aquellos gastos fijos que se producen claramente en un determinado centro de beneficio.

Gastos/ingresos extrafuncionales: Ver *gastos/ingresos atípicos.*

Gastos/ingresos extraoperacionales: Ver *gastos/ingresos atípicos.*

Ingresos atípicos: Ingresos generados por una actividad extrafuncional.

Instrumentación de un estado previsional: Cálculo, confección de cualquier documento previsional, ya sea un balance, cuenta de resultados, o presupuesto de tesorería.

Inversión: Aplicaciones de recursos que permitirán su recuperación en un plazo más o menos largo.

IVA repercutido: Impuesto sobre el valor añadido aplicado en las ventas realizadas.

IVA soportado: Impuesto sobre el valor añadido aplicado en las compras que realiza una sociedad y que posteriormente puede deducirse.

Leasing: Arrendamiento financiero de un bien con opción a compra del mismo llegado el vencimiento del contrato.

Letra: Título-valor por el cual un sujeto llamado librador ordena a otro, llamado librado, a pagar una suma determinada a favor de un tercero o tomador.

Liquidación de una empresa: Proceso por el que la sociedad realiza todos sus activos para poder hacer frente a todo su exigible y se pone fin a la actividad.

Liquidez: Es la evolución continua de las cuentas de activo hacia valores monetarios.

***Management Information Systems* (MIS):** Técnica asimilable al EIS.

Margen bruto: Diferencia entre las ventas netas y los costes variables.

Margen de contribución: Diferencia entre el margen bruto y los gastos fijos imputables a cada centro de beneficio.

Margen de explotación: Coeficiente entre el BAIT y las ventas.

Margen postimpuestos: BAT menos impuestos.

Masas patrimoniales: Grandes grupos de cuentas que conforman el balance.

Necesidades financieras: Diferencia del presupuesto de tesorería que indica falta de recursos financieros.

Norma sobre mínimos de efectivo: Es una revisión del actual saldo de liquidez (al alza o a la baja) que protagoniza el departamento financiero de la empresa.

Pagaré: Mediante este documento una persona (firmante) promete incondicionalmente pagar a otro (tomador) una suma concreta, en una fecha (vencimiento) determinada.

Pay-back: Coeficiente medio de retorno de una inversión medido en años.

Plan contable: Se trata de un esquema que presenta la nomenclatura y estructuración de las cuentas del balance y la cuenta de explotación.

Plan estándar o normativo de operaciones: Compendio de una serie de normas que afectan a clientes, stocks, proveedores, etc. que deberían ser iguales para todas las unidades de gestión de una empresa.

Planificación económico-financiera: Consiste en la instrumentación de un estado previsional de resultados, unos movimientos previsionales de circulante, un presupuesto de tesorería y un balance previsional. Esto nos debe permitir analizar la problemática financiera futura de nuestra empresa.

Portador de coste: Toda gran función empresarial que aglutina con lógico sentido un conjunto determinado de costes.

Presupuesto de tesorería: Documento previsional donde se reflejan únicamente movimientos de dinero tangibles y reales con la finalidad de detectar diferencias positivas o negativas de numerario, conocidas como superávit o déficit de tesorería.

Presupuesto de tesorería ordinario, corriente o de circulante: Relación de cobros y pagos cuyo origen sea exclusivamente de explotación y tengan un carácter consustancial al «torrente» circulatorio de la empresa.

Presupuesto de tesorería extraordinario: Cobros y pagos previstos conectados directamente con la explotación de la empresa pero que no ocurren habitualmente, así como los que no pertenecen a la explotación propia de la empresa.

Proceso de planificación económico-financiera: Fases secuenciales de instrumentación de los estados económicos-financieros previsionales.

Prueba del ácido: Véase *acid test.*

Punto muerto o de equilibrio: Nivel de ventas que nos permite cubrir los costes fijos y variables.

Puntualidad de pago: Capacidad de una empresa de atender los compromisos pactados en las fechas previstas.

Ratio de disponibilidad: Compara la masa de efectivo con el pasivo circulante. El autor del libro rechaza la utilización de este ratio.

Ratio de impacto fiscal: Compara el BPT con el BAT.
Ratio de tesorería: Véase *ratio de disponibilidad.*
Recursos financieros: Véase *fuentes de financiación.*
Refinanciar: Necesidad de alargar el plazo de una deuda llegado el día de su vencimiento.
Rendimiento específico del activo: Compara el BAIT con el activo de explotación neto. Indica exclusivamente la capacidad de generación de beneficios de explotación del activo funcional.
Rendimiento global del activo: Se mide por el ratio que compara el BAIT, junto con los atípicos, con el activo total neto. Dicho ratio nos indica la capacidad de generación de beneficios de un activo determinado.
Renta fija: Tipo de inversión con rédito pactado a priori.
Renta variable: Tipo de inversión en la que el beneficio no está pactado a priori.
Rentabilidad: Coeficiente entre el resultado y la inversión efectuada.
Rentabilidad capital propio: Se mide por el ratio que compara el BAT (si es antes de impuestos) o el BPT (si es después de impuestos) con el capital propio, y nos indica el grado de retribución del accionista.
Renting: Similar al *leasing* pero además en las cuotas se paga un plus por el mantenimiento del bien financiado.
Reservas: Reinversiones de beneficios obtenidos por la empresa.
Resultado contributivo: Véase *margen de contribución.*
Resultado de explotación: Véase *BAIT.*
Riesgo de obsolescencia: Probabilidad de que ciertas partidas de activo (inmovilizado, stocks) puedan, por distintos motivos, perder su valor inicial y tengan que ser depreciados.
Riesgo económico del endeudamiento: Riesgo de caída del ROA por debajo del tipo de interés, provocando un ROE inferior al ROA.
Riesgo patrimonial del endeudamiento: Consiste en un riesgo doble. Riesgo potencial de impago por el elevado monto de la deuda y riesgo de que el activo resultase insuficiente para responder de la deuda en caso de impago.
ROA: Véase *rendimiento de activo.*
ROE: Véase *rentabilidad capital propio.*
ROED: Modelo de desglose y relación de la rentabilidad del capital propio con el ROA a través del factor de apalancamiento financiero.
Rotación: Coeficiente entre las ventas y el total del activo neto.

Rotación activo circulante: Se expresa en el ratio que compara las ventas con el activo circulante y nos indica el número de vueltas que el activo circulante experimenta a lo largo del ejercicio.

Rotación activo explotación: Coeficiente entre ventas y activo de explotación neto.

Rotación de clientes: Plazo medio de cobro a clientes (para empresas no estacionales).

Rotación de stocks: Tiempo medio que se tarda en acopiar materia prima, transformarla y vender el producto acabado (para empresas industriales no estacionales).

Rotación del capital: Se mide por el coeficiente entre ventas y capital propio.

Rotación financiera: Véase *rotación del capital.*

Saldo deudor: Cuentas que muestran una propiedad o un derecho debidamente instrumentado a favor de la empresa.

Sobrante corriente: Excedente del presupuesto corriente, también conocido como superávit.

Sobreinversión: El autor lo conceptúa como la inversión adicional en circulante producida por un aumento de ventas inducido a su vez por un cambio en una política de activo circulante.

Solidez patrimonial: Equilibrio de la estructura patrimonial que depende de la conjunción entre la fuerza interna hacia la liquidez del activo y la tendencia a la exigibilidad del pasivo, así como del nivel de endeudamiento.

Solvencia: Se puede definir bajo dos vertientes:

- Solvencia patrimonial: una empresa tiene bienes suficientes en su activo para responder del pasivo exigible (capacidad).
- Solvencia financiera: cuando la empresa atiende sus compromisos de pago en las fechas previstas (puntualidad).

Solvencia de funcionamiento o corriente: Capacidad que tiene la empresa para garantizar con los bienes de transformación corriente (activo circulante), las obligaciones contraídas a corto plazo (pasivo circulante).

Solvencia final o de garantía: Total del activo menos el pasivo exigible.

Solvencia libre: Es la solvencia de funcionamiento con deducción de la cuenta de efectos descontados del activo del balance.

Subproductos: Productos obtenidos del proceso de producción de otros productos principales y que pueden ser aprovechados por sí mismos.

Valor contable: Valor al que se contabiliza un bien en el activo del balance y que resulta ser el más bajo entre el precio de compra y el precio de mercado.

Valor contable neto: Es la diferencia entre el valor contable de un activo y el de su fondo de amortización.

Valor residual: Valor restante al final de la vida útil de un bien.

Valor residual contable neto: Es la diferencia entre el valor contable y el fondo de amortización al final de la vida útil del bien.

Vencimiento automático: Vencimiento a corto plazo que se renueva continuamente por el propio ciclo de maduración del negocio.

Vencimiento expreso: Plazo de cancelación de la deuda de carácter fijo y que no supone una renovación espontánea o automática de dicho crédito.

Ventas netas: Diferencia entre la facturación bruta y el IVA.

Vida física: Número de años de un bien hasta llegar a su completa inactividad; en ese momento cualquier reparación o mantenimiento resultaría inútil para alargar su vida.

Vida útil: Número de años en que un bien es competitivo frente a otros posibles sustitutos.

Notas

Introducción

1. De hecho, el profesor Josep M[a]. Gay Saludas, de la Universidad de Barcelona, incluye finas ironías y comentarios muy graciosos en todos sus libros. Digamos que es un pionero de la «sonrisa financiera». ¿Se imagina usted de qué hablamos él y yo cuando discutimos temas financieros? Planificamos nuevos chistes y nos programamos debidamente para evitar «solapes».
2. Traducido al castellano sería: «Me temo, muchacho, que tu utilidad como director de marketing de esta filial va a ser cuestionada. Debo reflexionar seriamente sobre tu incorporación».

Capítulo 2

1. Curiosamente y por pura coincidencia, el autor de este texto es rubio (no está calvo) y de ojos pardos muy claros. Suele sonreír habitualmente excepto algunos lunes por la mañana.

Capítulo 3

1. Estos últimos términos no pertenecen, de momento, al lenguaje técnico de las finanzas. No sabemos si en el futuro se irán implantando.

Capítulo 5

1. Traducción del autor: «No te fíes ni un pelo de una operación que, de momento, sólo se halla documentada. Pueden darse muchas circunstancias adversas antes de que se produzca el cobro de la operación... o más simplemente: *blat* significa trigo».
2. Las siglas BAIT se describen en páginas siguientes.

Capítulo 6

1. Es la segunda vez que hacemos esta broma, pero es que a medida que avanza el libro me cuesta más encontrar nuevos chistes.
2. PMM: Siglas de panal —miel— moscas.
3. ROE. Siglas de la expresión «*Return on equity*».
4. Antoni Parés fue profesor de INSEAD y ESADE. El desarrollo del modelo puede verse en los libros citados en la bibliografía.

5. *Total activo bruto:*	2.908	8.738
– Fondo de amortización	–144	–562
– Cuentas de orden	–20	–40
Activo total neto	2.744	8.136
6. *Total activo neto:*	2.744	8.136
– Viviendas sociales	–	–108
– Realizable extrafuncional	–110	–56
Activo de explotación neto:	2.634	7.972

Capítulo 7

1. Decimos el 2 de enero puesto que el día 1 es festivo.

Capítulo 8

1. Ulteriores consideraciones sobre este concepto pueden hallarse en el texto que le dio origen: Massons, Joan, *Finanzas. Diagnóstico y planificación a corto plazo,* Ed. Hispano-Europea, 5ª edición, año 1995, páginas 255 y siguientes.

* Vencimiento anual del préstamo de proveedores industriales: 170.
Vencimiento anual del préstamo de la Caixa Comarcal: 300.
Vencimiento anual del préstamo de los accionistas: 140.

2. Traducción del autor: «Y... colorín, colorado, este caso se ha acabado».

Capítulo 10

1. El creador de High Spins es el profesor Juan Carlos Gómez (Software Greenhouse. Barcelona. 1993).

Capítulo 11

* Ésta es la deuda con proveedores comerciales.

Bibliografía

AMAT, O., *Anàlisi de balanços,* Edicions Gestió 2000 S.A., Barcelona, septiembre 1994.

AMAT, O., *Contabilidad y finanzas para no financieros,* Ediciones Deusto S.A., Bilbao, 1995.

ANGRILL, J., *Contabilidad de sociedades,* Editorial Hispano-Europea, Colección ESADE, Barcelona 1993.

BHATTACHARYA, H., *Total management by ratios,* Sage Publications Ltd., Londres 1995.

GAY, J.M., *Estudio práctico del plan contable de 1990,* Ediciones gráficas Rey S.L., Barcelona, enero 1995.

HARTLEY, W.C.F., *Cash Flow: su planificación y control,* Ediciones Deusto, Bilbao 1986.

MASSONS, J., *Finanzas. Análisis y estrategia financiera,* Editorial Hispano-Europea, Colección ESADE, Barcelona 2008.

SANTESMASES, M., *Marketing. Conceptos y estrategias,* Editorial Pirámide, Madrid 1992.

VELASCO, E. de, *El precio. Variable estratégica de marketing,* McGraw-Hill, Instituto de Empresa, Madrid 1994.